中國學術思想 研究輯刊

二十編

林慶彰 主編

第12冊

朱子《詩》《書》學義理思想研究（中）

姜龍翔 著

花木蘭文化出版社

國家圖書館出版品預行編目資料

朱子《詩》《書》學義理思想研究（中）／姜龍翔 著 — 初
版 — 新北市：花木蘭文化出版社，2015〔民 104〕
目 4+278 面：19×26 公分
（中國學術思想研究輯刊 二十編；第 12 冊）
ISBN 978-986-404-001-8（精裝）
1. 詩經 2. 書經 3. 研究考訂
030.8   103026838

ISBN-978-986-404-001-8

9 789864 040018

中國學術思想研究輯刊
二十編　第十二冊　　　　　　　ISBN：978-986-404-001-8

朱子《詩》《書》學義理思想研究（中）

作　　者	姜龍翔
主　　編	林慶彰
總 編 輯	杜潔祥
副總編輯	楊嘉樂
編　　輯	許郁翎
出　　版	花木蘭文化出版社
社　　長	高小娟
聯絡地址	235 新北市中和區中安街七二號十三樓
	電話：02-2923-1455／傳眞：02-2923-1452
網　　址	http://www.huamulan.tw 信箱 hml 810518@gmail.com
印　　刷	普羅文化出版廣告事業
封面設計	劉開工作室
初　　版	2015 年 3 月
定　　價	二十編 21 冊（精裝）台幣 38,000 元

朱子《詩》《書》學義理思想研究（中）

姜龍翔　著

目次

第四章　朱子《詩經》學義理思想探微

第一節　朱子所取宋代《詩經》學者義理思想概述

　　詮釋乃奠基於詮釋者自身前理解的領悟之上，而這種領悟又會隨著時間不斷改變。以對經典的理解為例，詮釋的形成除在對文本進行閱讀之前已有所謂前理解結構的存在，而隨著每次閱讀之後，均會不斷地再度改變先前之觀點，從而產生出新的詮釋，因此每一次的詮釋也就是一種新的視域融合。然而就朱子對《詩經》的詮釋而言，《詩集傳》是朱子形諸紙本的確定解釋，可視為其最重要之詮釋成果，而其詮釋的形成並非朱子閉門造車而出，他必須建立在不斷的閱讀與構思之中，由此以形成他詮釋的基礎。然朱子的閱讀並非僅限於《詩經》文本而已，他必須關注歷代詮釋者的成果，每次閱讀其他詮釋說法之後，其前理解結構又會再度改變，對前人說法或排斥修正，或採納吸收，從而形成處在時間的存有中不斷變化的詮釋。但一旦形諸文字，成為定本之後，便代表某一時期詮釋的成形。以目前普遍對《詩集傳》成書時間的推論而來，這個時間乃淳熙十三年（1186）約朱子五十六歲時。《詩集傳》成書之後，朱子便不再介入此文本，但朱子本身的詮釋仍在改變中，於是《語類》、書翰或其他說《詩》著述如《詩序辨說》、〈詩傳綱領〉仍繼續產出，但多仍圍繞在《詩集傳》論點之下，並未再開展出顛覆性的見解。而就在形成文本時，朱子詮釋的形成則是多種視域產生融合的結果，那麼今人欲掌握其詮釋的重點及輪廓，就必須再度分析使朱子受到影響的因素。故而探討朱子曾閱讀過的對象及文本，便成為分析的重點。朱子在〈學校貢舉私議〉

曾云：「《詩》則兼取歐陽脩、蘇軾〔註1〕、程頤、張載、王安石、呂大臨、楊時、呂祖謙。」（《文集》，卷 69，頁 3482）朱子認為這些學者說法有許多可取之處，且為朱子明確標舉者，由此亦可認定朱子當受其影響，至少也曾閱讀過其作品。然除這八人之外，劉敞（1019～1068）、鄭樵對朱子亦頗有影響，《詩傳遺說》云：

> 《詩》自齊、魯、韓氏之說不得傳，而天下之學者盡宗毛氏。毛氏
> 之學傳者亦眾，而王述之類今皆不存，則推衍其說者，又獨鄭氏之
> 箋而已。唐初諸儒為作疏義，因訛踵陋，百千萬言而不能有以出乎
> 二氏之區域。至於本朝劉侍讀、歐陽公、王丞相、蘇黃門、河南程
> 氏、橫渠張氏，始用己意，有所發明。雖其淺深得失，有不能同，
> 然自是之後，三百五篇之微詞奧義乃可得而尋繹。〔註2〕

此處所提到的學者扣除與〈學校貢舉私議〉重複者，另有劉敞，朱子認為這些人對宋代《詩經》學風的轉變有一定影響，若沒有經過通盤閱讀是無法展現這種認知。而另外朱子對淫奔詩概念的形成則有取於鄭樵，故就詮釋的形成而言，探討上述十位學者的《詩經》學成果，對於理解朱子《詩經》學的詮釋模式當有相當程度的必要性。當然朱子有取者絕不僅於此，但限於篇幅，僅能撮舉其要，論述如下。

一、歐陽修

歐陽修，字永叔，號醉翁，又號六一居士，吉安永豐人，生於北宋真宗景德三年，卒於神宗熙寧六年，年六十六。歐陽修四歲喪父，家貧無資，母以荻畫地，教以識字。少年習作詩賦文章，文筆練達，十歲時，得韓愈《昌黎先生文集》六卷，手不釋卷。天聖八年中進士，官館閣校勘。時范仲淹上書批評時政，歐陽修為其辯護，遂貶夷陵。後范仲淹主政，推動慶曆新法，歐陽修參與其事，提出改革吏治、軍事、貢舉法等主張。新政失敗，再貶滁州，於皇祐元年回朝。至和元年，與宋祁（998～1061）同修《新唐書》，並自撰《五代史記》。嘉祐二年，歐陽修主持進士考試，錄取蘇軾、蘇轍、曾鞏（1019～1083）等人，對當時講究險怪文字的士子痛加排抑，遂使北宋文風產生重大轉變，也使古文運動獲得關鍵性成功。歐陽修後歷任樞密副使、參

〔註1〕蘇軾並無解《詩》著述，而朱子《詩集傳》所取者皆為蘇轍，故此當是蘇轍之誤。

〔註2〕朱鑑：《詩傳遺說》卷2，頁8下～9上／20～21。

知政事等要職。神宗熙寧二年，王安石推動新法，歐陽修反對青苗法，遂致仕居於潁州，卒於家，贈太子太師，諡文忠。

歐陽修詩詞文俱佳，並繼承韓愈古文運動，主張明道致用，提出「道勝者，文不難而自至」、「學者當師經」等口號，反對務高言而鮮事實，強調道的現實價值，成為北宋中期古文運動的領導中堅。歐陽修除文學成就外，經學研究亦頗有獨到見解，他撰有《詩本義》十五卷（附《鄭氏詩譜補亡》一卷），對《毛傳》及鄭《箋》的解釋採取大膽質疑的態度，〈詩譜補亡後序〉云：

> 毛、鄭於《詩》，其學亦已博矣。予嘗依其《箋》、《傳》，考之於經而證以《序》、《譜》，惜其不合者頗多。……予疑毛、鄭之失既多，然不敢輕為改易之，意其為說不止於《箋》、《傳》而已。〔註3〕

歐陽修批評毛鄭之失隨處可見，如《毛傳》論〈關雎〉之意云：

> 后妃說樂君子之德，無不和諧。又不淫其色，慎固幽深，若關雎之有別焉，然後可以風化天下。夫婦有別則父子親，父子親則君臣敬，君臣敬則朝廷正，朝廷正則王化成。〔註4〕

毛公詮釋的角度是以后妃為主角，言后妃悅樂君子之德，故能和諧相處，並贊君子不淫女色，若雎鳩之有別，如此便可致王業。而鄭玄則從后妃安內的看法繼續申述，鄭《箋》云：

> 后妃之德和諧，則幽閒處深宮，貞專之善女，能為君子和好眾妾之怨者，言皆化后妃之德，不嫉妒，言三夫人以上。〔註5〕

鄭玄繼《毛傳》之說，發揮和諧之意，認為后妃能和好眾妾，故使君子無內庭之憂。但歐陽修則不以為然，《詩本義》指出：

> 論曰：為〈關雎〉之說者，既差其時世，至于大義亦已失之。蓋〈關雎〉之作，本以雎鳩比后妃之德，故上言雎鳩在河洲之上，關關然雄雌和鳴；下言淑女以配君子，以述文王、太姒為好匹，如雎鳩雄雌之和諧爾。毛鄭則不然。……本義曰：詩人見雎鳩雌雄在河洲之上，聽其聲則關關然和諧，視其居則常有別，有似淑女匹其君子，不淫其色，亦常有別而不黷也。淑女謂太姒，君子謂文王也。「參差

〔註3〕 〔宋〕歐陽修：《詩本義》，收錄於〔清〕納蘭性德輯：《通志堂經解》第7冊，頁247。

〔註4〕 阮元校勘：《毛詩正義》，卷1之1，頁20上／570。

〔註5〕 阮元校勘：《毛詩正義》，卷1之1，頁20上／570。

> 荇菜，左右流之」者，言后妃采彼荇菜以供祭祀，以其有不妒忌之
> 行，左右樂助其事，故曰「左右流之」也。流，求也，此淑女與左
> 右之人常勤其職，至日夜寢起，不忘其事，故曰「寤寐求之」、「輾轉
> 反側」之類是也。后妃進不淫其色以專君，退與左右勤其職事，能如
> 此則宜有琴瑟鍾鼓以友樂之而不厭也，此詩人愛之之辭也。〔註6〕

毛公之說有傾向后妃和諧的現象，而鄭玄更明確認定此后妃和好眾妾之詩，但歐陽修從詩歌本義立場出發，他指出雎鳩之取義乃君子與淑女匹配，故應象文王與太姒和諧相處。歐陽修的解釋雖仍局限在文王后妃的傳統說法，但他否定鄭玄將淑女說成三夫人九嬪以下之宮人，並以「寤寐求之」非后妃思得君子，而是勤於其職，均表現出一定程度欲求本義的文學眼光，對朱子強調〈關雎〉不應矚目后妃而應著重於文王之化當有一定影響。

　　不過歐陽修求本義的詮釋亦偶有過度之弊，如他將「左右」解釋后妃左右之人樂助其事，則與詩意不甚相符，與其本義之取名有一定落差。但他敢於突破毛鄭訓釋，則為宋代《詩經》學突破漢唐注疏之束縛提供基礎，樓鑰（1137～1213）便評云：

> 由漢以至本朝，千餘年間，號為通經者，不過經述毛鄭，莫詳於孔
> 穎達之疏，不敢以一語違忤。二家自不相侔者，皆曲為說以通之。
> 韓文公，大儒也，其上書所引〈菁菁者莪〉，猶規規然守其說，惟歐
> 陽公《本義》之作，始有以開百世之惑，曾不輕議二家之短長，而
> 能指其不然，以深持詩人之意。其後王文公、蘇文定公、伊川程先
> 生各著其說，更相發明，愈益昭著，其實自歐陽氏發之。〔註7〕

目前認為宋代《詩經》學開始展現出擺脫毛鄭，探求經典本義的源頭有兩種看法，一為劉敞，一則為歐陽修。歐陽修較劉敞年長，地位崇高，所起之影響照理講當大於劉敞，不過歐陽修《詩本義》在北宋初出時所受到的重視似乎不及劉敞，《詩經》學者對劉敞較為推崇。歐陽修雖對毛鄭有所批評，但對於《詩序》的態度則較為保守，《詩本義》論及《詩序》有失當者約僅十篇，他自己並云：「今考《毛詩》諸序與《孟子》說詩多合，故吾于《詩》常以《序》為證也。」〔註8〕他甚至認為《詩序》之所以有失當者，乃後世流傳所誤，基

〔註6〕歐陽修：《詩本義》，卷1，頁204。
〔註7〕〔清〕朱彝尊：《經義考》（北京：中華書局，1998年11月），卷104，頁563。
〔註8〕歐陽修：《詩本義》，卷14，頁242。

本上表現了對《詩序》尊重的態度。不過歐陽修對《詩序》作者則有質疑,〈序問〉云:

> 或問:「《詩》之《序》,卜商作乎?衛宏作乎?非二人之作,則作者誰乎?」應之曰:「《書》、《春秋》皆有序而著其名氏,故可知其作者;《詩》之《序》不著其名氏,安得而知之乎?雖然,非子夏之作,則可知也。」曰:「何以知之?」應之曰:「子夏親受學於孔子,宜其得《詩》之大旨,其言〈風〉、〈雅〉有變正,而論〈關雎〉、〈鵲巢〉繫之周公、召公。使子夏而序《詩》,不爲此言也。」〔註9〕

由此可見,歐陽修之疑主要在於〈大序〉的作者,他認爲《詩序》非子夏所作,批評其中論述〈風〉〈雅〉正變及二〈南〉歸屬之說法並非聖賢之言,〈本末論〉有云:

> 〈關雎〉、〈鵲巢〉,文王之詩也。不繫之文王,而下繫之周公、召公。召公自有詩,則得列於本國;周公亦自有詩,則不得列於本國而上繫於豳。豳,大王之國也,考其詩則周公之詩也。周、召,周公、召公之國也。考其詩則文王之詩也。〈何彼穠矣〉,武王之詩也,不列於〈雅〉而寓於〈召南〉之風。〔註10〕

從此段言論也可以看出,歐陽修主要以〈大序〉內容爲批評對象,他以〈關雎〉爲例,以爲此乃文王之詩,而〈大序〉卻繫於周公,時世已有差別,故歐陽修認爲應當有誤。雖然他基本仍持維護《詩序》的態度,但批評〈大序〉非子夏所作,則將〈大序〉與聖人脫離關係,也提供後來對《詩序》辨正問題繼續深化的契機。

　　朱子對歐陽修說《詩》評價頗高,歐陽修欲述《詩》之本義的立場與朱子相同,故其云:「歐公《詩本義》亦好。」(《語類》,卷80,頁2090)他更盛贊歐陽修的本末之說,《語類》有云:

> 歐陽公有《詩本義》二十餘篇,煞説得有好處。有〈詩本末篇〉。又有論云:「何者爲《詩》之本?何者爲《詩》之末?《詩》之本,不可不理會;《詩》之末,不理會得也無妨。」其論甚好。(《語類》,卷80,頁2089)

何謂《詩》之本末?歐陽修〈本末論〉云:

〔註9〕 歐陽修:《詩本義》,卷15,頁242。
〔註10〕 歐陽修:《詩本義》,卷14,頁240。

詩之作也，觸事感物，文之以言。美者善之，惡者刺之，以發其揄
揚怨憤於口，道其哀樂喜怒於心，此詩人之意也。古者國有采詩之
官，得而錄之，以屬太師，播之於樂，於是考其義類而別之，以爲
〈風〉、〈雅〉、〈頌〉，而比次之，以藏於有司，而用之宗廟朝廷，
下至鄉人聚會，此太師之職也。世久而失其傳，亂其〈雅〉、〈頌〉，
亡其次序，又采者積多而無所擇。孔子生於周末，方修禮樂之壞，
於是正其〈雅〉、〈頌〉，刪其繁重，列於六經，著其善惡，以爲勸
戒，此聖人之志也。周道既衰，學校廢而異端起，及漢承秦焚書之
後，諸儒講說者整齊殘缺以爲之義訓，恥於不知而人人各自爲說，
至或遷就其事以曲成其己學，其於聖人，有得有失，此經師之業也。
〔註11〕

歐陽修將《詩經》自創作至採集到編冊教學依序分爲詩人之意、太師之職、
聖人之志及經師之業。「本」乃指詩人之意及聖人之志，「末」則爲太師之職
及經師之業。歐陽修認爲讀《詩》必須得本通末，然本末若不能兼顧，則必
須以本爲重。朱子受其影響，解《詩》便由聖人之志及詩人之意入手分析，
如淫奔詩的提出及思無邪觀念的改造，便是區分詩人之意及聖人之志所得出
的結果。

　　朱子於《詩集傳》中採用許多歐陽修本義之說，據宋健所考，計有二十
四篇。〔註12〕而直接引用歐陽修論《詩》之說則有兩條，〔註13〕分別爲〈雨
無正〉引歐陽修《詩本義》之言云：

　　古之人於詩，多不命題，而篇名往往無義例。其或有命名者，則必
　　述詩之意，如〈巷伯〉、〈常武〉之類是也。今〈雨無正〉之名，據
　　《序》所言，與詩絕異，當闕其所疑。（《詩集傳》，卷11，頁596）

《詩經》篇章之取名多由首句而來，但〈雨無正〉之得名則不符合這項慣例。
今本〈雨無正〉首句云：「浩浩昊天，不駿其德；降喪饑饉，斬伐四國」，並

〔註11〕 歐陽修：《詩本義》，卷14，頁241。
〔註12〕 據宋健所計算，朱子採《詩本義》之說者計有：〈考槃〉、〈竹竿〉、〈兔爰〉、〈女
　　　　日雞鳴〉、〈東方之日〉、〈氓〉、〈東門之枌〉、〈鴟鴞〉、〈破斧〉、〈皇皇者華〉、
　　　　〈出車〉、〈湛露〉、〈何人斯〉、〈小明〉、〈青蠅〉、〈白華〉、〈文王〉、〈鳧鷖〉、
　　　　〈瞻卬〉、〈天作〉、〈時邁〉、〈酌〉、〈那〉、〈長發〉等二十四篇。見宋健：〈論
　　　　歐陽修《詩本義》對朱熹《詩》學的影響〉，收錄於中國詩經學會主編：《詩
　　　　經研究叢刊》第16輯（北京：學苑出版社，2009年6月），頁317～318。
〔註13〕 朱子另於〈瞻卬〉引歐陽修《新五代史》內容論宦者之禍甚於女寵。

無雨無正之辭。而朱子引歐陽修之說，以其闕疑之法作爲參考，但又引劉安世之言云：

> 嘗讀《韓詩》，有〈雨無極〉篇，《序》云：「〈雨無極〉，正大夫刺幽王也。」至其詩之文，則比《毛詩》篇首多「雨無其極，傷我稼穡」八字。（《詩集傳》，卷11，頁596）

朱子雖以爲劉安世所言有理，但又舉出諸多反駁之說，如他認爲若多加此兩句，則詩篇分章便長短不齊，〔註14〕意其仍傾向採取歐陽修闕疑之法。又〈出車〉八章引《詩本義》之言云：

> 述其歸時，春日暄妍，草木榮茂，而禽鳥和鳴。於此之時，執訊獲醜而歸，豈不樂哉！（《詩集傳》，卷9，頁556）

〈出車〉詩八章言「春日遲遲，卉木萋萋，倉庚喈喈，采蘩祈祈」，此乃敘述戍役還歸時所見之景象，鄭玄便以爲「以及其事喜而詳之也」〔註15〕，歐陽修承襲此意，認爲此詩乃文王命南仲征伐，全詩表現出勞而不怨的詩情。而朱子雖不以爲文王時詩，但仍援採喜歸之說，並引歐陽修之言補充詩意，強調盛世之下即使出兵征役，亦不怨憤的治世理想。

《詩經》中載有部分災異祥瑞之說，毛鄭解釋時往往從而發揮，歐陽修則批評爲無稽之言，如〈生民〉曰「誕降嘉種」，《毛傳》以爲天降嘉種，鄭玄更云：「天應堯之顯后稷，故爲之下嘉種。」〔註16〕歐陽修則反駁這種說法：

> 《書》稱后稷播時百穀者，蓋其爲舜教民耕殖以足食爾，如後世有勸農之官也。非謂堯舜已前，地無百穀而民不粒食，待天降種與后稷，而後有也。然則百穀草木，其有固已久矣。安知四穀之之種爲后稷而降也。使天有顯然之跡，特爲后稷降此四穀，其降在於何地？自周秦戰國之際，去聖遠而異端起，奇書怪說，不可勝道，而未嘗有天爲后稷降種之說。《詩》又無明文，但云誕降，則毛鄭何據而云

〔註14〕季旭昇云：「依今本《毛詩》，本詩第一章十句、第二章也是十句，如果第一章加了「雨無其極，傷我稼穡」，就會變成十二句，和第二章不同。其實《詩經》每章應該幾句，似乎不是那麼機械的。即以本詩來說，今本《毛詩》本篇共七章，其句數分別是：十、十、八、八、六、六、六，其章數已經是奇數，本來不能湊成兩兩相對的整齊面貌。如果第一章加了「雨無其極，傷我稼穡」，也不過變成十二、十、八、八、六、六、六，有何不可呢？」見季旭昇：〈雨無正解題〉，《古籍整理研究學刊》2002年5月，第3期，頁14。

〔註15〕阮元校勘：《毛詩正義》，卷9之4，頁5上／890。

〔註16〕阮元校勘：《毛詩正義》，卷17之1，頁14下／1143。

天爲后稷降種也？可謂無稽之言矣！〔註17〕

歐陽修的眼光比較實際，凡《詩經》災祥之端，他一概不信。然朱子則顯得較爲保留，《語類》載：

> 問「履帝武敏」。曰：「此亦不知其何如。但詩中有此語，自歐公不信祥瑞，故後人纔見說祥瑞，皆闢之。若如後世所謂祥瑞，固多僞妄。然豈可因後世之僞妄，而併眞實者皆以爲無乎？『鳳鳥不至，河不出圖』，不成亦以爲非！」（《語類》，卷81，頁2129）

朱子認爲經典中之祥瑞與後世之說有差異，後世之說多僞妄，而經典之應乃聖人與天地通志的結果，故朱子以爲凡經典所載皆眞實有之，〈別紙〉第七通云：

> 如《易》六十四卦，無非言吉凶禍福；《書》四十八篇，無非言災祥成敗；《詩》之〈雅〉、〈頌〉，極陳福祿壽考之盛，以歆動其君，而告戒之者尤不爲少。（《文集》，卷30，頁1162）

朱子是由理氣說論述天人感應之理，要能感天應地，必須與天地相通，而天地本質乃義理之性，故能得天之感應必須是義理與天地相通，而這只有聖人才得以爲之，故朱子乃據此認同經典中之祥瑞皆實有之事，表現出與歐陽修不同的態度。

二、劉敞

劉敞，字原父，世稱公是先生。生於宋眞宗天禧三年，卒於宋神宗熙寧元年，年五十。年青時舉慶曆進士，廷試第一，編排官王堯臣乃其內兄，爲避嫌遂列第二。歷蔡州通判，後改集賢院學士，判御史臺，並曾侍英宗講讀，常指事據經，以義理諷帝。劉敞學問淵博，佛老、卜筮、天文、方藥、山經、金石、地志，皆究知大略。歐陽修有疑，常折簡來問，敞對其使揮筆答之，不停手，歐陽修嘆服其博。劉敞長於《春秋》，《宋史》錄其著書四十卷，然查今存劉敞著作實超出此數甚多，共有《七經小傳》三卷、《春秋傳》十五卷、《春秋權衡》十七卷、《春秋意林》二卷、《春秋傳說例》一卷、《公是集》五十四卷、《公是弟子記》四卷。其中《公是弟子記》雖爲弟子記錄師言之語錄形式，然《四庫全書總目》認爲：「是編題曰弟子記者，蓋託言弟子之所記，而文格古雅，與敞所註《春秋》，詞氣如出一手，似非其弟子所能。故晁公武

〔註17〕歐陽修：《詩本義》，卷12，頁234～235。

《讀書志》以爲敞自記其問荅之言，當必有據也。」〔註18〕據文章辭氣觀察，此書實與劉敞所註《春秋》諸籍相同，故可歸爲劉敞自撰。劉敞著述多出己意，不守章句注疏，晁公武《郡齋讀書志》云：「元祐史官謂慶曆前學者尚文辭，多守章句注數之學，至敞始異諸儒之說。」〔註19〕陳振孫《直齋書錄解題》亦云：「前世經學大抵祖述注疏，其以己意言經，著書行世，自敞倡之。」〔註20〕由此可見劉敞以己意立異說的學風，對宋代經學風的轉變有重要影響力。

　　劉敞《七經小傳》篇幅雖小，但在經學史上卻佔有重要地位，吳曾《能改齋漫錄》曾云：「慶曆以前，學者尚文辭，多守章句注疏之學。至劉原甫爲《七經小傳》，始異諸儒之說。」〔註21〕晁公武亦云：「後王安石修經義，蓋本於敞。」〔註22〕諸家均指出劉敞《七經小傳》首開異說之地位。洪文雄〈劉敞《七經小傳・毛詩》在唐宋《詩經》學轉變的地位探析〉一文更指出劉敞〈毛詩小傳〉在《詩經》學史上有四項影響，分別爲「鼓動疑經疑傳成風」、「刺激說以己意之風」、「引發《詩經》關鍵問題之辨難」、「首創箚記體的解《詩》形式」。〔註23〕諸多見解，均指向劉敞在經學上的開創之功，由此看來，劉敞對於北宋經學好以己意說經的風氣實有推波助瀾之功。

　　唐末宋初，懷疑風潮漸起，慶曆年間，此風達於高潮，以《詩經》而言，質疑對象主要是《詩序》作者及毛鄭訓釋之合宜與否，尚未及於經文。而劉敞雖以異說著聞，但他其實有取有捨，並非完全立異。劉敞基本上仍是站在依《詩序》解說的立場，日人江口尚純曾云：「劉敞對於《詩序》是抱持著強烈批評態度的。」〔註24〕然仔細紬繹〈毛詩小傳〉三十五條之說，反《序》之說並不多，如〈葛覃〉之序云：「后妃之本也。后妃在父母家，則志在於女

〔註18〕　紀昀等：《欽定四庫全書總目》，卷92，頁9下～10上／1823。
〔註19〕　〔宋〕晁公武：《昭德先生群齋讀書志》，收入《四部叢刊三編》，影印北平故宮博物院圖書館藏宋淳祐袁州刊本），卷1下，頁12下。
〔註20〕　〔宋〕陳振孫：《直齋書錄解題》（上海：上海古籍出版社，1987年12月），卷3，頁83。
〔註21〕　〔宋〕吳曾：《能改齋漫錄》（上海：上海古籍出版社，1979年11月），卷2，頁28。
〔註22〕　晁公武：《郡齋讀書志》，卷1下，頁15上。
〔註23〕　洪文雄：〈劉敞《七經小傳・毛詩》在唐宋《詩經》學轉變的地位探析〉，《興大中文學報》第23期，2008年6月，頁257～259。
〔註24〕　〔日〕江口尚純著、馮曉庭譯：〈劉敞《七經小傳》略述——以〈詩經小傳〉的論說爲例〉，《中國文哲研究通訊》，第12卷第3期，2002年9月，頁63。

功之事。」〔註25〕朱子批評在父母家一句未安，並指：「《序》之淺拙，大率類此。」〔註26〕而劉敞則完全接受其說：

> 〈葛覃〉二章曰「葛之覃兮，施於中谷，維葉莫莫。是刈是濩，爲絺爲綌，服之無斁」者，葛居谷中，莫莫茂盛，於是則有人就而刈之、濩之，以爲絺綌，而服之不厭。如后妃在家，德美充茂，則王者就聘之，以爲后妃，與之偕老矣。〔註27〕

劉敞依《詩序》之說，進一步引申此乃后妃在家德美充茂，故王者往聘之。但詩中明明有言「歸寧父母」，又如何解爲未聘以前？劉敞卻未就此批評發揮，僅依《詩序》立說。

不過劉敞亦有反《序》之說，如釋〈卷耳〉云：

> 《序》稱后妃又當輔佐君子，求賢審官，內有進賢之志，至於憂勤。吾於此義殊爲不曉。后妃但主內事，所職陰教，善不出閨壼之中，業不過籩饋之事，何得知天下之賢而思乎之乎？假令實可不害，武王豈責紂爲「牝雞無晨」，周公作《易》何言「在中饋，无攸遂」乎？假令后妃思念進賢，爲社稷計，亦何至朝夕憂勤乎？要之后妃本不與外事，自無緣知賢者不肖主名。若謂后妃賢，當並治其國者，是開後世母后之亂，呂武所以亂天下也。若爾，又何以號爲正〈風〉，教化萬世乎？且令自古婦人欲干預政事，故引此詩爲證。初雖以進賢審官爲號，已而晨鳴，便無可奈何矣。驗大姒、大任等，亦但治內事，無求賢審官之美，審知此《詩序》之誤也。〔註28〕

《詩序》以〈卷耳〉詩爲后妃有進賢之志，當輔佐君子求賢審官，然劉敞認爲如此一來有開後宮干政之憂，並對《詩序》提出三問，認爲后妃並無參政權力，但治內事，如何可能區分賢不肖者而助君子求賢審官？故劉敞批評此爲《詩序》之誤。劉敞的說法對朱子亦有啓發，朱子早年亦接受《序》說，三十歲時所作〈答劉平甫〉第四通論〈卷耳〉詩曾云：

> 一章，言后妃志於求賢審官，又知臣下之勤勞，故採卷耳、備酒漿，雖后妃之職，然及其有懷也，則不盈傾筐，而棄置之於周行之道矣。

〔註25〕 阮元校勘：《毛詩正義》，卷1之2，頁1上／580。
〔註26〕 朱熹：《朱子全書・詩序辨說》，頁357。
〔註27〕 〔宋〕劉敞：《公是先生七經小傳》，收錄於〔清〕納蘭性德輯：《通志堂經解》第16冊（揚州：江蘇廣陵古籍刻印社，1993年11月），卷上，頁514。
〔註28〕 劉敞：《公是先生七經小傳》，卷上，頁514～515。

言其憂之切至也。（《文集》，卷 40，頁 1691）

朱子此時亦認同《詩序》求賢審官之說。但後來改變看法之後，五十七歲時所寫〈答潘恭叔〉第六通云：「〈卷耳〉詩，恐是文王征伐四方，朝會諸侯時，后妃所作。」（《文集》，卷 50，頁 2285）便以爲此詩乃后妃思念文王之作，朱子之所以對於《詩序》之說會有漸進改變，前人的質疑也是很大的助力。

劉敞對《詩序》的質疑並不突出，又如〈風〉、〈雅〉之詩歷來有正、變之分，此說肇自〈詩大序〉：「至於王道衰，禮義廢，政教失，國異政，家殊俗，而變〈風〉、變〈雅〉作矣。」〔註29〕〈詩大序〉已有以時代畫分正變之傾向，但劉敞並不將之視作批評對象，而以爲此乃後人補充而形成的印象，劉敞云：

子夏曰：《詩》云：「禮義廢，政教失，國異政，家殊俗，而變〈風〉、變〈雅〉作矣。」然則諸〈國風〉其言正義善事合於道者，皆正〈風〉也，其有刺譏怨諷者，乃變〈風〉也。亦猶二〈雅〉言文武成康爲正〈雅〉，言幽厲爲變〈雅〉矣。今說者皆斷〈周南〉、〈召南〉爲正〈風〉，自〈邶〉以下爲變〈風〉，遂令〈淇奧〉、〈緇衣〉與〈南山〉、〈北門〉同列，非夫子之意、子夏之指。且國史明乎得失之跡，傷人倫之廢，哀刑政之苛，爲變〈風〉可矣；若人倫不廢、刑政不苛，何故不得爲正〈風〉乎？既橫生分別，不與二〈雅〉同，又褒貶錯謬，實無文可據，未足以傳信也。〔註30〕

劉敞同意〈大序〉爲子夏所作，而其所以區別正變乃是因詩歌性質內容而定，並非以時代爲據，之所以會產生依時代興衰區分正變的作法，乃「今說者」所強加之解釋，由此可見他基本維護《詩序》的心態。所謂「今說者」之內容其實主要發自鄭玄，〈詩譜序〉云：

陶唐之末、中葉，公劉亦世脩其業，以明民共財。至於大王、王季，克堪顧天。文武之德，光熙前緒，以集大命於厥身，遂爲天下父母，使民有政有居。其時詩〈風〉有〈周南〉、〈召南〉，〈雅〉有〈鹿鳴〉、〈文王〉之屬。及成王、周公致太平，制禮作樂，而有〈頌〉聲興焉，盛之至也。本之由此〈風〉〈雅〉而來，故皆錄之，謂之《詩》之正經。後王稍更陵遲，懿王始受譖，亨齊哀公；夷身失禮之後，

〔註29〕阮元校勘：《毛詩正義》，卷 1 之 1，頁 12 下／566。
〔註30〕劉敞：《公是先生七經小傳》，卷上，頁 514。

邮不尊賢。自是而下，厲也、幽也，政教尤衰，周室大壞，〈十月之交〉、〈民勞〉、〈板〉、〈蕩〉勃爾俱作，眾國紛然，刺怨相尋。五霸之末，上無天子，下無方伯，善者誰賞，惡者誰罰，紀綱絕矣。故孔子錄懿王、夷王時詩，訖於陳靈公淫亂之事，謂之變〈風〉、變〈雅〉。〔註31〕

鄭玄明確將成王以前之詩列爲正〈風〉，懿王以後之詩列爲變〈風〉，但正如劉敞所指出，變〈風〉並非全爲哀悼人倫廢、刑政苛之作，如〈淇奧〉乃美衛武公之德，〈緇衣〉則爲美鄭武公父子之詩，皆非因感傷而作，爲何不可列於正〈風〉，而必欲置於變〈風〉邪？故他批評強以時代畫分正變乃妄說，不足採信。

劉敞批評對象主要針對毛、鄭，如反對《毛傳》訓〈狼跋〉之公孫及鄭《箋》訓公孫爲公遜之說：

〈狼跋〉曰：「公孫碩膚，赤舄几几。」公孫者，幽公之孫，謂周公也，周公有碩膚之德，故攝政而履人君之舄几几然，甚宜之也。毛以公孫爲成王，鄭以公孫爲公遜，皆非是。〔註32〕

劉敞以爲公孫乃幽公之孫，也就是周公，既非成王，也並非所謂公遜，不認同毛鄭之說。又如〈四月〉之詩云：「匪鶉匪鳶，翰飛戾天；匪鱣匪鮪，潛逃于淵。」詩中取有四種動物形象，鶉、鳶爲鳥類故飛天，鱣、鮪爲魚類故潛淵，但這四種意象之象徵義爲何？毛鄭說法頗有不同，《毛傳》詁曰：「鶉，鵰也。鵰、鳶，貪殘之鳥也。大魚能逃處淵。」〔註33〕毛公特別指出鶉、鳶爲貪殘之鳥，其意乃指爲害者爲鶉、鳶，《毛詩正義》則順《毛傳》之意而疏釋云：

鶉、鳥（鳶）皆殺害小鳥，故云貪殘之鳥，以喻在位貪殘也。大魚能逃於淵，喻賢者隱遁也。故王肅云：「以言在位非鵰鳶也，何則貪殘驕暴，高飛至天；時賢非鱣鮪也，何爲潛逃以避亂？」孫毓云：「貪殘之人而居高位，不可得而治；賢人大德而處潛遁，不可得而用，上下皆失其所，是以大亂而不振。」皆述毛說也。〔註34〕

〔註31〕 阮元校勘：《毛詩正義》，〈詩譜序〉，頁3上～5下／555～556。
〔註32〕 劉敞：《公是先生七經小傳》，卷上，頁515。
〔註33〕 阮元校勘：《毛詩正義》，卷13之1，頁18上／993。
〔註34〕 阮元校勘：《毛詩正義》，卷13之1，頁18上／993。

經《正義》引申後，鶉鳶爲政治貪殘之象徵，而大魚爲賢者隱遁而去之意，是以詩中所言兩類動物爲對比性質。然鄭玄則不取此說，他以爲魚、鳥皆喻人民，其云：

> 翰，高。戾，至。鱣，鯉也。言鵰鳶之高飛，鯉鮪之處淵，性自然也。非鵰鳶能高飛，非鯉鮪能處淵，皆驚駭辟害爾。喻民性安土重遷，今而逃走，亦畏亂政故。〔註35〕

鳥之高飛，魚之逃淵，皆喻人民因畏亂而四散。對於毛、鄭、孔等傳統注疏的說法，劉敞皆不取，他自出己意云：

> 「匪鶉匪鳶，翰飛戾天，匪鱣匪鮪，潛逃于淵」者，言怨亂並興，憂之之辭也，曾不爲鶉鳶乎，翰飛戾天，曾不爲鱣鮪乎，潛逃于淵，言非此四者，則皆罹其患矣。〔註36〕

劉敞以爲鶉、鳶、鱣、鮪並沒有暗藏取象之意，而是詩人自述不得如魚鳥可遠離避禍，乃詩人憂慮禍亂將起所發出無可奈何之嘆息！劉敞的解釋不取迂曲的取象意涵，僅順字面而說，確實較毛鄭等人之說更爲簡明，朱子於此詩雖未明引劉敞之言，但他可能是採用其說，《詩集傳》云：「鶉鳶則能翰飛戾天，鱣鮪則能潛逃于淵。我非是四者，則亦無所逃矣。」（《詩集傳》，卷13，頁616）所述之意與劉敞幾乎相合，當是受其影響。

朱子於《詩集傳》明引劉敞說者僅兩處，分別是注〈伐木〉云：

> 劉氏曰：「此詩每章首輒云『伐木』，凡三云『伐木』，故知當爲三章。舊作六章誤矣。」（《詩集傳》，卷9，頁551）

朱子引劉敞之說針對〈伐木〉詩重新分章，這也是劉敞不守前儒之說的例子。又如〈巷伯〉七章亦引云：

> 劉氏曰：「其後王后、太子及大夫果多以讒廢者。」（《詩集傳》，卷12，頁610）

此處所引較爲簡略，劉敞全文則爲：

> 〈巷伯〉之詩，孟子所作也。孟子仕人，以避嫌不審，爲讒者譖之，至加宮刑爲寺人，故作此詩也。詩名巷伯者，是其身所病者，故以冠篇。末云「楊園之道，猗于畝丘」者，言讒人周極，不獨譖己而已，必將上及大臣骨肉，但先自己始也。故曰「凡百君子，敬而聽

〔註35〕阮元校勘：《毛詩正義》，卷13之1，頁18上／993。
〔註36〕劉敞：《公是先生七經小傳》，卷上，頁516。

之」，其後王后、太子及大夫果多以讒廢者。〔註37〕

〈巷伯〉之詩乃寺人孟子因傷讒而作，詩中對進讒者厭惡至極，最後一章則述明作意：「凡百君子，敬而聽之」，意欲後人警惕。而劉敞據此發揮，以爲寺人孟子之意在於若不制裁進讒之人，則讒言對象將擴散，甚至最後及於王后、太子等。《詩序》以此詩爲幽王時作：「〈巷伯〉，刺幽王也。寺人傷於讒，故作是詩也。」〔註38〕劉敞亦認同之，遂舉申后及太子宜臼爲例，以爲這是讒言未止的後果。而朱子《詩序辨說》對此無論，似表認可。《詩集傳》中雖未針對此詩時世討論，但引劉敞之說爲證，則亦認同《詩序》刺幽王之言也。

三、王安石

王安石，字介甫，號半山，江西臨川人，諡文，封荊國公。生於北宋眞宗大中祥符五年，卒於元祐元年，年六十六。少好讀書，過目不忘，文思敏捷，屬文如飛，初若不經意，既成而眾服其妙。嘉祐三年（1058），王安石向宋仁宗上萬言書以砭時弊，暢言天下窮困，患在不知法度，不法先王之政。神宗即位，召爲翰林學士兼侍講，常以法堯舜喻帝，帝服其論，遂拜參知政事，實行青苗、農田水利、募役等新政，號爲新法。由於新法影響層面廣泛，推動困難，司馬光建請暫停新法，遭王安石〈荅司馬諫議書〉以「人習於苟且非一日，士大夫多以不恤國事，同俗自媚於眾爲善」〔註39〕回絕，王安石態度強硬，竟引發新舊黨爭，影響北宋國運至甚。後一度罷相，復拜相，神宗漸生嫌隙，頗厭其所爲，及安石子雱（1044～1076）逝世，遂請解職務，由是罷爲鎭南節度使同平章事，封舒國公，元豐三年，改封荊國公。

王安石爲改革科舉考試，遂以經義代替策論，而經義標準則爲安石所創訂之《三經新義》，分別就《周官》、《尙書》及《詩經》撰作新義，頒於學官，俾令天下學子遵循。宋人治經，敢於改變古意，創立新說，此風至王安石尤甚，並深刻影響官學及私著。王安石說經好出己意，且有過度穿鑿之弊，早年《三經新義》已極具這種傾向，晚年《字說》更爲傅會，林之奇即批評王安石「惟其喜鑿故也」〔註40〕，朱子亦稱其鑿。王安石著述頗豐，計有《臨

〔註37〕 劉敞：《公是先生七經小傳》，卷上，頁515。
〔註38〕 阮元校勘：《毛詩正義》，卷12之3，頁19上／978。
〔註39〕 〔宋〕王安石：《臨川先生文集》（北京：中華書局，1959年1月），卷73，頁773。
〔註40〕 〔宋〕林之奇：《尙書全解》，收入《通志堂經解》第8冊，卷23，頁452。

川集》一百卷、《王氏日錄》八十卷、《字說》二十卷、《易義》二十卷、《洪範傳》一卷、《左傳解》一卷、《禮記要義》二卷、《孝經義》一卷、《論語解》十卷及《三經新義》〔註41〕。一時學者雖無不傳誦，然新法後成眾矢之的，安石著述遂多亡佚不傳，今人程元敏輯有《三經新義輯考彙評》，可作為研究王安石經學思想重要參考。

　　《詩經新義》主要由王安石訓義，其子王雱負責訓辭，執筆之人尚有呂惠卿（1032～1111）、陸佃（1042～1102）、沈季長等，然主要作為推動新法科舉改革之用，故後人多直接目為王安石之作。

　　王安石認為《詩序》並非孔子作，而是更早於孔子，蓋其詩形成時便已作序，其云：

> 世傳以為言其義者子夏也。觀其文辭，自秦漢以來諸儒，蓋莫能與於此。然傳以為子夏，臣竊疑之。《詩》上及於文王、高宗、成湯，如〈江有汜〉之為「美媵」，〈那〉之為「祀成湯」，〈殷武〉之為「祀高宗」。方其作時，無義以示後世，則雖孔子亦不得而知，況於子夏乎？〔註42〕

王安石的說法其實與疑《詩序》後出僅一線之隔，他以〈江有汜〉為例，認為從詩歌文本而言，無論如何也很難與美媵畫上等號，但《詩序》卻以此詩為：「美媵也。勤而無怨，嫡能悔過也。文王之時，江沱之間有嫡不以其媵備數，媵遇勞而無怨，嫡亦自悔也。」〔註43〕由詩詞來看，極類男女怨情之作，而王安石雖採信《詩序》之說，但也指出，若當時創作之時未將詩義寫明傳於後世，則這類詩旨隱晦之詩，將連孔子亦不得而曉。王安石雖仍主張依循《詩序》解《詩》，但他確實能看出《詩序》與文本之間有極大落差，只是他竟反向選擇《詩序》乃作者所寫，早於孔子，也算是相當別出心裁的補綴之說。不過王安石依舊強調必須遵從《詩序》，不當疑其失，〈答韓求仁書〉有云：

〔註41〕一般以為《周官義》乃安石自撰，《詩義》則為王雱主訓詩辭，呂升卿解《詩序》，《書義》則以王雱經筵講義為基礎。然蔡師根祥認為王雱卒時年僅三十三歲，而王安石於《尚書》深有研究，新法與《書義》相應者十之六七，故《書義》作者「與其屬諸王雱，無寧屬之於荊公為長。」（見蔡根祥：《宋代尚書學案》，《中國古典文獻研究輯刊三編》第11冊（臺北縣：花木蘭文化出版社，2006年9月），頁93。）

〔註42〕程元敏：《三經新義輯考彙評（二）——詩經》（臺北：國立編譯館，1986年9月），頁5。

〔註43〕阮元校勘：《毛詩正義》，卷1之5，頁6下～7上／614～615。

> 蓋序詩者不知何人，然非達先王之法言者，不能爲也。故其言約而
> 明，肆而深，要當精思而熟講之爾，不當疑其有失也。〔註44〕

王安石雖不認爲《詩序》爲孔子、子夏等人所作，但作者亦爲能夠達先王之
法言者，也就是能夠傳遞先王之禮義者，故而其言皆極有深意，不可疑之，
充分表現他遵用《詩序》的態度。

《詩經新義》乃爲科舉標準讀本，爲符合政治需求，其中包含有許多義
理內容，而其目的則是「欲以經術造成人材，而職業其事」〔註45〕，主要還
是欲爲新法服務，因此《詩義》內容相當重視教化，如注〈烈文〉云：「蓋所
謂德者，以至誠出於仁義也；未有仁而遺其親，未有義而後其君。」〔註46〕
注〈文王〉云：「足乎己無待於外之謂德。以德求多福，則非有待於外也。」
〔註47〕這些說法都是強調自身德性修養之重要性。又如注〈六月〉云：「忠也
者，移孝以爲之者也；順也者，移友而爲之者也。故言忠順之臣，必及孝友
之友。」〔註48〕認爲忠以孝爲本，順以友爲根，本性之德若能建立良好基礎，
便可移孝作忠，移友爲順，從自身擴展至人倫之君臣主從關係中。《詩義》因
其科舉用書的性質，所言多針對學子而言，但由於王安石與神宗的特殊知遇
關係，他在《三經新義》之中亦直接點明對君主的期待，如注〈大叔于田〉
云：「人君明義以正眾，使眾知義，而孰敢爲不義？爲不義，則眾之所棄也，
安能得眾哉？」〔註49〕認爲君主若不行仁義，便不能得眾。又如注〈采薇〉
時云：「人情所患，莫切于行役之勞、飢渴之害，故中心傷悲而莫有知其哀者，
則幾于不得其所而無所告訴。今歌詩遣之，述其勤苦，則人不知其哀而上知
之。此君子能盡人之情，故人忘其死也。」〔註50〕則強調君主必須體恤民意，
才能使人民勞而無怨。王安石除透過《三經新義》論述其對君主的要求標準，
亦添加入許多宋代知識分子自我意識高漲下的意見，挑戰傳統君臣關係，胡
金旺云：

> 王安石在《詩經義》中所論君臣關係既有對傳統君臣關係的繼承，
> 又有其獨特的地方。作爲一個封建士大夫的王安石當然在總體上也

〔註44〕王安石：《臨川先生文集》，卷72，頁761。
〔註45〕王安石：《臨川先生文集》〈論改詩義箚子〉，卷43，頁460。
〔註46〕程元敏：《三經新義輯考彙評（二）──詩經》，頁278。
〔註47〕程元敏：《三經新義輯考彙評（二）──詩經》，頁323。
〔註48〕程元敏：《三經新義輯考彙評（二）──詩經》，頁146。
〔註49〕程元敏：《三經新義輯考彙評（二）──詩經》，頁68。
〔註50〕程元敏：《三經新義輯考彙評（二）──詩經》，頁134。

認爲君尊臣卑，君主的地位至高無上，君主享有絕對的權利而無上的權威，君主的地位不容挑戰等等。王安石還談到了君主對臣子要盡可能的體恤，不能漠不關心。這些思想都是傳統思想包含的內容，也是士大夫所津津樂道的。但是王安石的君臣思想不是就此而止，而是在孟子君臣關係思想的基礎之上繼續有所引申和發展。王安石認爲在道義面前君臣是平等的，所以君臣可以迭爲賓主。這個思想就已經走出了傳統思想的禁錮而與之有了本質的區分，因而遭到士大夫的猛烈抨擊。〔註51〕

如注〈遵大路〉時有云：「言君子循道以去其君。」〔註52〕又注〈考槃〉則云：「碩人自誓不忘君之惡，自誓不復入君之朝，自誓不復告君以善道。」〔註53〕王安石認爲若君爲惡，則臣下可爲保全己身而去之，這是繼承《孟子》的思想，強調君臣各有其分，必須互相尊重。

　　王安石說經亦喜談性命之理，但他受到佛教影響，遂帶有性空傾向，〈答蔣穎叔書〉云：

> 所謂性者，若四大是也，所謂無性者，若如來藏是也。雖無性而非斷絕，故曰一性所謂無性。曰一性所謂無性，則其實非有非無，此可以意通，難以言了也。惟無性，故能變，若有性，則火不可以爲水，水不可以爲地，地不可以爲風矣。〔註54〕

王安石認爲無性，也就是性空，故不可以善惡言性，但有時又認爲性可以有善惡，〈性情〉云：「蓋君子養性之善，故情之善；小人養性之惡，故情亦惡。」〔註55〕可見王安石依違於儒釋之間。而王安石在《詩經新義》中所表現出之性命觀有兩種情況，陳戰峰云：

> 王安石對「性」的理解，大致有兩種情況，一是指萬物之性，即自然性；一是指性善之性，即倫理性。〔註56〕

自然之性乃情欲之謂，王安石注〈螽蟴〉云：「男女之欲，性也，有命焉，君

〔註51〕 胡金旺：《王安石的哲學思想與《三經新義》》，上海師範大學哲學學院博士論文，2010年5月，頁109。

〔註52〕 程元敏：《三經新義輯考彙評（二）──詩經》，頁70。

〔註53〕 程元敏：《三經新義輯考彙評（二）──詩經》，頁55。

〔註54〕 王安石：《臨川先生文集》，卷78，頁827。

〔註55〕 王安石：《臨川先生文集》，卷67，頁715。

〔註56〕 陳戰峰：《宋代《詩經》學與理學──關於《詩經》學的思想學術史考察》，頁104。

子不謂之性也。」〔註57〕可見王安石雖以欲說性，但這是順經文而發之解釋，他並不認同情欲爲性。事實上王安石往往在論述時有混合性、情、命而發議論的傾向。

王安石說經最大特色便是穿鑿，洪湛侯舉出《詩經新義》五項缺失，分別爲「以文害辭」、「糾纏字義」、「分析繁碎」、「引喻失義」、「穿鑿附會」。〔註58〕王安石喜歡強說義理，這是《三經新義》最大爭議處，如注〈淇奧〉云：

> 充耳琇瑩，以言武公有其德而稱此服；如金如錫如圭如璧，言其成
> 德之貌。夫盛德之至，有剛有柔，而其化無方；或銳或圓，而其成
> 不易。其化無方，則所以爲道也；其成不易，則所以爲義也。〔註59〕

傳統雖亦有以〈淇奧〉含德稱其服之意，但王安石卻過度解釋，以爲字字句句皆有深刻內涵，李樗便評云：「此蓋王氏隨字生義，隨句生意，非詩人之本意。」〔註60〕所評可謂的當。又如論〈蒹葭〉云：

> 仁，露；義，霜也。而禮節斯二者。襄公爲國而不能用禮，將無以
> 成物，故刺之曰：「蒹葭蒼蒼，白露爲霜。」〔註61〕
> 降而爲水，升而爲露，凝而爲霜，其本一也。其升也、降也、凝也，
> 有度數存焉，謂之時，此天道也。畜而爲德，散而爲仁，斂而爲義，
> 其本一也。其畜也、斂也、散也，有度數存焉，謂之禮，此人道也。
> 〔註62〕

《詩序》以此詩爲刺襄公「未能用周禮，將無以固其國焉」〔註63〕，王安石承其意更進而將霜露比作仁義，並以其升降凝散皆有度數，爲禮之比方，可謂於無義處強生義理，極好穿鑿。黃庭堅〈大雅堂記〉便批評云：

> 彼喜穿鑿者，棄其大旨，取其發興，於所遇林泉人物、草木蟲魚，
> 以爲物物皆有所託，如世間商度隱語者。〔註64〕

〔註57〕 程元敏：《三經新義輯考彙評（二）——詩經》，頁49。

〔註58〕 洪湛侯：《詩經學史》，頁318～322。

〔註59〕 程元敏：《三經新義輯考彙評（二）——詩經》，頁54。

〔註60〕 〔宋〕李樗、黃櫄撰：《毛詩集解》，收錄於納蘭性德輯：《通志堂經解》第7冊，卷7，頁306。

〔註61〕 程元敏：《三經新義輯考彙評（二）——詩經》，頁95。

〔註62〕 程元敏：《三經新義輯考彙評（二）——詩經》，頁95。

〔註63〕 阮元校勘：《毛詩正義》，卷6之4，頁1上／791。

〔註64〕 〔宋〕黃庭堅撰，劉琳等點校：《黃庭堅全集》（成都：四川大學出版社，2001年5月），卷16，頁437～438。

王安石雖喜穿鑿，但有些說法卻也頗暗合事理，如他論〈無羊〉「爾羊來思，其角濈濈；爾牛來思，其耳濕濕」之意云：

> 濈濈，和也。羊以善觸爲患，故言其和，謂聚而不相觸也。濕濕，潤澤也。牛病而耳燥，安則潤澤也。〔註65〕

王安石的解釋雖有過度之嫌，但卻與牛羊之性相合，故朱子仍取其說以注此章。

　　《詩經新義》之立場乃基於爲教化而作，故其中亦不乏可取之處，朱子對荊公雖有不滿，但其說若有符合義理或文理處仍予以引用之，不因人廢言。如《詩集傳》注〈渭陽〉便引其言曰：

> 王氏曰：「至渭陽者，送之遠也。悠悠我思者，思之長也。路車乘黃、瓊瑰玉佩者，贈之厚也。」（《詩集傳》，卷6，頁514）

王安石說《詩》喜生附會，但論〈渭陽〉之說卻極爲平易。〈渭陽〉乃秦康公送晉文公之詩，晉文公爲秦康公舅氏，秦康公因思母而對晉文公深具好感，故《詩序》言「念母之不見也，我見舅氏，如母存焉。」〔註66〕詩歌本文雖簡單，但意味深長，王安石於此詩卻未如於其他詩一般特別討論「路車乘黃」、「瓊瑰玉佩」等字義有何特殊內涵，而僅以「送之遠」、「思之長」、「贈之厚」三句，將秦康公不捨之情烘托得十分成功，故爲朱子所取。又如注〈七月〉引王安石之言云：

> 王氏曰：仰觀星日霜露之變，俯察昆蟲草木之化，以知天時，以授民事。女服事乎內，男服事乎外。上以誠愛下，下以忠利上。父父子子，夫夫婦婦，養老而慈幼，食力而助弱。其祭祀也時，其燕饗也節，此〈七月〉之義也。（《詩集傳》，卷8，頁534）

〈七月〉之詩乃敘農時之事，而王安石總結全詩之意，亦不再穿鑿其說，而透過詩文強調〈七月〉所勾勒的是一幅農事和樂，上下忠愛，人倫得正之畫面，並以精準文字表現〈七月〉乃治世詩歌，其說極富含教化之理，故朱子亦取之。再如注〈我行其野〉引曰：

> 王氏曰：先王躬行仁義以道民，厚矣。猶以爲未也，又建官置師，以孝、友、睦、姻、任、邺六行教民。爲其有父母也，故教以孝。爲其有兄弟也，故教以友。爲其有同姓也，故教以睦。爲其有異姓

〔註65〕程元敏：《三經新義輯考彙評（二）──詩經》，頁161。
〔註66〕阮元校勘：《毛詩正義》，卷6之4，頁10上／795。

也，故教以姻。爲隣里鄉黨相保相愛也，故教以任。相賙相救也，
故教以恤。以爲徒教之或不率也，故使官師以時書其德行而勸之。
以爲徒勸之或不率也，於是乎有不孝、不睦、不姻、不弟、不任、
不恤之刑焉。方是時也，安有如此詩所刺之民乎！（《詩集傳》，卷
11，頁580）

王安石《三經新義》撰述最重要目的是爲政治服務，故其中依據《詩》、《書》
及《周禮》之記載設計有許多政治教化理想模型，而王安石基本上也是強調
仁義之道，故他以孝、友、睦、姻、任、卹等六行之法教民，也是從傳統儒
家所重視的德性入手，即使在實際方法上可能存在爭議，但其部分意見體現
王道之治的原則概念，亦爲朱子所接受。

四、蘇轍

蘇轍，字子由，晚號穎濱遺老，眉州眉山人，生於北宋仁宗寶元二年，
卒於徽宗政和二年，年七十四。蘇轍爲人沈靜簡潔，鮮言寡欲。嘉祐二年，
與蘇軾同登進士科。熙寧三年，上書神宗，力諫變法，又致書王安石批評新
政，熙寧五年出爲河南推官。元豐二年，蘇軾遭逢烏臺詩案，蘇轍上書乞以
官職贖罪，被貶監筠州鹽酒稅。元豐八年，舊黨復政，召蘇轍入京爲司諫，
後拜尚書右丞、門下侍郎，執掌朝政。哲宗執政後，新黨得勢，蘇轍因上書
反對時政，再貶出知汝州、袁州、雷州安置。崇寧三年，定居許州潁水之濱，
讀書學禪以度晚年。死後追復端明殿學士，諡文定。

蘇轍論學以儒爲主，尤其傾慕孟子，爲文則以策論爲長，長於政論及史
論。蘇轍文學成就雖不及其兄蘇軾，但蘇軾曾以「體氣高妙」稱之，亦道出
其文章特點。蘇轍著有《欒城集》，包括《後集》、《三集》共八十四卷，經學
著述則有《詩集傳》二十卷、《蘇氏春秋解》三十卷、《論語拾遺》一卷、《孟
子解》一卷。蘇轍說《詩》最重要特點在於突破《詩序》的禁錮，他認爲《詩
序》首句乃孔子或其弟子所作，首句之後的論述則爲毛氏之學，並爲衛宏所
集錄者，其云：

孔子之敍《書》也，舉其所爲作《書》之故；其贊《易》也，發其
可以推《易》之端，未嘗詳言之也。非不能詳，以爲詳之則隘，是
以常舉其略以待學者自推之，故其言曰：「仁者見之謂之仁，智者見
之謂之智。」夫唯不詳，故學者有以推而自得之。今《毛詩》之敍，

何其詳之甚也。世傳以爲出於子夏，予竊疑之。子夏嘗言《詩》於
仲尼，仲尼稱之，故後世之爲《詩》者附之。要之豈必子夏爲之，
其亦出於孔子或弟子之知《詩》者歟？然其誠出於孔氏也，則不若
是詳矣。孔子刪《詩》而取三百五篇，今其亡者六焉，亡《詩》之
敘，未嘗詳也。《詩》之亡者，經師不得見矣，雖欲詳之而無由，其
存者將以解之，故從而附益之，以自信其說，是以其言時有反覆煩
重，類非一人之詞者。凡此皆毛氏之學而衛宏之所集錄也。〔註67〕

蘇轍以《序》分兩類的說法其實肇始自唐代成伯璵《毛詩指說》，然成伯璵之
說尙趨於簡單，而蘇轍則全部廢棄首句以下之說，僅以首句爲主，這樣的認
識對朱子雖有影響，不過朱子仍舊批評這樣的作法，《詩序辨說》云：

首句未必是，下文未必非耳。蘇氏乃例取首句而去其下文，則於此
類兩失之矣。〔註68〕

〈答吳伯豐〉第四通云：

蘇氏《詩傳》，比之諸家若爲簡直，但亦看《小序》不破，終覺有惹
絆處耳。（《文集》，卷52，頁2418）

《語類》亦云：

「《詩序》，東漢〈儒林傳〉分明說道是衛宏作。後來《經》意不明，
都是被他壞了。某又看得亦不是衛宏一手作，多是兩三手合成一序，
愈說愈疏。」浩云：「蘇子由却不取《小序》。」曰「他雖不取下面
言語，留了上一句，便是病根。」（《語類》，卷80，頁2074）

朱子完全否定《詩序》的來源與聖人有關，故無論是首句或之後的說解，皆
不應遵爲圭臬，必欲守之而不敢違。雖然朱子說《詩》亦會採取《詩序》之
說，但這是他在經由自己衡量之後，擇取可符合詩意及義理的《序》說解《詩》，
並不是先由《詩序》的思維入手解析，這種態度與北宋疑《詩序》却又不敢
完全突破的態度不同。

蘇轍〈詩論〉曾言：「夫《六經》之道，惟其近於人情，是以久傳而不廢。」
〔註69〕蘇轍主張重視人情，並從道德修養的角度來詮釋，故他對於《詩經》

〔註67〕　〔宋〕蘇轍：《詩集傳》，宋淳熙七年蘇詡筠州公使庫刻本，卷1，頁5上～5
下。
〔註68〕　朱熹：《朱子全書・詩序辨說》，頁358。
〔註69〕　〔宋〕蘇轍撰，陳宏天、高秀芳點校：《蘇轍集・欒城應詔集》（北京：中華
書局，2004年5月），卷4，頁1272。

中的倫常關係著墨較多，如他強調夫婦之義著重於女子的品德，《詩集傳》云：
「女子在家，有和德而無淫僻之行，可以配君子也。」〔註70〕又云：「女子在
家習爲婦功，既成則可以適人矣。」〔註71〕夫婦之道乃一切人倫關係的開展
樞紐，而蘇轍所注重者乃在於對女子的要求，若女子己身能遵守其道，對於
家庭和睦及君子進德均有助益。如論〈樛木〉詩云：「后妃以逮下，故眾妾得
敘進於君子；室家既和，故其君子無所憂患，而能安履其福祿。苟其不和，
雖有福祿而不能安也。」〔註72〕蘇轍的觀點偏重於后妃能先自修身，才能配
於君子，並和樂室家，強調賢妃的重要性。蘇轍之說頗有導向后妃與君主各
自修德的區隔，但這樣的態度是與朱子主張文王之化的方式有所差異。

　　蘇轍與蘇軾兩兄弟之情誼傳爲千古佳話，因此在論述兄弟之倫時，蘇轍
便特別批判世人重視朋友甚於兄弟的態度，注〈小雅・常棣〉時有云：

> 兄弟之相懷，不見於平居，而見於死喪之威。今使人失其常居，而
> 聚於原隰之間，則他人相舍而兄弟相求矣。……人之急難，相救不
> 舍斯須，如脊令者，唯兄弟也。雖有良朋，其甚者不過爲之長嘆息
> 而已。〔註73〕

蘇轍於此雖重視兄弟之倫甚於朋友，但他也並非忽視朋友相切磋的助益。總
之，蘇轍在《詩集傳》中對傳統儒學範疇所重視的概念均有所發揮，李冬梅
便云：

> 蘇轍對于父子、夫婦、兄弟、朋友幾種人倫關係的理解仍然是以儒
> 家傳統思想爲主導的，堅持的仍然是儒家學者的孝、悌、忠、信等
> 倫理思想，只不過在具體的論說上有所補充和修改而已，其最終目
> 的都是更好地爲自己的政治思想而服務，以便達到經世致用的效
> 果。〔註74〕

蘇轍的理解雖多局限在傳統儒學之中，汲取並申論其精華概念，但受到時代
潮流影響，其說《詩》實已漸帶有理學色彩，如其論「思無邪」云：

> 孔子曰：「《詩》三百，一言以蔽之，曰思無邪。」何謂也？人生而

〔註70〕蘇轍：《詩集傳》，卷1，頁6上。
〔註71〕蘇轍：《詩集傳》，卷1，頁7上～7下。
〔註72〕蘇轍：《詩集傳》，卷1，頁9上。
〔註73〕蘇轍：《詩集傳》，卷1，頁5上。
〔註74〕李冬梅：《蘇轍《詩集傳》新探》（成都：四川大學出版社，2006年1月），頁196。

有心，心緣物則思，故事成於思而心喪於思。無思，其正也。有思，
其邪也。有心未有無思者也，思而不留於物，則思而不失其正，正
存而邪不起，故《易》曰「閑邪存其誠」，此「思無邪」之謂也。
〔註75〕

蘇轍強調思不可留於物，物代表物欲，若思留意於物，便爲物欲所牽引，若
能不留于物，則思便能不失其正。蘇轍的說法很明顯是受蘇軾的影響，蘇軾
〈寶繪堂記〉曾云：

君子可以寓意於物，而不可以留意於物。寓意於物，雖微物足以爲
樂，雖尤物不足以爲病。留意於物，雖微物足以爲病，雖尤物不足
以爲樂。〔註76〕

所謂留意於物者，指心爲物所累，爲物所牽引，因此眼光、思想均不能脫離
於物，故爲留意於物，如此則心靈不能超越事物，所見所論自然狹隘，因此，
必須以寓意於物的態度觀察事物。寓意於物者，即回歸主體心靈，但並非斷
絕與外物的關係，此時必須再「游於物之外」，思雖以外物爲基礎，並使心靈
與物交合，但又不受客觀規律束縛，心能不爲物所累，如此則能夠達到「其
神與萬物交」的境界，此即爲寓意於物之涵意。蘇轍雖是由心與思關係探討
思無邪，尚未論及性與情的關係，但這樣的討論確實已初步涉及理學範疇，
雖然理論深度不夠，但也反映出宋代學術重視理學思辨的特色。

　　朱子雖然以爲蘇轍仍有羈絆，無法完全看破《詩序》，但對於蘇轍《詩
集傳》仍執正面肯定之說，《語類》云：「子由《詩解》好處多。」（《語類》，
卷 80，頁 2090）據朱傑人統計，朱子《詩集傳》援引蘇轍之說多達二十二
條，〔註77〕可見朱子對蘇轍說法的高接受度。如〈定之方中〉引蘇轍之言云：
「種木者求用於十年之後，其不求近功，凡此類也。」（《詩集傳》，卷 3，頁
445）〈定之方中〉有云：「樹之榛栗，椅桐梓漆，爰伐琴瑟」，鄭玄僅順詩句
解云：「樹此六木於宮者，曰其長大可伐以爲琴瑟，言豫備也。」〔註78〕而蘇
轍則從心理角度闡述衛文公事業並不在求近功，強調其眼光之深遠，頗有義
理價值，遂爲朱子所取。又如〈葛生〉四章「夏之日，冬之夜，百歲之後，

〔註75〕　蘇轍：《詩集傳》，卷 19，頁 4 下～5 上。
〔註76〕　〔宋〕蘇軾：《蘇軾文集》（北京：中華書局，1999 年 7 月），卷 11，頁 356。
〔註77〕　朱傑人：〈朱子《詩集傳》引文考〉，收錄於蔣秋華、馮曉庭編：《宋代經學國
　　　　際研討會論文集》（臺北：中央研究院中國文研究所，2006 年 10 月），頁 349。
〔註78〕　阮元校勘：《毛詩正義》，卷 3 之 1，頁 14 下／665。

歸于其居。」乃婦人思夫之詞，朱子則引蘇轍之言曰：「思之深而無異心，此〈唐風〉之厚也。」（《詩集傳》，卷 6，頁 504）從蘇轍對「思無邪」的解說可知，所謂異心乃指為情欲所引誘之心思。婦人對其夫思念極深，並無興起另嫁之思，故期許百歲之後仍得與夫同葬，蘇轍本意指〈唐風〉有堯之遺風，故以此為〈唐風〉之厚的表現，要其本仍歸結聖人教化之功。

　　蘇轍經歷北宋新舊黨爭，仕途大起大落，使他對政治有深刻體認。蘇轍兄弟受蘇洵影響，自幼即有進取功名之心，但屢經挫折之後，使他對初衷有所質疑，這也反映在他解《詩》的說法上，如〈雨無正〉云「維曰予仕，孔棘且殆，云不可使，得罪于天子；亦云可使，怨及朋友」，〈雨無正〉應為大夫怨幽王覆滅之詩，故其對象乃指向天子，孔穎達《正義》便釋此句云：

> 居今之世，往仕則甚急迨且危殆矣，何者？仕在君朝，則當從君命。王既邪淫，動皆不可。我若執正守義，不從上命，則天子云我不可使，我將得罪於天子。我若阿諛順旨，亦既天子云：此人可使。我則怨及於朋友。朋友之道，相切以善，今從君為惡，故朋友怨之。〔註79〕

孔穎達強調惡者乃為天子，若大夫順從天子，即是與之為惡。但蘇轍取消天子為惡之說，僅解釋為王不聽從直道者之言，而盡依枉道者，蘇轍《詩集傳》云：

> 人皆曰往仕耳，曾不知仕之急且危也。何者？幽王之世，直道者，王之所謂不何使；而枉道者，王之所謂可使也。直道者得罪于君，而枉道者見怨於友。此仕之所以難也。〔註80〕

所謂枉道者頗有指向新黨一派的傾向。宋哲宗（1076～1100）之後，新黨復政，開始盡逐舊黨，此後新舊黨爭不斷交替。而蘇轍頗有暗指舊黨人士為直道者，奈何王不聽之，而新黨則為枉道者，哲宗卻盡依順之；而若欲放棄反對新政的看法，又會得罪於舊黨諸友，進退維谷，故蘇轍感嘆此仕之所以難也。而朱子亦引用蘇轍此說，蓋亦有感於處境艱難之相同也。

　　蘇轍既感於君主未能順從直道之士，於是在解說《詩經》時，亦賦予對執政者的要求，《詩集傳》云：

> 尹氏秉國之均而不平其心，則人之榮瘁勞佚有大相絕者矣。是以神

〔註79〕阮元校勘：《毛詩正義》，卷 12 之 3，頁 14 下／961。
〔註80〕蘇轍：《詩集傳》，卷 11，頁 20 上。

　　怒而重之以喪亂，人怨而謗讟其上。然尹氏曾不懲創咨嗟，求所以
　　自改也。〔註81〕

〈節南山〉詩本僅言師尹不平，導致「天方薦瘥，喪亂宏多」的結果，但蘇
轍卻認為執政者若不平其心，會使人民之遭遇有榮瘁勞佚之極大差異，這也
應是有感於黨爭結果造成朝中大臣遭遇起落過大，故強調為政者需平心對待
臣民。那麼該如何做到平其心，蘇轍認為君主不可將政事一付於小人，蘇轍
《詩集傳》云：

　　天不之恤，故亂未有所止，禍患之生，與歲月增長。君子憂之曰：
　　誰秉國成者，而不務人，人自治其政，皆轉以相付，其卒使民為之
　　受其勞弊而後已。〔註82〕

將政事付之小人的結果，便是使民受其勞弊，《詩集傳》論〈巧言〉詩又云：

　　小人為讒於其君，必以漸入之。其始也，進而嘗之，君容之而不拒，
　　知言之無忌，於是復進。既而君信之，然後亂成。〔註83〕

小人不斷進讒言，排斥賢能正直之士，如此將導致國家產生重大災難，蘇轍
論〈正月〉則云：

　　幽王日為滔虐，譬如行險而不知止者。君子永思其終，知其又將有
　　大難，故曰「又窘陰雨」。幽王不虞難之將至而棄賢臣焉，故曰「乃
　　棄爾輔」。君子求助於未危，故難不至。苟其載之既墮，而後號伯以
　　助予，則無及矣。〔註84〕

君主任用小人，棄置賢臣，最後的結果將導致大難。到時局不可收拾之時，
再求救賢臣，則挽救不及矣。上述蘇軾之說皆為朱子所引用者，可見朱子亦
頗認同蘇轍的政治見解。

五、張載

　　張載，字子厚，大梁人，人稱橫渠先生，生於北宋真宗天禧四年，卒於
神宗元豐元年，年五十八。張載與周敦頤、邵雍、程顥、程頤合稱「北宋五
子」，為理學支脈關學之創始人。張載自幼聰穎，少喜談兵，頗有出仕建功之
志。宋仁宗康定初年，西夏入侵，後雖與之議和，但需貢捐大量物資，此事

〔註81〕　蘇轍：《詩集傳》，卷11，頁8下。
〔註82〕　蘇轍：《詩集傳》，卷11，頁9下～10上。
〔註83〕　蘇轍：《詩集傳》，卷12，頁7下。
〔註84〕　蘇轍：《詩集傳》，卷11，頁14上。

對張載刺激極大，遂上書范仲淹，范仲淹以儒家自有名教，何事於兵勉之，勸其讀《中庸》。張載仍不滿意，遍讀佛典、道家之書，後又回到儒家學說，悟出儒、釋、道三教互補的思想，建立自身學術體系。張載於宋仁宗嘉祐二年中進士後，歷任政務，王安石變法，曾尋求張載支持，張載雖贊同治國需有大作爲，但又不願參與新政，遂引起王安石反感。後其弟張戩因反對王安石新法而遭貶，張載便辭官去職回到橫渠。張載乃二程表叔，張載於洛陽講《易》時曾遇二程，靜心聽取二程對《易》之見解，大爲讚賞，深感自己爲學尚有不足，並對學生云：「吾平日爲諸公說者，皆亂道。有二程近到，深明《易》道，吾所弗及，汝輩可師之。」〔註85〕遂撤席罷講。

張載於橫渠終日講學，並於此時寫下大量著作，爲訓誡學者，曾作〈砭愚〉、〈訂頑〉訓辭，書於大門兩側，伊川以是啓爭端勸之，遂改〈訂頑〉曰〈西銘〉，〈砭愚〉曰〈東銘〉，而〈西銘〉一文在理學史上有極重要地位。不過張載哲學思維主以《易》爲主，他強調氣在宇宙構成中的重要性，氣聚則成萬物，氣散則歸太極，故而得出萬物本是同一的結論。他並提出知識的獲取有「德性之知」及「見聞之知」，主張性有「天地之性」與「氣質之性」的差異，以及心統性情等概念，這些概念都成爲朱子哲學體系之基本組成內容。張載著有《崇文集》，已佚，明沈自彰輯張載著作編爲《張子全書》，包括〈西銘〉、《正蒙》、《經學理窟》、《易說》、《語錄抄》等，然非全本。

張載說《詩》，亦深染理學氣習，他強調宇宙由氣所組成，因此解釋《詩經》時而援引其理論說明，如論蝃蝀云：「蝃蝀者，陰氣薄而日氣見也。有二者，其全見者是陰氣薄處，不全見者是陰氣厚處。」〔註86〕關於蝃蝀之解釋，歷來皆以爲虹霓，而張載則由氣解說，採用其氣化之哲學概念。又如對〈生民〉「帝武」足跡之解釋，舊說均視之爲祥瑞，歐陽修則批評爲無稽之談，然張載亦由氣化角度解釋，朱子《詩集傳》有引云：

> 然巨跡之說，先儒頗或疑之。而張子曰：「天地之始，固未嘗先有人也，則人固有化而生者矣，蓋天地之氣生之也。」（《詩集傳》，卷17，頁675）

姜嫄履帝武而感孕，此乃神話傳說，朱子相信此爲眞實神跡，是天與人感應相通的顯現。而張載則由氣化說解釋，他認爲天地之始未有人，不可能以人

〔註85〕 王孝魚點校：《二程集・河南程氏外書》，卷12，頁437。
〔註86〕 張載：《張載集・經學理窟》，頁255。

生人方式創生，必須有某些人是藉由氣化而形成。透過張載如此解釋，原本屬神話性質的神跡感孕現象轉變而爲哲學思維中關於宇宙起源的氣化生成，確實表現出理學說《詩》的學術傾向。

張載氣化說又主張人之形成除稟有天地之性外，亦有所謂氣質之性，而氣質之性正是人之所以爲不善的原因，人會陷溺於氣質的限制之中而無法朗現天地之性，而氣質之成形彼此亦會有所牽引，如張載論〈鄭〉、〈衛〉之特色時云：

> 衛國地濱大河，其地土薄，故其人氣輕浮；其地平下，故其人質柔弱；其地肥饒，不費耕耨，故其人心怠惰。其人情性如此，則其聲音亦淫靡。故聞其樂，使人懈慢而有邪僻之心也。〈鄭詩〉放此。（《詩集傳》，卷3，頁460）

〈鄭〉、〈衛〉之詩歷來被視爲靡靡之音，而張載則從地理氣質的影響論述其人情性之成因，他認爲人氣之成形會受到地理之影響，土地薄者，人氣輕浮；地處平下者，人質柔弱；而土地肥饒者，人心則易怠惰。在張載氣化說的架構下，天地萬物雖是同出一源，但性質相同的氣會在變化之後積聚相近，故處於何種地理環境便容易稟得類似氣性，他便是由氣類相聚的角度解釋鄭衛聲淫的原因。張載的地氣說對朱子亦有影響，《詩集傳》注〈無衣〉便藉由這種觀念分析秦人性格，其云：

> 秦人之俗，大抵尚氣概，先勇力，忘生輕死，故其見於《詩》如此。然本其初而論之，岐豐之地，文王用之以興二〈南〉之化，如彼其忠且厚也。秦人用之未幾，而一變其俗至於如此，則已悍然有招八州而朝同列之氣矣。何哉？雍州土厚水深，其民厚重質直，無鄭衛驕惰浮靡之習。以善導之，則易以興起而篤於仁義；以猛驅之，則其強毅果敢之資，亦足以強兵力農，而成富強之業，非山東諸國所及也。嗚呼！後世欲爲定都立國之計者，誠不可不監乎此。而凡爲國者，其於導民之路，尤不可不審其所之也。（《詩集傳》，卷6，頁513）

朱子認爲雍州土厚水深，故秦民厚重質直，以善惡不同方式引導，便可展現出不同性格。朱子甚至強調定都者必須考慮到地氣問題，這些都是受到張載影響而形成的說法。

張載精於《易》學，故其說《詩》亦喜引用《周易》之概念，如《正蒙》〈樂器篇〉云：

江沱之媵以類行而欲喪朋，故無怨；嫡以類行而不能喪其朋，故不
以媵備數，卒能自悔，得安貞之吉，乃終有慶而其嘯也歌。〔註87〕

《正蒙》所論乃由《詩》而及《易》，而在《橫渠易說》中則是引〈江有汜〉
論《易》，所說則更爲詳密，張載云：

西南，致養之地，東北，反西南者也，陰陽正合，則陰相對者必陽
也。「西南得朋」，是始以類相從而來也。「東北喪朋」，喪朋，相忘
之義，聽其自治，不責人，不望人，是喪其朋也，喪朋則有慶矣。
江有沱、有汜、有渚，皆是始離而終合之象也。有嫡不以其媵備數，
是不能喪朋；媵遇勞而無怨，是能喪朋也，以其能喪朋，故能始離
而終合。「之子歸」，自嫡也。「不我以」，「不我與」，「不我過」，皆
言其始之不均一也。「其後也悔」，嫡自悔也。處，「既安既處」之處
也，始離而終既處也。歌是「乃終有慶」，慶則同有慶。〔註88〕

〈江有汜〉之詩，今人多以爲乃情人怨懟之言，但傳統儒者受其爲〈召南〉
之詩的影響，必須從正〈風〉角度詮釋，遂不得有怨憤之意。而張載爲申此
意，乃援引〈坤卦・象辭〉爲說，〈坤卦・象辭〉云：「西南得朋，乃與類行；
東北喪朋，乃終有慶。安貞之吉，應地無疆。」朋友乃助益之譬，得朋者可
與類行，故吉，然占得此卦，即使喪朋亦無妨，初雖有礙，終則有慶。但張
載卻以喪朋表能獨立，不求望於人，並以之比〈江有汜〉之媵。雖嫡不以其
備數，仍能勞而無怨，無有懟詞，此爲喪朋之相忘，不責人，不望人。而喪
朋結果乃爲有慶，故嫡最後自悔並與之安樂相處，其說實獨樹一格。

張載對《詩序》仍持基本尊重態度，但他也指出今本《詩序》摻有後人
附會文字，且凡後人添入者，意涵必定淺陋，其云：

《詩序》必是周時所作，然亦有後人添入者，則極淺近，自可辨也。
如言「不敢飲食教載之」，只見《詩》中云「飲之食之，教之誨之，
命彼後車，謂之載之」，便云「教載」絕不成言語也。又如「高子曰
靈星之尸」，分明是高子言，更何疑也。〔註89〕
《詩序》有言靈星之尸，此說似不可取。〔註90〕

〔註87〕 張載：《張載集・正蒙》，卷15，頁56。
〔註88〕 張載：《張載集・橫渠易說》，頁80。
〔註89〕 張載：《張載集・經學理窟》，頁258。
〔註90〕 張載：《張載集・經學理窟》，頁294。

張載等理學家均抱有尊古卑今之心理，對於《詩序》而言，他們論證其說之時代並不是有什麼可靠的考據方法，而是依憑主觀心理，凡其中所論有不合義理或文意淺近者，皆一律視為後人附會。如張載所舉〈緜蠻〉之詩，《詩序》以此詩乃「大臣不用仁心，遺忘微賤，不肯飲食教載之。」〔註91〕其中教載一詞極無文理，而張載以為此乃後人見詩歌本文中有「飲之食之，教之誨之，命彼後車，謂之載之」之文，遂截取而為飲食教載，「教」本應與「誨」合言，但為兼顧後兩句，乃捨「誨」而取「載」，但教載根本是不具意涵之語詞，故張載批評此為淺近之人所添入者。又如〈絲衣〉之序云：「〈絲衣〉，繹賓尸也。高子曰：『靈星之尸也。』」〔註92〕傳統以為作《詩序》者乃子夏，但此處引「高子曰」，可略顯示出時代之線索。高子不知何人，《孟子》有載公孫丑稱高子之言以問孟子，〔註93〕故一般均認為高子乃戰國時人，應在子夏之後。那麼若《詩序》為子夏所作，又怎麼可能引有高子之文，故孔穎達云：

> 子夏作《序》，則唯此一句而已，後世有高子者，別論他事。云靈星之尸，言祭靈星之時，以人為尸。後人以高子言靈星尚有尸，宗廟之祭，有尸必矣，故引高子之言以證賓尸之事。子夏說受聖旨，不須引人為證，毛公分序篇端，於時已有此語，必是子夏之後，毛公之前，有人著之。〔註94〕

孔穎達無法為高子之說尋得合理解釋，故只得接受其確非子夏之作的說法，但依舊強調這一句乃子夏之言，高子曰之後則為後人添入。而張載亦認同《毛詩正義》之說，強調高子即是後人對《詩序》添加修改的證據，不必曲為之說。然張載是因確定此句非子夏原序時，遂敢於批評高子之說不可取。首先，尸乃祭祀時以人代替神接受饗祭的制度，然張載不認同靈星之祭會設尸有兩個原因，首先，他認為「天地山川之類非人鬼者，恐皆難有尸。」〔註95〕尸之設立，必須氣類相通，故祭祖則立孫以為尸，而天地山川並非人鬼，立人為尸亦難與之通氣，故張載以為這是對靈星之尸的第一點質疑。另外他又依據〈絲衣〉之文認為「言絲衣已是不著冕服，言弁已是不冠冕也。」〔註96〕

〔註91〕阮元校勘：《毛詩正義》，卷15之3，頁1上／1071。
〔註92〕阮元校勘：《毛詩正義》，卷19之4，頁12上／1300。
〔註93〕公孫丑問曰：「高子曰：『〈小弁〉，小人之詩也。』」
〔註94〕阮元校勘：《毛詩正義》，卷19之4，頁12下／1300。
〔註95〕張載：《張載集・經學理窟》，頁294。
〔註96〕張載：《張載集・經學理窟》，頁294。

〈絲衣〉中所著乃是宴饗之服，非正式祭典服裝，故〈絲衣〉所敘應該是祭祀完畢之後的燕尸娛樂節目，並非正式祭祀場合。

張載說《詩》主張以平易之心探求《詩》意，《經學理窟》有云：「夫《詩》之志至平易，不必為艱險求之。今以艱險求《詩》，則已喪其本心，何由見詩人之志！」〔註 97〕將這種態度落實在解釋上，便是盡量依據文本發揮，不作過度深求，如〈七月〉第八章云：

> 二之日鑿冰冲冲，三之日納于凌陰，四之日其蚤，獻羔祭韭。九月
> 肅霜，十月滌場。朋酒斯饗，曰殺羔羊，躋彼公堂，稱彼兕觥，萬
> 壽無疆。

張載對此乃依詩面文字解釋，朱子《詩集傳》有引其說云：「此章見民忠愛其君之甚。既勸趨其藏冰之役，又相戒速畢場功，殺羊以獻于公，舉酒而祝其壽也。」（《詩集傳》，卷 8，頁 534）純粹據文本語意闡述，再略述其主旨，是其所謂平易之法也。又如論〈漸漸之石〉「有豕白蹢，烝涉波矣」，朱子亦引其言云：

> 豕之負塗曳泥，其常性也。今其足皆白，眾與涉波而去，水患之多
> 可知矣。此言久役，又逢大雨，甚勞苦而不暇及他事也。（《詩集傳》，
> 卷 15，頁 649）

張載以為豬之性本喜弄泥，而今其蹢皆白，表示水患之多。相較於鄭玄之深論，〔註 98〕確實簡易許多。但張載平易解《詩》有時又會流於望文生義，如他解〈殷其雷〉「振振君子」之振為振作之意，又如解〈桑柔〉「既之陰女，反予來赫」云：「既往密告於女，反謂我來恐動也。」（《詩集傳》，卷 18，頁 703）凡此皆不依古訓，自作新意。張載有時亦全憑主觀意見說《詩》，如他論〈唐棣〉詩之所以亡佚的原因云：

> 唐棣枝類棘枝，隨節屈曲，則其華一偏一反，左右相矯，因得全體
> 均正。偏喻管蔡失道，反喻周公誅殛。言我豈不思兄弟之愛以權宜
> 合，義主在遠者爾。〈唐棣〉本文王之詩，此一章周公制作，序己情
> 而加之。仲尼以不必常存而去之。〔註 99〕

〔註 97〕 張載：《張載集・經學理窟》，頁 256。

〔註 98〕 鄭《箋》云：「豕之性能水，又唐突難禁制。四蹄皆白曰駁，則白蹄其尤躁疾者。今離其繪牧之處，與眾豕涉入水之波連矣。喻荊舒之人，勇悍捷敏。其君猶白蹄之豕也，率民去禮義之安而居亂亡之危。賤之故比方於豕。」見阮元校勘：《毛詩正義》，卷 15 之 3，頁 9 上／1075。

〔註 99〕 張載：《張載集・正蒙》，卷 15，頁 57。

〈唐棣〉即〈常棣〉，鄭玄《詩譜》本以〈常棣〉確爲周公所作，因閔兄弟被誅，遂隱推而上之於文王。然張載反其說，以爲此詩本爲文王時詩，後周公爲序己情再添加《論語》所引之佚文：「唐棣之華，偏其反而。豈不爾思？室是遠而。」而張載大概因孔子曾批評此四句意涵，故進而推論此四句之所以未見於今本〈常棣〉詩中，乃孔子刪《詩》時所刊落。但張載的說法毫無根據，完全是自己的主觀發揮。

　　張載主張平易說《詩》，這種見解雖爲朱子所稱許，但實際上他未能落實於解《詩》之中，朱子便批評云：

> 横渠云：「置心平易始知《詩》。」然横渠解《詩》多不平易。（《語類》，卷80，頁2090）

> 横渠解「悠悠蒼天，此何人哉」！却不平易。（《語類》，卷80，頁2090）

朱子論張載解〈黍離〉「悠悠蒼天，此何人哉」之說不平易，此說已佚，不知張載如何不平易。然觀張載說《詩》，確實偶有深論之弊，如〈鴛鴦〉云：「鴛鴦在梁，戢其左翼」，何以戢左翼而不戢右翼？這本然應該只是鳥類自然的一個動作，但張載卻云：

> 禽鳥並棲，一正一倒，戢其左翼以相依於內，舒其右翼以防患於外，
> 蓋左不用而右便故也。（《詩集傳》，卷14，頁632）

以爲簡單的一個動作卻有相依防患，且慣於用右的意涵，其說頗巧，遂爲朱子《詩集傳》採納，但左右之分乃人類習慣，鳥類是否亦主於用右，恐未必然，故張載此說實有深求之弊。

　　朱子對張載之說接受度頗高，朱傑人統計朱子《詩集傳》引用張載之說共計十九處，〔註100〕算是相當重視張載的說法。有時雖不同意其論點，但鑒於其說有良善之意，亦予以引用，如朱子論〈斯干〉第一章云：

> 張子曰：「猶，似也。人情大抵施之不報則輟，故恩不能終。兄弟之
> 間，各盡己之所宜施者，無學其不相報而廢恩也。君臣、父子、朋
> 友之間，亦莫不用此道盡己而已。」愚按：此於文義或未必然，然
> 意則善矣。（《詩集傳》，卷11，頁581）

〈斯干〉云：「兄及弟矣，式相好矣，無相猶矣。」朱子以爲此乃祝願兄弟和樂的頌禱之詞，純粹從詩文解釋，然最後又引張載之說，並以其說雖未必符

〔註100〕朱傑人：〈朱子《詩集傳》引文考〉，頁344。

合詩意,但立意良善,故錄存之。又如《語類》亦有載朱子對張載解說此詩的看法:

> 揚問:「橫渠說〈斯干〉『兄弟宜相好,不要相學』,指何事而言?」曰:「不要相學不好處。且如兄去友弟,弟却不能恭其兄;兄豈可學弟之不恭,而遂亦不友為兄者?但當盡其友可也。為弟能恭其兄,兄乃不友其弟;為弟者豈可亦學兄之不友,而遂忘其恭?為弟者但當知其盡恭而已。如寇萊公撻倒用印事,王文正公謂他底既不是,則不可學他不是,亦是此意。然《詩》之本意,『猶』字作相圖謀說。」(《語類》,卷81,頁2122～2123)

朱子之回答相當有趣,他先仔細申述張載之說,言下之意似有欲用其說的意思,但最後卻作出極簡單轉折,指出以《詩》之本意來看,「無相猶矣」之猶當作圖謀,而非相學、相似之意。由此亦可見朱子說經以義理為本的關懷,致使他無法乾脆地省略掉於義理有所啟發,但不盡符合詩意的說法,

張載之說確實帶給朱子極多啟發,〈閟宮〉詩云:「后稷之孫,實維大王。居岐之陽,實始翦商。」據詩意而言,周自太王時便有取殷之野心,但這樣的說法很難為儒者所接受。太王雖非傳統聖人,但自其便有翦商之心,那麼文王武王便等於是奉行先祖意志,一早便有圖謀之心,這絕不合聖人之行事,故連帶亦不信自太王便有翦商之意。孔穎達便以為這只是萌兆,而非實有此心,其云:「此大王自豳而來,居於岐山之陽,民歸往之,初有王跡,實始有翦齊商家之萌兆也。」〔註101〕這樣的解釋便又繞歸天命之說,雖有萌兆,但並非人為之意。不過張載則認為周於商確實有不純臣之意,《語類》載:

> 太王翦商,武王所言。《中庸》言「武王纘太王王季文王之緒」,是其事素定矣。橫渠亦言周之於商,有不純臣之義。蓋自其祖宗遷豳,遷邠,皆其僻遠自居,非商之所封土也。(《語類》,卷81,頁2139)

朱子接受張載說法,認為自周朝祖宗遷豳起,地非殷商所封,便與殷商漸行漸遠,因此即使太王有翦商之意,但嚴格說來,商、周並非君臣關係,而是相敵的兩個政治勢力,因此周太王即使有不純臣的想法,亦不須以君臣關係責備之。對於周早有滅商之意,張載和朱子均是較為清醒地認識到此乃政治上確實可能存在的目的,而非像前儒必欲維護聖人形象而生曲說。

〔註101〕阮元校勘:《毛詩正義》,卷20之2,頁4下/1327。

六、程頤

　　程頤，字正叔，一字正道，學者謂之小程子或廣平先生，後居伊陽，又謂之伊川先生。生於北宋仁宗明道二年，卒於徽宗大觀元年，享年七十五。少時曾從周敦頤論學，遂厭科舉，慨然有求道之志。游太學時，胡瑗方主教導，嘗以顏子所好何學試諸生，得程頤之論，甚為驚訝，遂處以學職。後舉進士，然廷試報罷，遂不復試。治平、熙寧年間屢被薦舉，自以為學不足，故不仕也。哲宗繼位，司馬光掌政，擢程頤崇政殿說書。頤容貌莊嚴，於帝前不少借假，嘗上經筵三事，其三為請令講官坐講，以養人主尊儒重道之心，寅畏祇懼之德。哲宗親政後，以黨論放歸田里，後又送涪州編管。被貶期間，撰成《周易程氏傳》。徽宗（1082～1135）時，曾復官，後又遭讒，復隸黨籍，卒於家中。

　　北宋《詩經》學發展自疑經疑傳入手，遂開展出對《詩序》、《毛傳》、鄭《箋》等權威之說的質疑。而中期之後，理學思潮逐漸興起，開始產生不同於傳統注疏，以理說《詩》的趨勢，戴維分析解說《詩經》理學化的特點表現主要有二：

> 一、將哲學的思辨性納入《詩經》的研究中，使《詩經》研究在指導思想上作出重大變革，一反唐以前重訓詁考據的研究方法，使《詩經》研究的指導思想理學化。二、在《詩經》研究中引入一些最能表現宋人思想的哲學範疇，諸如陰陽、理氣、天理人欲、禮義廉恥之類，使《詩經》研究的具體方法理學化。〔註102〕

北宋時以理學思維解說《詩經》的重要轉折主要表現於程張等儒者，他們對《詩經》雖無全書注解之作，但以筆記摘要方式論說詩旨，不須受限於詩歌文字的解釋，更容易突顯出其關懷重點。程頤說《詩》方式大致有兩類，一是直接說明全詩意旨，如論〈考槃〉則直接從君臣之義立論，其云：

> 賢者之退，窮處澗谷閒，雖德體寬裕，而心在朝廷，寤寐不能忘懷，深念其不得以善道告君，故陳其由也。〔註103〕

再者，程頤有時亦會針對詩歌文字或意象略作說明，如論〈采苓〉則就苓、苦、葑三種植物所處位置不同而立論，其云：

> 首陽山生堅實之物，故以興譏讒証不實之人。山者物之所生，故采必

〔註102〕戴維：《詩經研究史》（長沙：湖南教育出版社，2001年9月），頁293。
〔註103〕王孝魚點校：《二程集·河南程氏經說》，卷3，頁1055。

於山。苓生於山顛，苦生於下，葑菜山陽之平地，又各其所也，興
采言必於誠實之人。下因誠於信讒之人，造為巧言，且無用信之。

又重誡曰：置之，置之，且無以為然。人之造為言者，皆讒誣不實，
何所得乎？謂不得實事也。〔註104〕

程頤說《詩》作品今可見者為《河南程氏經說》第三卷所錄論《詩》六十五
篇，其中論〈國風〉有四十六篇，論〈小雅〉有十七篇，論〈大雅〉則有兩
篇。程頤嘗曰：「今人解《詩》，全無意思，此卻待出些文字。」〔註105〕可見
程頤因不滿於時人解《詩》之作而有著述意圖，而當時最為風行者乃王安石
《詩經新義》，程頤大概有意針對其說批評，不過就今日所見程頤經說，仍大
部分局限於《詩序》之下，對於王安石之說亦未有明顯批評，而是開展出理
學解《詩》傾向。

程頤乃朱子最為推崇的北宋理學家，朱子雖號為理學集大成者，但其理
學概念之形成多取自程頤而發揮，但兩人說《詩》內涵卻有相當大之歧異。
朱子許多觀點與程頤有顯著差異，如對《詩序》的態度，《詩經》的作者等，
他甚至屢次批評程頤云：

程先生《詩傳》取義太多。詩人平易，恐不如此。（《語類》，卷80，
頁2089）

先儒因此說，而謂〈風〉中自有〈雅〉，自有〈頌〉，雖程子亦謂然，
似都壞了《詩》之六義。（《語類》，卷81，頁2112）

朱子批評的重點包括認為程頤說《詩》過度深求義理；程頤以為二〈南〉乃
周公所作，並非採之民間；程頤認同傳統《詩》說，以為《詩經》強調后妃
之化。但朱子雖在許多《詩學》學基本觀點與程頤存在差異，但他以《詩經》
存在聖人之意的看法則與程頤相同，蔣秋華曾略述二程說《詩》之特色云：

二程解《詩》之理念，略與解《書》相似，蓋亦秉持護衛聖人之用
心。論《詩序》，則謂孔子、國史所作之大、小《序》，足以發揚詩
人之本心，而得失美刺之義明矣；故所解《詩》義，概尋味《詩序》
之用心而作論議；又以為詩之六義，「興」取善事以喻勸，其始或未
必明達，積久則判然知其真義，故於詩人之言，偶失聖人旨意者，
輒以「興」義繩之。二程解《詩》既不離聖人之意，故言聖人甚深

〔註104〕王孝魚點校：《二程集·河南程氏經說》，卷3，頁1060。
〔註105〕王孝魚點校：《二程集·河南程氏遺書》，卷17，頁175。

之《中庸》，乃其取資之源，其中尤以《中庸》引《詩》釋文王「維天之命」一事，最稱顯例。〔註106〕

蔣秋華所言雖兼及二程，但今存二程文字實也無法完全區分歸屬，故雖以二程為名，實亦可指向程頤。而據蔣先生所云，程頤說《詩》特色大概可歸納為認同並維護《詩序》，興為取義，取資《中庸》說《詩》等，其主要目的在於維護聖人之意，這與朱子認同歐陽修本末說，重視聖人之志的說法相同。

程頤說《詩》主要依據《詩序》闡述，《遺書》有載：

> 問：「《詩小序》何人作？」曰：「但看〈大序〉即可見矣。」曰：「莫是國史所作否？」曰：「《序》中分明言『國史明乎得失之跡』，蓋國史得詩於採詩之官，故知其得失之跡。如非國史，則何以知其所美所刺之人？使當時無《小序》，雖聖人亦辨不得。」曰：「聖人刪《詩》時，曾刪改《小序》否？」曰：「有害義理處，也須刪改。今之《詩序》，卻煞錯亂，有後人附之者。」〔註107〕

從這段討論可知，程頤認為《詩序》乃國史所作，而國史之載乃取資於採詩之官，故可知其美刺之人事。據歐陽修所分，採詩之官前還有詩人之意，但程頤並未討論到這部分，他大概認為採詩之官於採詩時便已得知詩人本義，而國史再得之於此，故其說是一貫而下，並無不同之處。然而國史作成《序》後，孔子曾刪改其中有害於義理之處，如此一來，《詩序》便轉變成為聖人之遺言，所述之旨必符合聖人義理。但孔子刪定之後，在流傳過程中仍有錯亂現象，並出現後人再予以添附者，故《詩序》已非聖人完本，因此程頤亦曾指出《詩序》可能有誤，如〈麟之趾〉之序云：「〈關雎〉之應也。〈關雎〉之化行，則天下無犯非禮，雖衰世之公子，皆信厚如麟趾之時也。」〔註108〕程頤云：「自『衰世公子』以下，《序》之誤也，以《詩》有公子字，故誤耳。」〔註109〕程頤以〈關雎〉至〈麟趾〉為周公所作，其時乃盛世，但《詩》卻言衰世，明顯與時世不符，故斷其有誤。又如論〈葛生〉乃云：「此詩思存者，非悼亡者，《序》為誤矣。」〔註110〕程頤不知何據而斷此詩為思存者，其云：「晝夜之永時，思念之情尤切，故期於死而同

〔註106〕 蔣秋華：《二程詩書義理求》，頁243。
〔註107〕 王孝魚點校：《二程集‧河南程氏遺書》，卷18，頁229。
〔註108〕 阮元校勘：《毛詩正義》，卷1之3，頁10上／594。
〔註109〕 王孝魚點校：《二程集‧河南程氏經說》，卷3，頁1049。
〔註110〕 王孝魚點校：《二程集‧河南程氏經說》，卷3，1059。

穴，乃不相離也。」〔註111〕程頤大概據詩中有云：「夏之日，冬之夜，百歲之後，歸于其居。冬之夜，夏之日。百歲之後，歸于其室。」認為這是兩人約定死後同葬的誓言，故認定兩人皆存活於世。程頤明顯是依據文本批評《詩序》，故此說亦為朱子《詩集傳》吸收而變為「婦人以其夫久從征役而不歸」（《詩集傳》，卷6，頁504）。不過程頤基本上仍是遵循《詩序》說法解《詩》，他是在無法維護的情況下才批評《詩序》，若能為之迴護者則盡量予以維護，如〈北風〉之序云：「刺虐也。衛國並為威虐，百姓不親，莫不相攜持而去焉。」〔註112〕程頤則云：

> 《詩序》謂百姓不親，相攜持而去，乃述當時之事。然考《詩》之辭，乃君子見幾而作，相招無及於禍患者也。風既涼冷，必將至於雨雪，既尚威虐，必將殘暴於人也。以恩惠相好，則攜持而去耳。
> 〔註113〕

程頤認為〈北風〉詩文所敘與《詩序》略有時間點上的差異，《詩序》的說法自有文意上之語病，若百姓已不相親，又如何會相攜持而去？且詩云「惠而好我，攜手同行」，那麼便是尚未至於不親，故程頤以為此詩乃君子見幾而作，招人而去，以免及於禍患。其說雖是立基於《詩序》之上，但一以見幾而作，一是百姓已不親，時間點的不同，也代表程頤對《詩序》存在質疑態度，只是仍未發展到批評的地步。

程頤說《詩》最大特色便是藉《詩經》闡述理學思想，如〈皇矣〉敘文王之德云：「不大聲以色」，《毛傳》云：「不大聲見於色。」〔註114〕乃以聲色作容貌解，而程頤則結合《中庸》闡述〈皇矣〉「不大聲以色」之說云：

> 「帝謂文王」，予懷爾之明德，不大其聲色而人化。夫聖人之誠，感無不通，故所過者化，所存者神，豈暴著於形跡也哉？是不發見其大聲色也。故聖人曰：「聲色之於化民，末也。」其化之感人，雖不大其聲色，而其應之疾，人之惡不及長大而革也。夏，大也，言不待遲久而化也。民由之而不知，日遷善而不知為之者，是不識不知，而順夫天理也。此聖人之神化，非文王孰能及之？〔註115〕

〔註111〕 王孝魚點校：《二程集・河南程氏經說》，卷3，1059～1060。
〔註112〕 阮元校勘：《毛詩正義》，卷2之3，頁11上／654。
〔註113〕 王孝魚點校：《二程集・河南程氏經說》，卷3，頁1051。
〔註114〕 阮元校勘：《毛詩正義》，卷16之4，頁13下／1123。
〔註115〕 王孝魚點校：《二程集・河南程氏經說》，卷3，頁1084～1085。

程頤認爲聖人之化民不只於聲色而已，聖人之誠，無所不過，不暴著形跡，故引《中庸》孔子之言，認爲聲色乃聖人化民之末，則程頤乃將聲色視爲教令之意。聖人化人，以誠爲主，故不必特別強調其教令之施行，而民自化也。

　　程頤另外會把理學家所關注的哲學概念納入，從而形成明顯的以理說《詩》現象，如程頤論〈蝃蝀〉云：

> 婚姻，男女之交也。人雖有欲，當有信而知義，故言其大無信，不知命，爲可惡也。苟惟欲之從，則人道廢而入於禽獸矣。女子以不自失爲信，所謂貞信之教。違背其父母，可謂無信矣。命，正理也。以道制欲則順命，言此所以風也。〔註116〕

程頤認爲人不能無欲，但必須有方法節制之，這方法便是以道制欲。否則如〈蝃蝀〉之女子因不依義理而惟欲之從，則人道將廢，故爲可惡。程頤的說法強調以道爲主，不可依從私欲，但何謂私欲？卻頗爲主觀。《詩經》所敘多人倫之事，然理學家以理釋之，強調必須合乎義理，但這種義理卻出自於理學家自己的構思，遂逐漸形成一種道德束縛，如朱子〈與陳師中書〉云：

> 朋友傳說令女弟甚賢，必能養老撫孤，以全柏舟之節。此事更在丞相、夫人獎勸扶植以成就之，使自明沒爲忠臣，而其室家生爲節婦，斯亦人倫之美事，計老兄昆仲必不憚贊成之也。昔伊川先生嘗論此事，以爲「餓死事小，失節事大」，自世俗觀之，誠爲迂闊；然自知經識理之君子觀之，當有以知其不可易也。（《文集》，卷26，頁1002～1003）

朱子得知陳師中妹夫亡故訊息，欲以〈柏舟〉之節勉陳師中妹守節勿改嫁，並引伊川「餓死事小，失節事大」爲說。程頤如何解說〈柏舟〉詩今已不存，不過程頤另有論述守節之事，其云：

> 問：「孀婦於理似不可取，如何？」曰：「然。凡取，以配身也，若取失節者以配身，是已失節也。」又問：「或有孤孀貧窮無託者，可再嫁否？」曰：「只是後世怕寒餓死，故有是說。然餓死事極小，失節事極大。」〔註117〕

朱子承襲程頤之觀念，故建議陳師中之妹守節勿嫁。雖然朱子強調自世俗而觀，守節乃迂闊之說，然識道理之君子可知其有合義理之處。由此也可見南

〔註116〕王孝魚點校：《二程集・河南程氏經說》，卷3，頁1053。
〔註117〕王孝魚點校：《二程集・河南程氏遺書》，卷22下，頁301。

宋當時守節觀念可能並不興盛。但朱子思想既有這種傾向，那麼當朱子學取得正統之後逐漸形成的道德束縛，便不可謂非程朱等人有以啓之也。

程頤非常重視二〈南〉的價值，傳統說《詩》者均主張二〈南〉詩歌乃文王德化的結果，但爲因應其中多爲女子口吻，遂又倡議此乃述后妃之德，程頤則從這種角度詮釋，並引《大學》八條目開展歷程指出二〈南〉之詩乃齊家之道，朱子注〈召南〉便引程子之言云：

> 天下之治，正家爲先。天下之家正，則天下治矣。二〈南〉，正家之道也。陳后妃、夫人、大夫妻之德，推之士庶人之家一也。故使邦國至於鄉黨皆用之，自朝廷至於委巷莫不謳吟諷誦，所以風化天下。
>
> （《詩集傳》，卷1，頁421）

傳統說法強調二〈南〉之詩乃文王感化后妃，后妃以其德風化天下，故由文王與后妃關係而言，這是齊家的結果。而二〈南〉詩便是欲推展后妃之德以及士大夫乃至鄉黨、邦國，如此便符合「齊家、治國、平天下」的開展，故二〈南〉之詩實可爲王道之本。程頤甚至以二〈南〉爲《詩》之〈乾〉、〈坤〉，在聖人教化之道中具有關鍵地位。程頤又云：

> 〈關雎〉之化行，則天下之家齊俗厚，婦人皆由禮義，王道成矣。古之人有是道，使天下蒙是化者，文王是也，故以文王之詩附於〈周南〉之末。又周家風天下，正身齊家之道，貽謀自於文王，故其功皆推本而歸焉。〔註118〕

程頤特重〈關雎〉詩的價值，文王以己之德行感化后妃，使其行動皆由禮儀，故爲正家之道。程頤對婦女的本質是採取較爲輕視的態度，《程氏易傳》論〈蒙卦〉九二云：「雖婦人之柔闇。」〔註119〕〈蠱卦〉九二云：「以婦人言之，則陰柔可知。」〔註120〕女子本性柔闇，然〈關雎〉之后妃受文王影響，遂一變而爲德性貞潔，甚至於能爲文王分憂，這正是齊家之典範，由此而擴展，便有〈麟趾〉之應，程頤又云：

> 〈關雎〉而下，齊家之道備矣，故以〈麟趾〉言其應。〈關雎〉之化行，則其應如此，天下無犯非禮也。〔註121〕

〔註118〕王孝魚點校《二程集·河南程氏經說》，卷3，頁1048。
〔註119〕王孝魚點校：《二程集·周易程氏傳》，卷1，頁721。
〔註120〕王孝魚點校：《二程集·周易程氏傳》，卷2，頁791。
〔註121〕王孝魚點校《二程集·河南程氏經說》，卷3，頁1049。

由〈關雎〉到〈麟趾〉，代表始於衽席、及於子孫，以至於宗族天下皆被其德，是文王德化天下的完成。

程頤強調二〈南〉爲齊家之本的說法，成爲朱子說解二〈南〉的主要依據，《語類》有云：

> 問：「程氏云：『《詩》有二〈南〉，猶《易》有〈乾〉〈坤〉。』莫只是以功化淺深言之？」曰：「不然。」問：「莫是王者諸侯之分不同？」曰：「今只看〈大序〉中說，便可見。〈大序〉云：『〈關雎〉〈麟趾〉之化，王者之風，故繫之周公；〈鵲巢〉〈騶虞〉之德，諸侯之風，先王之所以教，故繫之召公。』只看那『化』字與『德』字及『所以教』字，便見二〈南〉猶〈乾〉〈坤〉也。」（《語類》，卷81，頁2094）

程頤強調二〈南〉爲德化之本，猶《詩》之乾坤，這些看法均爲朱子所接受。但朱子卻反對程頤過度講究后妃之德，並批評他認爲〈關雎〉等詩乃周公作的觀念，《語類》有云：

> 二〈南〉亦是採民言而被樂章爾。程先生必要說是周公作以教人，不知是如何？某不敢從。（《語類》，卷80，頁2067）
>
> 六義自鄭氏以來失之，后妃自程先生以來失之。（《語類》，卷80，頁2070）
>
> 說后妃多，失却文王了。今以「君子」爲文王。伊川《詩說》多未是。（《語類》，卷81，頁2095）

朱子認爲既以二〈南〉爲德化之始，那麼這些詩歌便不應是聖賢自作，若爲聖賢所自作，便顯現不出人民已受德化的情形，因此他批判程頤以周公作以教人的說法。再者，德化天下的關鍵點應是文王，傳統以爲二〈南〉述后妃之德的說法，有將德化天下之本導向后妃的傾向，朱子認爲如此一來便是本末倒置，他強調后妃之德亦是受文王影響所致，故論述其教化根源，應以文王爲本，不應過多著墨於后妃，而程頤雖亦知推本文王，但卻於后妃處說得過多，頗有輕重失據之弊，遂爲朱子所批評。

除理學思想的闡述外，程頤說《詩》亦多發揮傳統儒學的義理概念，如他論〈君子偕老〉詩時強調「德」之重要，其云：

> 其德之深厚，如山如河，乃稱象德之服。服章之設，象其德位之宜。德尊位隆，乃稱盛服。〔註122〕

〔註122〕王孝魚點校《二程集・河南程氏經說》，卷3，頁1052。

論〈淇澳〉衛武公之德云：

> 「赫兮喧兮」，成德顯著於外也，故云威儀也。「有斐君子，終不可
> 諼兮」，言文章君子盛德之至善，人不能忘也。此首章言德美文章，
> 由善學自治而然。〔註123〕

論〈終南〉則云：

> 終南崇高厚大，以興君位之尊。山之高大，必生美材，人君尊崇，
> 必有令德。……有令德故宜稱顯服，又美其容貌，稱人君之位。「至
> 止」，在此耳，不必自外至也。……紀興禮法，堂興德度。山必有紀
> 堂，君必有禮德，故宜其服，稱其位，當修其身，修其德，保其位，
> 故曰「壽考不忘」也。〔註124〕

程頤抓住《詩》以服裝形容君子的描述，強調德服相稱，使原本單純頌美君
子的詩歌額外加上對德性的要求。

由於對德性的重視，程頤便特別著重於探討〈豳風〉對周公聖人形象的
描繪。〈豳風〉共計七篇，舊說或以爲周公所作，或以爲述周公之事，而程頤
特別針對這七篇發表意見，並探討周公之用心，如論〈狼跋〉則云：

> 周公攝政，居危疑之地，雖成王不知，四國流言，終不能損其聖德
> 者，以其忠誠在於王家，無貪欲之私心也。狼，獸之貪者，猛於求
> 欲，故檻於機穽羅繫，前跋後疐，進退困險，詩人取之以言夫狼之
> 所以致禍難危困如是者，以其有貪欲故也。若周公者，至公不私，
> 進退以道，無利欲之蔽，以謙退自處，不有其尊，不矜其德，故雖
> 在危疑之地，安步舒泰，赤舃几几然也。〔註125〕

〈狼跋〉詩云：「狼跋其胡，載疐其尾。公孫碩膚，赤舃几几。」乃以狼喻周
公。但狼之意象代表陰險狠戾，何以會以狼譬況聖人？《毛傳》云：「老狼有
胡，進則躐其胡，退則跲其尾，進退有難，然而不失其猛。」〔註126〕鄭《箋》
則云：「喻周公進則躐其胡，猶始欲攝政，四國流言，辟之而居東都也。退則
跲其尾，謂後復成王之位而老，成王又留之。其如是，聖德無玷缺。」〔註127〕
毛鄭均以爲詩人取象並不著重於狼之意象，而只是以老狼進退之困難喻周公

〔註123〕王孝魚點校《二程集・河南程氏經說》，卷3，頁1054。
〔註124〕王孝魚點校《二程集・河南程氏經說》，卷3，頁1060～1061。
〔註125〕王孝魚點校：《二程集・河南程氏經說》，卷3，頁1069。
〔註126〕阮元校勘：《毛詩正義》，卷8之3，頁9上／854。
〔註127〕阮元校勘：《毛詩正義》，卷8之3，頁9上／854。

之當下處境。但程頤始終不滿於以狼這種動物來形容周公，於是他以爲此乃反喻，狼是負面形象，由於猛於求欲，故致罹禍，那麼前跋後疐便相對於周公之赤舄几几，聖人並不因外在艱難處境而改變常度，依舊安步舒泰，不失其常。程頤的解釋完美地維護了聖人形象，於是朱子亦接受之，《詩集傳》云：

> 周公雖遭疑謗，然所以處之不失其常，故詩人美之。言狼跋其胡則疐其尾矣，公遭流言之變，而其安肆自得乃如此，蓋其道隆德盛而安土樂天有不足言者，所以遭大變而不失其常也。（《詩集傳》，卷8，頁540）

程朱之解就詩歌本文來看，似更符合詩意。不過要其用心，乃在於維護聖人形象也。

程頤專精於《易》學，故偶有混《詩》、《易》解說的現象，如程頤解說〈剝卦〉時便舉〈匪風〉、〈下泉〉爲例，其云：

> 諸陽消剝已盡，獨有上九一爻尚存。如碩大之果，不見食，將見復生之理。上九亦變，則純陰矣。然陽无可盡之理，變於上則生於下，无閒可容息也。……陰道極盛之時，其亂可知。亂極，則自當思治。故眾心願載於君子，君子得輿也。《詩》〈匪風〉、〈下泉〉所以居變〈風〉之終也。〔註128〕

程頤引〈剝卦〉上九剝盡之後，將復生於第一爻而爲〈復卦〉，藉由說明〈匪風〉、〈下泉〉有變而復正的趨勢，其論〈匪風〉云：「亂極思治，人情所然。」〔註129〕論〈下泉〉則曰：「愀然既寤而歎念周道之衰也，所謂思明王之詩也。」〔註130〕照《易經》的思維，物極必反，亂極將治，故程頤引用《易》學觀念說明〈國風〉雖存在變〈風〉，但仍然有復正的可能，故詩歌表達出人心思治的傾向。

朱子對程頤說《詩》有取有捨，而他認爲程頤解說〈小雅〉以後等篇章是其《詩解》中極好者，《語類》云：

> 伊川有《詩解》數篇，說到〈小雅〉以後極好。蓋是王公大人好生地做，都是識道理人言語，故它裏面說得儘有道理，好子細看。非如〈國風〉或出於婦人小夫之口，但可觀其大概也。（《語類》，卷80，頁2083）

〔註128〕王孝魚點校：《二程集·周易程氏傳》，卷2，頁816。
〔註129〕王孝魚點校：《二程集·河南程氏經說》，卷3，頁1063。
〔註130〕王孝魚點校：《二程集·河南程氏經說》，卷3，頁1064。

朱子對於〈國風〉的觀念和程頤不同，但對於〈雅〉詩的看法則相當接近，程朱皆以爲〈雅〉詩乃貴族所作之詩，雖變〈雅〉存有怨刺之作，但其言詞均是以溫柔敦厚之意出之；至於正〈雅〉，更是君臣政事之道的典範之作，如論〈四牡〉爲「憫使臣之勤勞，故云有功而見知則說矣」〔註131〕，以君臣互勉作爲相處的基礎。又論〈皇皇者華〉云：「天子遣使四方，以觀省風俗，采察善惡，訪問疾苦，宣道化於天下，下國蒙被聲教，是有光華」〔註132〕，強調王澤的流布，使天下蒙受教化。又論〈天保〉爲「恩惠周物，君之下下也；歸美於君，下之報上也。」〔註133〕主張君臣以恩義相待，上使下以義，下事上以忠，因而致福。又如論〈南山有臺〉云：「此詩樂君臣俱賢，邦家榮盛，爲福之長也。」〔註134〕更是刻畫君臣俱爲賢能之人的理想政治，是使邦家榮盛的根基。程頤於〈大雅〉則選錄〈旱麓〉及〈皇矣〉二詩論說，其重點則在推本后稷至文王、武王等周朝先祖之功業。從程頤所擇錄的〈雅〉詩來看，他意圖藉由這些〈雅〉詩建立起理想政治的願景，處處透顯出王道之化的極致楷模，君臣相處和諧，人民深受教化，樂於接受上位者的驅使，而執政者全以公義作爲治理原則，並且能夠秉持對祖先功業的尊重與緬懷。可以說，程頤以二〈南〉作爲王道之治開展由齊家而治國的程序，在〈雅〉詩中則勾勒出完美政治的範型，這樣的思維對朱子影響頗深。

七、呂大臨

呂大臨（1044～1092），字與叔，號藝閣，京兆藍田人，生於北宋仁宗康定元年，卒於哲宗元祐七年，年四十七。呂大臨出身官宦之家，曾投張載門下，受其教誨，不留連科舉，無心仕途。張載去世後，又從學於程頤，與游酢（1053～1123）、楊時、謝良佐並稱程門四先生。但呂大臨仍遵守張載學說，二程便云：「呂與叔守橫渠學甚固。每橫渠無說處皆相從，纔有說了，更不肯回。」〔註135〕不過二程亦贊其涵養深醇，妙達義理，朱子更以其成就高於其他程門弟子，於程子門人中最取呂大臨。呂大臨深通六經，尤精於《禮》學，並醉心於青銅器蒐集及古代文字之研究，撰有《考古圖》等，收錄當時祕閣、

〔註131〕王孝魚點校：《二程集·河南程氏經說》，卷3，頁1070。
〔註132〕王孝魚點校：《二程集·河南程氏經說》，卷3，頁1071。
〔註133〕王孝魚點校：《二程集·河南程氏經說》，卷3，頁1073。
〔註134〕王孝魚點校：《二程集·河南程氏經說》，卷3，頁1076。
〔註135〕〔宋〕朱熹：《伊洛淵源錄》，收錄於朱傑人編：《朱子全書》第12冊，卷8，頁1035。

太常、宮廷內藏及民間青銅器二百餘件，他並據古器所載，考究古代文化內涵，目的則在於補充對經傳的理解，〈考古圖後記〉云：

> 非敢以器爲玩也。觀其器，誦其言，形容髣髴以追三代之遺風，如見其人矣。以意逆志，或深其制作之源，以補經傳之闕亡，正諸儒之謬誤，天下後世之君子有意於古者，亦將有考焉。〔註136〕

呂大臨懂得利用傳世古器與經典記載相驗，表現出他學術眼光之獨特及精準。哲宗時以門蔭得太學博士，遷祕書省正字。元祐七年，范祖禹以其學行人品出眾，推舉之，《宋名臣言行錄外集》載：「薦其修身好學，行如古人，可爲講官，不及用而終。」〔註137〕呂大臨的早逝，令程頤十分悲痛，即使逝世三年後，回憶往昔情景，仍爲之泣下，可見程頤對呂大臨之重視。

呂大臨著述據李如冰〈宋代藍田四呂著述考〉〔註138〕所考計有《呂氏易章句》一卷、《書傳》十三卷、《藝閣理記解》十六卷、《編禮》三卷、《呂與叔論語解》十卷、《孟子講義》十四卷、《大學解》一卷、《中庸解》一卷、《呂氏老子注》二卷、《西銘解》、《考古圖》十卷《玉溪先》二十五卷、《玉溪別集》十卷等，於《詩》則有《詩傳》，卷數不詳，宋度正〈跋呂與叔易章句〉云：「余家舊藏呂與叔文集、《禮記解》、《詩傳》而未見《易章句》。」〔註139〕蓋亡於宋元之際。

呂大臨《詩傳》已佚，難窺其說《詩》原貌，朱子《詩集傳》及呂祖謙《呂氏家塾讀詩記》則有徵引，然兩書所引皆標以「呂氏曰」，難以判定其人。而《詩集傳》所引呂祖謙說多直接標爲「東萊呂氏」，據朱杰人所考，僅引「呂氏曰」者共計七次，〔註140〕其中〈著〉引有兩次呂氏所說內容，與呂祖謙《呂氏家塾讀詩記》相同，故應爲呂氏自己之說，那麼朱子所引可能爲呂大臨說者僅餘五條可考。然此五條所引又與《呂氏家塾讀詩記》所再徵引之說相同，《讀詩記》亦是以「呂氏曰」開頭。而據《呂氏家塾讀詩記》所載，「呂氏」有二人，分別

〔註136〕 〔宋〕呂大臨等撰，陳俊民輯校：《藍田呂氏遺著輯校》（北京：中華書局，1993 年 11 月），頁 592。

〔註137〕 〔宋〕李幼武：《宋名臣言行錄外集》，收入《景印文淵閣四庫全書》第 449冊，卷 6，頁 17 下／715。

〔註138〕 李如冰：〈宋代藍田四呂著述考〉，《古籍整理研究學刊》，2010 年 9 月，第 5期，頁 97～100。

〔註139〕 〔宋〕度正：《性善堂稿》，收入《景印文淵閣四庫全書》第 1170 冊，卷 14，頁 14 上／266。

〔註140〕 朱傑人：〈朱子《詩集傳》引文考〉，頁 348。

為滎陽呂氏（呂希哲）及藍田呂氏（呂大臨），故亦無法由此區別朱子所引者究竟該為呂希哲（1036～1114）抑或呂大臨。而此五分別為注〈小星〉所引：

> 呂氏曰：夫人無妬忌之行，而賤妾安於其命，所謂上好仁，而下必好義者也。（《詩集傳》，卷1，頁417）

〈女曰雞鳴〉第三章所引

> 呂氏曰：非獨玉也，觿燧箴管，凡可佩者皆是也。（《詩集傳》，卷4，頁474）

〈七月〉第七章所引：

> 呂氏曰：「此章終始農事，以極憂勤艱難之意。」（《詩集傳》，卷8，頁533）

注〈楚茨〉所引：

> 呂氏曰：「〈楚茨〉極言祭祀所以事神受福之節，致詳致備。所以推明先王致力於民者盡，則致力於神者詳。觀其威儀之盛，物品之豐，所以交神明逮羣下，至於受福無疆者，非德盛政修，何以致之？」
> （《詩集傳》，卷13，頁623～624）

〈皇矣〉第七章所引：

> 呂氏曰：「此言文王德不形，而功無跡，與天同體而已。雖興兵以伐崇，莫非順帝之則，而非我也。」（《詩集傳》，卷16，頁668）

由於無法確定《詩集傳》所引此五則之歸屬，於呂大臨之《詩》學實無從論起，故僅臚列而暫不討論。

雖說呂大臨說《詩》內容今已難見，但從《論語解》及《孟子解》中相關論《詩》條例，仍可略見其解《詩》特色。如他論〈泰伯〉「興於詩，立於禮，成於樂」云：

> 興則起，好立則不反，成則有生。諷誦善言，所以起好；莊敬自強，所以不反；沛然自得，手足舞蹈，所以有生。〔註141〕

孔子此說本重為學程序，朱子亦視之為成材教育之內容，但呂大臨則不從學習程序而論，而是就《詩》、《禮》、《樂》對人心感發的順序闡述，他認為讀《詩》乃諷誦善言，故可以興好，好蓋指心意之好，心意純正於好，便可依《禮》而行，莊敬自強而不反，故又能成於《樂》而進於沛然自得、手足舞蹈的境界。除此則之外，呂大臨釋「興觀群怨」之說亦頗為特殊，其云：

〔註141〕陳俊民輯校：《藍田呂氏遺著輯校》，頁446。

「興」者，起志意。「觀」者，察事變。群居相語，以詩則情易達；
有怨於人，以詩則意不迫。其爲言也，婉而有激，功而能反，所以
事父與君，盡之矣。其緒餘，又足以資多識。〔註142〕

興之說大致與他人無二，觀、群、怨則著重於對《詩》的運用層面而論。朱
子以「觀」爲考見得失，這是觀《詩》內容之得失以爲警惕，而呂大臨則強
調爲「察事變」，更具有將《詩》之得失直接運用於實際情況之意。又呂大臨
認爲可以群乃群居相語時多引《詩》語，可使情意更易表達；而有怨於人時，
以《詩》婉諷諷勸，而不致流於急迫促狹之語。《詩》有此功能，故可以事父
事君。呂大臨受教張載、程頤，深受理學思想薰陶，反映在論《詩》中，便
是強調二〈南〉的正始之道，其云：

〈周南〉、〈召南〉，正始之道，自身及家，主於內行之至。不先爲此
而事其末，則猶正牆面之無識。〔註143〕

理學家非常重視二〈南〉的教化功能，並以二〈南〉爲修身齊家之道的最佳
範本，程頤、張載亦持此種看法，故呂大臨亦受其影響，強調「不先爲此而
事其末」，便猶正牆面而無識，不僅主張必須要習二〈南〉，而且是學習首要
工作，特別突顯出二〈南〉的重要性及次序性，這些意見均也成爲朱子說《詩》
相當重要的原則。

八、楊時

楊時，字中立，南劍將樂人。生於北宋仁宗皇祐五年，卒於南宋高宗
紹興五年，年八十七。少善詩文，穎悟異常，人稱神童。熙寧九年中進士
第，調官不赴。後往河南潁昌，學於程顥。顥死，又學於程頤，杜門不出
近十年，與游酢、尹焞、謝良佐並稱程門高弟。楊時學成辭歸時，伊川稱
吾道南矣，後人遂稱楊時一系爲道南學派。楊時身處北宋末年，對時局有
明確清醒認識，〈餘杭所聞〉載：「今天下上自朝廷大臣，下至州縣官吏，
莫不以欺誕爲事，而未有以救之。只此風俗，怎抵當他。」〔註144〕尖銳指
出朝政的腐敗。而他於朝廷任職時，不畏權勢，多據理直言，更曾上書斥
責蔡京等人誤國：「臣伏見蔡京用事二十餘年，蠹國害民，幾危宗社，人所

〔註142〕陳俊民輯校：《藍田呂氏遺著輯校》，頁464。
〔註143〕陳俊民輯校：《藍田呂氏遺著輯校》，頁464。
〔註144〕〔宋〕楊時：《龜山集》，收入《景印文淵閣四庫全書》第1125冊，卷13，
　　　　頁4下／237。

切齒！」〔註145〕並進一步要求追奪王安石爵祿，毀去其配享，禁其學說：

> 致今日之禍者，實安石有以啓之也。臣謹按安石挾管商之術，飾六
> 藝以文姦言，變亂祖宗法度。當時司馬光已言其爲害當見於數十年
> 之後，今日之事，若合符契，其著爲邪說以塗學者耳目，敗壞其心
> 術者，不可縷數。〔註146〕

可見楊時完全是以王安石等新黨人士作爲攻擊對象，這也反映在他的學術思想中。

楊時著有《三經義辨》，專門批評王安石《三經新義》，此書已佚，無法見其規模。然《龜山集》中亦載有對王安石學術作法之批評：

> 今之說《詩》者，多以文害辭，非徒以文害辭也，又有甚者，分析
> 字之偏旁，以取義理，如此豈復有詩？〔註147〕

楊時認爲王安石析字說解之弊較之以文害辭更甚，以文字解義說《詩》以取義理，將完全偏離詩歌的情性意味，楊時明確認識到說《詩》不應過度深求，故在反對王安石的基礎上，主張必須以平易態度閱讀並解說《詩經》。但他自己卻未能確實遵行這項準則，朱子便曾批評楊時說《詩》有時仍陷於過度求義的泥淖中，《詩傳遺說》載朱子云：

> 讀《詩》便長人一格，如今人讀《詩》，何緣會長一格。《詩》之興
> 處，最不緊要。然興起人處，正在興會，得詩人之興，便有一格長。
> 「豐水有芑，武王豈不仕」，蓋曰豐水且有芑，武王豈不有事乎？此
> 亦興之一體，不必更注解。如龜山說〈關雎〉處，意亦好，然終是
> 說死了。如此便詩眼不活。〔註148〕

朱子主張《詩經》之取興不必更加注解，並舉楊時說〈關雎〉爲例，認爲他把詩眼說死了。〈關雎〉詩云「關關雎鳩，在河之洲」這本是因地見物而起興，《毛傳》取興之意涵爲：「后妃說樂君子之德，無不和諧，又不淫其色，愼固幽深，若關雎之有別焉。」〔註149〕傳統說法均傾向於以雎鳩爲情摯而能有別，有定偶而不相亂的鳥類，喻君子不淫女色。黃實夫《毛詩集解》則以爲取興之意在關關之和諧聲，其云：

〔註145〕楊時：《龜山集》，卷1，頁23上／116。
〔註146〕楊時：《龜山集》，卷1，頁23上～23下／116。
〔註147〕楊時：《龜山集》，卷10，頁31下／204。
〔註148〕朱鑑：《詩傳遺說》，卷1，頁10上／7。
〔註149〕阮元校勘：《毛詩正義》，卷1之1，頁20上／570。

> 《詩》曰：「關關雎鳩」，而名之曰關雎云者，詩人之意不在於雎鳩，
> 而在於關關，取其和鳴之意也。〔註150〕

關關之聲乃和鳴之意，故喻君子與后妃和諧，而非重在不淫其色。這些說法均以詩句之興為有所取義，或以其聲，或以其性，但仍大致符合詩意，而楊時則認為此詩取義甚多，《龜山集》云：

> 且如〈關雎〉之詩，詩人以興后妃之德蓋如此也。須當想象雎鳩為
> 何物？知雎鳩為摯而有別之禽，則又想象關關為何聲？知關關之聲
> 為和而適，則又想象在河之洲是何所在？知河之洲為幽閒遠人之
> 地，則知如是之禽，其鳴聲如是，而又居幽閒遠人之地，則后妃之
> 德可以意曉矣。是之謂體會，惟體會得，故看《詩》有味，至於有
> 味，則《詩》之用在我矣。〔註151〕

楊時幾乎是囊括眾人之說，以為每句皆有興義。既要體認雎鳩之意，又要想象關關之聲，連「在河之洲」亦有喻義，這樣的說法取義太多，雖為朱子所批評，但也可看出這是楊時解《詩》特色。楊時雖亦強調要體會《詩》意，始能讀出《詩》味，然卻偶有過度講究詩歌意涵之現象，等於是在未有義處強說義，自然不為講究平易的朱子所取。

　　楊時受教程頤，並為南宋初年著名理學大家，故其說《詩》亦時而援引理學之說，表現出理學家的基本關懷傾向，《詩集傳》引其論〈泉水〉云：

> 衛女思歸，發乎情也。其卒也不歸，止乎禮義也。聖人著之於經，
> 以示後世，使知適異國者，父母終，無歸寧之義，則能自克者知所
> 處矣。（《詩集傳》，卷2，頁436）

楊時認為衛女思歸乃為情欲的表現，但最終未歸則是受到禮義教化的影響，懂得節制自己的欲望，這樣的說法已暗藏有以理制情的傾向。楊時亦重視《詩經》溫柔敦厚的特質，他認為〈燕燕〉詩之戴媯正是《詩經》這種特質的典型代表，《詩集傳》引楊時之言云：

> 州吁之暴，桓公之死，戴媯之去，皆夫人失位，不見答於先君所致
> 也。而戴媯猶以先君之思勉其夫人，真可謂溫且惠矣。（《詩集傳》，
> 卷2，頁425）

另外楊時認為〈北門〉主角雖因政事繁重而埋怨，但其歸咎於天的作法亦是

〔註150〕李樗、黃櫄撰：《毛詩集解》，卷1，頁255。
〔註151〕楊時：《龜山集》，卷12，頁25下～26上／231～232。

《詩經》溫厚的表現，《詩集傳》又引楊時之言云：

> 忠信重祿，所以勸士也。衛之忠臣至於窶貧而莫知其艱，則無勸士
> 之道矣。仕之所以不得志也。先王視臣如手足，豈有以事投遺之而
> 不知其艱哉？然不擇事而安之，無懟憾之辭，知其無可奈何，而歸
> 之於天，所以爲忠臣也。（《詩集傳》，卷 2，頁 437）

藉由朱子所引楊時說《詩》兩則說法來看，可見楊時相當重視《詩經》在君
臣、夫婦等人倫關係的教化意義，故而對於變〈風〉之詩屬於負面教材的詩
歌，楊時亦強調其作爲戒鑒的意涵，如《詩集傳》注〈牆有茨〉引楊時之言
又云：

> 公子頑通乎君母，閨中之言至不可讀，其汙甚矣。聖人何取焉而著
> 之於經也？蓋自古淫亂之君，自以謂密於閨門之中，世無得而知者，
> 故自肆而不反。聖人所以著之於經，使後世爲惡者，知雖閨中之言，
> 亦無隱而不彰也。其爲訓戒深矣！（《詩集傳》，卷 3，頁 442）

閨中本爲極隱密之僻，但詩人模擬其言，彰顯其惡，乃所以深戒於後世欲爲
惡者。楊時亦認爲聖人之所以選錄這些淫穢之言，目的仍在於突出《詩》的
教育功能。

朱子對楊時的採納除用以解說《詩》義外，若其說有合於義理，但略與
《詩》義不符，則亦採用之，如注〈巷伯〉便云：

> 楊氏曰：「寺人，內侍之微者，出入於王之左右，親近於王而日見之，
> 宜無間之可伺矣。今也亦傷於讒，則疏遠者可知。故其詩曰『凡百
> 君子，敬而聽之』，使在位知戒也。」其說不同，然亦有理，姑存於
> 此云。（《詩集傳》，卷 12，頁 610）

楊時將寺人孟子解爲內侍，並以爲內侍乃君王身邊最親近者，但依舊受到讒
譖，則疏遠者可知。其說乃歧於出詩意之外，但朱子以其說有理，遂引用之，
以備一說。朱子之所謂有理蓋亦針對南宋處境而發。孝宗寵信近侍曾覿（1109
～1180）、龍大淵（？～1168）等人，而理學家們視之如洪水猛獸，不斷上書
要求孝宗正己清側。近侍爲皇帝身邊最親近之人，因常接觸帝王，容易得知
一些機密之事，而曾覿、龍大淵更怙寵依勢，後因洩露機密爲陳俊卿（1113
～1186）彈劾，但孝宗依舊千方百計維護之。那麼朱子在此引用與《詩》意無
甚關連的楊時之說，其意蓋在於諷世。

九、鄭樵

　　鄭樵（1104～1162），字漁仲，世稱夾漈先生，興化軍莆田人，生於北宋徽宗崇寧三年，卒於南宋紹興三十二年，年五十九。鄭樵頗爲自負，少年時曾立下欲讀古人之書，欲通百家之學的志向，因此拒絕參加科舉考試。然周必大《文忠集》稱「樵好爲考證倫類之學，成書雖多，大抵博而寡要。平生甘淡泊，樂施予，獨切切於仕進，識者以是少之。」〔註152〕周必大的評論相當奇怪，既稱鄭樵甘淡泊，卻又諷其切切於仕進。而《宋史》本傳採周必大之言，遂以爲鄭樵熱衷功名，然又有學者認爲這是誣詞。觀鄭樵一生，雖多次拒絕引薦，但在宋室南遷之後，鄭樵與其兄則慨然有報國之志。鄭樵與趙鼎（1085～1147）、張浚（1097～1164）皆曾有過來往，兩人相當器重他。鄭樵志於修史，但修史必須獲得朝廷認可，於是他藉獻書機會，上書帝王宰相，乞求能得一官半職，但未能如願。後返莆田，雖多次被薦舉孝廉、遺逸，但無助於他修史心願，遂皆予婉拒。直到五十四歲時，機會再度來臨，鄭樵終受薦舉而獲得高宗接見，《宋史》〈鄭樵傳〉載：

　　　　以侍講王綸、賀允中荐，得召對。因言班固以來歷代爲史之非。帝
　　　　曰：「聞卿名久矣。敷陳古學，自成一家，何相見之晚耶？」授右迪
　　　　功郎，禮兵部架閣。〔註153〕

鄭樵與高宗會面所談仍圍繞在史學問題上，可見他爲修《通志》費盡心力，因此周必大雖稱其切切於仕進，但目的應非爲個人利祿，而是爲實現其著書傳世的理想。

　　鄭樵學術思想極爲先進，著作約有百種千卷，但目前僅《爾雅注》三卷、《通志》二百卷、《夾漈遺稿》三卷等傳世。《詩經》研究著述則有《詩傳》二十卷、《詩辨妄》六卷、《辨詩序妄》一百二七十篇、《原切廣論》三百二十篇以及《詩名物志》等，可惜皆已亡佚。南宋周孚（1135～1177）有《非詩辨妄》二卷，專門針對鄭樵之說批評，其書先引鄭樵之文再予申述，故由周書可略見鄭樵之說。鄭樵攻擊《詩序》的說法遭受到學界極大批評，《四庫全書總目》即云：

　　　　鄭樵作《詩辨妄》，決裂古訓，橫生臆解，實泊亂經義之渠魁。南渡

〔註152〕〔宋〕周必大：《文忠集》，《景印文淵閣四庫全書》第1148冊，卷163，頁9
　　　　上／765。
〔註153〕脫脫等：《宋史》，列傳卷195，頁17上～17下／5236。

諸儒，多爲所惑，而孚陳四十二事以攻之，根據詳明，辨證精確，
尤爲有功於詩教。今樵書未見傳本，而孚書巍然獨存，豈非神物呵
護，以延風雅一脈哉！是可爲寶貴者矣。〔註154〕

從《總目》的批評可知，鄭樵說法受到極大的質疑，但朱子卻採信其說，由
此亦可見朱子學術思維確有新進與開放的一面。

　　《詩序》長期被奉爲學術圭臬，即使宋儒開始起疑，但至多如蘇轍僅疑
其首句以後之文，對於〈大序〉或《小序》首句，仍儘量予以維護。而鄭樵
則直接跨越這道門檻，批評《詩序》乃托名子夏之僞作，《通志》有云：

《詩》舊惟魯、齊、韓三家，魯申公、齊轅固、燕韓嬰也。終于後
漢，惟此三家並立學官。漢初，又有趙人毛萇者，自言其《詩》傳
自子夏，蓋本《論語》「起予者商」之言也。河間獻王雖好之，而漢
世不以立學官。毛公嘗爲北海相，其詩傳於北海。鄭元，北海人，
故爲之箋。《毛詩》自鄭氏既箋之後，而學者篤信鄭元，故此詩專行，
三家遂廢。《齊詩》亡於魏，《魯詩》亡於西晉，隋唐之世猶有《韓
詩》可據。迨五代之後，《韓詩》亦亡。致今學者，只憑毛氏且以《序》
爲子夏作，更不敢擬議。蓋事無兩造之辭，則獄有偏聽之惑。臣爲
作《詩辨妄》六卷，可以見其得失。〔註155〕

鄭樵批評《詩序》非子夏所作，周孚《非詩辨妄》有引其論證《詩序》方式
曰：「有可經據，則指言其人；無可經據，則言其意。」〔註156〕他指出作序者
刻意將詩意附會經典之文，有可據者則指言其人，若無可據者方泛論詩意。
如鄭樵對〈將仲子〉之序的批評，《詩序》云：「〈將仲子〉，刺莊公也。不勝
其母，以害其弟。弟叔失道，而公弗制，祭仲諫而公弗聽。小不忍以致大亂
焉。」〔註157〕莊公與共叔段之事詳見於《左傳》，而《毛傳》更把將仲子釋爲
祭仲，鄭玄則發揮云：「祭仲驟諫，莊公不能用其言，故言請固距之。」〔註158〕
鄭樵對此則批評云：

〔註154〕紀昀等：《欽定四庫全書總目》，卷159，頁39下～40上／3166。
〔註155〕〔宋〕鄭樵：《通志》（北京：中華書局，1987年1月），卷63，頁757。
〔註156〕〔宋〕鄭樵著，顧頡剛點校：《詩辨妄》（北平：樸社，1933年7月，附錄有
　　　　周孚《非詩辨妄》、《通志》中《詩》說、《六經奧論》選錄、歷代對於鄭樵詩
　　　　說之評論），頁35。
〔註157〕阮元校勘：《毛詩正義》，卷4之2，頁6下／711。
〔註158〕阮元校勘：《毛詩正義》，卷4之2，頁7下／712。

此實淫奔之詩，無與于莊公叔段之事，《序》蓋失之。而說者又從而
巧爲之說，以實其事，誤亦甚矣。〔註159〕

鄭樵認爲〈將仲子〉乃淫奔之詩，根本就與莊公之事無關，而說《詩》者卻
因《詩序》而過度穿鑿引申，令其極度不滿。此段文字亦爲朱子《詩序辨說》
所引，朱子論此序時本先言「事見《春秋傳》」，蓋以《詩序》之論似可依史
實爲據。但詳引鄭樵之說後，並下結論「今從其說」，可見鄭樵之說是朱子敢
於疑《序》，甚至提出「淫奔詩」說的很重要支持，《語類》載：

鄭漁仲《詩辨》：「〈將仲子〉只是淫奔之詩，非刺仲子之詩也。」某
自幼便知其說之是。（《語類》，卷23，頁539）

〈將仲子〉一詩從詩歌字面來看，無論如何也難以與莊公及共叔之事連結，
但傳統說法指證歷歷，遂使儒者陷入美刺迷思。鄭樵敢倡議此爲淫詩，則是
強調由文本出發，不採信《詩序》傳統，這是敢於突破權威的作法。而在鄭
樵的影響下，朱子自幼便埋下反對《詩序》，以文本解《詩》的潛藏思想。除
依據史傳附會外，鄭樵指出若史實無可依憑，那麼《詩序》便會略述其旨，
如〈凱風〉之序云：「美孝子也。衛之淫風流行，雖有七子之母，猶不能安其
室，故美七子能盡孝道，以慰其母心而成其志爾。」〔註160〕鄭樵對於此序則
譏諷云：

幸哉〈凱風〉詩也！其詩若不言「有子七人，莫慰母心」，定爲莊姜
之詩無疑也。〔註161〕

鄭樵認爲正因爲〈凱風〉詩已明確言及「有子七人，莫慰母心」，已將詩文定
位在母子孝道之事，而翻查經史，又無可依據之事，遂只得依詩文略述七子
盡孝道之事，然已無法指出人名。而鄭樵話又講得很酸，此詩若非已直接講
明「有子七人」，必會被作《序》者附會成莊姜之事。

朱子曾指出鄭樵考證《詩序》的方法爲：「鄭漁仲謂《詩小序》只是後人
將史傳去揀，并看謚，却附會作《小序》美刺。」（《語類》，卷80，頁2079）
據朱子所言，鄭樵批評《詩序》的方法有二，一是以爲後人依據史傳所載引
申，一則是以爲後人但據謚號而附會。鄭樵云：

〈宛丘〉、〈東門之枌〉刺幽公，〈衡門〉謂刺僖公。幽僖之跡無所據

〔註159〕顧頡剛點校：《詩辨妄》，頁6。
〔註160〕阮元校勘：《毛詩正義》，卷2之2，頁1上／635。
〔註161〕顧頡剛點校：《詩辨妄》，頁5。

見，作《序》者但本諡法而言之。〔註162〕

〈宛丘〉之序云：「刺幽公也。淫荒昏亂，游蕩無度焉。」〔註163〕〈東門之枌〉之序云：「疾亂也。幽公荒淫，風化之所行，男女棄其舊業，亟會於道路，歌舞於市井爾。」〔註164〕亦以為刺幽公。〈衡門〉之序則云：「誘僖公也。愿而无立志，故作是詩以誘掖其君也。」〔註165〕鄭樵蓋認為因史傳中對陳國國君並無太多著墨，無由見幽公、僖公之事跡，故作《序》者但憑諡號而附會，又因無所憑據，遂無法明確指言事跡，只能依詩文略述再附會至君王。鄭樵對《詩序》的批評極大地影響著朱子的觀念，林慶彰云：

> 朱子本來是遵《詩序》的，看了鄭樵《詩辨妄》以後大受影響，在將《詩序》與《史記》、《國語》等書比對後，決定拋棄以前的說法，重新作《詩集傳》。朱子的《詩集傳》拋棄《詩序》，不言美刺而提出淫詩說，大抵都受鄭樵的影響。〔註166〕

雖然鄭樵之說受到後人極大的質疑，但幸運的是，朱子竟受其影響而接續批評《詩序》，《語類》有云：

> 《詩序》實不足信。向見鄭漁仲有《詩辨妄》，力詆《詩序》，其間言語太甚，以為皆是村野妄人所作。始亦疑之，後來子細看一兩篇，因質之《史記》《國語》，然後知《詩序》之果不足信。（《語類》，卷80，頁2076）
>
> 舊曾有一老儒鄭漁仲更不信《小序》，只依古本與疊在後面。某今亦只如此，令人虛心看正文，久之其義自見。蓋所謂《序》者，類多世儒之誤，不解詩人本意處甚多。且如「止乎禮義」，果能止禮義否？
>
> 〈桑中〉之詩，禮義在何處？（《語類》，卷80，頁2068）

從朱子自己追憶來看，鄭樵疑《詩序》的想法確實影響他極深。然而儒憚於朱子權威而將矛頭轉向鄭樵，遂使其《詩辨妄》遭到亡佚命運，而經由民初學者的重視，才使鄭樵在《詩經》學史上取得開創廢棄《詩序》風氣的地位，徐有富便云：

〔註162〕顧頡剛點校：《詩辨妄》，頁7。

〔註163〕阮元校勘：《毛詩正義》，卷7之1，頁3上／800。

〔註164〕阮元校勘：《毛詩正義》，卷7之1，頁4下／800。

〔註165〕阮元校勘：《毛詩正義》，卷7之1，頁6下～7上／801～802。

〔註166〕林慶彰：〈鄭樵的《詩經》學〉，收錄於蔣秋華、馮曉庭主編《宋代經學國際研討會論文集》（臺北：中央研究院中國文哲研究所，2006年10月），頁328。

《詩》經過《詩序》的曲解，演變成了封建政治倫理教科書。鄭樵
的《詩辨妄》否定《詩序》爲子夏作，繼承蘇轍觀點，認爲《詩序》
是衛宏集錄經師們的傳《詩》之說而成，並且稱衛宏等「皆是村野
妄人」，對《詩序》進行了深入的批判，因而動搖了《詩序》的權威
地位，也削弱了《詩序》進行封建說教的影響。〔註167〕
鄭樵的說法的確對傳統解說《詩經》迷信權威而不敢突破的封閉思維注入
新的活力，但必須指出的是他之所以批判《詩序》是因爲鄭樵認爲這些文
字非聖賢所作，乃後人附會，故而漏洞百出。他認爲聖人不可能作出這種
文字，這種意識型態不僅鄭樵有之，宋代諸儒包括朱子亦都秉持這種基本
的態度說《詩》，故大體上而言，鄭樵仍是傾向於以古爲尊的傳統意識。

然而即使《詩序》並非依據史傳或謚號而發揮，其說亦有令鄭樵不以爲
然之處，如〈芣苢〉之序云：「后妃之美也。和平則婦人樂有子矣。」〔註168〕
鄭樵即批評詩中並無樂有子之意，其云：

> 以〈芣苢〉爲婦人樂有子者。據〈芣苢〉詩中，全無樂有子意。彼
> 之言此者何哉？蓋書生之說例是求義以爲所，此語不徒然也，故以
> 爲樂有子爾。且〈芣苢〉之作，興采之也，如後人之采菱則爲采菱
> 之詩，采藕則爲采藕之詩，以述一時所采之興爾，何它義哉！〔註169〕

〈芣苢〉之序並未附會任何史實，據詩文內容乃婦人採芣苢時所咏唱之歌謠，
而說者爲與《詩序》樂有子之說牽扯上關係，遂以芣苢爲治難產之草藥，如
《毛傳》云：「芣苢，馬舃。馬舃，車前也。宜懷任焉。」〔註170〕陸璣《毛詩
草木鳥獸蟲魚疏》解釋云：

> 芣苢，一名馬舃，一名車前，一名當道。喜在牛跡中生，故曰車前、
> 當道也。今藥中車前子是也。幽州人謂之牛舌草，可鬻作茹，大滑，
> 其子治婦人難產。〔註171〕

說《詩》者均將所採芣苢解作車前子，藥效能治難產，故可與樂有子稍作連
結。然鄭樵則以爲此乃農事時婦人一時興起而唱，與後人採菱、採藕詩之歌

〔註167〕徐有富：《鄭樵評傳》（南京：南京大學出版社，1998 年 12 月），頁 62。
〔註168〕阮元校勘：《毛詩正義》，卷 1 之 3，頁 3 上／591。
〔註169〕顧頡剛點校：《詩辨妄》，頁 4。
〔註170〕阮元校勘：《毛詩正義》，卷 1 之 3，頁 3 下／591。
〔註171〕〔晉〕陸璣撰，〔清〕丁晏校正：《毛詩草木鳥獸蟲魚疏》，收入《續修四庫全
　　　　書》第 71 冊，卷上，頁 1 上～1 下／442。

咏相同，並無其他深意。受到這種說法的影響，朱子解說此詩，亦導向於婦人採作時咏歌以樂，《詩集傳》云：「化行俗美，家室和平，婦人無事，相與采此芣苢而賦其事以相樂也。采之未詳何用，或曰其子治難產。」（《詩集傳》，卷1，頁408）朱子未拋棄教化觀念，但又融合鄭樵之說，不強調樂有子，僅把可治難產視爲補充說明而已。但由此也可見，朱子並未全盤接受鄭樵之說，他主要還是在自己的學術關懷下進行取捨。又如朱子對鄭樵對〈風〉、〈雅〉、〈頌〉分別之主張批評云：

> 器之問「〈風〉〈雅〉」，與無天子之〈風〉之義。先生舉鄭漁仲之說言：「出於朝廷者爲〈雅〉，出於民俗者爲〈風〉。文武之時，周召之作者謂之周召之〈風〉。東遷之後，王畿之民作者謂之〈王風〉。似乎大約是如此，亦不敢爲斷然之說。但古人作詩，體自不同，〈雅〉自是〈雅〉之體，〈風〉自是〈風〉之體。如今人做詩曲，亦自有體製不同者，自不可亂，不必說〈雅〉之降爲〈風〉。今且就《詩》上理會意義，其不可曉處，不必反倒。」（《語類》，卷80，頁2067）

鄭樵指出〈風〉、〈雅〉有著朝廷與民俗出處的差別，這種說法雖亦爲朱子接受，但卻也強調，不敢斷然爲說，表現朱子謹慎的爲學態度。

十、呂祖謙

呂祖謙，字伯恭，原籍壽州。生於南宋高宗紹興七年，卒於孝宗淳熙八年，年四十四。時人多稱其伯祖呂本中（1084～1145）爲東萊先生，呂祖謙爲小東萊先生，後人則逕稱其爲東萊先生。呂祖謙少時性極褊狹，偶於病中讀《論語》，至「躬自厚而薄責於人」，遂省悟，由是終身無暴怒。呂祖謙自幼隨父在福建任所，師從林之奇，後至臨安，又師從汪應辰（1118～1176）及胡憲（1086～1162）。呂祖謙少有志於科舉，原本可受蔭補入仕，但不願赴任，於隆興元年考中進士，復中博學宏詞科特授左從政郎，改差南外敦宗院宗學教授。呂祖謙仕宦生涯原本已展開坦途，但父母接連病逝，連兩任妻子及兒女也相繼過世，對呂祖謙造成重大打擊。淳熙三年，呂祖謙守父喪期滿，因李燾（1115～1184）推薦，升任祕書省祕書郎，兼國史院編修官及實錄院檢討官。然疾病纏身，越兩年便病故。

呂祖謙與張栻、朱子並稱東南三賢，然前人多因朱子光芒太顯，而忽略了呂祖謙在南宋學術史上的地位。美國學者田浩研究則指出：「呂祖謙雖然不

被《宋史》列入〈道學列傳〉，並且鮮爲現代學者論及，但從 1160 年代末期到 1181 年他去世的十幾年裡，他其實是道學最重要的領袖。」〔註172〕呂祖謙著述甚豐，今存者有《東萊集》四十卷、《古周易》一卷、《呂氏家塾讀詩記》三十二卷、《春秋左氏傳說》二十卷、《續左氏傳說》十二卷、《東萊博議》二十五卷、《大事記》十二卷、《書說》三十五卷等。

《呂氏家塾讀詩記》長期以來一直被視爲擁護《詩序》的守舊派代表作，其書性質屬於集解體，各篇皆蒐羅諸家之解說，其所選錄之說不僅在於纂輯資料而已，更是呂祖謙自己意見的反映，故朱子曾說此書所取者乃「實熹少時淺陋之說，而伯恭父誤有取焉。」(《文集》〈呂氏家塾讀詩後記序〉，卷76，頁3807）即使朱子後來改變說法，欲與呂祖謙討論，但呂祖謙卻反而置疑後說，依舊錄取朱子早年之說，由此也可見呂祖謙的堅持。呂祖謙與朱子兩人對《詩序》的爭論是《詩經》學史上相當重要的一件公案，朱子早年雖感《詩序》有不妥處，但受呂祖謙影響，亦依之解《詩》。然而中年開始擺脫《詩序》之後，遂與呂祖謙在這個問題上進行討論，然彼此立場已定，難以調和，朱子有云：

> 伯恭專信《序》，又不免牽合。伯恭凡百長厚，不肯非毀前輩，要出
> 脫回護。不知道只爲得箇解經人，却不曾爲得聖人本意。是便道是，
> 不是便道不是，方得。(《語類》，卷80，頁2074)

呂祖謙說《詩》最大特色便是遵守《詩序》，朱子雖多番欲改變其看法，但總徒然無功，甚至戲稱其爲「毛鄭之佞臣」(《語類》，卷 122，頁 2950)。而以兩人爲代表的尊《序》與廢《序》爭議延續許久，《四庫全書總目》便云：「迄今兩說相持，嗜呂氏書者終不絕也。」〔註173〕《詩序》的權威在宋代時開始受到質疑，而呂祖謙推崇的態度也使《詩序》得以保持其地位，不致全盤遭受否定，相較於宋代講求「本義」的說《詩》方法，呂祖謙則有較強烈復歸傳統的傾向。

《呂氏家塾讀詩記》雖然對傳統《詩序》解《詩》持維護態度，但他的態度也並非眞如朱子所塑造一般，必欲守舊學而不化，呂祖謙自己便云：

> 三百篇之義，首句當時所作，或國史得詩之時，載其事以示後人，
> 其下則說《詩》者之辭也。說《詩》者非一人，其時先後亦不同。
> 以《毛傳》考之，有毛氏已見其說者，時在先也；有毛氏不見其說

〔註172〕田浩：《朱熹的思維世界》，頁 133。
〔註173〕紀昀等：《欽定四書全書總目》，卷 15，頁 24 上／341。

者，時在後也。〈關雎〉之義，其末曰：「不淫其色。」《毛傳》亦曰：
「后妃說樂君子之德，無不和諧，又不淫其色。」然則〈關雎〉之
義，皆毛公已見也。〈鵲巢〉之義，其末曰：「德如鳲鳩，乃可以配
焉。」《毛傳》止曰：「鳲鳩不自爲巢，居鵲之成巢。」未嘗言鳲鳩
之德，然則〈鵲巢〉之義，有毛公所不見者也。意者後之爲毛學者，
如衛宏之徒，附益之耳。《毛傳》尚簡，義之已明者，固不重出；義
之未明者，亦必申言。如〈鳲鳩〉之義，雖刺不一，而其旨未明，
故《傳》必言鳲鳩之養其子，平均如一，以訓釋之。今〈鵲巢〉之
義止云「德如鳲鳩」，而未知鳩之德若何？使毛公果見此語，《傳》
豈應略不及之乎？詩人本取鳩居鵲巢，以比夫人坐享成業，蓋非有
婦德者，殆無以堪之也。若又考鳲鳩之情性，以比其德，詩中固已
包此意，但是說出於毛公之後，決無可疑也。〔註174〕

呂祖謙接受蘇轍之說，認爲《詩序》可分爲首句及後面續說之辭，首句乃詩
人自己或國史所記，代表《詩》之本事，爲其本義。其後續說之辭則是後人
所添增，有早於毛公者，亦有晚於毛公者。呂祖謙對《詩序》作者的態度既
然如此，便埋下他並非完全依《序》解《詩》的可能，如〈氓〉之序曰：「刺
時也。宣公之時，禮義消亡，淫風大行，男女無別，遂相奔誘，華落色衰，
復相棄背。或乃困而自悔，喪其妃耦，故序其事以風焉。美反正，刺淫泆也。」
〔註175〕呂祖謙批評其中「美反正，刺淫泆」之句云：「『美反正，刺淫泆』，此
兩語煩贅。見棄而悔，乃人情之常，何美之有？」〔註176〕呂祖謙認爲《詩序》
既已敘明刺意，卻又加入美反正，刺淫泆之語，以爲煩贅，意其當刪。又如
〈旱麓〉之序云：「受祖也。周之先祖，世脩后稷、公劉之業。大王、王季申
以百福干祿焉。」〔註177〕呂祖謙云：

> 周之先祖以下，皆講師所附麗。此篇師傳以爲文王之師，故有大王、
> 王季，申以百福干祿之說，於理雖無害，然干祿百福之語，則不辭
> 矣！〔註178〕

〔註174〕〔宋〕呂祖謙：《呂氏家塾讀詩記》（臺北：新文豐出版股份有限公司，1984
年6月），卷3，頁41～42。

〔註175〕阮元校勘：《毛詩正義》，卷3之3，頁1上／684。

〔註176〕呂祖謙：《呂氏家塾讀詩記》，卷6，頁115。

〔註177〕阮元校勘：《毛詩正義》，卷16之3，頁6上／1108。

〔註178〕呂祖謙：《呂氏家塾讀詩記》，卷25，頁541～542。

呂祖謙批評此序有不辭之處，其說雖婉，但表現出並非鄉愿般對《詩序》全盤接受的態度。且呂祖謙對此序的解說，亦為朱子所接受，《詩序辨說》云：「《序》大誤。其曰『百福干祿』者尤不成文理。」〔註179〕朱子說得乾脆，直接挑明《序》大誤，並以百福干祿不成文理，很明顯乃受呂祖謙影響。然呂祖謙對《詩序》的批判畢竟只是少數，他說《詩》原則依舊建立在接受《詩序》的基本態度上，不過由此也可看出呂祖謙絕非如朱子所戲稱之毛鄭佞臣那般墨守《詩序》者，尚繼愚便云：

> 《呂氏家塾讀詩記》依《序》說《詩》，又注重傳注訓詁，采錄以毛、鄭為主的四十多家註疏，明宋濂評論呂氏之學「尊古傳而不輕於變易」。不輕易改變，不是絕對不變，而是取其慎重的態度，當證明毛、鄭及各家確有不當，亦以己說正之；若有可疑，則引據加以解說，而且不作闕疑，一一訓義。綜觀《讀詩記》注解，或考釋單詞，或串解詩文句義，或通釋章義，或總述全篇大意，都有一些精闢的見解。呂氏采錄漢學諸家註疏，以及朱熹前期詩說，折衷合一，融會貫通，並作一些修正補充，對已經僵化的漢學詩經學，注入了一點新血液。〔註180〕

《呂氏家塾讀詩記》之所以可以成為與朱子《詩集傳》分庭抗禮的尊《序》之作，其重點在於呂祖謙之尊是尊重之意，非完全遵從之者，因此呂祖謙的《詩經》學可說為已趨僵化的漢學《詩經》學注入新的活力。

　　《呂氏家塾讀詩記》以集解體方式編撰，博採諸家，陳振孫評云：「博採諸家，存其名氏，先列訓詁，後陳文義，剪裁貫穿，如出一手。己意有所發明，則別出之。《詩》學之詳正，未有逾於此書者也。」〔註181〕其書對於保存宋代以前《詩經》著述有相當重要的地位。而呂祖謙除對《詩序》雖採尊重態度，對於《毛傳》、鄭《箋》的成果亦相當重視，他在《呂氏家塾讀詩記》中大量採用毛鄭說《詩》成果，而以「毛氏曰」及「鄭氏曰」出之，約計不下百餘則。傳統《詩經》學將《詩序》、《毛傳》及鄭《箋》視為一體，鄭玄便很明確是依《詩序》解《詩》，維護《詩序》者亦往往遵從毛鄭之解，故朱子在批評呂祖謙遵守《詩序》時便譏其為「毛鄭之佞臣」，將之連結，陸欽（1494

〔註179〕朱熹：《朱子全書‧詩序辨說》，頁391。
〔註180〕夏傳才、董治安主編：《詩經要籍提要》（北京：學苑出版社，2003年8月），頁88。
〔註181〕陳振孫：《直齋書錄解題》，卷2，頁39。

～？）爲《呂氏家塾讀詩記》作序亦云：

> 其書宗毛氏以立訓，考註疏以纂言。剪綴諸家，如出一手，有司馬
> 子長貫穿之巧。〔註182〕

陸鈗認爲《呂氏家塾讀詩記》乃宗毛氏立訓。但仔細分析呂祖謙說《詩》內容，他亦會批評毛鄭解釋，反對過度泥於舊說，如〈卷耳〉詩云：「采采卷耳，不盈傾筐，嗟我懷人，置彼周行。」《毛傳》訓「周行」爲「周之列位」〔註183〕，意爲置於士大夫之列，但呂祖謙則不認同這樣的解釋，其云：

> 毛氏以周行爲周之列位。自左氏以來，其傳舊矣。然以經解經，則
> 不若呂氏之說也。〔註184〕

所謂呂氏之說，未知是呂大臨或呂希哲，而其說乃以周行爲「周道」，朱子早年即採用此說：「朱氏曰：《詩》有三周行。此及〈大東〉者皆道路之道。〈鹿鳴〉乃道義之道。」〔註185〕而呂祖謙指出此說雖爲《左傳》以來傳統的舊說，但從詩歌本文來看，不類詩意，遂否定《毛傳》，而取周道之解。又如鄭玄對〈緜〉詩形容古公亶父「來朝走馬」解釋云：「言其辟惡早且疾也。」〔註186〕鄭玄的意思是古公亶父爲避狄難，故迅速遷移，其實也就是急於逃難之意。鄭玄的解釋其實頗符合人情，但呂祖謙卻以爲有損聖賢之風采，故云：

> 來朝走馬，形容其初遷之時，略地相宅精神風采也。鄭氏以爲避惡
> 早且疾。苟如是之迫遽，則豈杖策去邠雍容之氣象哉！〔註187〕

聖賢氣象是宋儒喜歡強調的特色，即使逃難之際，也不得失其雍容大度，當然未必符合眞實情況，只是自我建構的形象而已。然而由此也看出，呂祖謙對毛鄭注釋亦是有所擇取，杜海軍云：

> 決不能因呂祖謙有本毛、鄭說《詩》之處，就將呂祖謙說成堅守毛、
> 鄭與《詩序》，似乎呂祖謙除卻毛、鄭與《詩序》便不說《詩》了。
> 如若這樣，對呂祖謙的批評便是不恰當。〔註188〕

這樣的評論，大致是符合呂祖謙說《詩》的實際態度，後人宥於朱子對呂祖

〔註182〕呂祖謙：《呂氏家塾讀詩記》，頁1。
〔註183〕阮元校勘：《毛詩正義》，卷1之2，頁7下／583。
〔註184〕呂祖謙：《呂氏家塾讀詩記》，卷2，頁30。
〔註185〕呂祖謙：《呂氏家塾讀詩記》，卷2，頁30。
〔註186〕阮元校勘：《毛詩正義》，卷16之2，頁16上／1097。
〔註187〕呂祖謙：《呂氏家塾讀詩記》，卷25，頁533。
〔註188〕杜海軍：〈呂祖謙的《詩》學觀〉，《浙江社會科學》2005年第5期，2005年9月，頁138。

謙過度誇張其遵從舊說而以爲他是冥頑的守舊派，這是不正確的。

　　呂祖謙精於史學，他尊重《詩序》的說法，而《詩序》亦往往附會史實，故呂祖謙便結合其本身史學素養，在解說《詩序》時會更加深入分析，如〈木瓜〉序云：「美齊桓公也。衛國有狄人之敗，出處于漕。齊桓公救而封之，遺之車馬器服焉。衛人思之，欲厚報之，而作是詩也。」〔註189〕《詩序》以齊桓公救衛之事作爲詩歌背景，呂祖謙則引孔安國之言補充云：

> 衛立戴公以廬于漕，齊桓公使公子無虧帥車三百乘，甲士三千人，
> 以戍漕。歸公乘馬，祭服五稱，牛羊雞狗皆三百，與門材。歸夫人
> 魚軒，重錦三十兩。戴公卒，文公立，齊桓公又城楚邱以封之，與
> 之繫馬三百。〔註190〕

《詩序》已說明齊國援助衛國的背景，而呂祖謙更補充說明齊桓公如何厚施衛國，以致於衛國深感其意，如此一來，詩中所述一投一報便具有更深厚的情感基礎。又如〈采菽〉序云：「刺幽王也。侮慢諸侯，諸侯來朝，不能錫命以禮數，徵會之而無信義，君子見微而思古焉。」〔註191〕《詩序》將此詩坐實爲幽王侮慢諸侯，但除指明幽王外，卻未清楚說明事情始末，故朱子不信，以爲此詩乃「天子所以答〈魚藻〉也。」（《詩集傳》，卷14，頁639）而呂祖謙則明確以幽王舉烽火事以爲此詩背景，他引《史記》之文云：

> 〈周本紀〉曰：「褒姒不好笑，幽王欲其笑，萬方，故不笑。幽王爲
> 烽燧大鼓，有寇至，則舉烽火，諸侯悉至而無寇，褒姒乃大笑。幽
> 王欲悅之，數舉烽火。其後不信，益不至。幽王之廢申后，去太子。
> 申侯怒，乃與繒西夷犬戎共攻幽王。幽王舉烽火徵兵，兵莫至，遂
> 殺幽王驪山下。〔註192〕

呂祖謙所引乃幽王敗亡之事，明顯與此詩無關，但呂祖謙正是在採用《詩序》侮慢諸侯的立場上，進而推論將導致這樣的後果，而這也是呂祖謙結合史學知識與採用《詩序》兩種立場結合起來詮釋《詩經》的方法。呂祖謙除對《詩序》所敘歷史背景有更深入說明外，他解釋詩句時亦會從史學角度議論，如論〈小弁〉「君子無易由言，耳屬於垣」便云：

〔註189〕阮元校勘：《毛詩正義》，卷3之3，頁15下／691。
〔註190〕呂祖謙：《呂氏家塾讀詩記》，卷6，頁124。
〔註191〕阮元校勘：《毛詩正義》，卷15之1，頁2上～2下／1049。
〔註192〕呂祖謙：《呂氏家塾讀詩記》，卷23，頁487。

唐德宗將廢太子。李泌諫之，且曰：「願陛下還宮，勿露此意，左右
聞之，將樹功於舒王，太子危矣。『君子無易由言，耳屬于垣』之謂
也。」〈小弁〉之作，太子既廢矣，而猶云爾者，蓋推本亂之所由生，
言語以爲階也。〔註193〕

又如論〈祈父〉第三章「祈父，亶不聰！胡轉予于恤，有母之尸饔」則云：

有親老而無他兄弟，其當免役征，在古必有成濾，故責其不聰。其
意謂此濾人皆聞之，彼司馬獨不聞乎？乃驅吾從戎，使吾親不免薪
水之勞也。責司馬者，不敢斥宣王也。越勾踐伐吳，大徇於軍，曰：
「有父母耆老而無昆弟者，以告。」句踐親命之曰：「我有大事，子
有父母耆老，而子爲我死。子之父母，將轉於溝壑。子爲禮已重矣，
歸沒而父母之世。後若有事，吾與子圖之。」句踐尚能辯此，況周
之盛時乎！其有定制必矣！〔註194〕

呂祖謙這種援史證《詩》的手法除爲本身史學素養的展現外，亦可視爲教學
上的技巧，透過歷史故事的引用，更能令讀者深刻感受詩句的內涵，可使較
爲抽象的詩意轉變爲具體的意象，因此，朱子亦引其說以爲《詩集傳》內容。

朱子與呂祖謙爭議的焦點除是否遵從《詩序》外，尚由此衍生出許多歧
異處，朱子在〈讀呂氏詩記桑中篇〉曾略有概括：

今必曰「三百篇皆雅」，而大小〈雅〉不獨爲雅，〈鄭風〉不爲〈鄭〉，
〈邶〉、〈鄘〉、〈衛〉之風不爲衛，〈桑中〉不爲桑間，亡國之音，則
其篇帙混亂，邪正錯糅，非復孔子之舊矣。（《文集》，卷70，頁3495）

朱子接受鄭樵的說法，認爲《詩經》中有淫奔之詩，作者心思不正，因而主
張讀《詩》之人必須「思無邪」。但呂祖謙卻認爲三百篇皆雅，其義乃取太史
公所言《詩經》全可合於〈韶〉、〈武〉之樂，奏之宗廟朝廷之上，故不可能
有所謂淫奔之作，《呂氏家塾讀詩記》論〈桑中〉、〈溱洧〉詩便云：

〈桑中〉、〈溱洧〉諸篇，幾於勸矣！夫子取之，何也？曰：《詩》之
體不同，有直刺之者，〈新臺〉之類是也。有微諷之者，〈君子偕老〉
之類是也。有鋪陳其事，不加一辭而意自見者，此類是也。或曰：
後世狹邪之樂府，冒之以此詩之敘，豈不可乎？曰：仲尼謂「《詩》
三百，一言以蔽之曰：思無邪！」詩人以無邪之思作之，學者亦以

〔註193〕呂祖謙：《呂氏家塾讀詩記》，卷21，頁412。
〔註194〕呂祖謙：《呂氏家塾讀詩記》，卷20，頁360。

無邪之思觀之。閔惜懲刱之意，隱然自見於言外矣！或曰：〈樂記〉
所謂桑間、濮上之音，安知非即此篇乎？曰：《詩》，雅樂也。祭祀
朝聘之所用也。桑間、濮上之音，鄭衛之樂也，世俗之所用也。〈雅〉、
鄭不同部，其來尚矣。……雖今之世，太常教坊，各有司局，初不
相亂，況上而春秋之世，寧有編鄭、衛樂曲於雅音中之理乎？〈桑
中〉、〈溱洧〉諸篇，作於周道之衰，其聲雖已降於煩促，而猶止於
中聲，荀卿獨能知之。其辭雖近於諷一勸百，然猶止於禮義，〈大敘〉
獨能知之。仲尼錄之於經，所以謹世變之始也。〔註195〕

呂祖謙這番話乃專門針對朱子淫奔之詩及讀者無思邪之說而發，朱子以為〈桑
中〉、〈溱洧〉即〈樂記〉所言桑間、濮上之音，呂祖謙則否定此說，他以為
桑間、濮上另有其音，〈桑中〉、〈溱洧〉雖已有煩促之弊，但仍是詩人諷刺之
作，故可合於雅樂，薦於廟堂。而詩人作者本以無邪之思作詩，讀者亦須以
無邪之思讀之，這是融合朱子與傳統對思無邪標準所作出的定義。不過呂祖
謙在形式上雖似乎採取朱子思無邪的說法，但兩人立場不同，雖有交集，差
異實深。在呂祖謙對思無邪的解釋下，讀者被動成分較高，其思維理解均須
受作者所引導，然而作者無邪與讀者無邪在層次上是不同的，相較於朱子主
張必須有一定的內在義理基礎之後始得以無邪眼光讀《詩》，呂祖謙所謂作
者、讀者皆無邪的說法，不啻是一種脫離現實的理想。不過呂祖謙對淫奔詩
的批判，在傳統《詩經》學史上卻佔有相當重要的影響，楊新勛云：

此後，嚴粲、黃震、戴溪、王應麟、馬端臨等尤其是許多明儒、清
儒，在此問題上大都繼承了呂氏說法。作為反對「淫詩」說的始作
俑者，呂祖謙的反駁言論被他們奉為圭臬，他們的研究也大多不出
呂祖謙的理論體系，不過是作一些補充和調整，而且呂祖謙此說直
到今天還有一定的影響力。〔註196〕

呂祖謙論說的依據均建立在對傳統文獻的詮釋之上，如他依《史記》所載孔
子欲弦歌《詩》三百的記錄，將孔子拉入自己的陣營中。另外又據〈樂記〉
桑間濮上之記載，認為〈桑中〉、〈溱洧〉名稱明顯不同，不可混為一談。相
較於朱子並無任何證據，只憑己意否定《史記》之說；又認定桑間濮上之音

〔註195〕呂祖謙：《呂氏家塾讀詩記》，卷5，頁96。
〔註196〕楊新勛：〈呂祖謙《呂氏家塾讀詩記》在《詩經》學史上的意義〉，《南京師大
　　　　學報‧社會科學版》第6期，2008年11月，頁155～156。

即〈桑中〉、〈溱洧〉之篇。雖然朱子的說法較符合現代人對民間文學的認識，但在舊時代中，淫奔詩的說法衝擊畢竟太大，即使朱子學取得官方正統的地位，反對意見仍佔有相當重要地位。

　　朱子雖不滿呂祖謙尊《序》態度，但《詩集傳》中仍大量引用呂祖謙的見解，其實兩人除一些解《詩》基本立場的差異外，對於《詩經》在義理及教化上的作用同樣重視，呂祖謙便曾說：

> 看《詩》須是以情體之，如看〈關雎〉詩，須識得正心，一毫過之便是私心，如「窈窕淑女，寤寐求之」，此樂也，過之則爲淫。「求之不得，展轉反側」，此哀也，過之則爲傷。「天生蒸民」，有物必有則，自有準則在，人心不可過也。〔註197〕

正心的要求即是從《大學》開展而出的義理標準，因此在學術旨趣上，朱子與呂祖謙仍有許多共識，因此《詩集傳》中便大量採取其說，甚至如《詩集傳》注〈陳風〉引呂祖謙之說云：

> 東萊呂氏曰：變〈風〉終於陳靈，其間男女夫婦之詩一何多邪！曰有天地然後有萬物，有萬物然後有男女，有男女然後有夫婦，有夫婦然後有父子，有父子然後有君臣，有君臣然後有上下，有上下然後禮義有所錯。男女者，三綱之本，萬事之先也。正風之所以爲正者，舉其正者以勸之也。變風之所以爲變者，舉其不正者以戒之也。道之升降，時之治亂，俗之汙隆，民之死生，於是乎在。錄之煩悉，篇之重複，亦何疑哉！（《詩集傳》，卷 7，頁 521～522）

朱子認爲〈國風〉中有淫奔者自作之詩，故變〈風〉詩有作者自道情欲之作，而孔子錄之主要是爲懲創之用。但呂祖謙則強調此乃詩人諷刺代言之作，因此其所謂「舉其不正者以戒之」用意與朱子便不同，但朱子並不因觀念上的差異而排除呂祖謙有價值之說，此文所引並未牽涉到兩人的基本差異處，而反從強調男女夫婦爲風化之本入手，與朱子認定二〈南〉乃《詩經》典範的看法相同，而正變之勸善懲惡功能也是朱子賦於《詩經》的教化價值，呂祖謙所論亦同，遂爲朱子所引用。另外又如《詩集傳》〈常棣〉第五章引呂祖謙的意見云：

〔註197〕〔宋〕呂喬年：《麗澤論説集錄》，收入《續金華叢書》，影印民國甲子春永康胡宗楙校鋟本，卷3，1 上～1 下。

東萊呂氏曰：「疏其所親，而親其所疏，此失其本心者也。故此詩反
覆言朋友之不如兄弟，蓋示之以親疏之分，使之反循其本也。本心
既得，則由親及疏，秩然有序。兄弟之親既篤，而朋友之義亦敦矣，
初非薄於朋友也。苟雜施而不孫，雖曰厚於朋友，如無源之水，朝
滿夕除，胡可保哉！或曰：人之在難，朋友亦可以坐視歟？曰：每
有良朋，況也永嘆，則非不憂憫，但視兄弟急難爲有差等耳。詩人
之詞容有抑揚，然〈常棣〉周公作也，聖人之言，小大高下皆宜，
而前後左右不相悖。」（《詩集傳》，卷9，頁548）

朱子以爲〈常棣〉乃燕兄弟之樂歌，並認同《詩序》歸爲周公所作，〔註198〕
乃有感於管蔡之亂而發之慨嘆，強調兄弟畢竟重於朋友，而呂祖謙看法亦同，
故其說爲朱子採納。

第二節　朱子對「六義」意涵之重新定義

　　《詩經》性質介於經學與文學之間，就其產生起源而言，此乃詩人吟咏
情感，形諸文字的文學作品；但《詩經》經過孔子整理之後，成爲儒家教材，
高度張揚其教化意義，遂使經學價值超越文學本質，成爲經學典範。而宋代
在懷疑風氣及重視文學觀念的影響下，開始重新反省《詩經》的地位，鄭樵、
程大昌、王質、楊簡、輔廣、王柏（1197～1274）等人均就《詩經》的革新開
展出不同成就，而朱子《詩集傳》的成書，更標示著《詩經》宋學的正式成
形，自此走出與漢代《詩經》學不同的一條道路。朱子作爲理學集大成者，
一生學問均圍繞著天理、道德而開展，強調必須透過研讀經書明理明道，反
映在其《詩經》學研究中，便是將之作爲義理之學的教科書，列於《四書》
之後，《五經》之首的重要讀物；但《詩經》本身由於存在文學的特徵，乃詩
人感物道情的作品，朱子亦未忽視此項價值，〈東歸亂藁序〉有云：「間隙之
時，感事觸物，又有不能無言者，則亦未免以詩發之。」（《文集，卷75，頁
3778》他明白詩乃感事觸物之作。於是對朱子而言，其《詩經》學便結合文

〔註198〕　〈常棣〉之作者，《國語》及《左傳》所言不同。《詩序辨說》云：「《國語》
　　　　　富辰之言，以爲周文公之詩，亦其明驗。但《春秋傳》爲富辰之言，又以爲
　　　　　召穆公思周德之不類，故糾合宗族于成周，而作此詩。二書之言皆出富辰，
　　　　　且其時去召穆公又未遠，不知其說何故如此？」見朱熹：《朱子全書·詩序辨
　　　　　說》，頁382。

學與經學的特質，著重從情性表現探求義理內涵，從而開展出不同於漢唐經學的特色。

朱子強調經由《四書》基礎建構本心義理價值之後，必須再透過《五經》對義理進行加深加廣的閱讀，但此時的重心則落在《大學》修身之後的條目中。而《詩經》多是人民情感之直接反映，並表現於父子、君臣、夫婦、兄弟、朋友各種人際關係之中，因此，朱子強調《詩經》所涵蓋的範圍相當廣泛，「人倫之道，《詩》無不備」，故《詩經》在朱子為學進程之中屬於義理價值在人倫關係中的典型開展。不過《詩經》畢竟不同於說理文字，它藉由文學語言表達，故而對於朱子而言，閱讀《詩經》時必須兼顧義理與文學這兩個層面，始有可能釐清詩意，〈詩集傳序〉云：

> 或有問於余曰：「《詩》何為而作也？」余應之曰：人生而靜，天之性也；感於物而動，性之欲也。夫既有欲矣，則不能無思；既有思矣，則不能無言；既有言矣，則言之所不能盡，而發於咨嗟詠歎之餘者，必有自然之音響節奏而不能已焉。此《詩》之所以作也。（《文集》，卷76，頁3801）

人性感物而動，再形諸詠歎而為詩歌，故詩乃感情之發。然由於性、情等概念在朱子學術思想中具有特定哲學意義，故朱子表現在《詩經》中的文學觀念實與文學家的思維不同。對於朱子而言，《詩經》雖為反映人心的詩歌作品，但由於《詩經》受到孔子刪編的影響，其中蘊涵有聖人擇取之意，而這層擇取之意有時可由詩歌本文直接反映，有時則必須拋開作者意圖而以聖人刪編之意取代之。

孔子所以選擇《詩經》作為教材，代表教學方法上的突破。《詩經》本是文學性的詩歌，在教學課程的實施中，與乏味無趣的說理文字相較，更能夠引起學生的學習興趣及注意，但孔子的教學並不單純就其文學性手法分析，前章也討論過，《論語》中載有孔子與子夏、子貢的論《詩》，他們所重視的是閱讀《詩經》所能得出對義理的開展。因此，孔門的《詩》教便須深入到義理層面。而朱子基本上也是掌握這兩項特質，如他提出《詩經》包含有里巷之人的詩作，也就是正視到《詩經》具有民俗文學的特質。但文學理論的分析畢竟非其重點，就朱子的概念而言，他把經學作為三代聖人教化之下所產生的時代作品，而《詩經》乃當時的貴族及民間詩歌，受到聖人政治教化的影響，那麼這些文學作品所表現出來的特質便不僅於其本身所顯露的情感

層面而已，這種情感是必須與性情有關。而朱子認爲大部分詩人是以純粹近乎義理的心理狀態寫作這些詩篇，那麼《詩經》便在其文學的表現上進一步被賦予義理的內涵，從而昇華成爲經學，於是《詩經》的價值除反映人心之思維外，便也帶有義理教育的功能，朱子又云：

> 詩者，人心之感物而形於言之餘也。心之所感有邪正，故言之所形
> 有是非。惟聖人在上，則其所感者無不正，而其言皆足以爲教。其
> 或感之之雜，而所發不能無可擇者，則上之人必思所以自反，而因
> 有以勸懲之，是亦所以爲教也。（《文集》，卷76，頁3801）

人心感物而形於言，這是本於文學範疇討論詩之起源，但賦以邪正是非之區別，便帶有教化意義。因此，朱子是融合文學與經學兩方面的特點作爲分析《詩經》的原則。朱子懂得《詩經》乃文學之作，但又知曉《詩經》與後世文學作品有本質上的不同，它是文學作品的典範，帶有經學的義理價值，朱子並曾提出著名的詩史三變之說，〈答鞏仲至〉第四通云：

> 偶記頃年學道未能專一之時，亦嘗間考詩之原委，因知古今之詩，凡
> 有三變：蓋自《書傳》所記虞夏以來，下及魏晉，自爲一等；自晉宋
> 間顏、謝以後，下及唐初，自爲一等；自沈、宋以後，定著律詩，下
> 及今日，又爲一等。然自唐初以前，其爲詩者，固有高下，而法猶未
> 變，至律詩出，而後詩之與法始皆大變，以至今日，益巧益密，而無
> 復古人之風矣。故嘗妄欲抄取經史諸書所載韻語，下及《文選》、漢、
> 魏古詞，以盡乎郭景純、陶淵明之所作，自爲一編，而附于三百篇、
> 《楚辭》之後，以爲詩之根本準則。（《文集》，卷64，頁3187）

在這封書信中，朱子將《詩經》與漢魏古詩同視爲第一等，而又以《詩經》爲首。可在朱子的視域中，《詩經》依舊具有詩的特性，故朱子得以使用文學方法來閱讀《詩經》。不過朱子卻又認爲自唐代律詩興起後，詩與法盡變，不復古人之風，言下之意又以唐代文學性之詩篇價值遠低於《詩經》，那麼朱子的重點就不是要從創作手法或文學技巧來分析《詩經》的價值，而是看重其中性情、義理的成分。明乎此，方可繼續討論朱子之《詩經》學。

　　朱子強調《詩經》的特性不比一般經典文字生澀，而其重點亦不在於講究義理，《語類》云：「聖人有法度之言，如《春秋》、《書》、《禮》是也，一字皆有理。如《詩》亦要逐字將理去讀，便都礙了。」（《語類》卷80，頁2082）朱子認爲《詩》不可字字皆作理讀，因爲《詩》除理語之外，尚有情語的成

分。對於情語若再透過格物求理這樣的態度來處理，將會「礙了」，亦即會模糊掉詩旨，從而從義理隱晦。《語類》又云：

> 觀《詩》之法，且虛心熟讀尋繹之，不要被舊說粘定，看得不活。
> 伊川解《詩》，亦說得義理多了。《詩》本只是恁他說話，一章言了，
> 次章又從而歎詠之，雖別無義，而意味深長。不可於名物上尋義理。
> 後人往往見其言只如此平淡，只管添上義理，却窒塞了他。如一源
> 清水，只管將物事堆積在上，便壅隘了。某觀諸儒之說，唯上蔡云：
> 「《詩》在識六義體面，却諷味以得之」，深得《詩》之綱領，他人
> 所不及。（《語類》，卷 117，頁 2812～2813）

朱子批評伊川說《詩》義理太多，認爲不可於名物上尋義理，並引謝良佐之言強調讀《詩》必須藉諷誦而得。朱子雖認爲義理非《詩經》之重點，但這應是針對過分講求義理的說《詩》者所發。過去的說《詩》者太過專注在名物訓詁上尋義理，或見其詩語平淡，便添上義理，但《詩》之特性並非說理之書，而是處在於經學與文學之間，是詩人情性的反映。只是詩人情性又多爲其心性受氣質或性理影響之後的反映，故而由詩人之情以探其理，這實應仍爲朱子《詩經》學的重要關懷。

《詩經》既爲詩人所作，那麼便必須探討朱子對詩人的看法。目前對《詩經》作者看的來源大致有二，一以爲《詩經》中存有民俗文學作品，乃民間詩人所作。一以爲《詩經》爲貴族文學，是士大夫階層的作品，而多數學者則認爲《詩經》混雜這兩種成分，既有來自民間，亦有來自貴族者。而朱子則首先提倡《詩經》下有里巷之人的歌唱，上有自周公等高階貴族的作品，並依照時代關係劃分詩人性情之純正度。《詩經》時代跨越自殷周之際以至東周中期，涵蓋周朝由盛而衰的大部分時間。然西周以前在儒者的觀念中，亦屬三代治世，尤其周初曾出現過儒家道統中的三位聖人：文王、武王及周公。聖人的特點是稟得清明氣質，無礙義理的完整展現，在聖人治理之下，義理流行，人民普霑教化，故當時的詩歌被賦予極高的價值，視爲是義理教化的直接反映，朱子云：

> 昔周盛時，上自郊廟朝廷而下達於鄉黨閭巷，其言粹然，無不出於
> 正者，聖人固已協之聲律，而用之鄉人，用之邦國，以化天下。至
> 於列國之詩，則天子巡守，亦必陳而觀之，以行黜陟之典。（《文集》，
> 卷 76，頁 3801）

但自西周衰微之後，政治不再清明，上位者不能秉受聖人教化傳統治理人民，於是變《詩》開始出現，批判聲音四起，「降自昭、穆而後，寖以陵夷。至于東遷，而遂廢不講矣。」（《文集》，卷76，頁3801）然由於聖人之治影響深遠，故此時的詩歌雖帶有強烈怨思，但部分詩人情性仍不失其正，故依舊表現出一定程度的溫柔敦厚之風。東周以下，距聖人治世日益遙遠，世俗民情日漸澆薄，於是詩人情性亦受影響，不復純正，遂產生以鄭、衛之音表現國家運勢已入窮途的靡靡之樂。這是朱子對《詩經》時代的大致認知，也是進入朱子《詩經》學所必須具備的概念。盛世之音所代表的是聖人治理之下人民普受教化的德化反映，可作為後世施政者之參考範本；而衰世之音則反映出政教影響式微之後人民導向氣質物欲為主的情感現象，亦可作為鑒戒。

然而由於《詩經》以文學詩歌方式呈現，主在表達情感，欲由《詩經》觀其義理內涵必須先解構其創作手法，分析情感背後的性理內涵，始能突顯價值，故朱子遂強調讀《詩》必須由「六義」入手，〈答潘恭叔〉第六通云：

> 而六義又都有用處，不為虛設。蓋使讀詩者知是此義，便作此義，推求極為省力。今人說《詩》，空有無限道理，而無一點意味，只為不曉此意耳。《周禮》以六詩教國子，亦是使之明此義例，推求詩意，庶乎易曉。（《文集》，卷50，頁2284）

與〈林熙之〉云：

> 上蔡言：「學《詩》要先識六義，而諷詠以得之。」此學《詩》之要，若迂迴穿鑿，則便不濟事矣。（《別集》，卷5，頁5211）

《語類》亦云：

> 某觀諸儒之說，唯上蔡云：「《詩》在識六義體面，卻諷味以得之」，深得《詩》之綱領，他人所不及。（《語類》，卷117，頁2813）

朱子認為謝良佐所提出「《詩》在識六義體面」是學《詩》的要法，曉得六義的內涵之後，進而讀《詩》，便可省力不少。六義即「風、雅、頌、賦、比、興」，乃〈大序〉所提出，《周禮》稱之為「六詩」。關於「六義」的界定，歷來見解紛歧，朱子〈答胡季隨〉第三通便云：

> 《詩》「六義」，本文極明白，而自注疏以來，汩之如將已理之絲，重加棼亂，近世諸老先生亦殊不覺，不知何故如此。（《文集》，卷53，頁2510）

對於棼亂之六義，朱子有意重加治理，於是將六義以三經三緯之稱區分之，其云：

> 或問《詩》六義，注「三經、三緯」之說。曰：「『三經』是賦、比、興，是做詩底骨子，無詩不有，才無，則不成詩。蓋不是賦，便是比；不是比，便是興。如〈風〉〈雅〉〈頌〉却是裏面橫弗底，都有賦、比、興，故謂之『三緯』。」（《語類》，卷80，頁2070）

三經是賦比興，這是作《詩》的骨子，三緯則是風雅頌，是裡面橫串的，經緯彼此交錯，構成整部《詩經》。朱子又云：

> 蓋所謂「六義」者，〈風〉〈雅〉〈頌〉乃是樂章之腔調，如言仲呂調，大石調，越調之類；至比、興、賦，又別：直指其名，直敍其事者，賦也；本要言其事，而虛用兩句鈎起，因而接續去者，興也；引物為況者，比也。立此六義，非特使人知其聲音之所當，又欲使歌者知作詩之法度也。（《語類》，卷80，頁2067）

朱子以樂章腔調區別〈風〉、〈雅〉、〈頌〉，這也相當於《詩》的體制；而賦、比、興則是作《詩》法度，那麼從字面上來看，區別六義於乃就文學體式及創作技巧的討論。但這些文學方法的分析，其目的在於引領讀者閱讀出詩意，也就是《詩》所能帶給讀者在義理上的感受，因此，在探討朱子《詩經》學義理內容之前，必需先把握住朱子對「六義」的運用，藉由釐清六義之法後解析《詩》三百首各篇重點，如此便可得朱子所欲求得的義理內涵。

一、強調「風」為政教影響下人民表達情性之詩篇

傳統對於〈風〉詩所採取的解釋多以《詩序》所言為主：「〈風〉，風也，教也。風以動之，教以化之。」〔註199〕「上以風化下，下以風刺上。主文而譎諫，言之者無罪，聞之者足以戒，故曰風。」〔註200〕《詩序》的風教說與諷刺說成為傳統對《詩經》〈國風〉性質的標準說法，這是從《詩經》對於社會政治的教化功能與作用來理解。陸德明《經典釋文》則云：「〈風〉者，諸侯之詩。」〔註201〕陸德明的說法著重〈風〉詩有別於中央的地方性特色，這

〔註199〕 阮元校勘：《毛詩正義》，卷1之1，頁4下／562。
〔註200〕 阮元校勘：《毛詩正義》，卷1之1，頁11下／566。
〔註201〕 〔唐〕陸德明：《經典釋文》，收錄於納蘭性編輯：《通志堂經解》第16冊，卷5，頁338。

是就〈風〉詩採集的來源為說，但說法不夠精準。南宋鄭樵從音樂角度提出「風土之音曰風。」〔註202〕的說法，認為各國音樂有各自特色，並以為孔子列十五國風之目的為「以明風土之音不同」〔註203〕，鄭樵的說法帶給朱子啟示，《語類》載：

> 《詩》，古之樂也，亦如今之歌曲，音各不同：衛有衛音，鄘有鄘音，邶有邶音。故詩有鄘音者係之〈鄘〉，有邶音者係之〈邶〉。（《語類》，卷80，頁2066）

朱子亦從音樂性質區分，但他卻又傾向強調詩歌文字先於音樂的概念，〈答陳體仁〉云：

> 愚意竊以為《詩》出乎志者也，《樂》出乎《詩》者也，然則志者《詩》之本，而《樂》者其末也。末雖亡，不害本之存，患學者不能平心和氣，從容諷詠，以求情性之中耳。（《文集》，卷37，頁1534）

朱子認為詩人因其情感之發而寫作詩文，再被之管弦，故樂是為《詩》而作，樂音是輔助對詩歌本文的理解而產生，故重點仍應在於對詩文的諷詠領悟。那麼朱子的意思是〈風〉、〈雅〉、〈頌〉雖以音律將三百篇區分成三大塊，但這只是就後來配製音律的不同而作的區分，然而即使樂音能輔助理解《詩》義，但如今樂音已亡，空談無益，不如專注於詩歌文本，《詩傳遺說》載朱子〈答朱飛卿書〉云：

> 古之學《詩》者，固有待於聲音之助，然今已亡之，無可奈何，只得熟讀而從容諷詠之耳。〔註204〕

樂音已亡，徒留文字，但文字本就是詩人情性直接的反映，故藉由對詩歌文本的諷讀，仍不失學習之道。不過說《詩》若純以文本為主，又容易造成無根妄說的情況，這也不符合朱子欲藉由《詩經》深化義理認識的思維，解決之道還是必須回歸由六義認識《詩經》的方法，而朱子對〈風〉詩的界定原則大致可歸納如下：

（一）依教化內容界定〈風〉詩的的義理價值

作為三緯的〈風〉、〈雅〉、〈頌〉既已無法由音律得其差異，故朱子在實際說《詩》時，則是由時代及作者的關係來作為區別〈風〉、〈雅〉、〈頌〉的

〔註202〕鄭樵：《通志》，總序，頁2。
〔註203〕鄭樵：《通志》，卷49，頁625。
〔註204〕朱鑑：《詩傳遺說》，卷1，頁19上／12。

重要原則。朱子認爲《詩》是情性的反映，而〈風〉、〈雅〉、〈頌〉由於作者身分及所受教化之不同，情性反映亦有所不同，故對於詩意便必須以不同態度去理解。也就是說，朱子藉由釐清〈風〉、〈雅〉、〈頌〉作者的屬性之後，便可進一步界定詩人在表達情感時其心性氣質狀態，由此以區分該作爲效法或懲創之用。

對於〈風〉詩作者的界定，朱子中年所作〈詩集傳序〉云：「凡《詩》之所謂〈風〉者，多出於里巷歌謠之作，所謂男女相與詠歌，各言其情者也。」（《文集》，卷76，頁3802）朱子認爲〈國風〉多爲里巷歌謠，這與《詩序》所云：「國史明乎得失之跡，傷人倫之廢，哀刑政之苛，吟詠情性，以風其上」[註205] 的觀點已有顯著差異。但〈詩集傳序〉言「多出於里巷歌謠」，其意似謂尙有部分是官方文學，而隨著朱子廢棄早年從《序》的看法，淳熙十三年（1186）〈答潘恭叔〉第六通則繼續深化《詩經》爲民間歌謠的觀點，其云：

> 凡言〈風〉者，皆民間歌謠，採詩者得之，而聖人因以爲樂，以見風化流行，淪肌浹髓，而發於聲氣者。如此其謂之風，正以其自然而然，如風之動物而成聲耳。如〈關雎〉之詩，正是當時之人，被文王、太姒德化之深，心膽肺腸，一時換了，自然不覺形於歌詠。如此，故當作樂之時列爲篇首，以見一時之盛，爲萬世之法，尤是感人妙處。若云「周公所作」，即〈國風〉、〈雅〉、〈頌〉，無一篇是出於民言，只與後世差官撰樂章相似，都無些子自然發見，活底意思，亦何以致移風易俗之效耶？（《文集》，卷50，頁2285）

朱子延續〈詩集傳序〉所言〈風〉爲民俗歌謠的說法，但所謂民俗歌謠似乎又不專指民間詩而已，像二〈南〉有后妃之作，亦有宮人之作，〈黍離〉則爲大夫之作，這些都不算純正的民間作品，因此朱子所謂民俗歌謠者主要是就廣義而言。

〈風〉詩雖然雜有少數非民間詩人之作，但這並不影響〈風〉詩作爲民歌文學的特質，而朱子更關注的重點在於由民間詩人心性屬性來判定《詩經》教化之價值。以二〈南〉爲例，《詩序》以二〈南〉之詩分屬周公、召公所領之地，但未明確道及作者身分。降及後世，漸有以二〈南〉爲周公所作之說，《太平御覽》即載：

> 《妒記》曰：「謝太傅劉夫人，不令太傅有別房寵。公既深好聲色，

〔註205〕阮元校勘：《毛詩正義》，卷1之1，頁13上～13下／567。

不能全節，後遂頗欲立妓妾。兄子及外生等微達其旨，乃共諫劉夫
人。方便稱『關雎』、『螽斯』有不妒忌之德。夫人知諷己，乃問：「誰
撰詩？」答曰周公。夫人曰：「周公是男子，乃相為耳，若使周姥傳，
應無此語也。」〔註206〕

謝安（320～385）雖有周公作〈關雎〉、〈螽斯〉之語，這非傳統《毛詩》派
的看法，可是卻為程頤接受，他亦認同〈關雎〉可能為周公所作，《詩解》於
〈周南・關雎〉條下云：「為此詩者，其周公乎？」〔註207〕不過朱子卻批評若
將〈關雎〉這類民歌皆視為周公等貴族官員的作品，將會使詩歌的自然活潑
意味完全窒息。朱子在這裡觸及了民間文學不同於貴族文學的本質，朱子雖
有這種眼光，但他的思維卻並非從文學範疇來看待〈風〉詩的民俗性，他指
出〈風〉之為名，其取義乃採自上位者風化流行，淪肌浹髓的政教功能，並
且強調〈關雎〉詩之所以能表達出感人妙處，全是因為人民受到文王教化影
響，原本受氣質遮蔽的心性全似換新，故而得以將良善性情發諸歌咏，藉以
突顯文王聖人之教的崇高偉大。因此，朱子將〈關雎〉歸屬於民歌，並不是
真從文本或音樂角度分析而得出的結論，他完全是為了闡述聖人政治教化的
理想功能，若〈關雎〉詩乃周公等官員自作，則周公本為聖人，自咏其純正
情性，其詩雖好，卻無法表現出聖人道德風化於百姓的強大作用；然而若將
〈關雎〉等詩設定為基層人民的謳吟，便表示人民已受到聖人教化影響，達
成移風易俗的目標，那麼「自然發見，活底意思」就不是指詩歌文學情感的
真誠流露，而是政治教化風行下百姓的心性思想皆已導正，活活潑潑，天理
自然流行的現象。

　　朱子對〈風〉的相關看法總結於晚年的〈詩傳綱領〉，其云：

風者，民俗歌謠之詩，如物被風而有聲，又因其聲以動物也。上以
風化下者，詩之美惡，其風皆出於上而被於下也。下以風刺上者，
上之化有不善，則在下之人，又歌詠其風之所自以譏其上也。凡以
風刺上者，皆不主於政事，而主於文詞，不以正諫，而託意以諫，
若風之被物，彼此無心，而能有所動也。〔註208〕

〔註206〕〔宋〕李昉等：《太平御覽》（臺北：臺灣商務印書館，1997年7月，影印《四
　　　　部叢刊》本），卷521，頁6上／2499。
〔註207〕王孝魚點校：《二程集・河南程氏經說》，卷3，頁1047。
〔註208〕朱熹：《朱子全書》第1冊，頁344。

朱子從早年建立〈國風〉爲民俗歌謠的說法之後便未曾改變，然他雖未接受
《詩序》國史作〈風〉的說法，對傳統以《詩經》爲貴族文學的觀點提出質
疑，但卻同意〈風〉的作用是上以風化下，下以風刺上，這也是延續早年而
未曾改變的看法。上以風化下乃執政者必須負起的教化作用，而下以風刺上，
則是百姓對施政者政事舉措的批評，兩者互有因果關係，可見朱子將〈國風〉
的本質依舊建立在政教目的之上，故朱子雖指出〈風〉詩乃民俗歌謠之詩，
是下層百姓生活情感的詠唱，已初步開展從民間文學的領域看待〈風〉詩的
觀念，但若執此而以爲朱子表現出不同於以往而由文學範疇認識〈國風〉民
歌本質，恐怕未得其實，今人類似說法甚多，如張宏生即云：

> 朱熹是第一個提出《詩經》具有民歌性質進行了切實研究的批評家。
> 他在〈詩集傳序〉中認爲：「凡《詩》之所謂風者，多出於里巷歌謠
> 之作，所謂男女相與詠歌，各言其情者也。」這一見解非常精闢。
> 基於這一點，《詩集傳》常常抓住民歌特色作註，特別是對那些愛情
> 詩，每每指出民歌中所特有的「戲謔」之意。……朱熹的這一發現，
> 其意義不僅在於衝突了傳統的聖賢立言之說，而且，也爲研究上古
> 文學作出了巨大貢獻。〔註209〕

朱子的確首創〈國風〉爲民歌之說，注重到文本中自然親切的民歌特色，但
朱子所在意者並不是民歌所反映出來的人民情感及文學特色，他所重視的是
人民在不同的政治局勢下所反映出來的情性表現，由此以作爲施政者參考。
因此過度強調朱子發現或重視《詩經》民歌文學的特質，實爲本末倒置，誤
解朱子眞正的關懷。而基於他崇尚聖人治理的思維，朱子依舊把二〈南〉之
詩視作《詩經》的典範，並由此導出他對前人正變說的接受。

（二）接受正變說區別〈國風〉時世及情性表現之義理內涵

〈國風〉共分十五國，傳統以二〈南〉爲正風，〈邶〉以下則爲變〈風〉，
正變之說見於〈大序〉，唯並未明言正變篇目，鄭玄〈毛詩譜序〉則明確提及：

> 周自后稷播種百穀，黎民阻飢，茲時乃粒，自傳於此名也。陶唐之末、

〔註209〕 張宏生：〈朱熹《詩集傳》的特色及貢獻〉，收錄於林慶彰主編：《中國經學史
論文選集》下冊（臺北：文史哲出版社，1993 年 3 月），頁 254。相同看法如
夏傳才云：「在經學範圍內，朱熹第一個明確地提出：作爲《詩經》主體的〈風〉
詩『多出於里巷歌謠之作』，其大多數詩篇『乃是男女相與詠歌，各言其情』
的民歌。……朱熹能夠初步把《詩經》當作文學作品來研究，所在以《詩集傳》
中能獲得一些比較正確的理解。」見夏傳才：《詩經研究史概要》，頁 174～175。

中葉，公劉亦世脩其業，以明民共財。至於大王、王季，克堪顧天，文武之德，光熙前緒，以集大命於厥身，遂為天下父母，使民有政有居。其時詩〈風〉有〈周南〉、〈召南〉；〈雅〉有〈鹿鳴〉、〈文王〉之屬；及成王、周公致大平，制禮作樂，而有〈頌〉聲興焉，盛之至也。本之由〈風〉、〈雅〉而來，故皆錄之，謂之《詩》之正經。後王稍更陵遲，懿王始受譖，亨齊哀公，夷身失禮之後，邶不尊賢。自是而下，厲也、幽也，政教尤衰，周室大壞，〈十月之交〉、〈民勞〉、〈板〉、〈蕩〉，勃爾俱作，眾國紛然，刺怨相尋。五霸之末，上無天子，下無方伯，善者誰賞？惡者誰罰？綱紀絕矣。故孔子錄懿王、夷王時，訖於陳靈公淫亂之事，謂之變〈風〉、變〈雅〉。〔註210〕

鄭玄的說法影響極深，後世說《詩》者多以正變之分讀《詩》，認為凡世次較前者，皆為政治清明之正詩；世次較後者，則多淪為政教衰微的變詩。這種以時世盛衰畫分〈風〉、〈雅〉正變的說法成為《詩經》學的正統之論，然宋代學者開始出現批評聲音，如鄭樵《六經奧論》云：

〈風〉有正變，仲尼未嘗言，而他經不載焉。獨出于《詩序》，若以美者為正，刺者為變，則〈邶〉、〈鄘〉、〈衛〉之詩，則當如《穀梁》之書，所謂變之正也。《穀梁》之春秋，謂之「變風」可也。〈緇衣〉之美武公，〈駟鐵〉、〈小戎〉之美襄公，亦可謂之變乎？〔註211〕

葉適《習學記言》則云：

言《詩》者自〈邶〉〈鄘〉而下皆為變風，其正者二〈南〉而已。二〈南〉，王者所以正天下，教則當然，未必其〈風〉之然也。〈行露〉之不從，〈野有死麕〉之惡，雖正於此而變於彼矣。若是，則《詩》無非變，將何以存？季札聽《詩》論其得失，未嘗及變；孔子教小子以可群可怨，亦未嘗及變。夫為言之旨，其發也殊，要以歸於正爾。美而非諂，刺而非訐，怨而非憤，哀而非私，何不正之有！後之學《詩》者，不順其義之所出而於性情輕別之，不極其志之所至而於正變強分之。守虛會而迷實得，以薄意而疑雅言，則有蔽而無獲矣。〔註212〕

〔註210〕阮元校勘：《毛詩正義》，詩譜序，頁3上～5下／555～556。

〔註211〕〔宋〕鄭樵：《六經奧論》（臺北：臺北市閩南同鄉會，1976年3月，據國立中央圖書館特藏組舊抄本影印），卷3，頁108。

〔註212〕〔宋〕葉適：《習學記言序目》（北京：中華書局，1977年10月），卷6，頁64。

鄭樵、葉適均指出孔子未曾明言正變之分，且變中亦有美詩，又如何可謂之變？他們並認爲若後人強守正變說以區別詩意，將有蔽而無獲。

朱子雖意圖擺脫漢學傳統，但他卻接受鄭玄對《詩經》正變之分類，〈詩集傳序〉云：

> 吾聞之，凡《詩》之所謂〈風〉者，多出於里巷歌謠之作，所謂男女相與詠歌，各言其情者也。惟〈周南〉、〈召南〉親被文王之化以成德，而人皆有以得其性情之正，故其發於言者，樂而不過於淫，哀而不及於傷，是以二篇獨爲〈風詩〉之正經。自〈邶〉而下，則其國之治亂不同，人之賢否亦異，其所感而發者，有邪正是非之不齊，而所謂先王之風者，於此爲變矣。（《文集》，卷76，頁3802）

今人多以爲〈詩集傳序〉乃朱子爲舊時遵《序》之《詩集解》所作之序文，然實際深入此文，卻會發現，朱子在此序中已昭示不同於舊說的態度，如他雖取正變之說，但已謂變〈風〉中有邪正是非之不齊，這也開啓後來《詩集傳》中主張部分淫奔之詩爲詩人自道邪思之作，因此此序雖爲舊序，但地位十分重要，錢穆〈朱子之詩學〉便云：

> 此序闡《詩》學，陳治道，歸本於心性義理，證之以歷史實事，治經學、文學、史學、理學於一鑪，此乃治經大綱宗所在。後人即以此序置《詩集傳》前，似亦無傷。〔註213〕

而從〈詩集傳序〉也可看出，朱子分別正變的標準在於有無聖人在上實行教化，二〈南〉親被文王之化，百姓皆得性情之正，故爲正《詩》。而自〈邶〉以下，由於各國治亂不同，賢否亦異，雖所歌〈風〉詩有邪有正，然仍須歸爲變《詩》。故觀變《詩》便是觀其美惡，由此也連結到朱子對《論語》「可以觀」以考見得失爲說的詮釋。邪者固爲變《詩》，但朱子並非認爲變《詩》不可有正，這便表示朱子並非完全由治亂問題來思考正變。正變固然因時代盛衰而導致，但變《詩》未必一律全爲不正，在亂世之中仍有潔身自愛或明曉義理者，衰世之中亦有政治較爲清明之時局，故觀其詩歌，以見其得失，這是閱讀變《詩》相當重要的原則。

〈詩傳綱領〉又云：

> 先儒舊說，二〈南〉二十五篇爲正〈風〉，〈鹿鳴〉至〈菁莪〉二十二篇爲正〈小雅〉，〈文王〉至〈卷阿〉十八篇爲正〈大雅〉。皆文、

〔註213〕錢穆：《朱子新學案》第4冊，頁57。

武、成王時詩，周公所定樂歌之詞。〈邶〉至〈豳〉十三國爲變〈風〉，
〈六月〉至〈何草不黃〉五十八篇爲變〈小雅〉，〈民勞〉至〈召旻〉
十三篇爲變〈大雅〉，皆昭、康以後所作，故其爲說如此。國異政，
家殊俗者，天子不能統諸侯，故國國自爲政；諸侯不能統大夫，故
家家自爲俗也。然正變之說，經無明文可考，今姑從之，其可疑者，
則具於本篇云。〔註214〕

朱子雖云姑從先儒正變之說劃分〈風〉、〈雅〉，然讓朱子願意從之的原因是由
於周朝自昭、康之後，便出現天子不能統諸侯，諸侯不能統大夫，國異政，
家殊俗的衰亂局勢，那麼即使有所謂宣王中興之治世，其本質也與二〈南〉
文王之化不同。〈讀呂氏詩記桑中篇〉又云：

夫二〈南〉正〈風〉，房中之樂也，鄉樂也。……變〈風〉又特里巷
之歌謠，其領在樂官者，以爲可以識時變，觀土風，而賢於四夷之
樂耳。（《文集》，卷70，頁3495）

變〈風〉可以識時變，時變並非一味流於衰微，其中或有治有亂，但由於並
非聖人在上實行教化，故與二〈南〉之正並不相同，如《詩集傳》云：

程元問於文中子曰：「敢問〈豳風〉何〈風〉也？」曰：「變〈風〉
也。」元曰：「周公之際，亦有變〈風〉乎？」曰：「君臣相誚，其
能正乎？成王終疑周公，則〈風〉遂變矣。非周公至誠，其孰卒正
之哉！」元曰：「居變〈風〉之末何也？」曰：「夷王以下，變〈風〉
不復正矣。夫子蓋傷之也，故終之以〈豳風〉，言變之可正也，惟周
公能之，故係之以正。變而克正，危而克扶，始終不失其本，其惟
周公乎？係之〈豳〉，遠矣哉。」（《詩集傳》，卷8，頁541）

朱子亦同舊說以〈豳風〉爲周公所作，然而周公之詩何以入於變〈風〉？朱
子引王通《中說》作爲回答，周公雖爲聖人，但當時成王疑周公，周公作〈鴟
鴞〉，君臣相誚，故不得爲正〈風〉。但朱子又強調〈豳風〉的性質又不同於
夷王以下之變〈風〉，因爲周公至誠能使變〈風〉復正，〈鴟鴞〉雖爲君臣相
誚之詩，但據《尚書》〈金縢〉所記，成王最後感悟，了解周公的苦心，進而
建立西周治世。故雖變而能復爲正，與夷王以下不復正矣的變《詩》不同，
朱子認爲這正是孔子將〈豳風〉列爲〈國風〉最末一組之原因。那麼，朱子
若接受王通的意見，便代表在其意識中〈國風〉會有三種情形：第一、二〈南〉

〔註214〕朱熹：《朱子全書》第1冊，頁344～345。

爲文王時之正詩,聖人風教在上,淪肌浹髓,使人民情性亦得以爲正,故二〈南〉之詩代表理想治世的基本建構藍圖。第二、〈豳風〉則爲周公時雖變而可復正之詩,其時雖君臣相譖,國家動亂,但聖人以其至誠,力挽局勢,變而復正,故〈豳風〉雖非理想境界,但所顯示變而復正的歷程,卻也能提供邁向王道治化的保證。第三、夷王以下,無聖人治理,各國雖有治亂,詩人情性亦有邪正,但已淪爲難復爲正的變〈風〉。

以二〈南〉爲正〈風〉,相對於〈國風〉其他篇什爲變〈風〉,這正是延續漢學說法的特徵。朱子必欲以二〈南〉爲正,當是受到《論語》記載孔子對二〈南〉推崇態度的影響,因此朱子談論二〈南〉詩之教化特質時,始終離不開以文王之化爲核心,如潘恭叔曾致函朱子論〈摽有梅〉,認爲此詩若爲女子自賦,則不足爲〈風〉之正經,朱子回應云:「或是女子自作,亦不害。蓋里巷之詩,但如此已爲不失正矣。」(《文集》,卷 50,頁 2287)〈摽有梅〉詩云:

> 摽有梅,其實七兮。求我庶士,迨其吉兮!
> 摽有梅,其實三兮。求我庶士,迨其今兮!
> 摽有梅,頃筐塈之。求我庶士,迨其謂之!

從詩面字意來看,這是女子婚嫁之願的寫照,隨著年華逝去,女子急迫之情愈見明顯,然《詩集傳》卻云:「南國被文王之化,女子知以貞信自守,懼其嫁不及時,而有強暴之辱也。」(《詩集傳》,卷 1,頁 416)從詩意解讀完全看不出有對強暴之辱的憂慮,但朱子爲配合文王教化的正〈風〉特質,若依詩面文字解爲此女急於嫁人,則未免淪爲對男女情愛的渴望,失卻教育價值。因此朱子必須繞個彎,主張女子擔憂嫁不及時會有強暴之辱,故爲貞信自守的表現,這樣的解釋完全違背朱子自己所提出「以《詩》說《詩》」的原則,嚴格來看,朱子歧出詩意太多,近乎曲解,然而這全是爲了維護二〈南〉作爲文王教化正〈風〉的性質而採取的解釋。因此可以說朱子是先預設好詮釋的方向及立場,再將詩歌內容配合其立場,由此解釋,美其名爲「以《詩》說《詩》」,但這只是朱子的權說,朱子並非全由文本出發,而是先界定詩歌篇什的性質,再依正變論說《詩》旨。

然而朱子比較開明之處在於對變〈風〉的認定,他並不認同變〈風〉一定全爲怨刺詩,變〈風〉所跨越世次相當長遠,在這段時間內不可能毫無可以歌頌的事件或人物,〈答廖子晦〉第四通便云:

先儒本謂周公制作時所定者，爲「正〈風〉〈雅〉」；其後以類附見者，
爲「變〈風〉〈雅〉」耳，固不謂變者，皆非美詩也。（《文集》，卷
45，頁 2024）

朱子反對前儒解說多由刺詩角度詮釋變〈風〉，如《詩序》解〈考槃〉云：
「刺莊公也。不能繼先公之業，使賢者退而窮處。」〔註215〕朱子則認爲此
詩乃「美賢者窮處而能安其樂之詩。」〔註216〕又如〈魏風・伐檀〉之序云：
「刺貪也。在位貪鄙，無功而受祿，君子不得進仕爾。」〔註217〕《詩序》
以爲刺詩，朱子則云：「此詩專美君子之不素飧，《序》言『刺貪』，失其旨
矣。」〔註218〕變〈風〉經過朱子的調整之後，不再專以諷刺爲主，而是美
刺相雜，甚至還有一些詩人單純抒發情感之作，從寫作動機而論，與美刺
關係不大。因此，朱子對變〈風〉的界定只是就時代上相對於二〈南〉歸
屬於文王的分別。二〈南〉既受聖人教化，自然全正；而變〈風〉由於無
聖人在上，政治缺乏卓越領導者，故詩歌之作全自人民情性而發。若受時
變影響者，自然流於邪欲之詩，而能潔身自持者，則可在亂世之中透顯出
變中之正。

二、定義〈雅〉〈頌〉爲表現禮樂文明之詩篇

〈雅〉、〈頌〉詩篇內容多與政治有關，因此朱子將之視爲反映周朝王道
禮樂文明的典型樂章，〈詩集傳序〉云：

若夫〈雅〉〈頌〉之篇，則皆成周之世，朝廷郊廟樂歌之詞，其語和
而莊，其義寬而密，其作者往往聖人之徒，固所以爲萬世法程而不
可易者也。至於〈雅〉之變者，亦皆一時賢人君子，閔時病俗之所
爲，而聖人取之，其忠厚惻怛之心，陳善閉邪之意，尤非後世能言
之士所能及之。（《文集》，卷76，頁3802）

朱子先由作者心性狀態入手，指出〈雅〉〈頌〉作者多數爲聖人之徒，故其詩
歌意涵乃萬世所應效法者，因此朱子對〈雅〉〈頌〉的教化意義相當重視，較
之〈國風〉爲處於被動風化對象而言，〈雅〉〈頌〉所顯示的是禮樂文明如何
開展及完成的記錄，價值更爲崇高。至變〈雅〉作者亦爲賢人君子，具有忠

〔註215〕阮元校勘：《毛詩正義》，卷3之2，頁13下／678。
〔註216〕朱熹：《朱子全書・詩序辨說》，頁367。
〔註217〕阮元校勘：《毛詩正義》，卷5之3，頁9下／760。
〔註218〕朱熹：《朱子全書・詩序辨說》，頁375。

厚惻怛之意，故詩歌表現仍多溫厚之情，較之〈國風〉詩人心性已有大幅度差異，〈雅〉〈頌〉確實更具有教化意義。鑒於這些思維，朱子對於〈雅〉〈頌〉的細部界定及其義理思維均表現出深刻的王道教化意涵。本節先分析朱子對〈雅〉〈頌〉禮樂功能的定義，下一節再深入分析其義理教化內涵。

（一）二〈雅〉禮樂與義理交融之性質

傳統對二〈雅〉的認識是由政治角度解釋的，〈大序〉云：

> 言天下之事，形四方之風，謂之〈雅〉。〈雅〉者，正也，言王政之
> 所由興廢也。政有小大，故有〈小雅〉焉、有〈大雅〉焉。〔註219〕

〈大序〉訓雅為正，並將正與政等同，而〈大雅〉、〈小雅〉即以政事之大小作為分別，政之大者為〈大雅〉，政之小者為〈小雅〉。然政事如何畫分大小？鄭玄則以使用者地位作為區別，《詩譜》云：「〈小雅〉、〈大雅〉者，周室居西都豐鎬之時詩也。……其用於樂，國君以〈小雅〉，天子以〈大雅〉，然而饗賓或上取，燕或下就。」〔註220〕鄭玄指出〈小雅〉乃諸侯所用之樂，〈大雅〉則為天子所用之樂，但又有可上取或下就的例外，表示天子不純用〈大雅〉，諸侯不純用〈小雅〉，既可混用，那麼鄭玄的分別便不具太大的意義。蘇轍則以政事及道德作為大小之別，《詩集傳》云：

> 〈小雅〉之所以為小，〈大雅〉之所以為大，何也？〈小雅〉言政事
> 之得失，而〈大雅〉言道德之存亡。政事雖大，形也；道無小，不
> 可以形盡也。蓋其所謂小者，謂其可得而知，量盡於所知而無餘也；
> 其所謂大者，謂其不可得而知，沛然其無涯者也。〔註221〕

蘇轍以為〈小雅〉主寫政事得失，而〈大雅〉則關乎道德存亡，這樣的說法蓋著眼於正〈大雅〉多講述周初三王之德，故以〈大雅〉關乎道德，〈小雅〉則重政事，但蘇轍的意見並未激起漣漪，少見採用者。其後鄭樵則由批評〈大序〉政有大小入手，並提出以音律界定的原則，《六經奧論》〈雅非有正變辨〉云：

> 二〈雅〉之作，皆紀朝廷之事，無有區別，而所謂大小者，序者曰：
> 「政有大小，故謂之〈大雅〉、〈小雅〉。」然則〈小雅〉以〈蓼蕭〉
> 為澤及四海，以〈湛露〉為□諸侯，以〈六月〉、〈采芑〉為北伐南

〔註219〕阮元校勘：《毛詩正義》，卷1之1，頁15上～15下／568。
〔註220〕阮元校勘：《毛詩正義》，卷9之1，頁1上～5下／857～859。
〔註221〕蘇轍：《詩集傳》，卷9，頁1上。

征，皆謂政之小者。如此，不知〈常武〉之征伐，何以大于〈六月〉？
〈卷阿〉之求賢何以大于〈鹿鳴〉乎？〔註222〕

鄭樵根據詩歌內容質疑《詩序》以政有小大區分二〈雅〉之說並不合理，如
〈小雅〉中有征伐之詩，征伐豈會是政之小者？《左傳》有云：「國之大事，
在祀與戎。」〔註223〕這是周朝人的觀念，又何以會將敘述征伐之〈六月〉、〈采
芑〉列於政事小者的〈小雅〉中。不滿於以政事大小劃分，鄭樵提出二〈雅〉
應由音律角度區別的概念，〈雅非有正變辨〉又云：

蓋〈小雅〉、〈大雅〉者，特隨其音而寫之律。律有小呂、大呂，則
歌〈大雅〉、〈小雅〉，宜其有別也。〔註224〕

鄭樵主張從音樂來分別的觀念為朱子所接受，朱子云：

《詩》，古之樂也，亦如今之歌曲，音各不同：衛有衛音，鄘有鄘音，
邶有邶音。故詩有鄘音者係之〈鄘〉，有邶音者係之〈邶〉。若〈大
雅〉〈小雅〉，則亦如今之商調、宮調，作歌曲者，亦按其腔調而作
爾。〈大雅〉〈小雅〉亦古作樂之體格，按〈大雅〉體格作〈大雅〉，
按〈小雅〉體格作〈小雅〉；非是做成詩後，旋相度其辭目為〈大雅〉
〈小雅〉也。大抵〈國風〉是民庶所作，〈雅〉是朝廷之詩，〈頌〉
是宗廟之詩。」(《語類》，卷80，頁2066～2067)

朱子亦認為〈大雅〉、〈小雅〉名稱差異的原因是由於樂調之不同，按照〈小
雅〉樂調體格所作者便為〈小雅〉，按照〈大雅〉樂調體格所作者則為〈大雅〉，
這是依鄭樵所說而引申。

朱子雖採鄭樵之見，但他又並非全藉音律來區分，他亦接受〈大序〉政
有大小的說法，〈答熊夢兆〉載熊夢兆提問：「〈大雅〉、〈小雅〉。或謂言政事
及道，故謂之〈大雅〉；止言政事，故謂之〈小雅〉。竊恐不可如此分別。」
朱子則應云：「如此分別，固非是；然但謂不可分別，則二〈雅〉之名，又何
以辨耶？」(《文集》，卷55，頁2649)〈詩傳綱領〉更明確說：「〈小雅〉皆王
政之小事，〈大雅〉則言王政之大體也。」〔註225〕但如此一來，卻又陷入鄭樵
的質疑之中，朱子則另提出結合音律及政事大小的說法，以確定二〈雅〉的

〔註222〕鄭樵：《六經奧論》，卷3，頁109。
〔註223〕〔晉〕杜預注，〔唐〕孔穎達疏，〔清〕阮元校勘：《春秋左傳正義》，卷27，
　　　　頁10下／4146。
〔註224〕鄭樵：《六經奧論》，卷3，頁110。
〔註225〕朱熹：《朱子全書》第1冊，頁345。

實際作用。《詩集傳》有云：

> 雅者，正也，正樂之歌也。其篇本有大小之殊，而先儒說又各有正
> 變之別。以今考之，正〈小雅〉，燕饗之樂也；正〈大雅〉，會朝之
> 樂，受釐陳戒之辭也。故或歡欣和說，以盡羣下之情；或恭敬齊莊，
> 以發先王之德。詞氣不同，音節亦異，多周公制作時所定也。及其
> 變也，則事未必同而各以其聲附之。其次序時世，則有不可考者矣。
>
> （《詩集傳》，卷9，頁543）

朱子認為正〈小雅〉乃燕饗之樂，正〈大雅〉為會朝之樂，受釐陳戒之辭，
依據場合的不同，其音樂性質亦不相同。燕饗時主於盡賓主之歡，其樂調及
歌辭多以表現歡欣和樂氣氛為主；而會朝時必須恭敬莊重，故陳先王之德以
發其肅穆之心。由此來看，朱子雖然接受鄭樵以音樂區分的理論，但他更進
一步探討何以會有音聲之差異，並配合大小之說，而其重點仍是圍繞在政治
及教化的觀點之下，歡悅之音的效用是為了在燕饗時能夠讓君臣盡歡，於是
朱子便將正〈小雅〉全部列為燕饗之樂歌，並依其內容分類，如以〈鹿鳴〉
為燕群臣嘉賓之詩，〈四牡〉為勞使臣之詩，〈皇皇者華〉為遣使臣之詩，〈常
棣〉為燕兄弟之樂歌，〈伐木〉為燕朋友故舊之樂歌，〈天保〉為燕饗時，臣
受賜而答君之詩，〈采薇〉為遣戍役之詩，〈出車〉為勞還率之詩，〈杕杜〉為
勞還役之詩，〈魚麗〉、〈南有嘉魚〉、〈南山有臺〉則為燕饗通用之樂，〈蓼蕭〉、
〈湛露〉為天子燕諸侯之詩，〈彤弓〉為天子燕有功諸侯，而錫以弓矢之樂歌，
〈菁菁者莪〉則為燕飲賓客之詩。經朱子重分後，正〈小雅〉全部與燕饗相
關，乃天子諸侯燕客時的奏樂，性質頗為一致。然而對於其他典籍載明〈小
雅〉部分樂歌分明不是天子、諸侯燕饗所用樂，朱子則認為這是後來在用途
上的改變所致，如《儀禮》〈大射禮〉載「乃歌〈鹿鳴〉三終」，〈鄉飲酒禮〉
則載「工歌〈鹿鳴〉、〈四牡〉、〈皇皇者華〉」，《禮記》〈學記〉亦載：「大學始
教〈宵雅〉肄三」，皆顯示〈鹿鳴〉、〈四牡〉、〈皇皇者華〉三詩亦可用於其他
場合及對象，那麼這些樂歌分明不只用於燕饗群臣嘉賓而已。對此，朱子則
認為「豈本為燕羣臣嘉賓而作，其後而推而用之鄉人也歟？」（《詩集傳》，卷
9，頁544）以為燕君臣為本來用途，後世才移作他用。

　　燕饗乃賓主雙方面的交流活動，朱子雖把正〈小雅〉皆設定為燕饗之樂，
但燕饗只是形式，真正的意義在於雙方交流的內容，朱子以為藉由燕饗基本
上可促進賓主雙方感情，如他解讀〈鹿鳴〉云：

君臣之分以嚴為主，朝廷之禮以敬為主。然一於嚴敬則情或不通，而無以盡其忠告之益。故先王因其飲食聚會而制為燕饗之禮，以通上下之情。（《詩集傳》，卷9，頁543～544）

〈鹿鳴〉目的在溝通君主之情。又如解讀〈南有嘉魚〉則云：

此亦燕饗通用之樂，故其辭曰：南有嘉魚，則必烝然而罩罩之矣。君子有酒，則必與嘉賓共之而式燕以樂矣。此亦因所薦之物，而道達主人樂賓之意也。（《詩集傳》，卷9，頁559）

〈南有嘉魚〉則道達主人樂賓之意。然而這些感情交流只是燕饗時所初步達成的目標，真正的用意必須是賓主雙方在更深一層的義理上進行交流，如朱子解釋〈鹿鳴〉時特別重視「示我周行」一詞之意涵，其云：

《記》曰：「私惠不歸德，君子不自留焉。」蓋其所望於羣臣嘉賓者，唯在於示我以大道，則必不以私惠為德而自留矣。嗚呼，此其所以和樂而不淫也與！（《詩集傳》，卷9，頁544）

燕饗交流雖有助於賓主情感的增進，但萬一某方存有私意，則燕饗所達成的可能是以私德恩惠為主的不良企圖，孫希旦（1736～1784）便云：「君子愛人以德，苟有私惠於我，而不歸於德義之公，則君子不以其身留之。」〔註226〕而朱子亦由此意出發，認為燕饗對象乃賢能之臣，故從君主立場，強調此賢臣必須示君主以大道，那麼宴飲目的便不僅在於促進雙方情感，更必須是君臣之間道德義理之交流。再如朱子論〈四牡〉詩云：

夫君之使臣，臣之事君，禮也。故為臣者奔走於王事，特以盡其職分之所當為而已，何敢自以為勞哉？然君之心，則不敢以是而自安也。故燕饗之際，敘其情以閔其勞。言駕此四牡而出使於外，其道路之回遠如此，當是時，豈不思歸乎？特以王事不可以不堅固，不敢徇私以廢公，是以內顧而傷悲也。臣勞於事而不自言，君探其情而代之言，上下之間，可謂各盡其道矣。（《詩集傳》，卷9，頁545）

為臣者本該為君事而奔波，但君主則藉由燕饗的機會，體恤臣屬之勤勞，探其情而代言之，除慰勉其情外，更是盡為君之責，如此乃可謂各盡其道。

　　〈小雅〉和樂之音是為了通上下賓主之情，這是就音樂感化人心的效果立論；至於〈大雅〉則是為引起恭敬之意，故多集中於闡述先王之德，《詩集

〔註226〕　〔清〕孫希旦撰，沈嘯寰、王星賢點校：《禮記集解》（臺北：文史哲出版社，1987年8月），卷52，頁1331。

傳》注〈文王〉云：

> 其於天人之際，興亡之理，丁寧反覆，至深切矣。故立之樂官，而
> 因以爲天子、諸侯朝會之樂，蓋將以戒乎後世之君臣，而又以昭先
> 王之德於天下也。（《詩集傳》，卷16，頁655）

由此可見，朱子雖以音律作爲二〈雅〉區別的主因，但其主要思維仍是由政
教立場而發。因此除音樂性及使用場合外，他其實也在某種程度上接受了《詩
序》「政有小大」及鄭玄以天子、諸侯區分〈大雅〉、〈小雅〉的觀念，《語類》
載：

> 〈小雅〉恐是燕禮用之，〈大雅〉須饗禮方用。〈小雅〉施之君臣之
> 間，〈大雅〉則止人君可歌。（《語類》，卷81，頁2117）
>
> 〈小雅〉是所係者小，〈大雅〉是所係者大。「呦呦鹿鳴」，其義小；
> 「文王在上，於昭于天」，其義大。（《語類》，卷80，頁2068）

政之大小與聲樂性質相配，從而構成朱子對〈雅〉詩的認識，但重點並不在
這些定義的探求，〈答廖子晦〉第四通云：

> 〈小雅〉篇次，尤多不可曉者。此未易考，但聖人之意，使人法其
> 善，戒其惡，此則炳如日星耳。今亦不須問其篇章次序、事實是非
> 之如何，但玩味得聖人垂示勸戒之意，則《詩》之用在我矣。（《文
> 集》，卷45，頁2024～2025）

〈小雅〉一如〈國風〉，詩作內容有可勸可懲之分別，而朱子要求讀者不須過
度探求篇章次序及事實是非，而只要細味其垂示勸戒之意。這樣的說法反映
在實際說〈雅〉中，便是不注重《詩序》必欲刺王之說，而以詩歌本意及詩
人溫厚之心作爲探求詩意的標準。

（二）強調三〈頌〉禮樂告成功之意

〈大序〉云：「〈頌〉者，美盛德之形容，以其成功告於神明者也。」〔註227〕
由於〈頌〉之內容非常明確，作爲宗廟之樂，這是普遍的共識。然〈大序〉
又強調〈頌〉乃盛德之形容，其意乃以樂舞形容盛德，於是頌與容便有連結，
鄭玄〈周頌譜〉云：「頌之言容，天子之德，光被四表，格于上下，無不覆燾，
無不持載，此之謂容。於是和樂興焉，頌聲乃作。」〔註228〕鄭玄所言之容，
表示君子之德無所不容，並不從〈大序〉歌舞形容的角度論說。然孔穎達的

〔註227〕阮元校勘：《毛詩正義》，卷1之1，頁16下／568。
〔註228〕阮元校勘：《毛詩正義》，卷19之1，頁2上／1253。

解釋又略有不同，《正義》云：「頌之言容，歌成功之容狀也。」〔註229〕孔穎達著重於容字的解釋，而其所謂歌成功之容狀則有向舞容轉變的趨勢，並且取消盛德之說而轉向事功。到了清代阮元（1764～1849），則明確提出舞容解釋，《揅經室集》〈釋頌〉有云：

> 頌之訓爲形容者，本義也。且頌字即容字也。……容、養、羕，一聲之轉，古籍每多通借。今世俗傳之樣字，始于《唐韻》，即容字轉聲所借之羕字。不知何再加才旁以別之，而後人遂絕不知從頌容羕轉變而來。豈知所謂〈商頌〉、〈周頌〉、〈魯頌〉者，若曰「商之樣子」、「周之樣子」、「魯之樣子」而已，無深義也。……惟三〈頌〉各章皆是舞容，故稱爲頌。〔註230〕

頌的歌舞性質雖愈來愈被重視，但朱子在這個問題上並未如阮元之發展，他仍傾向於接受〈大序〉的說法，以形容盛德爲〈頌〉之意，《詩集傳》云：

> 頌者，宗廟之樂歌，〈大序〉所謂「美盛德之形容，以其成功，告於神明者也」。蓋「頌」與「容」，古字通用，故〈序〉以此言之。（《詩集傳》，卷19，頁722）

〈詩傳綱領〉亦云：

> 頌皆天子所制，郊廟之樂歌。頌、容古字通，故其取義如此。〔註231〕

朱子並未刻意導向釐清頌與容字在樂舞上的定義糾纏，如〈維清〉序云：「奏象舞也。」《詩序辨說》則云：「詩中未見奏象舞之意。」〔註232〕他基本認爲〈頌〉乃祭祀之樂歌，與舞蹈並無太大關連，故而他所看重的是〈頌〉所彰顯的先王盛德大業的義理內涵，如《詩集傳》釋〈清廟〉云：

> 言於穆哉，此清靜之廟，其助祭之公侯，皆敬且和，而其執事之人，又無不執行文王之德，既對越其在天之神，而又駿奔走其在廟之主。如此則是文王之德豈不顯乎！豈不承乎！信乎其有無厭斁於人也。
> （《詩集傳》，卷19，頁722）

〈清廟〉爲祭祀文王之樂歌，故朱子所釋便集中於文王之德的流行教化，執事之人皆能執行文王之德，使文王之德顯明並有所繼承。釋〈昊天有成命〉則云：

〔註229〕阮元校勘：《毛詩正義》，卷19之1，頁2上／1253。
〔註230〕〔清〕阮元：《揅經室集》上冊（臺北：世界書局，1982年3月），卷1，頁15。
〔註231〕朱熹：《朱子全書》第1冊，頁345。
〔註232〕朱熹：《朱子全書‧詩序辨說》，頁395。

> 此詩多道成王之德，疑祀成王之詩也。言天祚周以天下，既有定命，而文武受之矣。成王繼之，又能不敢康寧，而其夙夜積德以承藉天命者，又宏深而靜密。是能繼續光明文武之業，而盡其心，故今能安靜天下，而保其所受之命也。（《詩集傳》，卷19，頁725）

文、武、成，三王相承以德，故能安靜保有天下，這亦是強調王道盛業重在德性的思維。釋〈振鷺〉則引陳氏之言曰：

> 在彼不以我革其命，而有惡於我，知天命無常，惟德是與，其心服也。在我不以彼墜其命，而有厭於彼，崇德象賢，統承先王，忠厚之至也。（《詩集傳》，卷19，頁730）

二王之後能來助祭，代表周王能崇德象賢，不輕視之；而助祭之客，亦能惟德是從，心服於周，兩者均以德為依歸，故朱子評其為忠厚之至。再如〈載見〉言「烈文辟公，綏以多福，俾緝熙于純嘏。」孔穎達認為這是神明所賜之福，其云：

> 此光文百辟與諸侯助祭得禮，當於神明昭考之神，乃安之以多福，又使之光明於大嘏之意，謂神使之光明之也。〔註233〕

《正義》所云乃自神降福角度立說，但朱子則改為德性關係，《詩集傳》云：

> 又言孝享以介眉壽，而受多福，是皆諸侯助祭有以致之，使我得繼而明之，以至于純嘏也。蓋歸德于諸侯之辭，猶〈烈文〉之意也。（《詩集傳》，卷19，頁734）

朱子以為天子之所以能得受福，乃由於諸侯德性所致，比較孔《疏》，更著重於從德性觀點闡述的用意。

三〈頌〉中〈周頌〉並無太大爭議，比較有問題的是〈魯頌〉及〈商頌〉。魯為諸侯國，照理講其詩該歸屬於〈風〉，但《詩經》卻列之於〈頌〉，後世推測原因者極多，鄭玄以為這是由於周公的特殊關係，〈魯頌譜〉云：

> 初，成王以周公有太平制典法之勳，命魯郊祭天，三望，如天子之禮。故孔子錄其詩之〈頌〉，同於王者之後。〔註234〕

魯國究竟可不可以用天子之禮樂，說法紛亂，朱子亦承認成王曾賜予魯侯可用天子禮樂，《詩集傳》云：「成王以周公有大勳勞於天下，故賜伯禽以天子之禮樂。魯於是乎有〈頌〉以為廟樂。」（《詩集傳》，卷20，頁743）但魯以

〔註233〕阮元校勘：《毛詩正義》，卷19之3，頁13下／1286。
〔註234〕阮元校勘：《毛詩正義》，卷20之1，頁3下／1312。

諸侯身分而用天子之樂，於禮不合，朱子亦明白這一點，《論語集注》便云：

> 趙伯循曰：……成王以周公有大勳勞，賜魯重祭。故得禘於周公之
> 廟，以文王爲所出之帝，而周公配之。然非禮矣。……謝氏曰：……
> 魯之郊禘非禮也。周公其衰矣！〔註235〕

朱子認爲成王確實曾有賜魯國使用天子禮樂的命令，但問題是成王賜之非
禮，魯國受而用之更爲非禮，那麼〈魯頌〉便是在不符合禮節的情況之下而
產生，故《詩集傳》又繼續談到：

> 其後又自作詩，以美其君，亦謂之〈頌〉。……夫以其詩之僭如此，
> 然夫子猶錄之者，蓋其體固列國之〈風〉，而所歌者乃當時之事，則
> 猶未純於天子之〈頌〉。若其所歌之事，又皆有先王禮樂教化之遺意
> 焉，則其文疑若猶可予也。況夫子魯人，亦安得而削之哉？然因其
> 實而著之，而其是非得失，自有不可揜者，亦《春秋》之法也。（《詩
> 集傳》，卷20，頁743）

朱子大概認爲伯禽若眞要用天子之禮樂，也應該引〈周頌〉樂歌用於宗廟。
但後世卻自作頌詞，以美魯君，如此一來，便僭越禮節。

　　〈魯頌〉既爲僭禮之頌歌，何以孔子仍錄於三〈頌〉之中？朱子在此提
出一個很特殊的看法，他認爲〈魯頌〉的存在是孔子《春秋》筆法的延續，
魯國雖因深受先王教化影響，而使頌歌仍保有一定程度的禮樂遺意，且自作
〈魯頌〉乃僭禮之舉，但〈魯頌〉內容乃當時之事，並未完全等同於天子用
樂之〈周頌〉，亦即有〈頌〉之名，無〈頌〉之實，內容只是歌頌魯君事跡，
尚未完全上僭爲天子之樂，故孔子仍錄之。但另一方面，孔子以《春秋》筆
法著其實，而得失是非自可得之，言下之意，乃以〈魯頌〉僭禮之舉有可作
爲戒鑒之處。朱子的看法其實肇始於唐代成伯璵所提出的變〈頌〉之說，《毛
詩指說》〈解說第二〉有云：

> 〈風〉、〈雅〉既有正，〈頌〉亦有正。自〈關雎〉至〈騶虞〉二十五
> 篇爲正〈風〉，直言其德而無美。自〈鹿鳴〉至〈菁菁者莪〉爲正〈小
> 雅〉，〈文王〉受命至〈卷阿〉爲正〈大雅〉，〈清廟〉至〈般〉爲正
> 頌也。然〈頌〉聲從〈風〉、〈雅〉而來，故二〈南〉之風即爲正。
> 繼變〈風〉之作，齊、衛爲始。齊哀公當懿王之時，衛頃公即夷王
> 之代。有正即有變，〈風〉、〈雅〉既有變，〈頌〉亦有變。自〈王〉、

〈衛〉至〈豳詩〉爲變〈風〉，自〈六月〉之詩至〈何草不黃〉爲變〈小雅〉，自〈民勞〉至〈召旻〉爲變〈大雅〉。〈風〉、〈雅〉之變自幽、厲尤甚。〈魯〉、〈殷〉爲變〈頌〉，多陳變亂之辭也。〔註236〕

成伯璵以爲〈魯頌〉及〈商頌〉爲變〈頌〉，故多陳變亂之辭。但觀〈魯頌〉主頌僖公，〈商頌〉雖爲正考甫所輯，但內容亦主頌殷代君主，並沒有所謂陳變亂之辭，以這種說法作爲變〈頌〉之因，於事實並不符合。故朱子雖亦有變〈頌〉的觀念，但他只是從僭禮的角度來看待〈魯頌〉，強調讀者閱讀〈魯頌〉時必須連結《春秋》筆法以觀孔子錄取之意。至於〈商頌〉的來源，朱子則接受《國語》及《詩序》的說法，《國語》載：「昔正考父校商之名頌十二篇於周大師，以〈那〉爲首。」〔註237〕《詩序》則云：「〈那〉，祀成湯也。微子至于戴公，其間禮樂廢壞，有正考甫者，得〈商頌〉十二篇於周之大師，以〈那〉爲首。」〔註238〕認爲這是宋大夫正考甫得之於周而用以祭祀殷代先王之樂歌，《詩集傳》論〈商頌〉亦云：「七世至戴公時，大夫正考甫得〈商頌〉十二篇於周太師，歸以祀其先王。」（《詩集傳》，卷20，頁751）雖然後人對正考甫究竟是得詩，還是作詩猶有爭議，但朱子則認爲〈商頌〉爲殷商時之頌歌，是由正考甫於周太師處得之，用以祀其先王，並非自作。且宋爲殷之後，用〈商頌〉祭殷商先王，亦非僭禮，故朱子並不認爲〈商頌〉有變〈頌〉的性質，與〈魯頌〉性質不同。

三、朱子對「賦」、「比」意義獲取方式的認定

《詩集傳》解說各篇內容時，會在每章詩詞下標以賦、比、興，進行細分，朱子這樣的作法爭議頗多，戴震（1724～1777）即批評云：

然則賦也、比也、興也，特作《詩》者之立言置辭，不出此三者；若強析之，反自亂其例。蓋情動于中而形于言，何嘗以例拘？既有言矣，就其言觀之，非指明敷陳，則託事比擬；非託事比擬，則假物引端。引端之辭，亦可寄意比擬；比擬之辭，亦可因以引端。敷陳之辭，又有虛實、淺深、反側，彼此之不同，而似乎于比擬、引

〔註236〕〔唐〕成伯璵：《毛詩指說》，收錄於納蘭性德輯：《通志堂經解》第7冊，頁201。

〔註237〕〔三國·吳〕韋昭注：《國語韋氏解》（臺北：世界書局，1975年7月，影印〔清〕嘉慶庚申讀未見書齋重雕天聖明道本）卷5，頁153。

〔註238〕阮元校勘：《毛詩正義》，卷20之3，頁4上／1338。

　　端，往往有之。此三者在經中，不解自明；解之，反滯于一偏矣。
〔註239〕

戴震認為詩人動情而寫詩，雖有其法，但卻難可以例拘之。且賦、比、興手
法又往往混用，難以作出定論。戴震的批評相當中肯，文學創作往往帶有模
糊性，必欲於《詩經》每章每句斷定其表現手法，實難以周全。可以想像，
朱子對整部《詩經》進行賦、比、興之分類時，必然會遭遇到如戴震所說難
以分類的情形，但朱子依舊勉力為之，盡力完成這項工作，然而這便與朱子
平時標榜不求解盡經書的態度似乎有所衝突。何以朱子必欲盡釋各章作法？
頗堪玩味。況且朱子若不是對自己區別「賦、比、興」之法有明確的定義認
識，在實際標注時必難以進行。因此，朱子的作法或有可議之處，但吾人亦
必須研究清楚朱子對賦、比、興的定義內容，是否真能夠讓朱子將整部《詩
經》簡單地一分為三？而朱子所以要盡釋各章作法的用意為何？這是必須再
加以討論之處。本小節先針對朱子對賦、比之定義分析。至於興法，因爭議
較多，牽涉較廣，故特別獨立於賦、比之外再專門討論。

（一）意義展現於詩歌本句的「賦」法

　　賦的定義較為明確，漢代文學即有漢賦一類，專以鋪張敘事為主。但由
於《詩經》具有美刺教化功能，性質獨特，故先儒對《詩經》之賦法有較為
特殊的定義，如鄭玄注《周禮》〈大師〉云：「賦之言鋪，直鋪陳今之政教善
惡。」〔註240〕鄭玄以鋪言賦，並指明必須是鋪陳政治善惡，這是緊扣《詩經》
美刺之說而作的解釋。至於就創作方法來解釋，賦乃指直敘，是直接道出眼
前景、心中感，不採迂迴方式表達的白描手法。南北朝後，解釋者漸拋棄政
教美惡說，而直接關注在文學表現方法上，《文心雕龍》〈詮賦第八〉云：「賦
者，鋪也。鋪采摛文，體物寫志也。」〔註241〕鍾嶸則云：「直書其事，寓言寫
物，賦也。」〔註242〕這些都是擺脫《詩經》教化性質，而純以文學手法所作
的解釋，強調透過描繪外在物象而表達己志。然而進入北宋之後，對賦比興

〔註239〕　〔清〕戴震：《毛詩補傳》，收錄於張岱年主編：《戴震全書》第1冊（合肥：
　　　　　黃山書社，1994年7月），頁129～130。
〔註240〕　〔漢〕鄭玄注，〔唐〕賈公彥疏，〔清〕阮元校勘：《周禮注疏》，卷23，頁13
　　　　　上／1718。
〔註241〕　〔南朝・梁〕劉勰著，范文瀾註：《文心雕龍註》（北京：人民文學出版社，
　　　　　2001年5月），卷2，頁134。
〔註242〕　鍾嶸：《歷代詩話・詩品》，頁3。

的探討卻漸趨於沒落，諸家解《詩》著述多未再就賦比興定義及用法展開討論，僅略有提及者，如胡寅（1098～1156）《斐然集》引李仲蒙之言曰：「敘物以言情謂之賦，情物盡也。索物以託情謂之比，情附物者也。觸物以起情謂之興，物動情者也。」〔註243〕李仲蒙的重點在於利用賦、比、興作爲不同表情方式的文學方法，但所說亦不盡分明。到了南宋朱子《詩集傳》，對賦、比、興則加以重新定義，由此再度開展後世對此問題的熱烈討論。

《詩集傳》〈葛覃〉第一章解釋「賦」法云：「賦者，敷陳其事而直言之者也。」（《詩集傳》，卷1，頁404）《語類》則有云：「直指其名，直敘其事者，賦也。」（《語類》，卷80，頁2067）《楚辭集注》則云：「賦則直陳其事。」〔註244〕晚年〈詩傳綱領〉亦云：「賦者，直陳其事，如〈葛覃〉、〈卷耳〉之類是也。」〔註245〕從朱子的定義來看，賦便是直陳，直陳便是直接寫其事道其情，朱子以〈葛覃〉、〈卷耳〉作爲賦體之範本，故以下便先論此二詩以明朱子之定義。

〈葛覃〉詩云：

　　葛之覃兮，施于中谷，維葉萋萋。黃鳥于飛，集于灌木，其鳴喈喈。
　　葛之覃兮，施于中谷，維葉莫莫。是刈是濩，爲絺爲綌，服之無斁。
　　言告師氏，言告言歸。薄汙我私，薄澣我衣。害澣害否？歸寧父母。

《毛傳》於首章「維葉萋萋」下標興，然朱子改全詩皆爲賦。並云：「后妃既成絺綌，而賦其事，追敘初夏之時，葛葉方盛，而有黃鳥鳴於其上也。後凡言賦者放此。」（《詩集傳》，卷1，頁404）據朱子的解釋，〈葛覃〉詩是后妃追憶過去的情景，再直接描寫而出，那麼就賦法來說，這乃是一種直寫心中景的方式。《詩集傳》注第二章又云：「此言盛夏之時，葛既成矣，於是治以爲布，而服之無厭。蓋親執其勞，而知其成之不易，所以心誠愛之，雖極垢弊，而不忍厭棄也。」（《詩集傳》，卷1，頁404）首章純爲寫景，次章則包括有寫事及寫情的成分，「是刈是濩，爲絺爲綌」，此乃治葛爲布，是爲敘事，「服之無斁」乃因心誠愛之，是爲敘情，那麼可見朱子認爲凡寫景、敘事或道情者，皆可屬於賦法。但我們也必須注意到，《毛傳》雖只標興，但其多標於首句，代表《毛傳》似只對首句作判別。而朱子卻於章末標示，顯示他是

〔註243〕　〔宋〕胡寅撰，容肇祖點校：《崇正辯・斐然集》（北京：中華書局，1993年12月），卷18，頁386。
〔註244〕　〔宋〕朱熹：《楚辭集注》，收錄於朱傑人編：《朱子全書》第19冊，卷1，頁20。
〔註245〕　朱熹：《朱子全書》第1冊，頁344。

把整章詩詞一併觀看，故第二章之爲賦體，並不是單純前三句「葛之覃兮，施于中谷，維葉莫莫」的判別而已，而是包括「是刈是濩，爲絺爲綌，服之無斁」，這是朱子與《毛傳》的基本差異。可見朱子確實是有意將各章以賦比興之法作出完整分類。

再以〈卷耳〉賦法爲分析之例，〈卷耳〉詩云：

采采卷耳，不盈頃筐。嗟我懷人，寘彼周行。

陟彼崔嵬，我馬虺隤。我姑酌彼金罍，維以不永懷。

陟彼高岡，我馬玄黃。我姑酌彼兕觥，維以不永傷。

陟彼砠矣，我馬瘏矣，我僕痡矣，云何吁矣！

《詩集傳》亦以此詩通篇皆爲賦體，並於首章云：「后妃以君子不在而思念之，故賦此詩。託言方采卷耳，未滿頃筐，而心適念其君子，故不能復采，而寘之大道之旁也。」（《詩集傳》，卷 1，頁 405）此詩並無寫景之句，而純爲敘事及道情。采卷耳而不盈筐，此乃直陳其事，而嗟懷人則是直陳其情，因此賦法最重要的特徵便是「直陳」，直接敘述眼前之景象，所經歷之事件，甚至於明白抒發心中之情感，皆爲朱子的賦法所接受的方式。

不過朱子的分類仍有可討論之處，《語類》便載有弟子之提問：

問：「〈卷耳〉與前篇〈葛覃〉同是賦體，又似略不同。蓋〈葛覃〉直敘其所嘗經歷之事，〈卷耳〉則是託言也。」曰：「亦安知后妃之不自采卷耳？設使不曾經歷，而自言我之所懷者如此，則亦是賦體也。」（《語類》，卷 81，頁 2097）

朱子認爲託言亦可歸爲賦體，採卷耳雖未必是后妃親自所進行之事，但后妃是將其對君子的思念轉化爲自採卷耳，雖爲虛構，但確實反映其情，那麼便算賦體。如此一來，朱子對賦法的定義便必須限定在文句之上，而不探究作者是眞有經驗或是虛構其事，只要詩詞本句足以顯示詩人想法，便是賦法。簡單地說，詩句所顯示之意便是詩人所寫之事，故所寫景象雖有可能非詩人親眼所見，但這是爲表達與內心相符的想法所寫下之景，那麼便是賦法；所敘之事雖有可能非詩人親身經歷，但若與內心思維相符，亦爲賦法。故就詩詞之表意而言，此句便是此意，讀者只要閱讀並接受詩句字面所顯示的意涵，便可了解詩人所欲表達之意。而此句既已足盡其意，那麼便並不須再藉由其他句子或象徵、比喻的方式而顯現意涵，這就是朱子對賦法的定義。

以下再舉〈蒹葭〉詩爲例。：

　　蒹葭蒼蒼，白露爲霜。所謂伊人，在水一方。溯洄從之，道阻且長；
　　溯游從之，宛在水中央。
　　蒹葭萋萋，白露未晞。所謂伊人，在水之湄。溯洄從之，道阻且躋；
　　溯游從之，宛在水中坻。
　　蒹葭采采，白露未已。所謂伊人，在水之涘。溯洄從之，道阻且右；
　　溯游從之，宛在水中沚。

《毛傳》標首句爲興，朱子則標首章爲賦。〈蒹葭〉首句「蒹葭蒼蒼，白露爲霜」，描繪出一幅極爲優美的景緻。人在面對自然界美景時，很容易興發情感，且此詩意象極美，詩意卻晦澀，故學者多認爲這兩句別有意指，不當只是賦法而已，如《毛傳》便云：「白露凝戾爲霜，然後歲事成，興國家待禮然後興。」〔註246〕蘇轍亦云：「白露凝戾爲霜，然後堅成，可施於用矣。襄公興於西戎，知以耕戰富國強兵，而不知以禮義終成之。」〔註247〕均認爲此句所興與國家待禮而成相關。而《詩集傳》則注云：「言秋水方盛之時，所謂彼人者，乃在水之一方。上下求之，而皆不可得。」（《詩集傳》，卷6，頁509）朱子以爲「蒹葭蒼蒼，白露爲霜」二句僅爲標明時間之詞而已，《詩纘緒》便云：「蒹葭、白露，言其時耳。」〔註248〕今人王龍亦云：

　　〈秦風・蒹葭〉一詩標「賦」很多人不理解，其實，朱熹這裡是把
　　開頭兩句「蒹葭蒼蒼，白露爲霜」看作下文人物活動的時間。〔註249〕

據朱子的解釋來看，這兩句確實只是表明時節而已，並不具其他意涵，而這兩句也足以顯示出秋水時至，百川灌河的時節，並不須再去分析意象所代表的其他意涵，故朱子單純標爲賦法。

（二）意義藉詩句意象再引申而得之「比」法

　　朱子對比法的定義，於各典籍中之表述頗爲一致，如《詩集傳》注〈螽斯〉云：「比者，以彼物比此物也。」（《詩集傳》，卷1，頁406）《楚辭集注》則云：「比則取物爲比。」〔註250〕〈詩傳綱領〉云：「比者，以彼狀此，如〈螽

〔註246〕阮元校勘：《毛詩正義》，卷6之4，頁1上／791。
〔註247〕蘇轍：《詩集傳》，卷6，頁14上～14下。
〔註248〕〔元〕劉玉汝：《詩纘緒》，收入《景印文淵閣四庫全書》第77冊，卷7，頁14上。
〔註249〕王龍：〈朱熹《詩集傳》賦比興標詩探微〉，《貴州大學學報・社會科學版》第26卷第1期，2008年1月，頁39。
〔註250〕朱熹：《楚辭集注》，卷1，頁20。

斯〉、〈綠衣〉之類是也。」〔註251〕《語類》亦有云:「引物爲況者,比也。」(《語類》,卷80,頁2067)從這些說法看來,以彼比此是朱子對比的確定解釋,不過這樣的定義尚不足以說明朱子是如何界定比法。當朱子將比、興對照分析時,他的說法比較特別,也更能顯示朱子於實際分類中所運用的方法,《語類》云:「說出那物事來是興,不說出那物事是比。……比底只是從頭比下來,不說破。」(《語類》,卷80,頁2069)結合以彼物比此物,但又不說出此物事兩種定義,比法頗類似隱喻之文學修辭。以彼物比此物,便指詩人意向中實際存在兩種事物,彼之事物是詩詞中所寫出,乃詩人欲作爲象徵句的事物。但詩人的真正意涵卻必須將彼之事物再轉化爲此之事物後才得以顯現,方能獲得意義。而朱子又強調此之事物是詩人未說出來的,於是意義的探尋便必須是讀者自行探尋詩詞文句所未寫出的事物,也就是要分析詩人所要比喻之事物方能開展意義。

試以〈螽斯〉爲例,〈螽斯〉云:

螽斯羽,詵詵兮。宜爾子孫振振兮。

螽斯羽,薨薨兮。宜爾子孫繩繩兮。

螽斯羽,揖揖兮。宜爾子孫蟄蟄兮。

《詩集傳》注云:「后妃不妬忌而子孫眾多,故眾妾以螽斯之羣處和集而子孫眾多比之。言其有是德而宜有是福也。」(《詩集傳》,卷1,頁406)據朱子所定義,比法必須從比之事物中見出被比喻之事物,那麼詩句形容螽斯之群集便不應只停留在字面意思上,必須由此而開展,於是讀者便要由詩句所述之螽斯展開其聯想。由螽斯能想到什麼?由於朱子強調比必須是詩句未說出的物事,於是聯想的任務完全落在讀者自身,每個讀者閱讀後的詮釋有可能會是南轅北轍的說法,但其中總有幾種說法可以具有合乎標準的意義而可爲多數人所接受。那麼這種由比法而引申出之詮釋,實際上會有很大程度必須建立在傳統的解讀基礎上。回歸〈螽斯〉,舊說螽斯一生九十九子,那麼螽斯之群集,其繁殖能力之強大可想而知, 於是傳統說《詩》均由這個角度理解。而基於〈周南〉乃敘文王、后妃之德化,故朱子將此詩定位在稱述后妃子孫眾多的美意之上。不過〈螽斯〉每章第三句也有提到子孫一詞,這是否算是說破?朱子認爲雖然子孫一詞也出現在詩中,但意涵實有不同,《語類》云:

若〈螽斯〉則只是比,蓋借螽斯以比后妃之子孫眾多。「宜爾子孫振

〔註251〕朱熹:《朱子全書》第1冊,頁344。

振兮！」却自是説螽斯之子孫，不是説后妃之子孫也。(《語類》，卷
81，頁 2097)

宜爾子孫乃指螽斯子孫，並非后妃子孫，從詩意來看，或有潛在關連，可作
爲讀者進行聯想思考的線索，但朱子認爲並不算明確說破。而這也是朱子定
義比法很重要的特色。

再以〈綠衣〉爲例，〈綠衣〉詩云：

> 綠兮衣兮，綠衣黃裏。心之憂矣，曷維其已？
> 綠兮衣兮，綠衣黃裳。心之憂矣，曷維其亡？
> 綠兮絲兮，女所治兮。我思古人，俾無訧兮。
> 絺兮綌兮，淒其以風。我思古人，實獲我心。

《詩集傳》注云：「莊公惑於嬖妾，夫人莊姜賢而失位，故作此詩者，言『綠
衣黃裏』，以比賤妾尊顯，而正嫡幽微，使我憂之，不能自已也。」(《詩集傳》，
頁 423～424) 朱子以爲綠衣、黃裏有其比喻之意。綠衣、黃裏就其本義而言，
單純是服飾之稱，然運用在解讀詩旨時，其意義開展便必須以綠衣、黃裏的
取象作爲基礎，進而論述其比喻意。朱子以綠爲間色，黃爲正色，綠衣爲外，
黃裏爲內，比喻夫人、嬖妾勢位之失常，然而這種詮釋是無法直接從詩句字
面看出，與〈螽斯〉相同，這必須深入到詩歌的時代背景，並且在前人注解
基礎上才能得出的詮釋。

朱子對比法的定義強調詩句的意象必須導向另外的比喻之物，那麼可以
再分析《詩集傳》改《毛傳》興爲比的例子，更可見出朱子所以重新詮釋的
特色。〈有狐〉詩云：

> 有狐綏綏，在彼淇梁。心之憂矣，之子無裳。
> 有狐綏綏，在彼淇厲。心之憂矣，之子無帶。
> 有狐綏綏，在彼淇側。心之憂矣，之子無服。

《毛傳》標此詩爲興，鄭玄並無說，《毛詩正義》則云：「有狐綏綏然匹行，
在彼淇水之梁而得其所，以興今衛之男女，皆喪妃耦，不得匹行，乃狐之不
如。」〔註252〕孔穎達是將此詩興法作爲反喻解釋。有狐匹行，乃得其所，而
今衛國男女，皆喪耦而無法匹行，不如此狐。而朱子雖以之爲比，但不從反
喻方法解釋，《詩集傳》云：「狐者，妖媚之獸。綏綏，獨行求匹之貌。……
國亂民散，喪其妃耦，有寡婦見鰥夫而嫁之，故託言有狐獨行而憂其無裳也。」

〔註252〕阮元校勘：《毛詩正義》，卷 3 之 3，頁 15 上／691。

（《詩集傳》，卷3，頁459）朱子以狐為妖媚之獸，今獨行求匹，乃象欲思得其耦，可比衛國寡婦欲嫁鰥夫，是將寡婦譬喻為有狐，故為比。由此詩的解釋可以看出，孔穎達將興視為譬喻的修辭手法，但這樣一來，比也是譬喻，兩者又如何分別？這是《毛詩》一派較爭議的問題。〔註253〕而朱子在比、興上有非常明確的界定。興法待下節再討論，而比法則純粹是建立在詩句意象之上，並再向外引申附會始能得出的詮釋，因此，詩句「有狐綏綏，在彼淇梁」是喻體，而本體並不在詩詞之內，是讀者需自行由喻體再進而聯想所得出，故所謂以彼物比此物，此物基本上是懸空的意念，需待讀者自行填補。

　　再以〈邶風・柏舟〉之比為例。〈柏舟〉言「汎彼柏舟，亦汎其流。耿耿不寐，如有隱憂。」朱子以為此乃婦人不得於夫，自述哀情之作，其云：「婦人不得於其夫，故以柏舟自比。言以柏為舟，堅緻牢實，而不以乘載，無所依薄，但泛然於水中而已。」（《詩集傳》，卷2，頁422）朱子疑此詩主角為莊姜，而柏舟之堅實乃比喻莊姜之賢慧。但莊姜嫁給昏惑的莊公，婚姻不幸，內心憂愁苦悶，就好比柏舟毫無目的地泛流於水，無所依靠。然而《毛傳》以此詩為興，並云：「柏木所以宜為舟也。亦汎汎其流不以濟度也。」〔註254〕《毛傳》之興其實含有比喻之義，這也使比、興容易混淆。故朱子重新界定賦、比、興，凡有具體比喻之義者皆歸為比，且比義的特色在於其所欲表達之喻意是未在詩歌中被明確說破，《語類》載：

> 問：「『汎彼柏舟，亦汎其流，』注作比義。看來與『關關雎鳩，在河之洲』，亦無異，彼何以為興？」曰：「他下面便說淑女，見得是因彼興此。此詩纏說柏舟，下面更無貼意，見得其義是比。」（《語類》，卷81，頁2102）

「汎彼柏舟，亦汎其流」這是比之喻體，但本體何在？朱子認為並不在下面詩句之中，那麼此詩便未說破，對本體的探求便必須超越文本之外。由此也可見未說破實為朱子對比的重要定義。不過，《語類》中有一條比較特別的記錄似乎又違背這項原則，《語類》載：「蓋比詩多不說破這意，然亦有說破者。」（《語類》，卷81，頁2097）朱子在此似有矛盾產生，不過《語類》之記載不可太過強執，必須回歸《詩集傳》文本實際界定來檢視。朱子的所謂說破，

〔註253〕檀作文研究認為毛、鄭亦是以譬喻作為興法之解釋。其辭云：「鄭《箋》釋『興』的通例，基本上採取『興者，喻……』這一句式結構，很少有例外。」見檀作文：《朱熹詩經學研究》，頁168。

〔註254〕阮元校勘：《毛詩正義》，卷2之1，頁5下／624。

其意乃謂除比句外，在比句以下之詩詞必須將上句比擬之意說出，如此則變為明喻，但朱子並不認為明喻是比法，反而將之界定為興法。而且所謂說破之破，必須到達什麼程度？也是頗為自由心證，試以〈青蠅〉為例，其詩云：

營營青蠅，止于樊。豈弟君子，無信讒言。

營營青蠅，止于棘。讒人罔極，交亂四國。

營營青蠅，止于榛。讒人罔極，構我二人。

朱子分此詩為三章，以第一章為比，後兩章為興，但三章皆以「營營青蠅」開首，何以會有前後手法之不同？先看朱子的解釋：「營營，往來飛聲，亂人聽也。青蠅汙穢能變白黑。」（《詩集傳》，卷 14，頁 635）從朱子的注解來看，青蠅飛蟲作為喻體，而透過其形象所指向的意義是對讒人流言的諷刺，那麼，這三章前兩句乃是採用譬喻手法。但朱子何以會又將後兩章解釋為興？可見朱子絕非簡單將比作為比喻解釋而已，問題關鍵便在於後面兩句是否足以突顯出比句所欲指向的意義。第一章後兩句為「豈弟君子，無信讒言」，對於前兩句的比喻意來看，青蠅喻構讒之人，而其讒昵之目標則為君子，而此章後兩句確實稍微說出前兩句所欲比喻之意，但嚴格說來，不算說破，因為要君子勿信讒言並不是青蠅的代表意，青蠅四飛，顯示讒言已四處流布，但首章後兩句只是要君子勿信讒言，流言已擴張的意義並未顯示在比句之中，故後兩句只可以算是給出線索。但第二章之「讒人罔亂，交亂四國」，第三章之「讒人罔極，構我二人」則明確指出要從讒人交構的角度解釋前二句，如此則為說破，反而符合朱子對興法「先言他物以引起所咏之詞」的定義，故歸為興法。那麼我們便可進一步對《語類》中朱子提到比法「亦有說破者」作出修正，朱子應該是說在比法之後的句子對於比句的象徵意，可以略帶提示，讀者同樣必須深入理解比句以釐清其指向意義何在，只要不說破，都可以歸為比法。但若後面句子解答比句之意，那麼便得歸為興法。可見朱子比、興的差別並不在簡單在於是否帶有比喻意而已，而是從句子前後關係所作的判定。因此，接下來必須針對朱子的興法作更深入的探討。

四、朱子對「興」法的界定及其義理價值分析

《詩經》學上的「興」，大致有兩種意涵，一是孔子所提出「《詩》可以興」、「興於《詩》」之興，一般均認同這種興乃讀《詩》之後對心志意向產生興發的效果，多指向於對全詩閱讀之後的感受。第二種興則是《周禮》所提

出「六詩」之興，《周禮》〈春官宗伯〉載大師之職：「教六詩，曰風、曰賦、曰比、曰興、曰雅、曰頌。」〔註255〕在《詩經》學史上，《毛傳》首標「興」，然卻未詳細論述其意，遂使後人各依己見發揮。漢儒多以譬喻、美刺之法解釋興，鄭玄云：「興，見今之美，嫌於媚諛，取善事以勸喻之。」〔註256〕鄭玄將比興對立，他認為比是刺，興是美，但落實在對《毛傳》的箋釋中，卻未能完全遵守，孔穎達即云：「比云見今之失，取比類以言之，謂刺詩之比也。興云見今之美，取善事以勸之，謂美詩之興也。其實美刺俱有比興者也。」〔註257〕可見比興定義極易混淆。漢代以後，對興法的討論逐漸傾向於就修辭方法分析，《文心雕龍》〈比興第三十六〉云：「故比者，附也；興者，起也。附理者切類以指事，起情者依微以擬議。起情故興體以立，附理故比例以生。」〔註258〕鍾嶸《詩品》則云：「文已盡而意有餘，興也。」〔註259〕兩人均側重於由文學創作表現來解釋。魏晉之後從文學範疇詮釋興法的理解，是今人普遍可以認同的方式，但《詩經》在舊時代中畢竟具有經學典範的性質，僅從文學手法分析不符合對經學的認知，故對興法的見解也始終無法取得一致。而在總結前人說法之後，朱子《詩集傳》以「先言他物以引起所詠之詞」的定義，則為興法的詮釋開創出比較具體的詮說方式。

　　朱子對興法的重新定義引起許多討論，今人更普遍認為朱子從文學角度解釋「興」的創作手法，具有正確的文學觀念，如檀作文云：

> 「取義」是漢學詩經學「興」的本質性特徵。以類比取喻的方法，賦予《詩三百》道德或政治的意義，與漢儒將《詩三百》看作「政治美刺詩」的這一認識是相一致的。朱熹則主張「興」「不取義」，而將「興」和「賦」、「比」一樣，視為一種修辭手法。這完全是從文學修辭的角度來認識「賦、比、興」，是對漢學的一大突破。〔註260〕

鄒其昌亦云：

> 正是在這一深入過程中，朱熹以深厚的理論功力和藝術修養將《詩經》的經學研究暗換為了文學美學研究，即由「興」的倫理意蘊過

〔註255〕阮元校勘：《周禮注疏》，卷23，頁13上／1718。
〔註256〕阮元校勘：《周禮注疏》，卷23，頁13上／1718。
〔註257〕阮元校勘：《毛詩正義》，卷1之1，頁10上／565。
〔註258〕范文瀾註：《文心雕龍註》，卷8，頁601。
〔註259〕鍾嶸：《歷代詩話・詩品》，頁3。
〔註260〕檀作文：〈朱熹對《詩經》文學性的深刻體認〉，《首都師範大學學報・社會科學版》，2004年第1期，頁74。

渡到了審美意蘊。〔註261〕

這些學者對於朱子重新詮釋「興」法均給予高度評價，並一致認同朱子採用文學手法處理「興」的問題，是對漢學的一大突破。此論一出，雖使朱子理學家形象更貼近人情，但卻也導致疑問，朱子真的是以如此純文學性的方式看待《詩經》嗎？前面談過，朱子雖將經學與文學結合，但其本質仍舊是強調文必須明道，張健有云：

> 朱熹論文的基礎，在於「文從道出」。在文學史上夙被討論的文以載道說以及貫道說，到了朱子手裡，只覺得它們還不夠純粹，在他的觀點，文與道毋寧是子母的關係。〔註262〕

文從道出乃朱子的文論觀，他雖然已較漢唐經學使用更接近於文學性的眼光看待《詩經》，但這只是他的方法，求出文中之道，方是朱子最終目的。因此，若僅單純從朱子對賦比興的定義分析，進而認為朱子在研究《詩經》時能夠表現精準表現出掌握文學本質的眼光，恐怕忽視了朱子真正的關懷重點。黃玉順則從哲學範疇提出「比興」乃儒家對生活的一種本源領悟，他云：

> 漢代確立起來的儒家詩學，實質上是對「比興」的形而上學化，甚至是「形而下學化」，這種詩學思想，宋代朱熹集其大成。然而在《詩》本身，在孔子對《詩》的「思」與「言」之中，「比興」遠不僅是一個「詩學」的範疇，而首先是一種真切的生活感悟——在生活情感中的生活領悟。這種感悟先行于任何存在者、任何「物」、任何主體性，乃是一切形而上學以及形而下學的大本大源、源頭活水。由此領悟，才可能有主體的挺立、本體的確立，才可能有形而上學、形而下學，才可能有所謂美學、詩學。〔註263〕

黃玉順指出比興可由形而上學角度切入，他並提示儒者的關懷並不在所謂美學範疇、詩學範疇這類文學現象，比興之法其實也有可能導向對主體性的理學思維。有鑒於此，欲理解朱子對興法所建立的真正關懷，仍然必須回歸朱子本身學術意識，考察朱子重新界定「興」法的詮釋重點。

〔註261〕鄒其昌：《朱熹詩經學詮釋美學研究》，頁105。

〔註262〕張健：《朱熹的文學批評研究》（臺北：臺灣商務印書館，1973年9月），頁8。

〔註263〕黃玉順：〈詩「比興」說——朱熹詩學思想批判〉，收錄於蔡方鹿主編：《新視野視詮釋——朱熹思想與現代社會》（成都：四川大學出版社，2007年12月），頁520。

（一）興可分為起興句與被興句

「興於《詩》」及「《詩》可以興」是指對《詩》整體閱讀後志意的感發，但這種感發效果亦可運用在朱子對單獨詩句上下間關係的連結而言，這便表現爲朱子對《毛傳》所標興法的重新詮釋：「先言他物以引起所咏之詞」。從這個定義來看，朱子將興句分爲兩部分，「先言他物」與「所咏之詞」，兩句上下之間因其具某種程度關係而表現爲興法。而爲了便於論述，本論文將興法「先言他物」以「起興句」稱之，「所咏之詞」則以「被興句」稱之，並進一步分析兩者之關係。

1. 朱子詮釋興法之形成歷程

關於朱子對興法的定義內涵，鄒其昌《朱熹詮釋學美學研究》提出朱子對興的看法存在一個發展過程，他認爲朱子的認知可分爲三個階段，第一階段是早年看法，沿襲先儒之觀點：

> 興乃興起之義。
>
> 大概興詩不甚取義，特以上句引起下句。
>
> 因所見聞，或托物起興，而以興繼其聲……興有取所興爲義者，則以上句形容下句之情思，下句指言上句之事實；有全取其義者，則但取一二字而已。要之上句常虛，下句常實。

第二階段乃《詩集傳》的說法：

> 興者，先言他物以引起所咏之詞也。

第三階段則爲《楚辭集注》時的說法：

> 興則托物興詞。
>
> 本要言其事，而虛用兩句鈎起，因而接續去者，興也。〔註264〕

鄒其昌認爲「托物興詞」是朱子對於「興」的確定解釋，他並引《語類》葉賀孫所記之文字爲證：

> 問：「《詩傳》說六義，以『託物興辭』爲興，與舊說不同。」曰：「覺舊說費力，失本指。如興體不一，或借眼前物事說將起，或別自將一物說起，大抵只是將三四句引起，如唐時尚有此等詩體。如『青青河畔草』，『青青水中蒲』，皆是別借此物，興起其辭，非必有感有見於此物也。有將物之無，興起自家之所有；將物之有，興起自家之所無。」（《語類》，卷80，頁2070～2071）

〔註264〕鄒其昌：《朱熹詩經詮釋學美學研究》，頁100～101。

〈詩傳綱領〉亦有託物興詞之說，故託物興詞確實可以代表朱子最後定說。
但「託物興辭」與「先言他物以引起所咏之詞」有何差異？鄒其昌又認爲：

> 朱熹認爲，「興」是「無巴鼻」、「沒來由」的，來不可遏，去不可止，
> 具有非邏輯的模糊性特徵。在把握「興」時就應該「寬說」而不應
> 局限于一處。「先言他物以引起所咏之詞」這一界說，顯然過分局于
> 「他物」與「所咏之詞」的「引起」一域，而所謂「引起」並不能
> 區別「比」與「興」，仍然多傾向於「比喻」之義。朱熹認爲「托物
> 興詞」就是「興起其辭，非必有感有見于此物也」，是一種「寬說」，
> 比較好地把握了「興」的特徵。〔註265〕

據其所言，朱子最後對「興」的定論是爲了確立與「比」的差異，避免過分
傾向於「比喻」之義，如此乃具體掌握住興的特徵。

2. 朱子前後期說法之差異

朱子對興的重新定義，使得比、興兩體有了較明確的區別，鄒其昌的說
法確實有可取之處，朱傑人亦云：

> 《詩傳綱領》賦、比、興的解釋與《詩集傳》是不一樣的。其中賦
> 與比，只是文字表述上的區別，《詩傳綱領》更簡潔、更準確。而關
> 於興的解釋就不大一樣了，「託物興辭」所包含的內容，所指向的意
> 象較之「先言他物以引起所詠之詞」來，要豐富得多、深刻得多。
> 這在《朱子語類》對葉賀孫的答詞中已經闡述得非常清楚。朱子甚
> 至認爲，《詩集傳》的解釋沒有把「興」的本質講清楚，前代學者，
> 包括二程，也都沒有「理會」分明。〔註266〕

《詩集傳》中所提出的「先言他物以引起所咏之詞」確實過於側重於「引起」
之功能，然照朱子原先的講法，其實並未至於混淆比與興。朱子的比類似隱
喻之法，所比之事物必須透過讀者自己去搜尋探討其意涵，並不需要與下句
產生關連，但興法的重點則必須顯現在下句之中。

然而朱子之所以改以「託物興詞」定義興法，其目的是爲了完備舊說，
但朱子的觀念其實並未有大幅改變。「引起」一詞有可能導向過度強調起興句
與被興句之間會出現因果的連結，也就是可能會造成上句之興爲因，而下句

〔註265〕鄒其昌：《朱熹詩經詮釋學美學研究》，頁 103。
〔註266〕朱傑人：〈朱子《詩傳綱領》研究〉，收錄於鍾彩鈞主編：《朱子學的開展——
學術篇》（臺北：漢學研究中心，2002 年 6 月），頁 37。

之興為果，形成兩者之間具有內在關連的印象，且如此一來，他物與詠物之關係便成為如下順序：「物——意——詞」，因他物而興起己意，進而發為語詞。但這只是對興法的解釋之一，起興句與被興句可以是直接的關連，此為有義之興，亦可為無甚意義的連結，甚至是相反喻意的興發，故朱子晚年說興是「將物之無，興起自家之所有；將物之有，興起自家之所無」，便表示物與己可以不存在連結性，在這種意義下的興之使用也就難有規則可尋，朱子又言：

> 《詩》之興，全無巴鼻，後人詩猶有此體。如「青青陵上柏，磊磊澗中石，人生天地間，忽如遠行客」！又如「高山有涯，林木有枝，憂來無端，人莫之知」！「青青河畔草，綿綿思遠道」！皆是此體。
> （《語類》，卷80，頁2070）

又云：

> 《詩》之興，是劈頭說那沒來由底兩句，下面方說那事，這箇如何通解！（《語類》，卷80，頁2072）

無巴鼻也就是無來由，這並不是說興的意涵是無來由的，朱子所指應該是就創作靈感而言，故託物興辭則變成作者本有其意，再藉物而興發其辭，其順序成為：「意——物——詞」，意在物先，藉物而顯，再形諸文字，所謂「笑望青山山亦笑，泣臨碧水水亦泣」，這只是自身情感的向外投射，而景物則成為情感的寄託。然靈感之觸發，是難以釐出頭緒，也就是說為何這些景物能夠帶出心中的情感，往往沒有明確的原因可探討，正如朱子所舉之例，為什麼「青青柏上陵，磊磊澗中石」可以興起「人生天地間，忽如遠行客」？很難解釋，因為這全是作者視域之下自身情感的寄託與興發，明顯有關連者，讀者或可領悟；關連線索極為不足時，讀者往往以為無義，故朱子認為詩人作者的取象有時會略有取義，有時則不甚帶義，〔註267〕如《語類》云：

〔註267〕興法究竟是有義或無義，朱孟庭〈《詩經》興取義析論〉一文自興的發展源流及創思過程分析，認為興應當是有取義的，其云：「就詩人創思的過程中來看，若真有興不取義之例，則詩人創作時，必常有處於被動的狀態，且作品中常有無關緊要的詩句，只為了『引起下文』——『趁韻』之用，那麼，隨時可以取任一同韻的字詞句代換之，這樣顯然並不合理。」見朱孟庭：〈《詩經》興取義析論〉，《東吳中文學報》第10期，2004年5月，頁20。朱孟庭從文學創作的角度而論，認為詩人所取之象，必與詩人主體情感有內在連結，否則詩人就等於處於一種被動狀態，毫無自主性，而詩歌中也常會出現許多無關緊要的詩句。

> 雎鳩，毛氏以為「摯而有別」。一家作「猛摯」說，謂雎鳩是鶚之屬。
> 鶚自是沉摯之物，恐無和樂之意。蓋「摯」與「至」同，言其情意
> 相與深至，而未嘗狎，便見其樂而不淫之意。此是興詩。興，起也，
> 引物以起吾意。如雎鳩是摯而有別之物，荇菜是潔淨和柔之物，引
> 此起興，猶不甚遠。其他亦有全不相類，只借他物而起吾意者，雖
> 皆是興，與〈關雎〉又略不同也。(《語類》，卷81，頁2096～2097)

雎鳩、荇菜尚與詩歌所欲傳達之主旨略有相關，然有些起興之物則未易看出
其內涵，甚至於全不相類。而從哲學詮釋學角度來看，正因為作者本意基本
上已不可能完整獲得，故對讀者而言，興的意涵便等於是無巴鼻，無來由。
若讀者執著於探求出詩人作者假託景物興發的原因，便往往徒費心力。

3. 朱子始終認定意義之探求落在被興句上

朱子分別起興句與被興句，並指出起興句可能有無來由的情況，那麼接
著表現在他實際對詩歌手法的分析，便是強調對於興法的探求不應著重於詩
人何以要選擇這些景物興發或分析其興發的創作手法，甚至於探討起興句所
蘊涵的義理，這都是沒有意義的，《語類》云：

> 《周禮》以六詩教國子，當時未有注解，不過教之曰，此興也，此
> 比也，此賦也。興者，人便自作興看；比者，人便自作比看。興只
> 是興起，謂下句直說不起，故將上句帶起來說，如何去上討義理？
> (《語類》，卷80，頁2085)

據朱子的理解，起興之句只是詩人本身引發內心情意的憑託，而且詩人亦不
是單純興發之後便戛然而止，詩人會將實際要表達的情感或事物寫明在其下
之被興句中，故而詩人之意雖藉由起興句而發，但起興句只是一種感發作用，
是讓作者得已充分興發此心能夠表達所欲言道之情事，且此情事並非如「比」
法一般指向言外之意，而是直接呈現在被興句中，故朱子屢屢強調，探求《詩
經》之興必須著重在於下句被興句中，朱子云：

> 問「比、興」。曰：「說出那物事來是興，不說出那物事是比。如『南
> 有喬木』，只是說箇『漢有游女』；『奕奕寢廟，君子作之』，只說箇
> 『他人有心，予忖度之』；〈關雎〉亦然，皆是興體。比底只是從頭
> 比下來，不說破。興、比相近，却不同。《周禮》說『以六詩教國子』，
> 其實只是這賦、比、興三箇物事。〈風〉〈雅〉〈頌〉，詩之標名。理
> 會得那興、比、賦時，裏面全不大段費解。今人要細解，不道此說

爲是。如『奕奕寢廟』，不認得意在那『他人有心』處，只管解那『奕
奕寢廟』。」（《語類》，卷80，頁2069）

興是說出物事來，而此物事就在被興句中，故〈漢廣〉詩雖言「南有喬木」，
〈巧言〉詩雖說「奕奕寢廟，君子作之」，但這些都是起興句，是詩人由此景
物而興發其意，而其意並未隱晦於興發之景物中，而是明確表現其後之「漢
有游女」及「他人有心，予忖度之」之句，故而當讀者再次閱讀時，便不須
再去計較景物與作者本意之間的連結，而應直接去探索被興句中作者所欲表
達的意思。

朱子又繼續解釋云：

問：「《詩》中說興處，多近比。」曰：「然。如〈關雎〉〈麟趾〉
相似，皆是興而兼比。然雖近比，其體卻只是興。且如『關關雎鳩』
本是興起，到得下面說『窈窕淑女』，此方是入題說那實事。蓋興是
以一箇物事貼一箇物事說，上文興而起，下文便接說實事。如『麟
之趾』，下文便接『振振公子』，一箇對一箇說。蓋公本是箇好底人，
子也好，孫也好，族人也好。譬如麟趾也好，定也好，角也好。及
比，則卻不入題了。如比那一物說，便是說實事。如『螽斯羽詵詵
兮，宜爾子孫振振兮』！『螽斯羽』一句，便是說那人了，下面『宜
爾子孫』，依舊是就『螽斯羽』上說，更不用說實事，此所以謂之比。
大率《詩》中比、興皆類此。」（《語類》，卷80，頁2069）

興是一個物事貼一個物事，但前一個物事是爲帶出下一個物事，前一個物事
只是作爲興發詩人情意而存在，兩者之間的連結是文學取象的問題，意涵較
爲深遠。而朱子雖理解到起興句與詩人作者存在這樣的連結，但他所關心的
根本不在於此，他反而認爲由於起興句與作者本意的關係很難釐清，意涵較
爲晦澀，故而應直接去分析被興句的實物。朱子類似的說法甚多，如：《論語
集注》注〈子罕〉「唐棣之華，偏其反而。豈不爾思，室是遠而」時，亦云：

此逸詩也，於六義屬興。上兩句無意義，但以起下兩句之辭耳。
〔註268〕

《詩傳遺說》則載：

讀《詩》之法，且如白華菅兮，白茅束兮，之子之遠，俾我獨兮。
蓋言白華與茅尚能相依，而我與子，乃相去如此之遠，何哉？又如

〔註268〕朱熹：《朱子全書‧論語集注》，卷5，頁147。

倬彼雲漢，爲章于天，周王壽考，豈不能作人也。上兩句皆是引起
下面說，略有些意思傍著，不須深求，只如此讀過便得。〔註269〕

《語類》亦云：

讀《詩》便長人一格，如今人讀《詩》，何緣會長一格。《詩》之興
處，最不緊要。然興起人處，正在興。會得詩人之興，便有一格長。
「豐水有芑，武王豈不仕！」蓋曰豐水且有芑，武王豈不有事乎！
此亦興之一體，不必更注解。（《語類》，卷80，頁2084）

朱子認爲起興句重點在於帶出被興句，根本不必深求起興句的意涵，甚至說
《詩》之興處，最不緊要，不必更加注解。因此，朱子認爲《詩經》的興只
是一種興發帶領詩人所欲表達情意或物事的寄託，且詩人並不是將其思維暗
寓於起興句之中，而是透過被興句表達出來，故對於起興句並不須多作探討。

朱子這種對「興」法的要求反映在《詩集傳》的詮釋中，便是不對起興
句多作解釋，往往只是順著起興文句再敘述一次，如論〈旄丘〉「旄丘之葛兮，
何誕之節兮」云：

舊說黎之臣子自言久寓於衛，時物變矣，故登旄丘之上，見其葛長
大而節疏闊，因託以起興曰：「旄丘之葛，何其節之闊也？衛之諸臣，
何其多日而不見救也？」（《詩集傳》，卷2，頁433）

「旄丘之葛，何其節之闊也」，這樣的用語完全是照著詩句再講述一次而已，
因爲這是見景生情，時物之變主要在於帶出久寓之感，而景物起興之重點在
於下句「叔兮伯兮，何多日也」，責怪衛之諸臣不肯相救，毫無袍澤情義。「旄
丘之葛」只是一個觸發點，本身並無意涵，故朱子並不於此特別闡述，相較於
《毛傳》云：「諸侯以國相連屬，憂患相及，如葛之蔓延相連及也。」〔註270〕
以爲旄丘及葛均有寓意，朱子的說法則相當簡潔，不取任何喻義，只作爲情
感上的興發效用。又如論〈采薇〉「采薇采薇，薇亦作止。曰歸曰歸，歲亦莫
止」時云：

以其出戍之時采薇以食，而念歸期之遠也，故爲其自言，而以采薇
起興曰：采薇采薇，則薇亦作止矣。曰歸曰歸，則歲以莫止矣。（《詩
集傳》，卷9，頁552）

《毛傳》未於此句標興，故鄭玄以賦法處理之：「西伯將遣戍役，先與之期以

〔註269〕朱鑑：《詩傳遺說》，卷1，頁13上／9。
〔註270〕阮元校勘：《毛詩正義》，卷2之2，頁18下／643。

采薇之時。今薇生矣，先輩可以行矣。重言采薇者，丁寧行期也。」〔註271〕
孔穎達亦云：「文王將以出伐，豫戒戍役期，云采薇之時，兵當出也。王至期
時，乃遣戍役而告之曰：我本期以采薇之時，今薇亦生止，是本期已至，汝
先輩可以行矣。」〔註272〕鄭、孔皆以采薇乃用來點明時節，認爲這是文王與
士卒的約定，以采薇之時出兵，故采薇在詩中便具有界定時節的意義。但朱
子則以爲此乃戍役士兵出發前的親身經歷：「此遣戍役之詩。以其出戍之時采
薇以食，而念歸期之遠也。故爲其自言，而以采薇起興曰：采薇采薇，則薇
亦作止矣。曰歸曰歸，則歲亦莫止矣。」（《詩集傳》，卷 9，頁 552）士兵戍
役時思憶初出征採薇而食的情景，對比如今歲暮時節，薇已作止的情形，內
心有所感觸，因而興起下四句對玁狁侵陵之害的憤慨，朱子云：

> 然凡此所以使我舍其室家而不暇啓居者，非上之人固爲是以苦我
> 也，直以玁狁侵陵之故，有所不得已而然耳。蓋敘其勤苦悲傷之情，
> 而又風以義也。（《詩集傳》，卷9，頁552）

朱子以爲采薇的動作僅是出戍士卒採食的一個動作，並非君主約定的時節，
亦非限定出兵的時刻，只是士兵思憶回想的一個畫面，但經由此畫面卻帶出
戍役士兵勤苦悲傷之情，進而將怨思歸究於外患。那麼就詩歌而言，「靡室靡
家，玁狁之故。不遑啓居，玁狁之故。」已完整傳達出詩人將戍役無期歸究
於玁狁爲患的想法，那麼「采薇采薇，薇亦作止。曰歸曰歸，歲亦暮止」便
只是作爲興發詩人歸怨玁狁的觸媒，雖無暗藏其他意涵，但興發怨思的效果
十足。而就朱子對興法的定義來看，興句的作用在於帶出下句，本身並不須
具備特殊內涵，故朱子亦未多作解釋，純以興法標示。觀孔穎達所言：「王至
期時，乃遣戍役而告之曰：我本期以采薇之時，今薇亦生止，是本期已至，
汝先輩可以行矣。」〔註273〕孔穎達認爲這是文王與士卒的約定，由於此行曠
時歷久，故文王預先告知，采薇之時出發，歲暮而反，故〈采薇〉載以爲法。
而朱子則以爲采薇雖爲直敘出發時採食的情形，但只是士兵自己的感受，並
不具任何特殊意涵，其目的在於帶出下句之意，故未多作解釋。

4. 朱子未曾改變興法界定方式

從朱子強調上句可以興發下句的思維來看，上句與下句之間當存在著一

〔註271〕阮元校勘：《毛詩正義》，卷9之3，頁12上／882。

〔註272〕阮元校勘：《毛詩正義》，卷9之3，頁12下／882。

〔註273〕阮元校勘：《毛詩正義》，卷9之3，頁12下／882。

定程度的連結，但讀者詮釋已無法與作者感受完全相合，故對於某些難以辨析關係的上下句，要探討作者何以採取這種方式呈現起興句與被興句的關係，對於讀者而言，很難達成此種理解目的，故朱子有時會說興全無義理：

> 「有饛簋飧，有捄棘匕」，《詩傳》云：「興也。」問：「似此等例，却全無義理。」曰：「興有二義，有一樣全無義理。」（《語類》，卷81，頁2124）

無義理其實是不曉其理。然不管有義、無義，朱子始終強調《詩經》中歸屬於興法者必須著重在對下句的理解感受，〈答蔡季通〉第四通云：

> 恐程《傳》得之已多，但不合全說作義理，不就卜筮上看，故其說有無頓著處耳。今但作卜筮看，而以其說推之，道理自不可易，但其間有不須得如此說處，剩著道理耳，正如《詩》之興者，舊說常剩却一半道理也。（《文集》，卷44，頁1915）

此書作於乾道七年，朱子認爲《易》之卜筮並無太多義理，由此批評程頤說理太多，最後並與《詩》之興相比，其意亦認爲前儒過度解釋興法感到不滿。又如〈答何叔京〉第二十通云：

> 「倬彼雲漢」，則「爲章于天」矣；「周王壽考」，則「何不作人」乎？此等語言，自有箇血脈流通處，但涵泳久之，自然見得條暢浹洽，不必多引外來道理，言語却壅，滯却詩人活底意思也。周王既是壽考，豈不作成人材，此事已自分明，更著箇「倬彼雲漢，爲章于天」，喚起來便愈見活潑潑底。此六義，所謂興也。興，乃興起之義。凡言興者，皆當以此例觀之。（《文集》，卷40，頁1734～1735）

此封書信作於乾道八年，朱子時年約四十二，亦代表早期看法。而觀朱子所論，他指出「周王壽考，遐不作人」文意已分明，而「倬彼雲漢，爲章于天」的作用便是喚起來愈見活潑，可見是他以爲這兩句重點在興發下兩句。

《語類》中尚有多則六十歲以後所論內容，更可看出朱子晚年的論說重點，如滕璘於紹熙二年（1991）記云：

> 「倬彼雲漢，爲章于天；周王壽考，遐不作人！」先生以爲無甚義理之興。（《語類》，卷81，頁2128）

對照早年以爲「倬彼雲漢，爲章于天」在喚起活潑之意，此處雖以爲無甚義理之興，但其實與早年之說未必有衝突，無甚義理是就「倬彼雲漢，爲章于天」而論，這兩句但爲敘述景象之句，其實並無什麼義理價值，詩人只是藉

由對遠方天空的遙視，進而引發下句對周王作人的感受，但天際雲漢何以具有這種興發效果，則難以言敘，故只得以其爲無義之興。再如葉賀孫於光宗紹熙二年以後所聞：

興是借彼一物以引起此事，而其事常在下句。（《語類》，卷 80，頁 2069）

朱子強調興是爲引起下句之事，故其事常在下句，即必須關注被興句的意涵，這其實仍是延續《詩集傳》的說法。又潘植於紹熙四年（1193）所聞：

問「比、興」。曰：「說出那物事來是興，不說出那物事是比。如『南有喬木』，只是說箇『漢有游女』；『奕奕寢廟，君子作之』，只說箇『他人有心，予忖度之』；〈關雎〉亦然，皆是興體。」（《語類》，卷 80，頁 2069）

朱子舉例說明，〈漢廣〉「南有喬木」乃用在於說箇「漢有游女」，〈巧言〉「奕奕寢廟，君子作之」只是要說出「他人有心，予忖度之」，皆以爲興之重點在於帶出下一句之意。潘時舉於同年所錄亦云：

至之問「孔子登東山而小魯」一節。曰：「此一章，如《詩》之有比興。此者，但比之以他物，而不說其事如何；興，則引物以發其意，而終說破其事也。如『孔子登東山而小魯』，至『遊於聖人之門者難爲言』，此興也。『觀水有術，必觀其瀾』，至『容光必照焉』，此比也。『流水之爲物也』，至『不成章不達』，此又是興也。比者，如『鶴鳴于九皋』之類；興者，如『他人有心，予忖度之』，上引『莵兔』、『柔木』之類是也。『流水之爲物也，不盈科不行；君子之志於道也，不成章不達。』蓋人之爲學，須是務實，乃能有進。若這裏工夫欠了些分毫，定是要透過那裏不得。」（《語類》，卷 60，頁 1445）

朱子在此明確說出興是引物以發其意，而且必須說破其事，與比之效果不盡相同。沈僩於慶元四年以後所聞則爲：

問：「《詩》中說興處，多近比。」曰：「然。如〈關雎〉〈麟趾〉相似，皆是興而兼比。然雖近比，其體却只是興。且如『關關雎鳩』本是興起，到得下面說『窈窕淑女』，此方是入題說那實事。蓋興是以一箇物事貼一箇物事說，上文興而起，下文便接說實事。如『麟之趾』，下文便接『振振公子』，一箇對一箇說。」（《語類》，卷 80，頁 2069）

興體有近比者，但不同之處在於興是以一箇物事貼一箇物事，上文必須與下文相對，而重點在於下文方入題說實事，而比則不能再對應到下句，比句的言外之意即可完整表達所寓藏之意涵。《語類》另外還有兩則黃卓所記，但未標註所聞時間者：〔註274〕

> 如「敦彼行葦，牛羊勿踐履。方苞方體，惟葉泥泥。戚戚兄弟，莫遠具爾，或肆之筵，或授之几」。此詩本是興詩，即是興起下四句言。以「行葦」興兄弟，「勿踐履」是莫遠意也。（《語類》，卷80，頁 2078）
>
> 「興」之為言，起也，言興物而起其意。如「青青陵上柏」，「青青河畔草」，皆是興物詩也。（《語類》，卷81，頁 2094～2095）

這兩則亦是強調興法之重點在於帶起下面句子之意，「敦彼行葦」意在興「戚戚兄弟」，「牛羊勿踐履」則在興「莫遠具爾」，故興物以起其意，重點乃在下句，讀者透過上句之感發進而深入下句之理解，如此方謂「興物而起其意」。

　　透過上述對《文集》及《語類》相關記載的實際分析來看，朱子於《詩集傳》及〈詩傳綱領〉說法雖有差異，但著重從下句體認起興句所欲興發之意則是很明確，未曾改變的分析方法。因此，朱子之興法與賦、比是有明確界分的，如《詩集傳》標〈兔罝〉「肅肅兔罝，椓之丁丁」為興，並云：「化行俗美，賢才眾多，雖罝兔之野人，而其才之可用猶如此，故詩人因其所事以起興而美之。」（《詩集傳》，卷 1，頁 407）據朱子所言，罝兔之野人正為赳赳之武夫，而為美此武夫，遂由其罝兔之動作起興而美之，那麼似又可含有賦法意涵，《語類》便載：

> 問：「〈兔罝〉詩作賦看，得否？」曰：「亦可作賦看。但其辭上下相應，恐當為興。然亦是興之賦。」（《語類》，卷81，頁 2098）

此則乃鄭可學於紹熙二年，朱子六十一歲所聞，朱子當時恐怕只是順著鄭可學之提問，故將之歸類為興之賦。但他指出〈兔罝〉「上下相應，恐當為興」之說則強烈顯示出他所歸納之興法是必須存在上下句關係。然就〈兔罝〉詩來看，其語意雖有上下相應之關係，但問題在於雖有相應，並無因果，並不是因為罝兔故可為武夫，然而另一方面，此罝兔者確實又是下句之武夫，兩句所指對象相同，故朱子言其上下相應。朱子雖贊同此詩乃興之賦，但在〈詩

〔註274〕 陳榮捷云：「據田中謙二，黃卓師事朱子在紹興二年（1191），四年（1193），慶元四至五年（1198～1199）三次。」見陳榮捷：《朱子門人》（上海：華東師範大學出版社，2007 年 7 月），頁 177。

傳綱領〉中卻又指明〈兔罝〉乃專於興，〔註275〕可見他的看法稍有變化。又如〈關雎〉首章為興兼比的內涵，《詩集傳》云：

> 言彼關關然之雎鳩，則相與和鳴於河洲之上矣。此窈窕之淑女，則
> 豈非君子之善匹乎？言其相與和樂而恭敬，亦若雎鳩之情，摯而有
> 別也。後凡言興者，其文意皆放此云。（《詩集傳》，卷1，頁402）

雎鳩以興淑女為君子之善匹，這是詩意所呈現的結果，古今說法幾乎相同，但《毛傳》特別申明雎鳩之鳥具「摯而有別」〔註276〕的特性，這便暗含以鳥比人的用法。而朱子亦取《毛傳》之說，以為君子后妃相與和樂，正如雎鳩之情，摯而有別，那麼朱子也同意雎鳩在一定程度上可比喻為君子后妃，確實具有比之意涵。但〈關雎〉詩首章全文為「關關雎鳩，在河之洲；窈窕淑女，君子好逑。」朱子以為若是比法，便不需再藉由下句說破其事，那麼意思也就是說若〈關雎〉僅有前兩句「關關雎鳩，在河之洲」，藉由雎鳩摯而有別的情性，這兩句便可比作君子后妃，由此便可判定其為比；但〈關雎〉詩卻存在後兩句「窈窕淑女，君子好逑」，如此則把雎鳩意象說破，將其事指實於下兩句中，如此一來，便不可為朱子所定義之比。而雎鳩相伴，讀者見之便可引發尋求伴侶的願望，故「關關雎鳩，在河之洲」又具有可以興發讀者進而領會「窈窕淑女，君子好逑」的功用，上句可興起下句，故可歸為有義之興。

　　朱子對興法一直強調必須以上句興起下句，無論有義或無義，兩句有所對應，而意義之顯現始終須以被興句為主，如此才可算是興。而賦、比則缺乏這種上下句關係，若純為敘事道情，詩句本身即足以表達其意涵，那麼就該歸為賦法；若指物為喻，然意義不在詩句之中，必須透過聯想始得以開展其意，那麼便歸結為比法。而興法必須存在二句之對應關係，上句為起興句，即使含有比喻義，但若下句又直接說破，那麼仍歸為興法。潘子善曾致函請教朱子云：「〈谷風〉詩四章，『就其深矣，方之舟之；就其淺矣，泳之游之。』《集傳》以為興體，某疑是比體，未知如何，乞指教。」朱子則答云：「若無下面四句，即是比；既有下四句，則只是興矣。凡此類皆然，非獨此章也。」（《文集》〈答潘子善五〉，卷60，頁2975）強調若有下句顯示其意，則必須

〔註275〕朱子〈詩傳綱領〉云：「興者，託物興詞，如〈關雎〉、〈兔罝〉之類是也。……比興之中，〈螽斯〉專於比，而〈綠衣〉兼於興，〈兔罝〉專於興，而〈關雎〉兼於比。」見朱熹：《朱子全書》第1冊，頁344。

〔註276〕阮元校勘：《毛詩正義》，卷1之1，頁20上／570。

歸爲興。又如朱子注〈菁莪〉詩「泛泛楊舟，載沉載浮。既見君子，我心則休」云：

> 興也。……載沉載浮，猶言「載清載濁」、「載馳載驅」之類，以與未見君子而心不定也。休者，休休然，言安定也。（《詩集傳》，卷10，頁565）

王龍以爲朱子於此標「興」爲誤，其云：「朱熹標詩之審慎。但也並非沒有失誤，如〈小雅‧菁菁者莪〉第四章標爲興，釋爲『以興未見君子而心不定也』。按朱子解興應是上文興起下文，可見此句並非下文內容，而是上文之隱喻義，歸比更確切。」〔註277〕載沉載浮確實是比喻未見君子心之不定，但朱子所以定此句爲興，便是因爲被興句「既見君子，我心則休。」已道出本詩主旨，見君子而愉樂，楊舟浮沈以表心之不平，便非詩旨重點。「泛泛楊舟，載浮載沈」乃敘心之不定如楊舟浮沈，若下句未說出此意，則爲朱子之「比」。但問題在於下兩句已說出因見君子而使此心安定，那麼也表示說出上兩句所譬喻之事爲心之不定，因此，上下之間是有著關連，而且在下兩句中被說破其事，故朱子歸爲興。

　　釐清朱子興法的闡述重點之後，接下來可再對照朱子與毛鄭之差異，更可明白朱子的關懷重點，以下試略舉幾例朱子改易毛鄭之法者分析之，如〈鄘風‧相鼠〉首章云：「相鼠有皮，人而無儀。人而無儀，不死何爲！」《毛傳》未標此詩，而鄭玄則云：「視鼠有皮，雖處高顯之處，偷食苟得，不知廉恥，亦與人無威儀者同。」〔註278〕鄭玄以鼠喻人，接近比義，然朱子卻以興法解之。《詩集傳》云：「言視彼鼠，而猶必有皮，可以人而無儀乎？人而無儀，則其不死亦何爲哉！」（《詩集傳》，卷3，頁447）鄭玄忽略詩句言「鼠有皮」，而以鼠之習性偷習苟得比喻人無威儀者，可以說並未抓住詩歌諷刺重點。而朱子則以爲鼠猶有皮，那麼是否可以人而無儀？那麼朱子是以爲此詩乃反喻，而且重點是在下句便說破比喻之意，故朱子歸爲興，如此一來，詩句的意涵便不在「相鼠有皮」之上，而必須著眼於「人而無儀」，這句才是義理重點，而相鼠有皮只是興發對下句義理感受的一種比喻，解讀詩意時，並不須專注於此。

　　〈魏風‧汾沮洳〉首章云：「彼汾沮洳，言采其莫。彼其之子，美無度，美無度，殊異乎公路。」《毛傳》未標此詩爲興體，故鄭、孔皆以賦法解之，

〔註277〕王龍：〈朱熹《詩集傳》賦比興標詩探微〉，頁41。
〔註278〕阮元校勘：《毛詩正義》，卷3之2，頁2下／672。

如鄭玄云：「於彼汾水漸洳之中，我采其莫以爲菜，是儉以能勤。」〔註279〕
孔穎達亦附和云：「由魏君儉以能勤，於彼汾水漸洳之中，我魏君親往采其莫
以爲菜，是儉而能勤也。」〔註280〕鄭玄、孔穎達其實是從《詩序》「刺不得禮
也」的角度立說，魏君親往汾水之中採菜，雖然勤儉成性，但實不得禮，故
爲刺詩。然而朱子雖從《詩序》之說，但卻將「彼汾沮洳，言采其莫」、「彼
汾一方，言采其桑」、「彼汾一曲，言采其藚」認定爲興體，《詩集傳》云：「此
亦刺儉不中禮之詩。言若此人者，美則美矣，然其儉嗇褊急之態，殊不似貴
人也。」（《詩集傳》，卷 5，頁 491）從朱子的解說來看，他完全忽略「彼汾
沮洳，言采其莫」於此詩中的意涵，「美則美矣」乃釋「美無度」，「殊不似貴
人」則釋「殊異乎公路」，至於「彼汾沮洳，言采其莫」則無一語言及，其解
釋重點全圍繞在「彼其之子，美無度，美無度，殊異乎公路。」故就朱子定
義內容來看，此似屬不甚求義之興法。但從《詩集傳》仍舊接受刺儉不中禮
之說，則言采其莫蓋亦暗諷過度節儉，故略可帶出下句「殊異乎公路」之形
容。

〈晨風〉首章云：「鴥彼晨風，鬱彼北林。未見君子，憂心欽欽。如何
如何！忘我實多。」《毛傳》云：「興也。……先君招賢人，賢人往之。駛
疾如晨風之飛入北林。」〔註281〕鄭玄無說，蓋亦同毛，而孔穎達則據《毛
傳》加以解釋道：「鴥然而疾飛者，彼晨風之鳥也；鬱積而茂盛者，彼北林
之木也。北林由鬱茂之故，故晨風飛疾而入之，以興疾歸於秦朝者，是彼
賢人能招者，是彼穆公。穆公由能招賢之故，故賢者疾往而歸之。」〔註282〕
毛、孔之說亦是就比喻義而言。朱子拋棄《詩序》刺康公的說法，認爲此
詩純然是婦人思夫之作，但對「鴥彼晨風，鬱彼北林」則未解釋這種意象
所代表的意涵，《詩集傳》僅云：「婦人以夫不在，而言鴥彼晨風，則歸于
鬱然之北林矣。故我未見君子，而憂心欽欽也。」（《詩集傳》，卷6，頁 511
～512）與《毛傳》相比，毛、孔均採用比喻法，以晨風之飛入北林喻賢者
之歸秦，但朱子則從認爲此乃婦人見晨風之入林而興起思夫未歸之念頭，
睹物思情，雖然有內在關連，但讀者難明其因，因此對朱子而言，他大概
視兩句之間並無關連，且晨風何以入於北林並非詩歌重點，對此詩的閱讀

〔註279〕阮元校勘：《毛詩正義》，卷5之3，頁4下／757。
〔註280〕阮元校勘：《毛詩正義》，卷5之3，頁4下／757。
〔註281〕阮元校勘：《毛詩正義》，卷6之4，頁7上／794。
〔註282〕阮元校勘：《毛詩正義》，卷6之4，頁7下／794。

重點應該在於「未見君子」以下的抒情內涵。故本詩之起興應屬無義之興，眼前事物只是作為觸發內心情緒的媒介，內心情意表達出來之後便不須再回頭關注象徵物的意涵。

（二）興法的義理功能及價值

興既是無來由，故對於朱子而言，起興句的重點便不在於它本身究竟帶不帶義，而在於起興句是能夠帶領讀者興發對其下被興句之感受。但朱子又強調勿對起興句作過度探討，只須讀過即可，那麼對朱子而言，起興句的價值似乎便不那麼重要？但事實卻不如此，興乃《詩經》相當重要之功能。在前一章已分析過，朱子相當重視《論語》所載孔子言「《詩》可以興」及「興於《詩》」的感發功能。這是針對全詩所帶給讀者的興發之效而言，而在分析創作手法之興的意涵前，必須再就朱子對《論語》之興在心性問題上的作用分析。

1.「興」能興發此心好善惡惡之狀態

《詩》之所以能興乃指其興起人之志意，故以興為興起，這是朱子對興法的重要認識。朱子注「可以興」云：「感發志意」，志意乃心之所之，故感發志意也就是興起此心。朱子注「興於詩」又說明得更為清楚，其云：

> 興，起也。詩本性情，有邪有正。其為言也既易知，而吟詠之間，抑揚反復，其感人又易入。故學者之初，所以興起其好善惡惡之心，而不能自已者，必於是而得之。〔註283〕

「興於《詩》」者，簡單地說就是可以藉由吟詠詩歌進而興發內心好善惡惡之意，這完全是從心性的作用而言，強調詩歌具有能引發良好情性的功能。朱子在此所提到的「好善惡惡」四字，不可等閒視之，這關涉到朱子的心性思想，《大學或問》曰：

> 好善惡惡，人之性然也。有拂人之性者，何哉？曰：不仁之人，阿黨媚疾，有以陷溺其心，是以其所好惡，戾於常性如此。〔註284〕

《語類》則云：

> 有問好惡。曰：「好惡是情，好善惡惡是性。性中當好善，當惡惡。泛然好惡，乃是私也。」（《語類》，卷13，頁230）

〔註283〕 朱熹：《朱子全書‧論語集注》，卷4，頁133。
〔註284〕 朱熹：《朱子全書‧大學或問》，頁544。

性乃純於善，而其本質乃好善惡惡，其發則是好惡之情，然而《詩》一方面能感發志意，一方面又能興起好善惡惡之心，如此便兼貫性情而言。因此，朱子雖說好善惡惡是性，但由性而發之情亦必爲好善惡惡之情，〈答江德功〉第三通又云：

> 「誠意」一章，大意頗善。然此傳文意，但解經文所謂「誠意」者，只是教人不得自欺，而欲其好善、惡惡，皆如好色、惡臭之實然耳。（《文集》，卷44，頁1971）

誠意者便是此心達致好善惡惡的實然狀態，也就是其意所發皆出於純正。但這種興起引發好善惡惡之心的能力並不是指當下便能立即使此心認知義理，應該說只是一種讓氣質澄淨，進而呈現出不爲物欲所蔽的清明狀態，也就是好善惡惡所強調的心性所具有的「好」及「惡」兩種功能，閱讀《詩經》可以興起人心直由本性而來的好惡功能，且因好惡由本性而發，故其所好者必爲善，其所惡者必爲惡。若不由本性而發，則所好惡者便可能只是泛然好惡的私情。然而本心一旦經由閱讀《詩經》而興起好善惡惡之情時，便代表此心暫時排除氣質之蔽，而在排除氣質讓此心呈現清明狀態後，這時無論是對「性其情」由本及末之發或「格物致知」由外證內的認知，均可讓義理之獲取或發出更爲直截而無礙，〈鄂州州學稽古閣記〉云：

> 人之有是身也，則必有是心，有是心也，則必有是理，若仁義禮智之爲體，惻隱、羞惡、恭敬、是非之爲用，是則人皆有之，而非由外鑠我也。然聖人之所以教，不使學者收視反聽，一以反求諸心爲事，而必曰「興於詩，立於禮，成於樂。」又曰：「博學，審問，慎思，明辯，而力行之」，何哉？蓋理雖在我，而或蔽於氣稟物欲之私，則不能以自見。學雖在外，然皆所以講乎此理之實，及其浹洽貫通而自得之，則又初無內外精粗之間也。（《文集》，卷80，頁3964～3965）

聖人教人之所以不以反求本心爲事，便是因此心受氣質物欲所蔽，不容易藉由反求而自見義理，故必須透過向外探求的程序，如依照「興於《詩》，立於《禮》，成於《樂》」這套標準學習次序，逐步克服氣質之蔽，以朗現義理。而就格物致知的系統而言，格物所致之理是具體關於仁義禮智的分殊之理，必須有明確所得才可謂獲取其知。然而興發的作用與致知並不相同，心乃氣之靈，具有知覺義理的能力，朱子以道心釋之。但道心之外，尚有以知覺私欲爲導向的人心，人心、道心交雜，可能會混淆道心的功用，那麼所謂「興

起好善惡惡之心」其實應是指興發能知覺義理的道心開始作用。心能對義理有自發自覺的高度注意，代表人心之私已被初步克服，氣質之蔽已轉濁為清，使此心能夠接受義理的條件已準備充足，故興發志意是輔助此心達成致知窮理的先備條件。

然而單有興發，而無義理之認識，並不足以完成格物致知的完整過程，朱子注《論語》〈雍也〉「知之者不如好之者」引尹焞之言曰：「好之者，好而未得也。」〔註285〕興發此心達致好惡善善的狀態，便是一種好之的效果，可以有助於提高此心對義理認知的接受度，《語類》亦云：「曉得文義，是一重，識得意思好處是一重。」（《語類》，卷114，頁2755）識得意思好處也就是指必須真正體認義理之價值，而這也是好之的興發之效。但興起所謂好善惡惡之心，只是讓此心處於對義理高度敏銳的狀態，尚未有明確義理內容可以印證於心，故朱子言這是「學者之初」時藉由《詩》的輔助所達成的境界。此時仍未得之，必須不能自已，由此種狀態進而感知認識義理，方能「於此得之」。故興只是接受義理前的先備狀態，此心興發後能夠讓污濁氣質暫時排除，呈現為好善惡惡的狀態，而此後方能進入本心接受或顯發義理的重頭戲。〈詩傳綱領〉亦云：

> 詩本人情，其言易曉，而諷詠之間，優柔浸漬，又有以感人而入於其心。故誦而習焉，則其或邪或正，或勸或懲，皆有以使人志意油然而興起於善，而不能自已也。〔註286〕

因此，好善惡惡之心的興起便是指此心已進入一種更容易接受義理認知的狀態，心既可統性情，當此心已進入好善惡惡的狀態，也代表此心已初步排除氣質物欲之蔽，並為性與情之間的連結提供良好氣質基礎。然若缺乏興的輔助，單純使心志專注於格物之上，恐因無法獲得良好的興發以澄清氣質之偏，那麼對義理之得便往往曠日費時甚至毫無所得。《論語》〈季氏〉載有孔子教導伯魚學《詩》的記錄：「陳亢問於伯魚曰：『子亦有異聞乎？』對曰：『未也。嘗獨立，鯉趨而過庭。曰：「學《詩》乎？」對曰：「未也。」「不學《詩》，無以言。」鯉退而學《詩》。』」朱子對此段文字註釋相當簡明，他說：「事理通達，而心氣和平，故能言。」〔註287〕乍看之下，朱子如此詮釋似乎與《詩》

〔註285〕朱熹：《朱子全書・論語集注》，卷3，頁115。

〔註286〕朱熹：《朱子全書》第1冊，頁346～347。

〔註287〕朱熹：《朱子全書・論語集注》，卷8，頁216。

無太大關係，但《論語》的紀錄在於說明學《詩》對於個人言行有相當大助益。先秦以前在政治場合便慣於使用《詩經》文句作爲表達意圖的工具，而朱子並未從這個角度詮釋，他認爲《詩經》的作用能使人事理通達且心氣和平，有利於言，故理與言之間的關係便在於心氣和平。「事理通達」指的是《詩經》包含許多人情物態，透過學《詩》，更可廣泛接受人事關係的各種道理，因此學《詩》的確能夠使人事理通達。但朱子又以「心氣和平」作爲理與言的中介，在朱子的心性系統中，心雖是氣之靈，但仍受限於氣稟之偏，一旦心受到外物引誘，便很容易流於自私不善，〈己酉擬上封事〉云：

> 本心之善，其體至微，而利欲之攻，不勝其眾。嘗試驗之，一日之間，聲色臭味，游衍馳驅，土木之華，貨利之殖，雜進於前，日新月盛，其間心體湛然、善端呈露之時，蓋絕無而僅有也。（《文集》，卷12，頁394～395）

受到這些聲色嗜欲所引誘，心氣自然無法平和，甚至於會做出違禮害仁之事。而朱子以「心氣和平」歸屬於《詩》的功能，其意便認同《詩經》能夠引領人心邁向平和狀態，以導性情之正，那麼讀《詩》可以幫助變化氣質。《詩經》雖爲經學作品，但其本質實爲文學詩歌，因此透過吟詠《詩》篇，是能夠讓人心境平和，這就是興發之效，能使心去除蔽障之私，而處於平和狀態。朱子自己便很喜歡詠唱詩歌，相傳他在年青時便曾吟唱〈離騷〉，使座中人皆感動流淚。當然，〈離騷〉是哀怨性相當重的文學作品，不似《詩經》感情較爲平順，傳統便以「溫柔敦厚」讚頌《詩經》的性質，因此朱子認爲學《詩》能夠「心氣和平」便代表他對《詩》的認識仍是從傳統的角度切入的。

　　故就這個角度而言，《詩》的興發功能乃有助於此心對義理的接受度，那麼興便具有可指向心性本體的意涵。但必須強調的是，興的作用僅在於能使此心發起好善惡惡的感受端緒，排除性與情之間的氣質遮蔽，提供認知善惡義理的良好基礎而已，至於分辨如何是善，如何是惡，仍必須繼續透過格物窮理的過程而得。故朱子是將《詩》之「興」定位在輔助此心對義理接受之前的準備狀態。而此種興既是指對全詩閱讀完畢之後所興起的作用，那麼作爲分析《詩經》創作方法的賦、比、興，便可皆被統納在興起志意的作用之中。再從理一分殊的架構而論，詩歌創作方法的興，其所導向的功能便可與此種興法有重疊之處，從這個角度解析朱子對興法的詮釋，便可明白朱子對「興」法所講究的重點。

就全詩而言，閱讀完整首詩歌後，必須要引起那好善惡惡之心，進而體認義理。而就單獨詩句而言，興是要引起下一句之詩詞，也就是說，上句之興，其目的在於輔助讀者興起能理解下句之義的感發。鄒其昌雖畫分朱子之說有三階段，但朱子的說法其實只是為使對興的定義能夠更為明確，他並不是有三種不同的看法。早期的興，以興起為義，這很明顯是孔子「可以興」之說的延續，是就全詩的感受而言。但《詩集傳》「先言他物以引起所詠之詞」，以興為上句引起下句，如此解說，無法突顯起興句在義理輔助上的功能，故再改變而為《楚辭集注》「託物興詞」，其說法只是愈見純熟，內容並非有所改變。假託於物可以是有義或無義，但重點均在興起下句之詞。若為有義，故更可提供興發感受下句之義理；若為無義，則亦不必過度探討起興句的意涵，同樣必須將認知專注於對下句義理之理解。故朱子答葉賀孫時所言較舊說費力，而不是否定舊說。朱子是將孔子「可以興」的概念運用在解析詩句創作方法之上，強調起興句有興發效果，而其興發後需認知者便在於下句。

2.「物」為開啟興發之效的重要關鍵

朱子雖認為對於起興句不必更加注解，但這並不是否定起興句的功能，他對起興句的重視在於諷詠誦讀時產生的效果，故而他亦說興是意味深長的，如《語類》云：「比雖是較切，然興却意較深遠。」（《語類》，卷80，頁2069）又云：「比意雖切而却淺，興意雖闊而味長。」（《語類》，卷80，頁2069～2070）閱讀注解的重點既然不在起興之句，何以朱子會認為其意味深長，如此一來豈不是與朱子要人著重於解析被興句的態度有所衝突？鄒其昌在其三階段論述中忽略第一階段以興為興起的說法，然而這是朱子解說《論語》之興的重要解釋。「興起」除表現在心性感受的興發之上，落實於詩句的詮釋中便是起興句乃是作為能興起感知被興句的條件，就作者而言，起興之景物令作者得以興發原本藏於心中的意思，進而發諸語詞。但詩歌形諸文本後，讀者已難以尋求出作者與起興景物的關連，故而只須著重於被興句的實際內涵。但起興句仍在，起興句既然能夠興發作者進而將意涵寫於被興句中，那麼依循同樣的脈絡，讀者藉由對起興句的涵詠諷誦，應該也可以加強對被興句的體會。也就是說讀者與作者皆是受到相同景物的興發，那麼在文句認知、情感歸向及義理價值等方面有可能取得相同的頻率，從而也為讀者能夠感知作者之意取得初步的可能。

起興句與被興句之間連結的關鍵在於「物」，朱子早、中、晚三期之說皆未離開以「物」為興法的主要條件，然在與葉賀孫討論時卻強調此物非必

有感有見才可以興發。不必有見是正確的，但不必有感則未必是朱子深思後的說法，若無感又豈會以其興發。以物起興必須帶有意涵，朱子雖未明確認識到這一層，但無論他以「上句引起下句」或「託物興辭」之說其實皆可導出這項結論，故實不必過度執著於朱子某些以為興不取義的說法，進而忽略朱子對興的作用。而朱子以為不必實寫眼前景物而起興，可以僅憑意識中的形象而發，這樣的說法其實也頗有現象學的意味。現象學強調關注對象其實是意向對象，眼前之物雖存在，但進入意識之中便成為意向性的存在，而在朱子的概念中，物雖是具體存在，但關注於物時卻必須指向蔽藏於氣質物象之後的理，而吾心亦有此理，故物與我的連結便在於性理之相同，那藉物而興發，其實便是就此心之意向性而興發，但朱子並未就此深入，跨過此一門檻，便進入陸王心學的範疇。而朱子所強調的是必須藉由外物之理與吾心之理相互印證的過程，以朗現此心之理。物與我皆稟賦相同之理，但不同氣質使物我之理的呈現也不相同，而格物便是讓內外之理相合的方法，《語類》載：

> 問：「格物須合內外始得？」曰：「他內外未嘗不合。自家知得物之理如此，則因其理之自然而應之，便見合內外之理。目前事事物物，皆有至理。如一草一木，一禽一獸，皆有理。草木春生秋殺，好生惡死，『仲夏斬陽木，仲冬斬陰木』，皆是順陰陽道理。」（《語類》，卷15，頁296）

格物致知必須合內外之理，互相印證始得明此心義理，金春峰云：

> 格物窮理，理既是主體的道德本心認為合當作的道理，又是客觀事物所含具的當然之則與所以然之故。一方面孝、弟、義、利、善、惡、是、非，本心即「天理具足」，非有於性分之外；另一方面，事物的所以然之故及種種具體當然之則，人也並非生而知之，須要平時學習、讀書、研究、講求。離開本心所具天理，一味向外求理，會游騎無根。但以為只須正心誠意，不需平時講溫清定省之宜、事親、事君等當然之則，也會淪為「空想像」、盲行胡為、是非顛倒、義利迷惘。總之，不懂理一，不能懂得分殊；不格物窮理、懂得分殊，也不能歸於理一。內、外、天、人緊密結合，兩者缺一不可。但內是主導，自身的明德、本心、天理是格物的歸宿與基礎。[註288]

〔註288〕金春峰：《朱熹哲學思想》（臺北：東大圖書股份有限公司，1998年5月），頁170。

物之理與我之理因有著相同的結構，故能藉由格物而完備此心之義理，朱子固然指出以讀書作爲求理的捷徑，但這並非意味可以拋卻在現實情境中透過格物方式以獲知義理。而在一般情況下的格物，物與我之間存在著四道程序，物之理爲物之氣所蔽，而我之理又爲我之氣所蔽，故單純由格物而得理，就形式上而言必須突破物與我各自氣質的遮蔽，才能透顯出雙方之理以互相印證。而經典之理已爲聖人去除氣質之蔽，故爲義理較純粹之顯現，然問題在此心之理依舊受此心遮蔽，要內外印證仍必須經過自身氣質這道關卡，故單就讀書窮理而言，雖較格物爲易，但仍存在一道氣質的遮蔽。故無論是格物或讀書，都必然存在自身氣質這道障礙。而突破這道氣質使外來之理與內心之理相合最有效方法便在藉由興而引發此心呈現爲善惡惡的清明本質，如此使本心的遮蔽暫除，便可直接使外物之理與內在之理相印證，進而完成格物窮理。如此一來，「託物興辭」較「先言他物以引起所咏之詞」更完善之處在於託物興辭是以己意託於物，而這時此心因感於物而動爲情，物與我因而初步取得連結，進而藉物表達其情意。而由於在朱子的認知中，《詩經》的作者大致有兩類，一類是深受教化，溫柔敦厚的詩人，一類是時代衰微，漸離教化的作者。第一類詩人因深受三代義理教化的影響，心性基本相當純正，且其詩又爲聖人所刪編，既有心性純正之作者，又有聖人刪編之意圖，那麼閱讀這些詩作而產生的興發感受，更能使此心取得清明狀態，情志不易受物欲氣質的影響，如此便能更容易接近這些心性純正之人的心理狀態，進而體認義理的價值。在這種體認之下，託物興辭的重點便在於後面所說出的詞。而《詩經》由於經過詩人感物所動是指感於物之正而動，故落實在起興句與被興句的關係之中，作者因被興句而興發感受，而如今讀者雖然必須就被興句探討作者所藏於其中的意涵，但立場差異，有時無法令讀者進入狀況，故而作爲連接點者，便是起興之景物。

興是一種讓本心能夠進入好善惡惡狀態的功能，詩人因對物起興從而進入此種心理狀態，而讀者亦有可能再經過閱讀而進入同樣的狀態，如此一來，便增加讀者對被興句之感受能貼近作者的可能，《語類》載：

　　或問：「如《詩》是吟詠性情，讀《詩》者便當以此求之否？」曰：
　　「然。」（《語類》，卷 96，頁 2460）

《詩經》爲詩人吟咏其情性之作品，那麼閱讀《詩經》便當求其情性之內涵，

也就是必須與詩人之意取得連結，如朱子解〈南有嘉魚〉「南有嘉魚，烝然罩罩。君子有酒，嘉賓式燕以樂」云：

> 興也。……南有嘉魚，則必烝然而罩罩之矣。君子有酒，則必與嘉賓共之而式燕以樂矣。此亦因所薦之物，而道達主人樂賓之意也。（《詩集傳》，卷9，頁559）

嘉魚乃主人燕賓之物，而魚只是作為帶出下句主人與嘉賓式燕以樂的興發物，「君子有酒，嘉賓式燕以樂」才是表達主人樂賓之意的重點文句，諷詠此詩時，必須藉由後二句掌握住詩意；然而起首二句雖只是就所薦之物敘述之，但由此興發，更可見主人殷勤深意。缺少「南有嘉魚，烝然罩罩」之句，詩歌旨意雖仍在，但卻無法完整興發出賓主盡樂之感，因此，起興句雖非詮釋重點，但卻有助於詮釋的深入。又如朱子解〈鳲鳩〉「鳲鳩在桑，其子七兮。淑人君子，其儀一兮。其儀一兮，心如結兮」云：

> 興也。……詩人美君子之用心均平專一，故言鳲鳩在桑，則其子七矣。淑人君子，則其儀一矣。其儀一，則心如結矣。（《詩集傳》，卷7，頁526）

朱子以為鳲鳩之飼子，平均如一，故以此興「淑人君子，其儀一兮」。由此來看，這本來是近似於譬喻的手法，但由於詩歌於「淑人君子，其儀一兮。其儀一兮，心如結兮」說破其所欲傳達之意，乃強調君子需內外兼備的表現，故為朱子歸納為興法，而「淑人君子，其儀一兮。其儀一兮，心如結兮」也成為詩歌的重點，閱讀此詩時正是必須體認此句之義理，故朱子引陳氏之言特別著重於此句之價值：

> 君子動容貌，斯遠暴慢；正顏色，斯近信；出辭氣，斯遠鄙倍。其見於威儀動作之間者有常度矣，豈固為是拘拘者哉？蓋和順積中，而英華發外，是以由其威儀一於外，而心如結於內者，從可知也。（《詩集傳》，卷7，頁526）

朱子花費許多言語便是要說明「淑人君子，其儀一兮。其儀一兮，心如結兮」的義理內涵。但「鳲鳩在桑，其子七兮」雖非詮釋重點，同樣卻也是藉其鮮明形象譬況君子美德，故「淑人君子，其儀一兮。其儀一兮，心如結兮」是說明君子的修養態度，但「鳲鳩在桑，其子七兮」卻具有興發之效，可以有效幫助讀者更深刻體認後句的義理。再如朱子論〈淇奧〉「瞻彼淇奧，綠竹猗猗。有匪君子，如切如磋，如琢如磨。」云：

> 興也。……衛人美武公之德，而以綠竹始生之美盛，興其學問自脩
> 之進益也。（《詩集傳》，卷3，頁450）

朱子以「瞻彼淇奧，綠竹猗猗」為起興句，並略帶義，以始生且美盛的綠竹，
烘托武公自修進德的形象，那麼一來，此詩的閱讀重點便是要在「有匪君子，
如切如磋，如琢如磨。」以下幾句深刻體會衛武公所表現出的義理內涵，故
朱子又引《大學》特別描繪：

> 如切如磋者，道學也；如琢如磨者，自脩也；瑟兮僩兮者，恂慄也；
> 赫兮喧兮者，威儀也；有斐君子終不可諠兮者，道盛德至善，民之
> 不能忘也。（《詩集傳》，卷3，頁450）

朱子所言完全落在「有匪君子，如切如磋，如琢如磨」以下之敘述，相較
於起興句「瞻彼淇奧，綠竹猗猗」只稍作訓釋，並於解釋詩意時說明起興
效果，似乎不重視其功能。但從整首詩來看，「瞻彼淇奧，綠竹猗猗」作為
起興之句，一開頭便可給人一種清新高尚的感覺，由綠竹再帶出武公的形
象，可說配合得天衣無縫，此詩若無這兩句作為起興，其感染力道便削弱
了許多。

　　至於變《詩》中的淫奔之詩則由於作者存有邪思，那麼他所興發之情意
將為不正之情欲，故閱讀淫奔之詩的起興之句，所導致的效果在理論上必須
與其他詩作有所區別，如〈蘀兮〉詩云：「蘀兮蘀兮，風其吹女。叔兮伯兮，
倡予和女。」朱子蓋因為「叔兮伯兮，倡予和女」之敘述有似女子自道欲淫
奔從人，而以為此乃淫女之詞。既為淫女自作，那麼「蘀兮蘀兮，風其吹女」
乃是引發此女淫泆奔人之心的起興景象，那麼讀者再由此讀之，很容易落入
與淫女相同的情意。再如〈野有蔓草〉云：「野有蔓草，零露漙兮。有美一人，
清揚婉兮。邂逅相遇，適我願兮。」朱子以此乃賦而興也，其云：「男女相遇
於野田草露之間，故賦其所在以起興。」（《詩集傳》，卷4，頁480）野地蔓
草，此乃詩中男女相遇之處，而賦此地景象，意在興發下面邂逅相遇時內心
歡悅之情意，那麼讀者讀之，便可能誤導入淫奔之人的心志中。而這正是呂
祖謙不肯接受朱子淫奔之詩的重要原因，若詩人自道如此淫邪之事，那麼讀
《詩》者便很容易受其文句之興發誘導，從而陷入相同的情欲之中，因此他
必須強調這是諷刺之作。但朱子雖認為此乃詩人自作，但目的實和呂祖謙並
無二致，其云：「聖人存之，以見風俗如此不好。至於做出此詩來，使讀者有
所愧恥而以為戒耳。」（《語類》，卷23，頁539）讀這類淫奔之詩，不可順著

淫奔之詩所興發的情感閱讀，如此一來很容易受其誤導而陷於氣質之障。正確的作法是必須先存有愧恥之意，如此讀之，方能避免陷於氣質之中，故朱子之所以特別強調必須認清《詩經》中有所謂淫奔之詩，便是爲讀者打下預防針，避免讀者因順著淫奔詩的思維反而興起邪思之意。正由於這些淫奔之詩乃經過聖人編集以作爲勸善懲惡之用，那麼雖然在閱讀時有可能因其所起興之句而導向與淫奔之人相近的心理狀態，但由於閱讀者必須是在《四書》義理建構之後再閱讀《詩經》，故對於淫奔之詩已能夠進行義理區別，從而將之作爲反面教材以避免自己陷入相同的興發心境之中。

　　經由上述分析，我們不得不否定目前對朱子以文學性手法解析興義的詮釋方向，朱子雖然不像毛、鄭那樣將比、興混淆，他自己對興義的界定相當明確清楚，而且也跨越到指興法是詩人創作手法的一種運用，但他的重點並不在分析詩人爲何會對這種景物起興？又是如何透過起興之句帶領出被興句的意涵？而這正是文學範疇的領域。他雖明確將興定義爲必須有兩句相應的狀況，但無論是「先言他物以引起所咏之詞」或是「託物興辭」，物都只是一種導引向對自身心志的媒介，藉由景物起興，目的在於使被興發的心性能處於更平和的好善惡惡狀態，澄清心性意志，使心貫通性情的功能能更得到徹底的發揮。簡單地說，也就讓此心能對義理有更高的接受度。故朱子雖言興有取義，亦有不甚取義，甚至有毫無義理，但學者不應當過度汲汲於朱子對起興句的分析，《詩集傳》在詮釋起興句時往往只是順著詩語再說一遍，這便代表他並不對起興句強加解釋，起興句的作用就在於起興，朱子重視的是起興句的效果，至於爲何能夠起興，這便不在他所欲詮釋的範圍。藉由朱子提示的興法，其實是要讀《詩》者勿過度耗費心力在這一部分的認識，從文學的角度來看，興是文學家觸景生情而興發的描述，表面上來看景與情似乎並無太大關連，但仍可從心理學的理論來分析象徵的內在意涵；但朱子卻不是從這個角度來談「興」，他認爲有些興法是作者純粹無義的取象，既然無義，那麼閱讀的重點便不該落在此處，且就其價值而言，這也不是讀《詩》者該注意的地方，朱子所認爲的興法，其重點是在下一句上，而非起興的本句，這不是什麼文學眼光的解讀，而是朱子對於讀《詩》法的提示。因此，朱子所著重的讀《詩》仍應歸屬於如何興發義理，故而乃爲義理之興，而非文學之興。即使是有義之興，亦不是讀《詩》該認眞關照的問題。《毛傳》、鄭《箋》乃至於孔穎達《毛詩

正義》等正統經學，均過度探求這些以文學爲本質的書寫，遂生多許多不同意見，而朱子則是從心性感發的功能說明興法，這與文學以感情爲基礎的論述雖有名義上的相關，但內涵差異其實甚大，朱子基本上是站在理學範疇下去說明興法在心性作用上的功能，並不可視之爲文學論述。

五、利用「六義」涵詠《詩經》義理情性

朱子對《詩經》的閱讀方法近來受到極大重視，甚至有以西方詮釋學歸納者，而大部分學者都同意朱子對《詩經》的閱讀具有深刻的內涵，可提供後人讀《詩》極有益之參考。張祝平認爲朱子的《詩經》閱讀方法首重在虛心熟讀本文，並且強調要能夠不先立凡例，其辭云：

> 如何做到不務自立說呢？朱熹提到要注意三點：其一是「不必如此先立凡例，但熟讀平看，從容諷咏、積久當自見得好處也」。（《文集》卷五十二〈答吳伯豐〉）……如果先立凡例，就先有了個框架，已見先入爲主人。〔註289〕

吳正嵐則強調朱子的涵泳之法云：

> 朱熹認爲，「涵泳」首先意味著反復誦讀《詩經》本文，同時也要求打破成見。他希望人們在涵泳《詩經》時，「須是打疊得這心光蕩蕩地，不立一個字，只管虛心讀他，少間推來推去，自然推出那個道理。」〔註290〕

涵泳之法意謂反復誦讀，並且不可有成見在心，虛心讀去，便能得出道理。李建盛則歸納朱子的善讀理論云：

> 「善讀」說始于宋人對《詩經》的解釋，他們認爲，漢儒對《詩經》的解釋總是忽視文本所說的東西，做牽強附會的理解，唐代的孔穎達本著疏不破注的陳規，實際上也不符合對詩歌作品的閱讀和理解。這裡不可能對中國古代的「善讀」說做詳細的論述，試以朱熹的「善讀」說爲例。他認爲，讀《詩經》的正確方法應該是：一平心去看，二反復諷咏，三有所感發。我們可以對此稍作闡發，所謂平心去看，類似于詮釋學所說的要善於傾聽文本向讀者所說的東

〔註289〕 張祝平：〈論朱熹讀《詩》方法論及其理學桎梏〉，《貴州文史叢刊》第 2 期，2002 年，頁 34。

〔註290〕 吳正嵐：〈朱熹涵泳《詩經》的方法論意義〉，《江蘇社會科學》2001 卷第 4 期，2001 年 7 月，頁 73。

西，朱熹認爲，就《詩經》作品本身來說，三百篇每篇各有表現，那些搞傳注的人卻根本不理會文本所說的東西，一味地做牽強附會的理解，閱讀必須有所本，才是真正的文學閱讀。所謂反復諷咏，可以理解爲閱讀活動過程中讀者與文本之間相互問答的過程，經過反復諷咏的閱讀過程，才能深入文本所述說的東西並不斷修正自己的偏見，以達到讀者與文本的「視界融合」。所謂有所感發，便是指閱讀並不是被動的接受，而是有所創造的過程，通過閱讀可以闡發更多的內涵和意義，但這種「感發」是建立在「平心去看」的傾聽和「反復諷咏」的對話與交流過程基礎上的。〔註291〕

李建盛強調對《詩經》的閱讀必須不斷諷詠，而諷詠的基礎爲虛心平心，排除任何先儒的意見。關於上述意見確實多由朱子自己的言論立說，如：

要人虛心平氣，本文之下打疊交，空蕩蕩地不要留一宗先儒舊說，莫問他是何人所說、所尊、所親、所憎、所惡，一切莫問，而唯本文本意是求，則聖賢之指得矣。〔註292〕

當時解《詩》時，且讀本文四五十遍，已得六七分。却看諸人說與我意如何，大綱都得之，又讀三四十遍，則道理流通自得矣。（《語類》，卷80，頁2091）

大凡讀書，多在諷誦中見義理。況《詩》又全在諷誦之功，所謂「清廟之瑟，一唱而三歎」，一人唱之，三人和之，方有意思。（《語類》，卷104，頁2612）

從文本來閱讀，不留任何一點前儒意見，這些都只是朱子美化去除《詩序》「偏見」的說詞。但問題是所謂的虛心平心，在前理解的影響下，根本是不可能達成的理想。朱子實際上是建立另一套標準作爲諷讀《詩經》文本的前見，而這便是對「六義」之說的釐定。

朱子云：

讀《詩》之法，只是熟讀涵味，自然和氣從胸中流出，其妙處不可得而言。不待安排措置，務自立說，只恁平讀着，意思自足。須是打疊得這心光蕩蕩地，不立一箇字，只管虛心讀他，少間推來推去，

〔註291〕李建盛：《理解事件與文本意義》（上海：上海譯文出版社，2002年3月），頁156。
〔註292〕朱鑑：《詩傳遺說》，卷1，頁6下～7上／5～6。

自然推出那箇道理。所以說「以此洗心」，便是以這道理盡洗出那心
裏物事，渾然都是道理。上蔡曰：「學《詩》，須先識得六義體面，
而諷味以得之。」此是讀《詩》之要法。看來書只是要讀，讀得熟
時，道理自見，切忌先自布置立說！（《語類》，卷80，頁2086）

在這段言論中，朱子先強調直接從文本諷讀的重要性，但最後卻引謝良佐先
識六義的說法作為註腳，並強調此乃讀《詩》要法，那麼所謂諷咏文本便是
依六義之法來諷詠。但六義基本上並不是一種純粹從文本解析的方法，透過
前面分析已知，朱子解讀《詩經》首先必須先確認他在教化價值上所應歸屬
的時代及用途，若為二〈南〉、正〈雅〉及〈周頌〉之詩，即使詩意有不好的
傾向，亦必須作正面解讀。而至於處於變《詩》範圍中者，便需依其詩歌文
本及大致時代而定其性質，詩歌具有正面傾向者，他便視為美詩，而不取《詩
序》藉古諷今之說；若詩歌文本趨於反面論述，他則直接斷為詩人怨刺或淫
奔之作。故而基本上，朱子並非真正完全從文本著手者，他必須先確認詩歌
所屬的時代範圍，依政治教化狀況解析，再開展他依文本論述的詮釋模式。
當然，他不會像《詩序》那樣將時世縮限在明確的對象上，從而鬆綁詩歌的
固定意涵，但他也不是毫無範圍，依文本立說，而是畫定一個大致輪廓，將
詩歌依其所屬不同時代及情性特質定出不同方向的詩旨，而真正的文本閱讀
方從此時開始。

《詩經》乃詩性文學，且為先秦時代的詩歌記錄，時空遠隔一兩千年後
的朱子，要直接從文本推測詩意，這是非常困難的工作，然而朱子則是藉由
對賦、比、興的明確定義，實現以文本為基礎的詮釋工作。《詩集傳》必欲於
每章詩句盡釋其手法，其實便是為了指引讀者閱讀詩句時該利用何種角度出
發詮釋。賦法是直書其事，故凡屬賦法者，對意義的探尋便專注於詩句本身
意涵即可。比法則是以彼物比此物，意義不在文句上，而在其引申意義中，
故而諷讀以比法創作的詩篇時，便必須以詩句為基礎，探索分析其潛在意涵，
進而得出詩人因聯想而欲表達的比喻之意。然而這種引申意必須建立在時代
及前人注釋的基礎上，否則天馬行空，很難能夠獲得正確的理解。至於興法，
必須有起興句及被興句兩種句式組成，而起興句並無特殊意涵，不須於此著
意分析，只須透過諷詠以興發對被興句的認知感受。朱子認為起興句有有義
之興與無義之興兩類，故起興句或許會與被興句存在關連，但詩人透過起興
句的引發之後，便將興發之意寫在被興句，故對朱子而言，意義的探求便不

在起興句，眞正必須深入理解者乃爲被興句。朱子對賦、比、興的定義區分，實際上是爲了提供涵詠詩歌時該著意理解之處。姑且不論朱子的定義是會正確，在朱子的分析後，賦、比、興也確實足以概括全部詩篇：凡意義之顯露在於詩句，且詩句本身亦足以完整表達其意涵者，歸爲賦；而詩句意義不明確，詩句上下又無甚關連者，對其意涵之理解必須透過聯想開展，如此則歸爲比；而兩句之間，上句無特別意涵，下句承上句而發，爲意義顯露之處，便歸爲興法。因此，朱子正是從句子意義的關連性來區別賦、比、興，故而他改變《毛傳》標興於首句的方法，而改標於每章之末。因爲他必須通觀整章詩句意義之所在位置進而判定賦、比、興的歸屬，也因此有時朱子會作出兩種以上的標示，如〈漢廣〉「興而比也」、〈邶風‧谷風〉二章「賦而比也」、〈氓〉三章「比而興也」、〈氓〉六章「賦而興也」、〈黍離〉「賦而興也」、〈野有蔓草〉「賦而興也」、〈溱洧〉「賦而興也」、〈椒聊〉「興而比也」、〈下泉〉「比而興也」、〈頍弁〉「賦而興又比也」、〈泮水〉「賦起事以起興也」，這樣的標示法導致朱子的定義似乎產生模糊之處，但實際分析來看，並非如此。

〈漢廣〉首章云：「南有喬木，不可休息。漢有游女，不可求思。漢之廣矣，不可泳思。江之永矣，不可方思。」朱子注云：「因以喬木起興，江、漢爲比，而反復詠歎之也。」（《詩集傳》，卷1，頁409）據朱子注文來看，「南有喬木，不可休息」是起興句，其意義顯示在下句漢水游女不可侵犯的敘述中。而後四句江漢之廣又是比法，朱子云：「以江、漢爲比而歎其終不可求，則敬之深。」（《詩集傳》，卷1，頁409）以江漢喻漢水游女不可求而必須敬以待之。故〈漢廣〉之「興而比也」便分指不同句子，興是「南有喬木，不可休息。漢有游女，不可求思。」比則是「漢之廣矣，不可泳思。江之永矣，不可方思。」故興而比並非相混，而是各自屬於不同句法的判斷。

〈谷風〉二章云：「行道遲遲，中心有違。不遠伊邇，薄送我畿。誰謂荼苦？其甘如薺。宴爾新昏，如兄如弟。」朱子注云：「賦而比也。……言我之被棄，行於道路，遲遲不進。蓋其足欲前，而心有所不忍，如相背然。而故夫之送我，乃不遠而甚邇，亦至其門內而止耳。又言荼雖甚苦，反甘如薺，以比己之見棄，其苦有甚於荼。而其夫方且宴樂其新昏，如兄如弟而不見恤。」（《詩集傳》，卷2，頁431）據朱子所言，「行道遲遲，中心有違。不遠伊邇，薄送我畿」乃賦法，直敘被棄之苦，而「誰謂荼苦？其甘如薺」則是比喻己被棄之苦甚於荼也。故賦而比乃是指此詩分別於不同詩句使用了不同修辭手法。

〈氓〉詩第三章云：「桑之未落，其葉沃若。于嗟鳩兮，無食桑椹。于嗟女兮，無與士耽。」朱子注云：

> 比而興也。……言桑之潤澤，以比己之容色光麗。然又念其不可恃此而從欲忘反，故遂戒鳩無食桑葚，以興下句戒女無與士耽也。（《詩集傳》，卷3，頁455）

據朱子的解釋，比句乃「桑之未落，其葉沃若」，藉桑葉沃若以比自己容色光麗。而「于嗟鳩兮，無食桑椹」則為起興句，用以帶出其下「于嗟女兮，無與士耽」之被興句。起興句雖談到鳩食桑椹，本是作為下句之譬喻，但下句已說破其意，故朱子歸其為興。〈氓〉詩第六章則云：「及爾偕老，老使我怨。淇則有岸，隰則有泮。總角之宴，言笑晏晏。信誓旦旦，不思其反。」朱子注云：

> 賦而興也。……言我與女本期偕老，不知老而見棄如此，徒使我怨也。淇則有岸矣，隰則有泮矣，而我總角之時，與爾宴樂言笑，成此信誓，曾不思其反復以至於此也。此則興也。（《詩集傳》，卷3，頁456）

依朱子所述，「及爾偕老，老使我怨」乃敘述兩人感情狀態，故屬賦法。而其後「淇則有岸，隰則有泮」則純為藉景物起興，以帶出兩人總角之時，雖曾立下信誓，但卻落得如此下場。此則應屬無義之興。

〈頍弁〉詩首章云：「有頍者弁，實維伊何？爾酒既旨，爾殽既嘉。豈伊異人？兄弟匪他。蔦與女蘿，施于松柏。未見君子，憂心弈弈；既見君子，庶幾說懌。」朱子注云：

> 賦而興又比也。……言有頍者弁，實維伊何乎？爾酒既旨，爾殽既嘉，則豈異伊人乎？乃兄弟而匪他也。又言蔦蘿施于木上，以比兄弟親戚纏緜依附之意，是以未見而憂，既見而喜也。（《詩集傳》，卷14，頁633）

依朱子所云，可以先確定比句為「蔦與女蘿，施于松柏」。至於賦而興則需斟酌，輔廣解釋云：「有頍者弁，本但言與宴者，其弁頍然耳，只是賦體。又貼一句實維伊何，則是以興起下二句，豈伊異人，兄弟匪他也，此則興體。」〔註293〕輔廣認為「有頍者弁」乃賦法，「豈伊異人，兄弟匪他」則為興法，認為賦、興之法分屬不同句子。然劉瑾卻云：「此章諸本皆作賦而比，今詳章

〔註293〕〔宋〕輔廣：《詩童子問》，收入《景印文淵閣四庫全書》第74冊，卷5，頁23上／376。

首六句，曰弁，曰酒，曰殽，曰兄弟，皆述宴時之實事，其體屬賦。而其六句之中實維伊何與豈伊異人語意相應，又似興體。」〔註294〕劉瑾認爲此詩前六句賦法及興法相混，與輔廣不同。輔廣曾親授業於朱子，其解釋來源比較可靠。觀輔廣費心將詩句拆解，以便歸屬賦、興之法於不同句子，那麼他很可能是直接承自朱子的想法，這也與朱子的定義相符，故朱子判此章賦而興又比，各分屬三句不同之句，並非將之混爲一處。

　　透過對上述諸例之討論，可以發現朱子雖偶採用兩種以上同時標示的方法，但實未混淆賦比興，而是由於此乃朱子以全章判別所必然產生的結果。然而比較特別的是朱子對〈泮水〉前三章之判定，〈泮水〉首章云：「思樂泮水，薄采其芹。魯侯戾止，言觀其旂。其旂筏筏，鸞聲噦噦。無小無大，從公于邁。」第二章云：「思樂泮水，薄采其藻。魯侯戾止，其馬蹻蹻。其馬蹻蹻，其音昭昭。載色載笑，匪怒伊教。」第三章云：「思樂泮水，薄采其茆。魯侯戾止，在泮飲酒，既飲旨酒，永錫難老。順彼長道，屈此群醜。」這三章頗有重章疊詠之意味，而朱子則判定此三章之手法皆爲「賦其事以起興也。」（《詩集傳》，卷 20，頁 745）綜觀朱子對整部《詩經》的分類，以對此詩所標最獨具一格，然而何以不直接標「賦而興」便可，偏偏使用不同於其他義例之說明。可見「賦其事以起興」恐怕並非「賦而興」之意。輔廣解云：

> 首章言其旂鸞聲，是其往而未至之時，故章末言無小無大，從公于
> 邁，以見人心之樂從而已。〔註295〕

觀輔廣所言，全未論及賦、興之區別，那麼所謂賦其事以起興之興，當非六義之興。〈泮水〉前三章皆是敘述魯侯蒞臨泮宮的景象，此爲賦法無誤。然而朱子的興法是必須由起興句興起被興句，而賦其事以起興並無興起下句的意涵，那麼賦其事以起興之興，應該只是興起心中崇敬之意，而非表現在詩句之中，故此詩前三章基本上應屬於賦法，並無興法之句存在。

　　明白朱子對賦、比、興的分類定義方法後，接下來對於部分學者以爲《詩集傳》分類有不當處便可得朱子的真正想法，試以洪湛侯所舉爲例，《詩經學史》有云：

> 《詩集傳》中所標「賦」、「比」、「興」大多數是正確的，也有少數

〔註294〕〔元〕劉瑾：《詩傳通釋》，收入《景印文淵閣四庫全書》第 76 冊，卷 14，頁 4 下～5 上／603。

〔註295〕輔廣：《詩童子問》，卷 8，頁 16 上／414。

還可商榷。如〈秦風・蒹葭〉，《集傳》標爲「賦」，實際上當以標「興」爲合，又如〈小雅・無將大車〉形式上與〈齊風・甫田〉完全相似，而《集傳》前者標「興」，後者標「比」，不知標準何在。〈邶風・凱風〉一、二兩章句法相同，《集傳》一章作「比」，二章作「興」；〈小雅・谷風〉三章句法相同，《集傳》一、二兩章作「興」，三章作「比」，皆無義例可循。〔註296〕

〈蒹葭〉前面已談過，朱子把「蒹葭蒼蒼，白露爲霜」視爲表時節之句，本句足以顯其意，故歸爲「賦」。而洪湛侯認爲〈無將大車〉與〈甫田〉形式相同，但標示卻不同。那麼問題便在於形式雖相同而意涵未必相同。朱子將〈無將大車〉定位爲行役之詩，其詩云：

　　無將大車，祇自塵兮。無思百憂，祇自疧兮。

　　無將大車，維塵冥冥。無思百憂，不出于熲。

　　無將大車，維塵雍兮。無思百憂，祇自重兮。

《詩集傳》云：「此亦行役勞苦而憂思者之作。言將大車，則塵汙之，思百憂，則病及之。」（《詩集傳》，卷13，頁618）朱子認爲〈無將大車〉只是行役者描述其行役之狀況，雖將大車而塵沾身。然此句並無意涵，朱子只是順著解釋，其重點則在後面兩句「無思百憂，祇自疧兮」則道出行役者有怨而無解的憂思之情，其意義在於下兩句突顯出來，故爲朱子歸屬於興法。至於〈齊風・甫田〉詩前兩章云：

　　無田甫田，維莠驕驕。無思遠人，勞心忉忉。

　　無田甫田，維莠桀桀。無思遠人，勞心怛怛。

朱子《詩集傳》注第一章則云：「言無田甫田也。田甫田而力不給，則草盛矣。無思遠人也，思遠人而人不至，則心勞矣。以戒時人厭小而務大，忽近而圖遠，將徒勞而無功也。」（《詩集傳》，卷5，頁487）據朱子的解釋，他之所以設定爲比，是從整章之言來看，也就是說「無田甫田，維莠驕驕。無思遠人，勞心忉忉」各有其比喻意。甫田乃大田，田地過大而力不足，便容易造成田地荒廢。遠人則難見，若過度思念難見之人，必使自己徒增傷感。然而朱子認爲詩歌之意並不是單純顯示在這兩組描述句之中，他以爲這四句是用來警惕時人勿厭小而務大，忽近而圖遠，那麼句子意義之顯示便又是必須在詩句比喻的基礎上進而演申而成，並不在本句之中，亦不在此句之下，而是

〔註296〕洪湛侯：《詩經學史》上冊，頁370～371。

在句外，故〈甫田〉型式雖與〈無將大車〉相同，但朱子詮釋的主旨不同，故而造成比、興之異。

〈邶風‧凱風〉詩前兩章云：

> 凱風自南，吹彼棘心。棘心夭夭，母氏劬勞。
>
> 凱風自南，吹彼棘薪。母氏聖善，我無令人。

朱子以第一章為比，並解釋其所比之意云：「南風謂之凱風，長養萬物者也。棘，小木，叢生，多刺，難長，而心又其稚弱而未成者也。」（《詩集傳》，卷2，頁428）朱子又云：「以凱風比母，棘心比子之幼時，蓋曰：母生眾子，幼而育之，其劬勞甚矣。」（《詩集傳》，卷 2，頁 428）那麼凱風吹棘心，便暗喻母親辛勞教養兒女，恩澤深廣。最後一句雖以「母氏劬勞」作為提供理解線意的線索，但對於各項被比之事物，均必須深入其喻意才得以見出，因此，意義歸屬並不在句子之中，而是表現以為詩句意象為基礎，進而引申聯想始可得之，故此章作為比並無太大問題。然而何以第二章以同樣句式開頭，卻又被朱子歸為興，《詩集傳》注云：「棘可以為薪，則成矣，然非美材，故以興子之壯大而無善也。復以聖善稱其母，而自謂無令人，其自責也深矣。」（《詩集傳》，卷 2，頁 428）據朱子的意思來看，此章仍是比喻之意，但卻是明喻。「凱風自南」依舊喻母親養子之恩，而吹彼棘薪卻是詩人自責未能達成母親望子成龍的心願，成為一無善之人。而這樣的譬喻意卻在「母氏聖善，我無令人」被說破了，因此前兩句的譬喻變成有義之興，但下兩句既已說明白，便不須再刻意回頭斟酌前兩句的喻意，故而意義並不在句外，而是表現在下句之中，故為朱子歸屬於興。

另外〈小雅‧谷風〉詩云：

> 習習谷風，維風及雨，將恐將懼，維予與女；將安將樂，女轉棄予。
>
> 習習谷風，維風及頹。將恐將懼，寘予于懷；將安將樂，棄予如遺。
>
> 習習谷風，維山崔嵬。無草不死，無木不萎。忘我大德，思我小怨。

朱子標前兩章為興，第三章為比。《詩集傳》注第一章云：「此朋友相怨之詩。故言習習谷風，則維風及雨矣。將恐將懼之時，則維予與女矣。」（《詩集傳》，卷 12，頁 611）從朱子的注釋來看，「習習谷風，維風及雨」在詩句中並無任何意涵，朱子的注解也完全只是順著詩句再說一次，詩歌重點在「將恐將懼，維予與女」以下之句，故前兩章「習習谷風，維風及雨」、「習習谷風，維風及頹」應為無義之興。至於第三章，朱子則注云：「習習谷風，維山崔嵬，則

風之所被者廣矣。然猶無不死之草，無不萎之木，況於朋友，豈可以忘大德而思小怨乎？」(《詩集傳》，卷 12，頁 611) 朱子認為此章屬比，與前兩章不同。何以近乎相同的句型，卻有不同判定，問題就出於朱子並非單純從前二句的修辭手法判斷，他是依據意義顯示的位置而定義。朱子認為此章「習習谷風，維山崔嵬，無草不死，無木不萎」主要在反映朋友關係，而後兩句「忘我大德，思我小怨」雖點出其意，但比喻意味不足，未說破朋友關係，輔廣云：

> 大德謂朋友之義，出於天者；小怨謂戲語忿色，生於人者。為朋友者，為夫生於人之小怨而棄夫出於天之大德，則亦不思甚矣。忘大德，思小怨，必是當時人有如是實事，故末章因風以為比而明言之，以戒其不可如是也。〔註297〕

輔廣發揮朱子之意，認為此章以「風」為比，其意旨在說明不可忘卻朋友之大倫，而「忘我大德，思我小怨」只略涉及朋友之義的意涵，並未明確說破朋友之關係，故而朱子定義此章為比。不過，朱子在此章最後又作一轉折「或曰興也。」(《詩集傳》，卷 12，頁 611) 朱子大概也知道以比來解釋恐怕很難說得清楚，故他亦接受可作為興的手法，不過主要還是以比為主。那麼朱子對此處自己的判斷也是有所懷疑。

　　透過對賦、比、興的分析之後，朱子便可掌握讀《詩》時必須特別關注的詩句。而也正是由於朱子是依句子意義的顯現位置而三分，故而讓他得以將整部《詩經》依賦、比、興完整切割。因此，朱子的諷讀雖然強調涵詠文本，但涵詠之時必須得其法，研究朱子《詩經》學者往往未能切實掌握住朱子的這項原則，徒為朱子較具文學表達意味的解釋文句誤導。基本上，從他不把某些明顯是譬喻法的詩句解釋為比，便可了解朱子並非真正從文學修辭的手法分析，因此以為朱子獨具文學慧眼之說應是個誤解，必須改正。

第三節　以「修齊治平」開展《詩經》王道政治的義理思想

　　朱子對於自己的《詩經》學成果《詩集傳》曾謂「無復遺恨」〔註298〕，

〔註297〕輔廣：《詩童子問》，卷 5，頁 9 上／369。
〔註298〕朱鑑：《詩傳遺說》，卷 1，頁 23 下／14。

相較於朱子平時學術研究的謹慎態度，此語實屬相當自信的說法，可見朱子
對《詩經》確有相當深刻的見解，並感到自豪。朱子對《詩經》學部分關鍵
問題屢屢提出不同於傳統的見解，但這些都只是朱子爲恢復《詩經》義理情
性本質的正本清源動作。這從他的讀經次序便可看出，《詩經》乃處於《四書》
之後，《四書》已將基本下學上達的次序具體而簡易的展現一次，進入《詩經》
之後，便正式進入傳統所重視的《五經》群組。《五經》的特性是義理與禮樂
文明結合的典範，雖然其中所包含的文物內涵已難探明，但在朱子的設計下，
對《五經》的閱讀便可從《四書》已掌握之道理開展，這尤其表現在以《大
學》八條目爲鋪陳的修身歷程，特別是修身、齊家、治國、平天下這後半部
向外擴展的層次。而《詩經》所包涵的範圍相當廣闊，所謂「人事浹於下，
天道備於上，而無一理之不具也。」（《文集》，卷76，頁3802）「大而天道之
精微，細而人事之曲折，無不在其中。」（《語類》，卷34，頁887）均指出《詩
經》在人事及義理展示的重要地位，陳志信亦云：

> 〈風〉、〈雅〉、〈頌〉諸詩篇或出自至純樸的市井男女情思（由相悅
> 至相怨，由合禮至悖理等各式情思皆包括在內）、或出自朝中君臣關
> 懷人群政事的熱情（由贊揚世代的光明至悲憫時局的衰頹等情感均
> 有之）、乃至世人面對先祖與神明時的虔敬思緒，這種種感觸，可謂
> 遍及了生存於世的人們所可能生發的所有情感；而重要的是，藉由
> 化身爲詩歌的方式，天地間無盡的人生道理，不正藉由這人世間全
> 幅眞切情感的逐次興發，而一一顯明於世嗎？是以作爲經典的《詩》
> 三百，可說便是得以呈顯世上的所有道理的語文。〔註299〕

《詩經》有別於《論語》、《孟子》聖人言行隨事提點的記錄，其所反映的是
更爲具體直接的人倫關係。雖然《詩經》經過聖人刪削，其中皆寓聖人擇取
的義理內涵，但後人缺乏聖人在旁輔助說明，便必須藉由經典本身的特性，
並配合閱讀《四書》時已建構的認知去體認《詩經》中的義理。而《詩經》
並非說理之書，乃是以表達情性爲主，故讀《詩》必須深味詩人情感之表現
再進而探知其義理內涵，朱子於〈詩集傳序〉便提出研讀《詩經》的順序爲：

> 本之二〈南〉以求其端，參之列國以盡其變，正之於〈雅〉以大其
> 規，和之於〈頌〉以要其止，此學《詩》之大旨也。於是乎章句以
> 綱之，訓詁以紀之，諷詠以昌之，涵濡以體之，察之情性隱微之間，

〔註299〕陳志信：《朱熹經學志業的形成與實踐》，頁97。

審之言行樞機之始，則脩身及家，平均天下之道，其亦不待他求而得之於此矣。（《文集》，卷76，頁3802）

朱子這段話完整概括他詮釋《詩經》的基本態度，就閱讀《詩經》的次序而言，必須由〈南〉而〈雅〉而〈頌〉，至於〈國風〉則作爲參酌之用，而其重點必須體察這些詩人寫作時的情性表現，並依照《大學》修齊治平之道，逐步完成《詩經》藉由顯露人情而達致開展義理並能完成修身治世，內聖外王的理想。故以下試依此脈絡分析朱子於《詩經》所開展之王道思想的重點。

一、二〈南〉：由齊家之本通往王道大成的展示藍圖

詩歌作爲教化工具，早於《尚書》便有記錄，〈舜典〉載舜命夔曰：「夔，命汝典樂，教胄子，直而溫，寬而栗，剛而無虐，簡而無傲。詩言志，歌永言，聲依永，律和聲。八音克諧，無相奪倫，神人以合。」《禮記》中則載有以《詩》、《書》、《禮》、《樂》造士的說法，〈王制〉云：「樂正崇四術，立四教，順先王《詩》《書》《禮》《樂》以造士。」〔註300〕因此，《詩經》的作用並不僅僅是一部詩集彙編而已，其所擔負乃教育的重要功能，故《禮記》〈經解〉便曰：「溫柔敦厚，《詩》教也。」朱子雖對《詩經》提出許多新的看法，但教化目標始終是其關懷重點。朱子認爲詩歌的起源是人心感物，人心之感除受本身心性氣質的影響外，外在教化亦是重要因素。而作爲反映人心情感的《詩經》，其範圍涵蓋西周初年至東周中期，包含有聖人禮樂治化所呈現的成果，也有政教衰微之後的警示戒鑒。因此，朱子非常重視《詩經》的教化功能。尤其將正《詩》部分視爲周代王道政治的建構模型，而反映在詮釋《詩》旨的活動上。首先表現爲朱子接受傳統觀點，認爲二〈南〉乃以修齊治平過程突顯文王教化之本及治道完成的理想詩篇。修齊治平乃《大學》之條目，朱子藉修齊治平觀點詮釋二〈南〉，這本是由《四書》而《詩》、《書》的詮釋發展，但這樣的說法在《詩序》中已有顯露，〈詩大序〉云：「先王以是經夫婦，成孝敬，厚人倫，美教化，移風俗。」〔註301〕已具備從夫婦之齊家關係向外開展的輪廓。而〈關雎〉之序云：「〈關雎〉，后妃之德也。〈風〉之始也，所以風天下而正夫婦也。故用之鄉人焉，用之邦國焉。」〔註302〕這也表現出

〔註300〕阮元校勘：《禮記正義》，卷13，頁2上／2902。
〔註301〕阮元校勘：《毛詩正義》，卷1之1，頁9上／565。
〔註302〕阮元校勘：《毛詩正義》，卷1之1，頁4上／562。

齊家治國的次序，黃永武便認爲《詩序》對二〈南〉的詮釋本身便具有修齊治平的程序，其辭曰：

> 子夏作《詩序》說：「〈關雎〉〈麟趾〉之化，王者之風」，是說〈周南〉從〈關雎〉到〈麟趾〉，已畫出了由正心誠意到平天下的「王者」的偉大面目；又說「〈鵲巢〉〈騶虞〉之德，先王之所以教」，是說〈召南〉從〈鵲巢〉到〈騶虞〉，已講明了由正心誠意到平天下的成功的教化途徑。子夏又說：「〈周南〉〈召南〉，正始之道，王化之基」，把儒家心目中的學習歷程與目標，已說得十分明確。〔註303〕

《詩序》對三百篇的解釋雖可能有言過其實的問題，但教化意義乃其主要關懷意識，雖然《詩序》未明確提及自《大學》條目詮釋《詩經》教化的程序，但實隱然含有相似的說法，而朱子更順應《詩序》這方面的內容，明確結合《大學》教化過程，將二〈南〉解釋爲文王藉由修齊治平而實現王道政治的詩篇。

　　二〈南〉分〈周南〉、〈召南〉，關於二〈南〉的產生來源及其區別，一直也是《詩經》學史的重大爭議。傳統見解均從王化之基及周、召分治的角度論述二〈南〉性質，如《詩序》云：

> 然則〈關雎〉、〈麟趾〉，王者之風，故繫之周公。南，言化自北而南也。〈鵲巢〉、〈騶虞〉之德，諸侯之風也，先王之所以教，故繫之召公。〈周南〉、〈召南〉，正始之道，王化之基。〔註304〕

《詩序》之說乃《詩經》學者普遍接受的定義，然降至後世，亦有從地域及音樂角度探討者，如酈道元《水經注》云：「《周書》曰：南，國名也。南氏有二臣，力鈞勢敵，競進爭權，君弗能制。南氏用分爲二南國也。按韓嬰敘《詩》云：其地在南郡、南陽之間。」〔註305〕《韓詩》似以南自爲一國。程大昌則以南爲樂名，《考古編》云：「《詩》有〈南〉、〈雅〉、〈頌〉，無〈國風〉。其曰〈國風〉者，非古也。……蓋〈南〉、〈雅〉、〈頌〉，樂名也。若今之樂曲在某宮者也。〈南〉有〈周〉、〈召〉，〈頌〉有〈周〉、〈魯〉、〈商〉，本其所從得而還以繫其國土也。二〈雅〉獨無繫，以其純當周世，

〔註303〕 黃永武：〈從詩經二南看修齊治平之道〉，收入《詩經研究論集》（臺北：黎明文化事業股份有限公司，1981 年 1 月），頁 287。

〔註304〕 阮元校勘：《毛詩正義》，卷 1 之 1，頁 17 下～18 下／569。

〔註305〕 〔北魏〕酈道元注，陳橋驛校證：《水經注校證》（北京：中華書局，2007 年 7 月），卷 34，頁 797。

無用標別也。」〔註306〕面對這些爭議，主張不遵《詩序》的朱子卻守《詩序》之說，從王化之基的角度解釋二〈南〉詩旨。《詩集傳》云：

> 武王崩，子成王誦立。周公相之，制作禮樂，乃采文王之世風化所及民俗之詩，被之筦弦，以為房中之樂，而又推以及於鄉黨邦國。所以著明先王風俗之盛，而使天下後世之脩身、齊家、治國、平天下者，皆得以取法焉。（《詩集傳》，卷1，頁401）

關於二〈南〉的時代，《詩序》雖將〈周南〉繫於周公，〈召南〉繫於召公，但又強調這是先王之風教，必須歸本於文王之治理，孔穎達《毛詩正義》即引鄭玄之言云：

> 鄭以此詩所述，述文王為諸侯時事，以有王者之化，故稱王者之風。於時實是諸侯，詩人不為作〈雅〉。文王三分有二之化，故稱王者之風，是其風者，王業基本。此述服事殷時，王業基本之事，故云述其本，宜為風也。〔註307〕

孔穎達從鄭玄之說，以二〈南〉雖繫於周公與召公，然實為文王時詩。但既為周召之時，為何不直接述周召之事，而必欲上採文王之詩？朱子以為此乃周公制禮作樂時，取文王時世風化所及的民俗之詩，以為禮樂之用。文王德行崇高，風化流行，人民亦大受影響，性情純正，故周公制作禮樂，便擇取這些最足為代表的詩作，編成〈周南〉、〈召南〉，以作為房中禮樂。朱子的思維其實與鄭、孔等人相同，皆以二〈南〉組詩為文王時世作品，由於聖人德治之效，故二〈南〉所反映的思想是天理與文明合一的典型之作，具有極高價值，因此朱子便視二〈南〉為文王展現其王化治世之道的基本藍圖。以下試分析朱子詮釋二〈南〉的義理重點。

（一）強調教化之本主於文王

傳統詩說雖以二〈南〉之化為文王、周公、召公等聖賢德化所致，但受限於詩歌往往由女子角度詠唱的事實，遂又創造出后妃之德的說法，以為聖王之妃亦可主持德化之治。這種詮釋主要見於《詩序》，而歷來說《詩》者亦多承襲之，如程頤便說后妃過多，反失卻文王。朱子則從君主的角度反對《詩序》過度強調后妃之德的說法，《詩序辨說》云：

〔註306〕〔宋〕程大昌：《考古編》，收入《景印文淵閣四庫全書》第852冊，卷1，頁1下～2上／2～3。
〔註307〕阮元校勘：《毛詩正義》，卷1之1，頁18上／569。

其詩雖若專美大姒，而實以深見文王之德。序者徒見其詞，而不察其意，遂壹以后妃爲主，而不復知有文王，是固已失之矣。至於化行國中，三分天下，亦皆以爲后妃之所致，則是禮樂征伐皆出於婦人之手，而文王者徒擁虛器以爲寄生之君也，其失甚矣。〔註308〕

朱子自我標榜解《詩》乃採「以《詩》說《詩》」之法，但在批評〈關雎〉之序時卻以爲作序者徒見其詞，不察其意，言下之意，乃指作序者僅據文本之詞而發揮，卻未深入體察詩歌背後的意涵。在此，主客易位，朱子變成不以詩詞本文爲憑，而必欲察其意。《詩序》將〈關雎〉導向后妃之德，固然有其不妥處，但朱子導向文王之化，亦非詩詞本文所顯示的結果，可見兩者對〈關雎〉的解讀，均非建立在文本之上。而朱子則批評《詩序》以后妃之德爲風化之本的說法本末倒置，在朱子的觀念中，天下之所以得治的根本在於君主正其心，而三代以上之所以得以成就爲理想治世，是因其出現德位兼備的聖人，能藉由一己德性之建立並推廣，進而風化天下，這也是《大學》修身以至平天下條目的開展。而朱子既將二〈南〉之詩歸屬於文王之時，那麼教化的核心人物便應該是文王，而非后妃，然〈關雎〉之序卻大談后妃之德，如此便有可能造成二〈南〉之化乃后妃所致的印象，無怪乎朱子批評此說將使文王爲寄生之君。朱子的說法固然存在男女分際的觀念，但更重要的是，他調強君主必須作爲教化治理的核心，而后妃之德亦是受君王教化所致，朱子批評〈鵲巢〉序便云：

　　文王之時，〈關雎〉之化行於閨門之内，而諸侯蒙化以成德者，其道亦始於家人，故其夫人之德如是，而詩人美之也。〔註309〕

〈關雎〉之化以文王爲根本，文王化及后妃，並及於諸侯，而諸侯亦化及家人，提升諸侯夫人之德，故爲詩人詠歌。透過朱子的詮釋，一切教化根本均在君主之身，故朱子認爲〈漢廣〉序「文王之道被于南國，美化行乎江漢之域」〔註310〕之文「復得詩意，而所謂文王之化者尤可以正前篇之誤。」〔註311〕朱子以爲〈漢廣〉序強調文王之道正可作爲〈周南〉等詩的標準解說，因此對於〈汝墳〉序所謂「道化行也。文王之化行乎汝墳之國，婦人能閔其君子，

〔註308〕朱熹：《朱子全書》第1冊，頁355。

〔註309〕朱熹：《朱子全書‧詩序辨說》，頁359。

〔註310〕阮元校勘：《毛詩正義》，卷1之3，頁4下／591。

〔註311〕朱熹：《朱子全書‧詩序辨說》，頁358。

猶勉之以正也。」〔註312〕便未置疑辭。

　　二〈南〉反映的思想雖爲文王德化的典型，但朱子又批評前人之說過度集中於對后妃之德的稱述，從而忽略后妃亦爲文王德化影響所及。有鑒於此，朱子便從《大學》修身、齊家、治國、平天下的進程檢視二〈南〉詩歌所反映的教化輪序，〈詩傳綱領〉云：

　　　詩之始作，多發於男女之間，而達於父子君臣之際，故先王以詩爲教，使人興於善而戒其失，所以道夫婦之常，而成父子君臣之道也。

　　　三綱既正，則人倫厚，教化美，而風俗移矣。〔註313〕

夫婦之倫乃人倫關係得以開展的核心，而男女之間的情欲追求亦是本於人性而發，若教化得正，則男女交往在合乎禮義的原則下進行，便可顯現爲美厚之風俗；然若教化不行，男女拋卻道德觀念，直以滿足情欲爲目的，如此便反映爲衰世的淫奔之詩。而朱子既設定二〈南〉多屬基層人民所作，那麼詩人所反映者亦多爲其本身所最常接觸的男女之情，如〈關雎〉便爲宮中之人美文王與大姒之合，而〈摽有梅〉則寫女子待嫁心情，正由於民歌所接觸的多是人民百姓最直接的情感問題，其題材便不外乎男女情愛。那麼以《詩》爲教，就是最切近生活的教材，從這裡著手，導正男女關係，於教化之實施自然可收得事半功倍的效果。而《詩經》多由男女之情寫起，便被朱子視爲乃表現人倫之本的重要原則，也是教化展開的基礎。

　　朱子雖然不認同將后妃之德作爲詮釋二〈南〉詩的核心，但他並非否定二〈南〉之中仍有歌頌后妃之詩。在朱子的詮釋中，〈周南〉十一篇牽涉后妃之詩，便有〈關雎〉、〈葛覃〉、〈卷耳〉、〈樛木〉、〈螽斯〉五篇，而朱子自己對這五首詩的解說也幾乎依舊圍繞在后妃之德的解釋上，如注〈關雎〉云：「蓋德如雎鳩，摯而有別，則后妃性情之正固可以見其一端矣。」（《詩集傳》，卷1，頁403）注〈葛覃〉云：「此詩后妃所自作，故無贊美之詞。然於此可以見其已貴而能勤，已富而能儉，已長而敬不弛於師傅，已嫁而孝不衰於父母，是皆德之厚，而人所難也。《小序》以爲后妃之本，庶幾近之。」（《詩集傳》，卷1，頁404～405）注〈卷耳〉云：「此亦后妃所自作，可以見其貞靜專一之至矣。」（《詩集傳》，卷1，頁405）論〈樛木〉詩云：「后妃能逮下而無嫉妒之心。」（《詩集傳》，卷1，頁406）論〈螽斯〉則云：「后妃不妒忌而子孫眾多，故眾妾以螽斯之羣處

〔註312〕阮元校勘：《毛詩正義》，卷1之3，頁7下／593。
〔註313〕朱熹：《朱子全書》第1冊，頁343～345。

和集而子孫眾多比之。言有是德而宜有是福也。」（《詩集傳》，卷 1，頁 406）
若未能明白朱子申明教化之本繫於文王的論點，從這些言論來看，他幾乎是與
傳統過度強調后妃之德者的看法相同，因此弟子便曾有疑，《語類》載：

> 問：「〈樛木〉詩『樂只君子』，作后妃，亦無害否？」曰：「以文義
> 推之，不得不作后妃。若作文王，恐太隔越了。某所著《詩傳》，蓋
> 皆推尋其脈理，以平易求之，不敢用一毫私意。大抵古人道言語，
> 自是不泥著。」（《語類》，卷 81，頁 2098）

朱子自以爲對〈樛木〉詩的推求乃據其脈理而得，但觀〈樛木〉全詩云：

> 南有樛木，葛藟纍之。樂只君子，福履綏之。
> 南有樛木，葛藟荒之。樂只君子，福履將之。
> 南有樛木，葛藟縈之。樂只君子，福履成之。

詩文明言此乃君子得福之詩，但朱子卻要將「君子」解爲「自眾妾而指后妃，
猶言小君內子也。」（《詩集傳》，卷 1，頁 406）這樣的訓詁非傳統對君子的
解釋，而朱子居然稱這樣的解說是推尋脈理，以平易求之，不敢用一毫私意。
實則此處朱子是全用己意，在他的設計下，〈周南〉是文王修身有成，德化於
外的顯現。而后妃與文王日夜相處，是直接受其潤澤者，故〈關雎〉至〈螽
斯〉皆與后妃有關，若中間突然插入一首賀君子之詩，便擾亂文王德化家庭
的次序，從而使〈周南〉詩歌的排序失去意義。因此朱子在回答鄭可學時雖
強調他是以文脈爲準，實則朱子全是爲維護他結合《詩經》與《大學》條目
所作的詮釋。不過朱子強調后妃之德必須局限在人倫關係之內，也就是說，
后妃所秉持的德性主要表現在內庭之治中，至於向外的擴展仍必須本於文王
之治，《詩集傳》云：

> 按此篇首五詩皆言后妃之德。〈關雎〉舉其全體而言也。〈葛覃〉、〈卷
> 耳〉言其志行之在己，〈樛木〉、〈螽斯〉美其德惠之及人，皆指其一
> 事而言也。其詞雖主於后妃，然其實則皆所以著明文王身修家齊之
> 效也。（《詩集傳》，卷 1，頁 411）

朱子雖然批評《詩序》「后妃之德」，但這是針對《詩序》將整組二〈南〉詩
皆置於后妃之德影響之下的觀點而發，至於《詩集傳》雖然仍於〈周南〉前
五篇極力申述后妃之德，但其德卻是文王修身齊家的成果。因此，朱子強調
后妃之明德，其實也就是強調文王之明德。朱子又云：「夫其所以至此，后妃
之德固不爲無所助矣。然妻道無成，則亦豈得而專之哉！」（《詩集傳》，卷 1，

頁 411）妻道之成需得助於夫道，而后妃乃文王家庭組成分子，后妃性情得正，自然可以再就其風化能力範圍所及之對象而影響之，如宮人、子孫等，由此擴展也代表文王化及家庭，是爲修身齊家之效。而朱子將〈周南〉齊家的結果最後收在〈麟斯〉一詩，表示德化結果不但及於后妃妻妾，更能澤被子孫，使帝王世家完全成爲德化流行的楷模家庭。

（二）〈關雎〉為王教之綱領

〈周南〉前五篇詩雖仍主於歸美后妃之德，但朱子又特別指出〈關雎〉乃「舉其全體而言」。朱子讀書特重綱領，《四書》須以《大學》爲綱領，《詩經》則以二〈南〉爲綱領，至於〈關雎〉則又可視爲〈周南〉乃至整部《詩經》的綱領，居於至爲重要的地位，《語類》云：「讀〈關雎〉之詩，便使人有齊莊中正意思，所以冠于三百篇；與《禮》首言『毋不敬』，《書》首言『欽明文思』，皆同。」（《語類》，卷 81，頁 2095）朱子甚至指出，吟詠〈關雎〉可得學《詩》之本，其云：

> 獨其聲氣之和有不可得而聞者，雖若可恨，然學者姑即其詞而玩其理以養心焉，則亦可以得學《詩》之本矣。（《詩集傳》，卷 1，頁 403）

朱子認爲玩理養心是學《詩》之本，至於如何達成此項目標，彭維杰則云：

> 朱子認爲，讀詩當先就詩本文去探討，即其詩之辭，以窮究道理，並且循序漸進。待其專一精熟，略有所得之後，始可參之各家傳注，比較辯正。復再吟詠詩辭，玩味其中義理。在讀詩過程之中，內心應無一絲邪思，方能客觀研讀，知其詩裡善惡，復以興起感發，以爲勸懲，終至使性情得以歸於中正。〔註314〕

透過閱讀《詩經》文詞而玩理養心，使情性歸於中正，這也就是朱子所謂學《詩》之本的要領。《詩經》的性質與其他經書不同，《詩經》非是說理之書，而是表現情性的經典。在朱子的系統中，情之發若未受污濁之氣質或物欲影響，則其情便可發而爲正。而《詩經》大部分作品，特別是〈關雎〉，便是這種情感生發純正於性理的典型代表。但情之發畢竟已與本性隔了一層，故讀者閱讀時，便需深入理解情感層面，以了解支撐所發之情的性理內涵，簡單地說，讀《詩》就是要即情而求理。但《詩經》乃詩性文字，情感之發雖源於性理，並非字字句句皆代表著理，因此讀《詩》又不可一味求理，故朱子說要玩理。玩理者就其情感所發而其玩味其理，《詩經》之情，性質多樣，相

〔註314〕彭維杰：〈朱子「學詩之本」說發微〉，頁 43。

當活潑，而玩理亦須掌握其大體原則即可，不必過度鑽牛角尖，強調一字一句皆有理，重點是體味詩人情性之表達，進而涵養自身德性。

朱子論〈關雎〉詩兩引匡衡之言，分別為：

> 漢康衡曰：「『窈窕淑女，君子好仇』，言能致其貞淑，不貳其操，情欲之感無介乎容儀。宴私之意不形乎動靜。夫然後可以配至尊而為宗廟主。此綱紀之首，王教之端也。」可謂善說《詩》矣。（《詩集傳》，卷 1，頁 402）

> 康衡曰：妃匹之際，生民之始，萬福之原。婚姻之禮正，然後品物遂而天命全。孔子論《詩》以〈關雎〉為始。言太上者民之父母，后夫人之行，不侔乎天地，則無以奉神靈之統，而理萬物之宜。自上世以來，三代興廢，未有不由此者也。（《詩集傳》，卷 1，頁 403～404）

匡衡所述皆圍繞在女子有德，可輔佐君子的論點上，甚至認為三代興廢，莫不由此。朱子則坐實為文王與大姒之詩，並以作詩者為宮中之人，朱子云：「周之文王生有聖德，又得聖女姒氏以為之配，宮中之人於其始至，見其有幽閒貞靜之德，故作是詩。」（《詩集傳》，卷 1，頁 402）宮闈中的詩人因見大姒有德，可配文王，遂吟詠〈關雎〉之詩以為頌嘆。但由此詩除可見出后妃性情外，亦可見創作之詩人性情亦屬純正，注〈關雎〉云：

> 孔子曰：「〈關雎〉樂而不淫，哀而不傷。」愚謂此言為此詩者，得其性情之正，聲氣之和也。蓋德如雎鳩，摯而有別，則后妃性情之正固可以見其一端矣。至於寤寐反側，琴瑟鍾鼓，極其哀樂而皆不過其則焉，則詩人性情之正又可見其全體也。（《詩集傳》，卷 1，頁 403）

宮闈詩人以雎鳩摯而有別形容后妃，固可見后妃情性之正，但作者在敘述之際，又能極其哀樂而不過其則，更顯示作者本身情性亦為純正者，《語類》便云：

> 蓋宮中人思得淑女以配君子，未得則哀，既得則樂。然當哀而哀，而亦止於「輾轉反側」，則哀不過其則；當樂而樂，而亦止於鐘鼓、琴瑟，則樂不過其則，此其情性之正也。（《語類》，卷 25，頁 626）

據詩歌本文來看，〈關雎〉詩明明為表現男子追求意中人的心路歷程，但朱子卻必欲從宮人思得淑女以配文王的角度來詮釋，如此曲折的設定，其實就是

爲了完成王化之基的德化之說。然作詩者既爲宮人，那麼此詩便非民俗之詩，《語類》有云：「〈關雎〉之詩，非民俗所可言，度是宮闈中所作。」（《語類》，卷81，頁2095）不過，民俗詩人與宮闈詩人之分別只是就地點而論，宮闈與民俗同爲基層人民，同受貴族階級統領。在朱子的教化倫序中，風化次序是先由宮中再及民間，作爲需要教化的對象而言，宮闈詩人與民俗詩人性質實無太大差異。而文王既爲聖者，與其匹配之后妃亦具幽閒貞靜之美德，這本是美事一椿，但〈關雎〉詩顯示重點不只在於文王與大姒天作之合的美而已，而是作者本身雖爲宮闈之人，卻仍然可以形容得如此意味深長，其詩人情性亦必純正。連宮人都具備這種情性，那麼作爲主人的文王及后妃其德行之美善更不在話下。

〈關雎〉詩人及所敘主角皆爲性情中正者，故讀者便可由此深深玩味詩意。而朱子也藉由對〈關雎〉詩的解讀示範如何讀《詩》之道，尤其表現在對〈關雎〉後二章的解釋，極饒富意味，〈關雎〉云：

> 參差荇菜，左右流之。窈窕淑女，寤寐求之。求之不得，寤寐思服。
> 悠哉悠哉！輾轉反側。
> 參差荇菜，左右采之。窈窕淑女，琴瑟友之。參差荇菜，左右芼之。
> 窈窕淑女，鍾鼓樂之。

在這兩章中，共出現三次「參差荇菜，左右□之」的句型，朱子以爲此乃起興句，故解說重點便落在後面的被興句。但起興句又並非無義之興，而略可與下句呼應。首先就起興句「左右□之」的動作來看，其順序分別爲流之、采之、芼之。《毛傳》詁流爲求，詁芼爲擇，皆爲揀採之意。但朱子的解釋卻帶有感情關係上的進度，《詩集傳》云：「流，順水之流而取之也。……采，取而擇之也。……芼，熟而薦之也。」（《詩集傳》，卷1，頁403）經過朱子的訓詁，採擇荇菜的動作便有其程序，首先是順流而取，再予以擇選，最後煮熟而薦享，故採荇菜的動作便是依序而爲。但朱子突顯這樣的次序用意爲何？這便可以回應到被興句所道出的實事，此則表現爲對「窈窕淑女」追求的三種動作：「寤寐求之」、「琴瑟友之」、「鍾鼓樂之」，《詩集傳》則分別注云：「此窈窕淑女，則當寤寐不忘以求之矣。……此窈窕淑女，既得之，則當親愛而娛樂之。」（《詩集傳》，卷1，頁403）君子對窈窕淑女的追求是一開始「求之不得」，後來得以「琴瑟友之」，代表兩人已結識友好，最後「鍾鼓樂之」則能親愛並娛樂之，當已結爲連理。對照采荇的漸進行爲，君子對此女

之追求便是依禮而行,漸進有序,最後擄獲佳人芳心。朱子這樣的闡述表現出他對詩歌寫作手法的深刻體認,但只是分析創作手法,對朱子而言是不夠的,文學的論述雖是《詩經》的基礎,但必須再加上經學的義理價值,故朱子一再強調君子之求女乃求賢女以爲內助,《詩集傳》又云:「蓋此人此德,世不常有,求之不得,則無以配君子而成其內治之美。……蓋此人此德,世不常有,幸而得之,則有以配君子而成內治。」(《詩集傳》,卷 1,頁 403)君子求賢女的標準在於有德,而其目的則爲成其內治,成內治又是爲了推行教化於天下,因此,〈關雎〉詩在朱子的經營之下,便成了名符其實的綱紀之首,王教之端的典型代表。

(三)由齊家向外擴展的〈周南〉詩篇

1.〈桃夭〉──國人齊家之治

　　文王之化不僅止於自身家庭而已,從〈桃夭〉開始,文王之化開始漸及於外,邁向治國、平天下的最終理想。朱子論〈桃夭〉云:「文王之化自家而國,男女以正,婚姻以時。」(《詩集傳》,卷 1,頁 407)自〈桃夭〉起,文王之化跨越家庭門檻,開始及於國中,而文王之化的首要重點仍在於端正男女之情,〈桃夭〉詩乃敘賀嫁女之詩,其詩云:

　　　桃之夭夭,灼灼其華。之子于歸,宜其室家。

　　　桃之夭夭,有蕡其實。之子于歸,宜其家室。

　　　桃之夭夭,其葉蓁蓁。之子于歸,宜其家人。

詩歌稱頌此女可「宜其室家」,朱子便由此特別強調此女之賢:「詩人因所見以起興,而歎其女子之賢,知其必有以宜其室家也。」(《詩集傳》,卷 1,頁407)宜其室家本爲旁人道賀之祝辭,但由於此詩接續在文王后妃相處的模範作品之後,故此賢女之嫁便具有相當特殊的意涵。首先,以此女爲賢淑之人,暗藏教化施及女子之意。再者,以桃木「灼灼其華」起興亦有其意涵,朱子云:「《周禮》『仲春令會男女』,然則桃之有華,正婚姻之時也。」(《詩集傳》,卷 1,頁 407)女子處於適婚年齡,便可得其歸宿,那麼這也是政治安定所產生的影響。最後,此女可「宜其室家」,「宜其家人」,表示德化所及非只此女,更可因正夫婦之正,而及於其家。因此可以說,〈關雎〉至〈螽斯〉乃文王家庭之治,而〈桃夭〉則爲國人家庭之治。男女正,齊家之效便可顯現,那麼王道之化乃能由此展開,故〈兔罝〉、〈芣苢〉、〈漢廣〉、〈汝墳〉便各言其事,以明教化之廣,到最後〈麟趾〉則象王道之成。

2.〈兔罝〉——教化施及野人

〈兔罝〉詩首章云:「肅肅兔罝,椓之丁丁。赳赳武夫,公侯干城。」朱子
詮釋詩旨云:「化行俗美,賢才眾多,雖罝兔之野人,而其才之可用猶如此。」
(《詩集傳》,卷1,頁407)〈桃夭〉化及女子,故婚姻得正;〈兔罝〉化及野人,
堪爲干城。那麼男女之化的重點便有內外之不同。而朱子將武夫與野人連結,
表示百姓民人在受到文王德化之後,皆將變爲可用之才,便示意其乃深受禮樂
教化的影響而知曉義理,可負擔衛國之責,故朱子強調「文王德化之盛因可見
矣。」(《詩集傳》,卷1,頁407~408)一切歸本之因仍是聖王教化。

3.〈芣苢〉——化行俗美

朱子詮釋〈芣苢〉爲「化行俗美,家室和平,婦人無事,相與采此芣苢
而賦其事以相樂也。」(《詩集傳》,卷1,頁408)〈芣苢〉詩的敘述很簡單,
只是單純的勞動採收的畫面,其詩云:

> 采采芣苢,薄言采之;采采芣苢,薄言有之。
>
> 采采芣苢,薄言掇之;采采芣苢,薄言捋之。
>
> 采采芣苢,薄言袺之;采采芣苢,薄言襭之。

此詩雖以重章疊詠方式反復吟唱,但卻極富興味,方玉潤《詩經原始》便有
一段相當著名的評論:

> 讀者試平心靜氣,涵詠此詩,恍聽田家婦女,三三五五,於平原繡
>
> 野、風和日麗中,群歌互答,餘音裊裊,若遠若近,忽斷忽續,不
>
> 知其情之何以移,而神之何以曠。則此詩可不必細繹而自得其妙焉。

〔註315〕

在方玉潤的描述下,將此詩所傳達之田家和諧安樂氣氛表露無遺。而朱子雖
未如此深入刻畫,但他指出此乃和平無事時,婦人採作而自賦其樂之詩,其
實亦著重於從田家和樂的角度論述,故方玉潤評「其說不爲無見。」〔註316〕
不過朱子的思維主要建立在「化行俗美」的政治基礎上。農家一派悠閒的氣
氛可以作爲道家所嚮往小國寡民,不爲政治力干預的無爲模式,但亦可表現
爲如朱子所認同,乃政治教化在極度高明的狀態下,所呈現出的理想社會,
故朱子於〈兔罝〉之後,再次於〈芣苢〉強調「化行俗美」,便是繼續從儒家
角度重視政治教化的功能。

〔註315〕方玉潤:《詩經原始》,卷之1,頁15上~15下/191~192。

〔註316〕方玉潤:《詩經原始》,卷之1,頁15下/192。

4.〈漢廣〉——變易游女淫亂情性

朱子對〈周南〉的定義有從地域角度解釋者,《詩集傳》云:「蓋其得之國中,雜以南國之詩,而謂之〈周南〉。言自天子之國而被於諸侯,不但國中而已也。」(《詩集傳》,卷 1,頁 401～402) 所謂南國之詩,便是〈漢廣〉及〈汝墳〉二詩。〈關雎〉至〈芣苢〉皆可視爲國中之詩,故「化行俗美」之詞乃稱文王之化及於國中,爲《大學》「治國」這一部分。然而由於是時文王猶遵紂命,故教化不可能普施於天下,只能及於所可掌握之區域,故於「平天下」這一理想之達成,只能表現在對南國的影響,《語類》有載:

> 問:「文王時,紂在河北,政化只行於江漢?」曰:「然。西方亦有獫狁。」(《語類》,卷 81,頁 2098)

朱子認爲受限於政治版圖,文王不得施行其教化於河北及西方,只得往南延伸,首及於江漢之間,故朱子論〈漢廣〉詩云:

> 文王之化,自近而遠,先及於江、漢之間,而有以變其淫亂之俗,故其出游之女,人望見之,而知其端莊靜一,非復前日之可求矣。(《詩集傳》,卷 1,頁 409)

南國風俗在文王教化影響之後,發生本質性的改變,移風易俗,化解其原本淫亂之習,使游女情性歸於純正。朱子由〈漢廣〉詩所言「不可求思」、「不可方思」,而認爲此女原本是可求、可思,故此女乃初具淫亂之性,而後被文王教化,非復前日之可求可思,淫亂之情已變反爲正。正基於這樣的思維,朱子對〈漢廣〉之序所云:「文王之道被于南國,美化行乎江漢之域,無思犯禮,求而不可得也。」〔註317〕基本上表示贊同,不過朱子的立論點乃是建立在《大學》「平天下」的程序之中,他雖接受《詩序》的說法,但卻改造納入自己對〈周南〉教化由近及遠的漸進擴散系統中。

〔註317〕阮元校勘:《毛詩正義》,卷 1 之 3,頁 4 下/591。〈漢廣〉此序首句有云「德廣所及也」,朱子批評此句乃序者「以篇內有『漢之廣矣』一句得名,而序者謬誤,乃以『德廣所及』爲言,失之遠矣。」(見朱熹:《朱子全書‧詩序辨說》,頁 358。) 朱子以爲序文所言「德廣之所及」乃序者據詩詞「漢之廣矣」所作的引申,不成文理。《語類》更屬言批評:「如〈漢廣〉之〈序〉言『德廣所及』,此語最亂道!詩人言『漢之廣矣』,其言已分曉。至如下面〈小序〉卻說得是謂『文王之化被于南國,美化行乎江漢之域,無思犯禮,求而不可得也』,此數語卻好。」(《語類》,卷 80,頁 2077) 德廣所及其實亦符合朱子對文王之化開展於南國之思維,不爲亂道,而朱子乃據詩文批判,則其所謂亂道當是針對序者胡亂引伸的斥責之語。

5.〈汝墳〉──改易紂俗之惡

南國之詩尚有一〈汝墳〉，但朱子對〈汝墳〉的設定便比較曲折。南國被文王之化，照理講，此處是化行俗美，遂有游女一改舊日惡習而為貞靜之女，那麼〈汝墳〉詩也應納入這個系統中。但問題在於〈汝墳〉詩明確提到「魴魚赬尾，王室如燬，雖則如燬，父母孔邇」的詩句，這是當時天下大亂的反映，那麼如何與文王之化連結？朱子必須費一番苦心，《詩集傳》云：

> 是時文王三分天下有其二，而率商之叛國以事紂，故汝墳之人猶以文王之命供紂之役。其家人見其勤苦，而勞之曰：「汝之勞既如此，而王室之政方酷烈而未已。雖其酷烈而未已，然文王之德如父母然，望之甚近，亦可以忘其勞矣。」此《序》所謂「婦人能閔其君子，猶勉之以正」者，蓋曰雖其別離之久、思念之深，而其所以相告語者，獨有尊君親上之意，而無情愛狎昵之私，則其德澤之深，風化之美，皆可見矣。（《詩集傳》，卷1，頁410）

朱子無法轉化詩意有過勞埋怨之傾向，但在文王治理之下，人民百姓不可能發出這種哀嘆聲音，故只得將王室轉變為紂王，認為南國之人雖仍受紂王驅使所苦，但由於受到文王教化影響，猶能勉以尊君親上而忘其勞。朱子為符合這種詮釋，遂採取以「父母」指「文王」的說法。在鄭孔注疏中，父母乃順詩意未加以改變，鄭玄云：「父母甚近，當念之，以免於害。」〔註318〕《後漢書》注引《韓詩》亦云：「仕者以父母甚迫近飢寒之憂，為此祿仕。」〔註319〕則舊說未見有以父母代指文王者。以父母為文王，殆宋儒之創造，蘇轍云：「然而有文王以為之父母，可以無久病矣。」〔註320〕李迂仲亦云：「『雖則如燬，父母孔邇』，說者多以父母為文王。」〔註321〕朱子亦承襲文王之說而不顧改變詩意，魏源便批評宋儒這種釋義云：

> 其時王室在朝歌，去汝南止數百里，去歧豐則千餘里，不得有孔邇之云。而三百篇言父母者皆謂二親，從無叚借之例。詩中但勉其君子以忠孝則王化自見，故先儒謂〈北山〉之大夫不及〈北門〉之大夫，〈北門〉大夫之妻不及〈汝墳〉之婦人。苟以詩在〈周南〉，必

〔註318〕阮元校勘：《毛詩正義》，卷1之3，頁9下／594。

〔註319〕〔南朝·宋〕范曄，〔唐〕李賢注：《後漢書》，收入《百衲本廿四史》（臺北：臺灣商務印書館，2000年8月，影印宋紹興刊本），卷39，頁20上／589。

〔註320〕蘇轍：《詩傳》，卷1，頁13下。

〔註321〕李樗、黃櫄：《毛詩集解》，卷2，頁273。

美文德，則〈漢廣〉、〈茉苢〉，何又詞頌上耶？且《小序》、《傳》、《箋》，皆無文王孔邇之義，至釋墳爲大防，君子仕亂世，父母對疏遠，則並同《魯》、《韓》之旨。故王肅、王基、馬昭、孔晁、孫毓述毛並謂大夫行役，其妻所作。《毛詩》有與三家本無不合，而區裂於後人者，茲類是也。〔註322〕

魏源批評頗爲有據。而朱子採納文王爲父母之說作爲詮釋詩歌依據，實爲不倫。然其目的仍然在於完備文王教化之影響，以使其符合《大學》程序。由此也可見，朱子絕非純粹以《詩》解《詩》者，《詩經》作爲經學教材，必須展現其於教化上的地位，不能單純視爲詩人自咏情性的作品，在其背後必須以政教基礎作爲背景。

6.〈麟之趾〉——文王德化之應

〈周南〉最後一首詩爲〈麟之趾〉，《詩序》以此詩爲〈關雎〉之應，孔穎達解釋云：「此〈麟趾〉處末者，有〈關雎〉之應也。由后妃〈關雎〉之化行，則令天下無犯非禮。天下既不犯禮，故今雖衰世之公子，皆能信厚如古致麟之時，信厚無以過也。〈關雎〉之化，謂〈螽斯〉以前；天下無犯非禮，〈桃夭〉以後也。」〔註323〕孔穎達乃接受鄭玄的觀念，他們將致麟視爲古時曾發生過的祥瑞，而今雖爲殷末衰世，但公族子孫猶存〈關雎〉之化而有似古代致麟極治之時。但這樣的說法其實頗多破綻，若公子皆信厚，又如何會爲衰世？既爲衰世，以古代致麟之時爲對比，難道不寓借古諷今之意？詩提到麟趾，若無其瑞，詩人又何以會想要以之起興？故朱子便刪去《詩序》「雖衰世公子，皆信厚如麟趾之時也」中「之時」二字，〔註324〕刪去此二字後，便代表朱子不認爲此詩所敘是追述古代致麟之時，而以爲此詩乃文王推行教化所達致的祥瑞。但朱子的觀念又較特別，在史籍記載中實未見文王之時有任何麟瑞之事，因此傳統注疏方將麟之趾寄託到遠古之時。而朱子在實際記錄的限制下，亦無法憑空構造麟瑞之事，於是他轉了一個彎，《詩集傳》云：

文王后妃德脩於身，而子孫宗族皆化於善，故詩人以麟之趾興公之

〔註322〕〔清〕魏源：《詩古微》，收入《續經解毛詩類彙編》第3冊（臺北：藝文印書館，1986年6月，影印《皇清經解續編》本），卷1298，頁10下～11上／3211～3212。

〔註323〕阮元校勘：《毛詩正義》，卷1之3，頁10下／594。

〔註324〕《詩序辨說》云：「『之時』二字可刪。」見朱熹：《朱子全書·詩序辨說》，頁358。

子。言麟性仁厚，故其趾亦仁厚。文王后妃仁厚，故其子亦仁厚。
然言之不足，故又嗟歎之。言是乃麟也，何必麕身、牛尾而馬蹄，
然後爲王者之瑞哉？（《詩集傳》，卷1，頁410）

麟性仁厚，而今公族在文王后妃德化影響之下，子孫亦皆仁厚，於是詩人便
據麟起興，以仁厚之麟烘托公族子孫亦皆具仁厚之實。然因爲並無眞正的麟
應顯現，於是詩人只得以興法起興，稱頌在文王德化之下，家庭、公族皆蒙
受其化。而朱子既以麟之趾爲興，那麼便強調解讀詩意時不必關注在此句之
上，而是直接理解下句之意涵，而公孫興旺仁厚之效與麟瑞之應相同，不須
眞要有麕身牛尾之麟出現，方爲王者之瑞，《語類》載：

問：「〈麟趾〉〈騶虞〉之詩，莫是當時有此二物出來否？」曰：「不
是，只是取以爲比，[註325] 云即此便是麟，便是騶虞。」（《語類》，
卷81，頁2099）

朱子的詮釋，更切合修養致化的德行之治，他藉由此詩強調，王者之瑞主要
是由修身、齊家所開展出來，並非祥瑞所致。祥瑞的出現是因應有德王者治
世的來臨，若無德則必然像魯哀公獲麟一樣，不識而誤殺祥瑞；而且祥瑞符
應也不一定全表現在奇珍異獸的出現，家族的興旺，亦可視爲祥瑞。經過朱
子的轉化，麟應變成一種象徵，而非眞實出現者，他認爲眞正的祥瑞必須符
應到人事，甚至可直接以人事代替之。

從〈關雎〉到〈麟之趾〉，朱子將之轉變爲《大學》之道經文王德化而開
展的標準過程，先及於后妃，再化及子孫，然後及於國人，施行南國。但由
於文王之時尙有殷商統治，故德化雖未能普及天下，其應則表現爲子孫仁厚
的王者之瑞，那麼「平天下」的理想也就指日可待。《詩集傳》云：

〈關雎〉舉其全體而言也。〈葛覃〉、〈卷耳〉言其志行之在己，〈樛
木〉、〈螽斯〉美其德惠之及人，皆指其一事而言也。其詞雖主於后
妃，然其實則皆所以著明文王身脩家齊之效也。至於〈桃夭〉、〈兔
罝〉、〈芣苢〉則家齊而國治之效。〈漢廣〉、〈汝墳〉則以南國之詩附
焉，而見天下已有可平之漸矣。若〈麟之趾〉則又王者之瑞，有非
人力所致而自至者，故復以是終焉，而序者以爲〈關雎〉之應也。（《詩
集傳》，卷1，頁411）

[註325] 朱子此處以「比」釋之，與《詩集傳》不同。然從朱子對「比興」的定義來
看，此「比」當非「比興」之「比」，而是指麟趾、騶虞乃有義之興。

然而〈周南〉雖存在這樣的開展，但朱子又指出二〈南〉為正家之事，《詩序辨說》云：「王者之道，始於家，終於天下。而二〈南〉正家之事也。」〔註326〕單就〈周南〉來說，亦具治國、平天下的規模，那麼何以朱子會說二〈南〉只是正家之事？固然，治國、平天下的開展必須由齊家開始，但在朱子對〈周南〉的改造後，各詩所敘述之事實仍普遍局限於家庭之中，〈關雎〉至〈螽斯〉均為文王自正其家之事，而〈桃夭〉之後，亦多仍是圍繞家庭而論。如〈桃夭〉為男女婚嫁及時，〈芣苢〉則為室家和平，即使〈汝墳〉之詩亦為家人慰勞之詞，故〈周南〉所展示文王德化之推行，其基礎乃在於使天下之人各正其家。《詩集傳》又引程子之言云：

> 天下之治，正家為先。天下之家正，則天下治矣。二〈南〉，正家
> 之道也。陳后妃、夫人、大夫妻之德，推之士庶人之家一也。故
> 使邦國至於鄉黨皆用之，自朝廷至於委巷莫不謳吟諷誦，所以風
> 化天下。（《詩集傳》，卷 1，頁 421）

教化的推行並不是要使人民效命君上，忠愛國家而已，而是要使天下之人各正其家，天下之家皆得其正，那麼各人各家皆可自推其教化，雖其本必須繫於君王一身，但每位受過君王德化之人皆可變為就其所能推廣範圍的核心參與者，在其能力之內，繼續推動君王教化，如此方可達致儒家的理想社會。

（四）〈召南〉諸侯德化之實施

《詩序》云：「〈關雎〉、〈麟趾〉之化，王者之風，故繫之周公。南，言化自北而南也。〈鵲巢〉、〈騶虞〉之德，諸侯之風也，先王之所以教，故繫之召公。」〔註327〕《詩序》以王者、諸侯區別〈周南〉、〈召南〉，為朱子所接受，並云：「其得之南國者，則直謂之〈召南〉。言自方伯之國被於南方，而不敢以繫於天子也。」（《詩集傳》，卷 1，頁 402）朱子以為〈周南〉包含國中及南國之詩，而〈召南〉則全部得之於南國。而在〈周南〉中，文王德化已及於南國，但也只有〈漢廣〉及〈汝墳〉二詩，那麼〈召南〉全為南國之詩，便等於是〈周南〉的延伸。但若只是延伸而已，實不足以解釋獨立出〈召南〉詩篇的原因，故朱子將〈召南〉所申述重點轉變為諸侯之化。諸侯由於己身得正並及於夫人，又擴及大夫之家，最後化行其國，如此等於是文王之化的再一次循環，當然，諸侯得化仍是本諸文王之德影響。而關於〈召南〉教化

〔註326〕朱熹：《朱子全書・詩序辨說》，頁 356。
〔註327〕阮元校勘：《毛詩正義》，卷 1 之 1，頁 17 下／569。

的程序及範圍，《詩集傳》有云：

> 愚按：〈鵲巢〉至〈采蘋〉言夫人、大夫妻，以見當時國君大夫被文
> 王之化，而能脩身以正其家也。〈甘棠〉以下，又見由方伯能布文王
> 之化，而國君能脩之家以及其國也。其詞雖無及於文王者，然文王
> 明德新民之功，至是而其所施者溥矣。抑所謂其民蠢蠢而不知爲之
> 者與？（《詩集傳》，卷1，頁420）

在朱子的設計下，〈召南〉幾乎等於是〈周南〉教化的翻版，由修身、齊家，
再進於治國，其所走的程序與〈周南〉幾乎一樣。

1.〈鵲巢〉──〈召南〉諸侯教化之綱領

〈周南〉有〈關雎〉作爲綱領，〈召南〉亦以〈鵲巢〉具備相同地位，〈鵲
巢〉詩云：

> 維鵲有巢，維鳩居之。之子于歸，百兩御之。
>
> 維鵲有巢，維鳩方之。之子于歸，百兩將之。
>
> 維鵲有巢，維鳩盈之。之子于歸，百兩成之。

從詩詞來看，這純粹是祝賀新婚之詩，而據百兩的形容，此女子可能是身分
尊貴者，但也有可能只是詩人賀語的故作鋪張。不過對於朱子而言，他對二
〈南〉凡涉及婚嫁之詩皆給予高度稱頌，認爲這是在王道教化下男女正其情
性而結合的典型代表，《詩集傳》注〈鵲巢〉第一章云：

> 南國諸侯被文王之化，能正心脩身以齊其家，其女子亦被后妃之化，
> 而有專靜純一之德，故嫁於諸侯，而其家人美之曰：「維鵲有巢，則
> 鳩來居之，是以之子于歸，而百兩迎之也。」此詩之意，猶〈周南〉
> 之有〈關雎〉也。（《詩集傳》，卷1，頁411）

朱子以爲〈關雎〉乃敘述文王得大姒相配的過程，而〈鵲巢〉則是具專靜純
一，被文王后妃之化的女子，嫁予被文王之化，能正心修身以齊其家的諸侯，
那麼此二人的結合也等於是文王與大姒的雛形，故〈鵲巢〉詩具有〈關雎〉
之功能，等同於〈召南〉的綱領，也是強調在個人的正心修身之後，必須從
男女夫婦人倫開始，方能逐步擴及並端正其他各種人倫關係，乃至於平治其
國。

2.〈采蘩〉、〈草蟲〉、〈采蘋〉──論夫人及大夫妻之德

〈周南〉自〈葛覃〉到〈螽斯〉皆以后妃爲主角，強調后妃之德。而〈召
南〉既被設定必須具備相同的歷程，故朱子亦將〈采蘩〉、〈草蟲〉二詩歸於

諸侯夫人，《詩集傳》論〈采蘩〉第一章云：

> 南國被文王之化，諸侯夫人能盡誠敬以奉祭祀，而其家人敘其事以
> 美之也。……此詩亦猶〈周南〉之有〈葛覃〉也。（《詩集傳》，卷1，
> 頁412）

〈葛覃〉是敘述后妃具有勤、儉、敬、孝等美德之詩，而〈采蘩〉詩則寫諸
侯夫人能盡其誠敬而奉祭祀，亦表示夫人具有勤事之德，《語類》載：

> 問：「采蘋蘩以供祭祀，采枲耳以備酒漿，后妃夫人恐未必親爲之。」
> 曰：「詩人且是如此說。」（《語類》，卷81，頁2100）

所謂詩人且如此說，乃指詩人是爲了描述夫人之德而作此言，夫人雖未必親
自從事這些瑣碎之事，但藉由這樣的形容，卻可將其德烘托出來。至於〈草
蟲〉一詩，朱子的看法略有前後之差異，《詩集傳》云：

> 南國被文王之化，諸侯大夫行役在外，其妻獨居，感時物之變而思
> 其君子如此。亦若〈周南〉之〈卷耳〉。（《詩集傳》，卷1，頁413）

朱子於《詩集傳》主張此詩乃諸侯大夫之妻思念君子行役之作，但在《詩序
辨說》卻云：「此恐亦是夫人之詩。」〔註328〕否定《詩序》及《詩集傳》中以
爲大夫妻所作的可能，而直接歸爲夫人。朱子何以會有如此改變？這個問題
看似無關緊要，但卻反映出朱子重視后妃、夫人爲君王齊家之道的核心思維。
〈周南〉直接頌揚后妃美德之詩若扣除〈關雎〉爲總綱領外，計有四首之多。
而〈召南〉中則只有〈采蘩〉一詩被朱子明確定爲夫人之詩，兩相對照下，
比例頗爲失衡。然若依《詩集傳》所定以〈草蟲〉爲大夫妻所作，那麼關於
歌頌大夫妻之詩便有〈草蟲〉及〈采蘋〉兩首，較以夫人爲主角的〈采蘩〉
詩爲多，如此則有本末倒置之慮。在朱子的觀念中，教化施行必須是由上及
下，故敘夫人美德之詩比例上應高於大夫妻。撰作《詩集傳》時朱子可能尚
未思考到這一層面，而直接採取《詩序》之說；然於寫作《詩序辨說》在臚
列《詩序》前後說法作爲參照後，便很容易發現夫人與大夫妻在比例上的不
等，無法符合教化推展的要求，故他在無任何論證下，直接判定〈草蟲〉詩
爲夫人之詩。而從《詩集傳》對〈鵲巢〉、〈采蘩〉、〈草蟲〉三詩的論述來看，
朱子將之比擬爲〈周南〉之〈關雎〉、〈葛覃〉、〈卷耳〉，可見朱子極有意將〈召
南〉詩排列次序與〈周南〉畫上等號，皆爲符合由近及遠的教化擴展。雖必
須將德化歸本於文王及諸侯，但由於二〈南〉所道乃正家之事，故除於〈關

〔註328〕朱熹：《朱子全書‧詩序辨說》，頁359。

雎〉、〈鵲巢〉略提及文王及諸侯之德外，其後之詩皆從作爲匹配的正宮妻子寫起，故而塑造出具后妃之德、夫人之德等女性形象，以作爲實行齊家之治的關鍵開展。而〈召南〉在〈采蘩〉、〈草蟲〉夫人之德影響之下，〈采蘋〉則又擴及到大夫妻之德，《詩集傳》云：「南國被文王之化，大夫妻能奉祭祀，而其家人敘其事以美之也。」（《詩集傳》，卷 1，頁 413）夫人之德及於大夫之妻，雖然其本皆爲文王之化，但由諸侯到大夫，由夫人到大夫妻，程序的先後乃是教化開展不可淆亂的原則。

3.〈甘棠〉──諸侯布教

從〈鵲巢〉到〈采蘋〉，話題一直圍繞在夫人、大夫妻之上，雖美其德，但綠葉只是紅花的陪襯，朱子認爲這些女性之所以能有美德，主要由於丈夫正心修身流澤所及，也就是諸侯大夫正家的結果。掌握教化關鍵者必須是諸侯，而非夫人，於是在敘述完夫人大夫妻之德後，必須再推展出家庭之外，由此以顯現德化之普遍，不專於其家而已。故朱子於〈甘棠〉一詩特別強調這是方伯布化所致，《詩集傳》云：「召伯循行南國，以布文王之政。」（《詩集傳》，卷 1，頁 414）召伯施政教化，雖是個人治國的行爲，但其本在於推行文王之政。召伯德行之完成乃受文王影響所致，故能於其國推展其德，流及百姓，而〈行露〉、〈羔羊〉、〈殷其靁〉、〈摽有梅〉、〈小星〉、〈江有汜〉、〈野有死麕〉、〈何彼穠矣〉等詩便各就其事而論，代表文王及諸侯之德化徹底流行於社會各個角落。然而朱子於〈行露〉、〈摽有梅〉、〈江有汜〉及〈野有死麕〉四詩特別強調詩中主角性情之改變，又代表文王、諸侯之教化對於民俗有撥亂反正的效用。

4.〈行露〉、〈摽有梅〉、〈野有死麕〉、〈江有汜〉──民俗變惡入善

〈行露〉詩乃女子對於遭遇無理強暴之控訴，全詩云：

> 厭浥行露，豈不夙夜，謂行多露。
>
> 誰謂雀無角，何以穿我屋？誰謂女無家，何以速我獄？雖速我獄，
> 室家不足。
>
> 誰謂鼠無牙，何以穿我墉？誰謂女無家，何以速我訟？雖速我訟，
> 亦不女從。

《詩序》對此詩的解釋乃從教化立場而論，其云：「〈行露〉，召伯聽訟也。衰亂之俗微，貞信之教興；彊暴之男，不能侵陵貞女也。」〔註329〕但這樣的說

〔註329〕阮元校勘：《毛詩正義》，卷 1 之 4，頁 9 下／605。

法卻引來許多批評，主要爭議在於若文王教化已流行於南國，何以女子可堅貞信之教，而男子猶興彊暴之訟？後人乃有教化專及女子而不及男子之譏。朱子在《詩集傳》中並未牽涉到這個問題，僅云：

> 南國之人遵召伯之教，服文王之化，有以革其前日淫亂之俗，故女子有能以禮自守，而不為強暴所汙者，自述己志，作此詩以絕其人。
> （《詩集傳》，卷1，頁414）

根據朱子的建構，〈行露〉詩與〈周南〉之〈漢廣〉狀況相近，皆是女子已革前日淫亂之習，而能以禮自守。不同的是，〈行露〉中的男子卻以彊暴之姿對貞信之女興訟，那麼何以在文王及召伯教化之後，德化所及僅表現於女子而不及男子？《語類》則有云：

> 〈漢廣〉游女，求而不可得。〈行露〉之男，不能侵陵正女。豈當時婦人蒙化，而男子則非！亦是偶有此樣詩說得一邊。（《語類》，卷81，頁2099）

據《語類》的說法，這只是偶然的現象，並非指當時男子普遍如此。但這樣的說法仍未解釋清楚，何以德教已行，卻仍有未蒙教化的男子存在。聖王教化該是風行草偃，何以教化對象仍有如何遲速差異？且如此一來，二〈南〉便與變〈風〉有正有邪之作的情形雷同，如何作為正《詩》代表？在對〈摽有梅〉詩的討論中，朱子方提出較合理之說。

〈摽有梅〉乃女子懼嫁不及時，自敘急迫之情，《詩集傳》云：「南國被文王之化，女子知以貞信自守，懼其嫁不及時，而有強暴之辱也。」（《詩集傳》，卷1，頁416）這樣的說法所導致的問題與〈行露〉相同，若女子已知貞信，何以仍會有男子彊暴之憂，同樣存在化及女子而不及男子的疑慮，《語類》有載：

> 問：「〈摽有梅〉何以入於正〈風〉？」曰：「此乃當文王與紂之世，方變惡入善，未可全責備。」（《語類》，卷81，頁2100）

朱子比較務實地看待〈摽有梅〉所代表時代的問題。商周交替時，天下同時存在聖王與暴君，在這樣的治亂交替之際，欲達成教化目標不可能一蹴可幾。而〈摽有梅〉正處於變惡入善之時，故女子雖以貞信自守，但猶有急迫之意，表示這是教化初行的現象。那麼〈行露〉詩中男子之所以作為彊暴之人，便可以借用這種論點解釋。是時紂王暴政與文王德教正在互相角力，得文王化者便能端正情性，受紂王影響者，仍未免限於氣質之蔽。故〈行露〉詩之所

以舉一邊而言，也只是朱子的權說，正確的解釋應該是紂王與文王之教分別突顯出不同的兩種情性，而二〈南〉教化所顯示的目的為逐漸變易紂王惡俗，而成就文王德化的理想。

如此一來，〈野有死麇〉的前提便相同，朱子云：

> 南國被文王之化，女子有貞潔自守，不為強暴所汙者，故詩人因所見以興其事而美之。（《詩集傳》，卷1，頁418）

在朱子的刻畫下，此詩之吉士成為強暴者，企圖引誘懷春少女，但此女由於受文王之化，故而嚴辭拒絕。朱子認為女子所言「舒而脫脫兮，無感我帨兮，無使尨也吠」乃具「凜然不可犯之意」（《詩集傳》，卷1，頁419）。那麼女子便是受文王之化者，而此吉士仍可視為因紂俗所影響，情性為氣質物欲所蔽而非純正者。因此，朱子就基於這種思維，接受《詩序》對〈江有汜〉的說明。《詩序》云：「美媵也。勤而無怨，嫡能悔過也。文王之時，江沱之間，有嫡不以其媵備數，媵遇勞而無怨，嫡亦自悔也。」[註330] 朱子除對「勤而無怨」一詞有意見外，[註331] 大致上接受《詩序》的說法，並云：

> 是時汜水之旁，媵有待年於國而嫡不與之偕行者，其後嫡被后妃夫人之化，乃能自悔而迎之。（《詩集傳》，卷1，頁418）

朱子特別指出嫡能自悔乃受后妃夫人之化所致，這與前人說法稍有出入，如程頤云：「卒章則言不過我而無怨，笑歌順命，蓋言其所以致譏之自悔也。」[註332] 程頤的意思是此嫡有感於媵順命無怨，故而自悔，但朱子的意思則是強調此嫡乃由於被受后妃之化，方能改變前惡而自悔，明顯是著眼於教化的功能而言。

5.〈羔羊〉、〈殷其靁〉、〈小星〉、〈何彼穠矣〉──教化普及各階層

〈召南〉中除上述變惡為善之詩外，另有〈羔羊〉、〈殷其靁〉、〈小星〉、〈何彼穠矣〉亦為教化普及的典型詩作。〈羔羊〉詩云：

> 羔羊之皮，素絲五紽。退食自公，委蛇委蛇。
> 羔羊之革，素絲五緎。委蛇委蛇，自公退食。
> 羔羊之縫，素絲五總。委蛇委蛇，退食自公。

〔註330〕 阮元校勘：《毛詩正義》，卷1之5，頁8上／615。
〔註331〕 《詩序辨說》云：「詩中未見勤勞無怨之意。」見朱熹：《朱子全書‧詩序辨說》，頁359。
〔註332〕 王孝魚點校：《二程集‧河南程氏經說》，卷3，頁1049。

若正面看待此詩，乃官員從容自得之模樣，《詩集傳》則云：「南國化文王之政，在位皆節儉正直，故詩人美其衣服有常，而從容自得如此也。」（《詩集傳》，卷1，頁415）〈羔羊〉詩的寫法是從服裝入手，兼及舉止，德稱其服，而朱子對於《詩序》除「德如羔羊」一句有疑義外，其他都可接受，《詩序》云：「〈羔羊〉，〈鵲巢〉之功致也。召南之國化文王之政，在位皆節儉正直。」〔註333〕〈鵲巢〉之功乃指諸侯受文王之化而推行王政，鄭玄即云：「〈鵲巢〉之君，積行累功，以致此〈羔羊〉之化。在位卿大夫競相切化，皆如此〈羔羊〉之人。」〔註334〕〈鵲巢〉雖為夫人之德，但鄭玄則從諸侯行文王之化的角度申述，這樣的看法是可以符合朱子強調文王重於后妃的論點，〈答潘恭叔〉第六通即認為讀〈羔羊〉詩可就鄭玄之意補充，其云：「《小序》本未必能盡《詩》意。即鄭、張二說，意亦自佳。」（《文集》，卷50，頁2286）而〈鵲巢〉之功既為諸侯化及夫人之事，由此推出，再及於卿大夫，使之皆正直節儉，故詩人歌咏其事，以美文王之化。劉瑾更將此詩與〈周南・兔罝〉連結，其云：

> 此詩之言賢才，猶〈周南〉之有〈兔罝〉也。蓋文王作人之效，驗
> 諸在野，則赳赳武夫，公侯腹心；觀諸在朝，則委蛇之大夫，節儉
> 正直；此文王之化，不可以淺深遠近論者也。〔註335〕

觀朱子處處欲將〈召南〉詩比照〈周南〉，則此處劉瑾以〈羔羊〉比〈兔罝〉，認為〈兔罝〉為在野，〈羔羊〉為在朝，兩者可互為參照，表文王作人之效。這樣的說法，應該可為朱子認同。

〈殷其靁〉為妻子思念在外行役之丈夫，全詩云：

> 殷其靁，在南山之陽。何斯違斯，莫敢或遑。振振君子，歸哉歸哉。
> 殷其靁，在南山之側。何斯違斯，莫敢遑息。振振君子，歸哉歸哉。

簡單的詩句，道盡丈夫行役，夫妻無法相見的無奈。但此詩既為正〈風〉，其意涵便不可單純就字面而論，《詩集傳》即云：

> 南國被文王之化，婦人以其君子從役在外而思念之，故作此詩。言
> 殷殷然雷聲則在南山之陽矣，何此君子獨去此而不敢少暇乎？於是
> 又美其德，且冀其早畢事而還歸也。（《詩集傳》，卷1，頁416）

〔註333〕阮元校勘：《毛詩正義》，卷1之4，頁13上／607。
〔註334〕阮元校勘：《毛詩正義》，卷1之4，頁13上／607。
〔註335〕劉瑾：《詩傳通釋》，卷1，頁54下～55上／314。

朱子掌握此詩妻子思念丈夫的感物道情本質，但在文學的基礎上，又添加文王之化及君子之德的教化意涵，表示此詩乃受教化之君子致力於國事，故劉瑾又將之與〈汝墳〉比照，其又云：

> 此詩之念行役，猶〈周南〉之有〈汝墳〉也。然視〈汝墳〉獨無尊君親上之意者，彼詩作于既見君子之時，故得慰其勞而勉以正；此詩作于君子未歸之日，故但念其行役之勞，然而無怨咎之辭，則其婦人之賢，文王之化亦可見矣。〔註336〕

不過劉瑾此處的論述與朱子之意似不對應，劉瑾認爲〈汝墳〉詩並無尊君親上之意，但朱子是以爲「獨有尊君親上之意」（《詩集傳》，卷1，頁410），劉瑾乃依《詩集傳》闡釋，不知何以發生這種錯誤？然而對於朱子而言，〈汝墳〉詩明確提到「王室如燬」，爲符應這此語，必須將行役背景與紂王連結，故怨勞乃紂王造成，勉以行正則爲文王風教所致。而〈殷其靁〉則沒有文本的限制，於是朱子並不須刻意論述行役之苦。但君子之妻亦未有勉勵之語，故朱子特別著重於「振振君子」一語，訓「振振」爲「信厚」，認爲這是室家美其君子有德之詩。如此一來，君子行役在外乃爲國事奔波，而君子之妻雖深感思念，猶美其君子有德，那麼兩人皆不以私情爲重，故而可謂此君子正家之效，再連結〈羔羊〉來看，這兩首詩便是卿大夫受文王、諸侯之化而自正其家的典型詩歌。

〈小星〉是一首相當特殊的詩歌，歷來的詮釋也相當歧異。《詩序》以爲此乃夫人惠及婢妾之詩，其云：「〈小星〉，惠及下也。夫人無妬忌之行，惠及賤妾，進御於君。知其命有貴賤，能盡其心矣。」〔註337〕《詩序》的解釋套在詩歌本文上，相當牽強，〈小星〉詩云：

> 嘒彼小星，三五在東。肅肅宵征，夙夜在公。寔命不同。
> 嘒彼小星，維參與昴。肅肅宵征，抱衾與裯，寔命不猶。

從詩歌本文來看，未見任何女性口吻，以之爲婢妾之詩，必須有一番解釋。而鄭玄依《詩序》解《詩》，便以爲此詩乃敘諸妾進御於君之詩，其云：「諸妾肅肅然夜行，或早或夜，在於君所，以次序進御者，是其禮命之數不同也。」〔註338〕鄭玄以公指君，夙夜在公便是進御於君之意，而「抱衾與裯」則喻諸

〔註336〕劉瑾：《詩傳通釋》，卷1，頁56上／315。
〔註337〕阮元校勘：《毛詩正義》，卷1之5，頁4上／613。
〔註338〕阮元校勘：《毛詩正義》，卷1之5，頁4下／613。

妾懷抱牀帳進御於君。鄭玄雖如此說，然細繹《毛傳》說法，實未必與《詩序》相合，《毛傳》詁云：「肅肅，疾貌。宵夜，征行。寔，是。命不得同於列位也。」〔註339〕列位分明是指爵位，征行蓋指行役，則《毛傳》似以此詩爲行役之詩。而《齊詩》、《韓詩》說法亦有差異，《易林》〈大過之夬〉云：「旁多小星，三五在東。早夜晨行，勞苦無功。」〔註340〕《文選》魏文帝〈雜詩〉呂向注云：「『嘒彼小星』，喻小人在朝也。」〔註341〕種種說法，均讓〈小星〉詩旨隱晦。而朱子雖力詆《詩序》，於此詩卻全盤接受《序》說。《齊》、《韓》說法帶有怨諷之意，不能置於二〈南〉之中，遂不爲朱子所取。而《毛傳》解釋不夠清楚，無法建構獨立意義於《詩序》之外。至於鄭玄之說雖多附會，但以眾妾爲主角，其實正符合二〈南〉敘述多爲女子角度的寫作取材。而且眾妾既懂得克守己分，這也可視爲后妃、夫人教化的結果。大概由於如此，朱子選擇《詩序》及鄭《箋》的解釋，視此詩乃眾妾受夫人之化，能不致怨於往來之勤，始終安於己分，進御於君，《詩集傳》云：

> 南國夫人承后妃之化，能不妬忌以惠其下，故其眾妾美之如此。蓋眾
> 妾進御於君，不敢當夕，見星而往，見星而還，故因所見以起興。……
> 遂言其所以如此者，由其所賦之分不同於貴者，是以深以得御於君爲
> 夫人之惠，而不敢致怨於往來之勤也。(《詩集傳》，卷1，頁417)

朱子注〈小星〉並引呂氏曰：「夫人無妬忌之行，而賤妾安於其命，所謂上好仁，而下必好義者也。」(《詩集傳》，卷 1，頁 417) 朱子接受這樣的詮釋，雖然未必符合詩意，但卻能合於他所構造的教化倫理。

〈何彼穠矣〉最大爭議在於此詩的時世問題。〈何彼襛矣〉詩有云：「平王之孫，齊侯之子。」周朝只有一平王，乃東周開國之主，但〈召南〉爲西周初年之詩，何以會出現「平王之孫」這樣的字眼？《毛傳》便云：「平，正也。」〔註342〕平正之王，乃指文王，故又云：「武王女，文王孫，適齊侯之子。」〔註343〕朱子在《詩集傳》解釋此詩時先引《毛傳》詁訓，但接著

〔註339〕阮元校勘：《毛詩正義》，卷1之5，頁4下／613。

〔註340〕〔漢〕焦延壽：《焦氏易林》(臺北：藝文印書館，1983年6月，校宋本重雕)，卷7，頁13下／186。

〔註341〕〔南朝・梁〕蕭統撰，〔唐〕李善等註：《增補六臣註文選》(臺北：華正書局，1980 年 9 月，影印中央研究院歷史語言研究所藏宋末刊本)，卷29，頁19下／544。王先謙云：「唐惟《韓詩》存，所引乃《韓》義。」

〔註342〕阮元校勘：《毛詩正義》，卷1之5，頁12下／617。

〔註343〕阮元校勘：《毛詩正義》，卷1之5，頁12下／617。

又說：「或曰，平王即平王宜臼，齊侯即襄公諸兒。事見《春秋》，未知孰是。」（《詩集傳》，卷 1，頁 419）對於平王的身分，朱子感到棘手，但他似乎並不贊同平王爲文王，故又云：「此乃武王以後之詩，不可的知其何王之世，然文王、太姒之教久而不衰，亦可見矣。」（《詩集傳》，卷 1，頁 419）若不是周初之詩，那麼如何與〈召南〉之化連結？於是朱子強調，這首詩即使是後世之詩，但所代表的意義是指文王教化之盛，歷久不衰，依舊想盡辦法附會到文王之化。

6.〈騶虞〉──諸侯德化之應

二〈南〉詩終於〈騶虞〉，既爲最後一詩，當有特殊意涵，於是朱子倣照〈麟趾〉爲〈關雎〉之應的模式，亦接受《詩序》指〈騶虞〉爲〈鵲巢〉之應的說法。〈騶虞〉詩云：

> 彼茁者葭，壹發五豝。于嗟乎，騶虞。
>
> 彼茁者蓬，壹發五豵。于嗟乎，騶虞。

從詩文來看，〈騶虞〉所敘似爲田獵場景，故三家《詩》有不以騶虞爲獸者，《周禮》〈鍾師疏〉引《韓詩》、《魯詩》之說云：「騶虞，天子掌鳥獸官。」〔註 344〕然《毛傳》則以爲此乃義獸，其云「騶虞，義獸也。白虎黑文，不食生物。有至信之德則應之。」〔註 345〕《毛傳》將騶虞配予聖德，有至信之德方顯其應，這樣的說法雖具神話色彩，但卻足以彰顯文王之德，故朱子採用之，《語類》載：

> 「于嗟乎騶虞！」看來只可解做獸名。以「于嗟麟兮」類之，可見。
>
> 若解做騶虞官，終無甚意思。（《語類》，卷 81，頁 2102）

若作官名，任何國君皆可有此官，無法突顯這是文王高度治化的回應，故作官名解並無意思。然若作獸解，則爲有德之應，乃文王所獨有之功，這大概便是朱子選擇祥瑞之應的心理。不過，朱子亦採取對〈麟趾〉的認知，以爲〈騶虞〉並非眞有此獸出現，《詩集傳》論〈騶虞〉云：

> 南國諸侯承文王之化，脩身齊家以治其國，而其仁民之餘恩又有以
>
> 及於庶類，故其春田之際，草木之茂，禽獸之多，至於如此。而詩
>
> 人述其事以美之，且歎之曰：此其仁心自然，不由勉強，是即眞所
>
> 謂騶虞矣。（《詩集傳》，卷 1，頁 420）

〔註 344〕阮元校勘：《周禮注疏》，卷 24，頁 3 下／1728。

〔註 345〕阮元校勘：《毛詩正義》，卷 1 之 5，頁 14 下／618。

文王之化，不僅澤及百姓，更及於庶類，故草木茂盛，禽獸繁衍。但考諸史實，無法見其時眞有騶虞顯應，於是朱子亦取象徵之意，認爲騶虞乃象文王仁心自然，不由勉強，騶虞之應其實就是文王德性之顯，《語類》云：

> 〈騶虞〉之詩，蓋於田獵之際，見動植之蕃庶，因以贊詠文王平昔
> 仁澤之所及，而非指田獵之事爲仁也。《禮》曰：「無事而不田曰不
> 敬。」故此詩「彼茁者葭」，仁也；「一發五犯」，義也。（《語類》，
> 卷81，頁2101～2102）

文王行事，胸中皆是天理，自然發出，其德澤遍及萬物，不必因騶虞出現而增益文王之德，亦不會因未現騶虞而有損聖德，因此，朱子視〈騶虞〉爲〈鵲巢〉之應，亦是對文王聖德完備的稱述而已。《詩集傳》注〈騶虞〉云：

> 文王之化，始於〈關雎〉而至於〈麟趾〉，則其化之入人者深矣。形
> 於〈鵲巢〉而及於〈騶虞〉，則其澤之及物者廣矣。蓋意誠心正之功
> 不息而久，則其熏烝透徹，融液周徧，自有不能已者，非智力之私
> 所能及也。故《序》以〈騶虞〉爲〈鵲巢〉之應，而見王道之成，
> 其必有所傳矣。（《詩集傳》，卷1，頁420）

〈麟趾〉喻子孫，〈騶虞〉喻及物，而其本歸於〈關雎〉、〈鵲巢〉，則〈周南〉、〈召南〉分別代表教化由齊家及天下的兩次循環過程，〈周南〉爲文王修身齊家之效，〈召南〉則爲諸侯修身齊家之效，因此兩者有其相通之處，以下試以簡表列出二〈南〉教化過程以明其梗概：

程序	對象	〈周南〉	〈召南〉
綱領		〈關雎〉	〈鵲巢〉
齊家	后妃夫人	〈葛覃〉、〈卷耳〉	〈采蘩〉、〈草蟲〉
	婢妾	〈樛木〉	〈小星〉
	子孫	〈螽斯〉	
治國	大夫		〈采蘋〉、〈羔羊〉
	國人	〈桃夭〉、〈芣苢〉、〈兔罝〉	〈蔽芾〉、〈行露〉、〈摽有梅〉、〈江有氾〉、〈野有死麕〉
	後世		〈何彼襛矣〉
平天下	他國人民	〈漢廣〉、〈汝墳〉	
德化之應		〈麟之趾〉	〈騶虞〉

　　〈周南〉、〈召南〉各有一套由王者及諸侯自身再推而及外的德化過程，〈周南〉另有〈漢廣〉、〈汝墳〉化及南國，表示文王之德及於天下，而〈召南〉諸侯本身所代表的意義便是文王化及天下之後的起始點，再由諸侯推行文王之化以及其國，諸侯之治國便是文王之平天下，如此便是完整的齊家、治國、平天下。但二〈南〉著重者主要是王者齊家之治的效果，由齊家所開展而出，故雖為平天下之藍圖，但真正重點依舊在齊家這一部分，《詩序辨說》便云：

> 王者之道，始於家，終於天下。而二〈南〉正家之事也。王者之化，
> 必至於法度彰，禮樂著，〈雅〉〈頌〉之聲作，然後可以言成。然無
> 其始則亦何所因而立哉。〔註346〕

王道教化實施之本在於齊家，二〈南〉雖已具有完整開展的次序，但著重點在於正家之事，真正王道的實現必須是〈雅〉、〈頌〉聲作之後始得完成，而朱子正是繼續這樣的思維詮釋〈雅〉、〈頌〉之旨。

二、二〈雅〉：禮樂文明之標誌及其實施內涵

　　朱子認為大、小〈雅〉可依音樂及功能畫分，而尤其著重於作用功能。他認為〈小雅〉乃燕饗之樂，重點在使賓主能盡其歡，從而得以溝通上下之情感。而〈大雅〉則是朝廷朝會時，受釐陳戒之詞，內容主在論述先王先公之德，目的在藉由恭敬齊莊之詩樂，使君臣能深刻體認先王之德，進而興起效法發揚之心，基本上屬於一種思想教育。以下試依此脈絡分析朱子詮釋二〈雅〉之義理思維。

（一）正〈小雅〉──寓人倫義理於禮樂之中

　　周代禮樂制度極重視賓主之間的燕饗儀式，由於周代行宗法制度，君臣之間除臣屬外，亦多有血緣關係，因此藉由宴會的舉行，增益彼此情感，有助於宗族乃至國家的團結，朱子便由這種認識論述〈雅〉詩燕饗之樂對人倫義理的涵養意義，進而將〈小雅〉依其詩篇內容分析其所顯現的作用。

1. 和諧人倫關係的治內之樂

（1）〈鹿鳴〉之三──和諧君臣關係

　　朱子於《詩集傳》〈鹿鳴〉第一章便強調燕饗對於溝通君臣情感具有極大作用，其云：

〔註346〕朱熹：《朱子全書・詩序辨說》，頁356。

蓋君臣之分以嚴爲主，朝廷之禮以敬爲主。然一於嚴敬則情或不通，而無以盡其忠告之益。故先王因其飲食聚會而制爲燕饗之禮，以通上下之情，而其樂歌又以〈鹿鳴〉起興，而言其禮意之厚如此，庶乎人之好我而示我以大道也。《記》曰：「私惠不歸德，君子不自留焉。」蓋其所望於羣臣嘉賓者，唯在於示我以大道，則必不以私惠爲德而自留矣。嗚呼，此其所以和樂而不淫也與！（《詩集傳》，卷9，頁543～544）

君臣之倫，須以嚴敬爲主，然若過嚴，反而有可能使臣下難以盡其忠告之情，於是朱子認爲燕饗禮儀除情感交流的功能外，最重要之目的在於能夠發臣屬愛君敬君之心，並將此種愛敬之道更提升至義理道德交流的層次。國君行政，難免有未符人心之作爲，若臣下憚於君威而不敢諫言，將使國君失輔佐之益，故朱子特別強調〈鹿鳴〉「示我周行」一語。朱子釋「周行」爲「大道」，大道即指道理。臣下以道理進言，表示此臣乃賢士；而君主希望臣下進言並表現出欣然接受的態度，則此君乃爲賢君。君臣如此，本易交心，再配合燕饗愉樂之音以感發，更能使君臣各盡其心，故朱子又引范祖禹之言云：

食之以禮，樂以之樂，將之以實，求之以誠，此所以得其心也。賢者豈以飲食幣帛爲悦哉？夫婚姻不備，則貞女不行也。禮樂不備，則賢者不處也。賢者不處，則豈得樂而盡其心乎？（《詩集傳》，卷9，頁544）

禮樂儀節的設置是爲得賢者之心，而爲使賢者更能感受到君主之誠意，禮樂必須有其內涵，非空設禮節，否則如〈權輿〉詩所述之情形，〔註347〕便無法使賢臣久處，更遑論以大道進言之。

　　古者常以〈鹿鳴〉、〈四牡〉、〈皇皇者華〉爲同性質組詩，如《左傳》〈襄公四年〉載：

穆叔如晉，報知武子之聘也。晉侯享之，金奏〈肆夏〉之三，不拜。工歌〈文王〉之三，又不拜。歌〈鹿鳴〉之三，三拜。韓獻子使行

〔註347〕《詩集傳》注〈權輿〉云：「漢楚元王敬禮申公、白公、穆生。穆生不嗜酒，元王每置酒，嘗爲穆生設醴。及王戊即位，常設。後忘設焉。穆生退曰：『可以逝矣！醴酒不設，王之意怠，不去，楚人將鉗我於市。』遂稱疾。申公、白公强起之曰：『獨不念先王之德歟？今王一旦失小禮，何足至此。』穆生曰：『先王之所以禮吾三人者，爲道之存故也。今而忽之，是忘道也。忘道之人，胡可與久處？豈爲區區之禮哉！』遂謝病去。亦此詩之意也。」（《詩集傳》，卷6，頁514）

人子員問之曰：「子以君命辱於敝邑，先君之禮，藉之以樂，以辱吾子。吾子舍其大，而重拜其細。敢問何禮也？」對曰：「三〈夏〉，天子所以享元侯也，使臣弗敢與聞。〈文王〉，兩君相見之樂也，臣不敢及。〈鹿鳴〉，君所以嘉寡君也，敢不拜嘉？〈四牡〉，君所以勞使臣也，敢不重拜？〈皇皇者華〉，君教使臣曰：『必諮於周。』臣聞之：訪問於善為咨，咨親為詢，咨禮為度，咨事為諏，咨難為謀。臣獲五善，敢不重拜？」〔註348〕

除國君饗臣之禮可用〈鹿鳴〉之三外，《儀禮》〈大射禮〉及〈鄉飲酒禮〉記載亦可用這組樂詩。但朱子認為最主要的目的仍應用於君臣燕饗時，於是對於〈四牡〉及〈皇皇者華〉，朱子亦從君臣之間的情感交流解釋〈四牡〉及〈皇皇者華〉，〈四牡〉詩云：

四牡騑騑，周道倭遲。豈不懷歸？王事靡盬，我心傷悲。
四牡騑騑，嘽嘽駱馬，豈不懷歸？王事靡盬，不遑啓處。
翩翩者鵻，載飛載下，集于苞栩。王事靡盬，不遑將父。
翩翩者鵻，載飛載止，集于苞杞。王事靡盬，不遑將母。
駕彼四駱，載驟駸駸，豈不懷歸？是用作歌，將母來諗。

〈皇皇者華〉詩則云：

皇皇者華，于彼原隰。駪駪征夫，每懷靡及。
我馬維駒，六轡如濡。載馳載驅，周爰咨諏。
我馬維騏，六轡如絲。載馳載驅，周爰咨謀。
我馬維駱，六轡沃若。載馳載驅，周爰咨度。
我馬維駰，六轡既均。載馳載驅，周爰咨詢。

從詩歌本文來看，這兩首詩均與燕饗毫無關係。以〈四牡〉而言，此乃使臣在途自咏思歸之情，而《詩序》所謂「勞使臣」、「遣使臣」之詩，乃就樂章之用而論，未必為詩之本義，陳子展便云：「〈皇皇者華〉與〈四牡〉同是使臣在途自詠之作。後乃作為樂章，一用之于君勞使臣之來，一用之於君遣使臣之往。一云王事靡盬，似為軍事出使，一云周爰咨諏，似為聘問出使。」〔註349〕王靜芝亦謂〈四牡〉云：「尋其端緒，當是使臣自咏行役勞苦之詩。而歌咏之間，取其勤勞之心，乃歌以為勞之之意；初既非為勞使臣而作，後

〔註348〕阮元校勘：《春秋左傳正義》，卷29，頁16下～20上／4189～4191。
〔註349〕陳子展：《詩經直解》（臺北：書林出版有限公司，1992年8月），頁524。

亦非專爲勞使臣而歌。」〔註350〕謂〈皇皇者華〉則云：「細揆全詩，純是征途所見，及出使心情，並無遣行之義在。」〔註351〕近人多由詩歌本義角度認爲此詩所謂勞使臣、遣使臣乃就其用途而言，非詩之本義。然朱子卻逆反這種思維，指出勞、遣使臣原爲本義，後用作它途，注〈四牡〉云：「按《序》言此詩所以『勞使臣之來』，甚協詩意。」（《詩集傳》，卷9，頁546）注〈皇皇者華〉云：「疑亦本爲遣使臣而作，其後乃移以它用也。」（《詩集傳》，卷9，頁547）朱子大抵是依據《左傳》及《國語》所載而作出這樣的斷言，《左傳》已見上引，《國語》〈魯語下〉則載：

> 叔孫穆子聘於晉，晉悼公饗之，樂及〈鹿鳴〉之三，而後拜樂三。晉侯使行人問焉，曰：「子以君命鎮撫敝邑，不腆先君之禮以辱從者，不腆之樂以節之。吾子舍其大而加禮於其細，敢問何禮也？」對曰：「寡君使豹來繼先君之好，君以諸侯之故，貺使臣以大禮。夫先樂金奏〈肆夏〉、〈樊〉、〈遏〉、〈渠〉，天子所以饗元侯也；夫歌〈文王〉、〈大明〉、〈緜〉，則兩君相見之樂也。皆昭令德以合好也，皆非使臣之所敢聞也。臣以爲肆口業及之，故不敢拜。今伶簫詠歌及〈鹿鳴〉之三，君之所以貺使臣，臣敢不拜貺？夫〈鹿鳴〉，君之所以嘉先君之好也，敢不拜嘉？〈四牡〉，君之所以章使臣之勤也，敢不拜章？〈皇皇者華〉，君教使臣曰：每懷靡及，諏謀度詢，必咨於周。敢不拜教？臣聞之曰：和爲每懷，咨才爲諏，咨事爲謀，咨義爲度，咨親爲詢，忠信爲周。君貺使臣以大禮，重之以六德，敢不重拜？」〔註352〕

正由於《左傳》、《國語》皆以〈四牡〉爲勞使臣，〈皇皇者華〉爲遣使臣，故朱子不採取其所宣稱以《詩》說《詩》原則，而認爲這兩首詩應依史傳爲據，乃國君慰勞派遣使臣之詩。

基於這種認定，朱子遂將二詩中本出自使臣口吻之詞，一律改爲君主關懷之語，《詩集傳》〈四牡〉第一章云：

> 此勞使臣之詩也。夫君之使臣，臣之事君，禮也。故爲臣者奔走於王事，特以盡其職分之所當爲而已，何敢自以爲勞哉？然君之心，

〔註350〕王靜芝：《詩經通釋》（臺北縣：輔仁大學文學院，1991年10月），頁334。
〔註351〕王靜芝：《詩經通釋》，頁336。
〔註352〕韋昭注：《國語韋氏解》，卷五，頁131～133。

則不敢以是而自安也。故燕饗之際，敘其情以閔其勞。言駕此四牡
而出使於外，其道路之回遠如此，當是時，豈不思歸乎？特以王事
不可以不堅固，不敢徇私以廢公，是以內顧而傷悲也。臣勞於事而
不自言，君探其情而代之言，上下之間，可謂各盡其道矣。（《詩集
傳》，卷9，頁545）

行役出使之勞本為使臣自己的體會，但朱子為成就君主關懷臣下之意，遂採
取代言之說，認為〈四牡〉詩所謂「豈不懷歸」，並非真是使臣自己所言，而
是君探其勞而代為抒情。又釋「王事靡盬，不遑將父」則云：「今使人乃勞苦
於外，而不遑養其父，此君人者所以不能自安，而深以為憂也。」（《詩集傳》，
卷9，頁545）那麼，臣勞於事而不自言，代表臣勤於職事，而君探其情而言
之，則是君閔其辛勞，君臣能互相體察其意，故可謂各盡其道。

　　朱子延續這種思維，〈皇皇者華〉亦變為君主遣派使臣時所教告之語，《詩
集傳》云：

君之使臣，固欲其宣上德而達下情，而臣之受命，亦唯恐其無以副
君之意也。故先王之遣使臣也，美其行道之勤，而述其心之所懷曰：
「彼煌煌之華，則于彼原隰矣。此駪駪然之征夫，則其所懷思常若
有所不及矣。」蓋亦因以為戒，然其詞之婉而不迫如此。《詩》之忠
厚，亦可見矣。（《詩集傳》，卷9，頁546）

朱子從君主角度解釋「駪駪征夫，每懷靡及」，認為此乃君主述其心之所懷。
朱子的詮釋有別於傳統注疏，如鄭《箋》即云：「和當為私。眾行夫既受君命，
當速行，每人懷其私，相稽留，則於事將無所及。」〔註353〕鄭玄的說法無法
突顯君臣信賴的原則，故不為朱子所取。而朱子則延續〈四牡〉君探其情的
角度詮釋，認為這是君主設想轉化自己成為征夫之角色，由於思家常出現有
所懷思而若有不及的神情，故可為君慰勞之意。而此詩雖為遣使臣，但依舊
表現出君主不捨其臣辛勞之苦心。使臣既受明君慰勞，必定更加勤於從事，
於是咨諏、咨謀、咨度、咨詢必周徧方畢，而朱子引范祖禹之言強調此處之
君臣關係可顯現為：

王者遣使於四方，教之以咨諏善道，將以廣聰明也。夫臣欲助其君
之德，必求賢以自助。故臣能從善，則可以善君矣；臣能聽諫，則
可以諫君矣。未有不自治，而能正君者。（《詩集傳》，卷9，頁547）

〔註353〕阮元校勘：《毛詩正義》，卷9之2，頁8下～9上／868～869。

使臣於所以諏謀度詢，必咨於周者，乃欲廣其本身之聰明，而此聰明主要是指德行方面的修養。使臣在出使之時，除宣上德，達下情外，亦必須求賢自助，也就是廣自身之德性及聞見以善己身。己能從善，方能善君。而回歸此詩爲君主遣臣之詩的立場，這番言論其實也就是君主欲臣正己而後正君的想法，故遣使臣時之告勉內容，不只是期許出使任務之完成，更深刻的義理內涵在於臣能藉由咨諏善道，廣己聰明，並進而正君，告君以善道。那麼表面上雖是臣之修身正己，實際上亦是君主之修身正己，於此朱子又切回《大學》修身、治國的條目之中。

（2）〈常棣〉、〈伐木〉──和諧宗族朋友之關係

〈小雅〉首重君臣之倫，不過西周社會行宗法制度，君臣之間往往存有血緣關係，由此衍生，亦強調兄弟情誼，而〈常棣〉便爲此類型詩作。《詩序》以爲此乃周公「閔管蔡失道」所作，朱子贊同之，《詩集傳》云：「此詩蓋周公既誅管、蔡而作。」（《詩集傳》，卷 9，頁 547）既爲誅管蔡之後而作，那麼便有亡羊補牢之意。於是朱子以爲詩意反復論述兄弟雖爲至親卻又常存鬩閱之事有其用意，注〈常棣〉云：

> 此詩首章略言至親莫如兄弟之意。次章乃以意外不測之事言之，以明兄弟之情其切如此。三章但言急難，則淺於死喪矣。至於四章，則又以其情義之甚薄，而猶有所不能已者言之。其《序》若曰不待死喪，然後相收，但有急難，便當相助。言又不幸而至於或有小忿，猶必共禦外侮。其所以言之者，雖若益輕以約，而所以著夫兄弟之義者，益深且切矣。至於五章，遂言安寧之後，乃謂兄弟不如友生，則是至親反爲路人，而人道或幾乎息矣。故下兩章乃復極言兄弟之恩，異形同氣，死生苦樂無適而不相須之意。卒章又申告之，使反覆窮極而驗其信然，可謂委曲漸次，說盡人情矣。讀者宜深味之。（《詩集傳》，卷9，頁 549）

兄弟雖有血親關係，但彼此之間往往又存在競爭比較之事實，尤其在封建社會，兄弟之間的利益衝突往往牽涉到權勢地位，甚至因而導致手足相殘。朱子認爲周公在平定管蔡亂後，對此感觸良深，於是敘述時並不專美兄弟之情，而能深刻指出手足的特殊關係，望讀者深刻體會。

人倫之廣，由兄弟延伸而出則爲朋友之倫。〈常棣〉詩雖強調友生不如兄弟，但朋友亦爲五倫之一，其重要性不可忽視，〈伐木〉序云：「燕朋友故舊也。

自天子至于庶人，未有不須友以成者。親親以睦，友賢不棄，不遺故舊，則民德歸厚矣。」〔註354〕朱子於此序無辨，蓋認可其說。《詩序》所言並未附會史事，主爲說理，故爲朱子接受。朋友之倫乃指無血緣因素的人際關係，就古代社會而言，也就是宗族以外的人士。觀〈伐木〉雖於首章言求友之事，然第二章起所述燕飲之人依舊是諸父、諸舅以及兄弟，對於詩歌何以將父舅兄弟歸爲朋友之倫，〔註355〕《毛傳》釋云：「天子謂同姓諸侯，諸侯謂同姓大夫，皆曰父，異姓則稱舅。國君友其賢臣，大夫、士友其宗族之仁者。」〔註356〕《毛傳》的說法依舊將朋友之倫限制於宗族之內。朱子大概看出《毛傳》與《詩序》無法兜攏的缺失，故他重新注解云：「諸父，朋友之同姓而尊者也。」「諸舅，朋友之異姓而尊者也。」「兄弟，朋友之同儕者也。」（《詩集傳》，卷9，頁550）朱子以爲此父、舅、兄弟並非眞與己有血親者，而是一種較爲親暱的稱呼。固然，朱子之解釋未必正確，然而在朱子的改造之下，〈伐木〉詩始得以符合《詩序》燕朋友故舊之用途。那麼天子諸侯燕饗對象便由〈常棣〉之兄弟擴展至〈伐木〉之朋友，也暗寓王道之化由內及外持續擴展的程序。

（3）〈天保〉——臣報其君

宴會饗樂主要目的是在溝通上下之情，因此〈小雅〉燕樂除君主宴請臣屬、宗族及朋友之詩外，尚有臣受賜而答君，以爲祝賀之詩，〈天保〉序云：「下報上也。君能下下以成其政，臣能歸美以報其上焉。」〔註357〕《詩序》

〔註354〕阮元校勘：《毛詩正義》，卷9之3，頁1上／877。

〔註355〕王夫之《詩廣傳》云：「古之爲道也，有恆貴。有恆貴，斯有恆尊矣。有恆尊，斯有恆親矣。有恆親，斯有恆學矣。有恆學，斯有恆友矣。類之以爲尊也，尊之以爲親也，合之以爲學也，學焉以爲友也，故友而三善備矣。學以尚質，尊以尚秩，親以尚愛，講習居遊之中，人紀備矣。尊所不足，以學匡之。親所不足，以學惇之。學所不足，以尊親勸之。國無異教，士無曠心，惠求師而榮友善者，不舍其宗族姻黨而得之學，不勞而教一。嗚呼！盛矣！故封建者，井田之推也；學校者，封建之緒也。道參三而致一，故曰『一以異之』也。『既有肥羜，以速諸父』，族姓之友也；『既有肥牡，以速諸舅』，姻黨之友也。君子無道廣之交，野人無越疆之好，傲詭佻蕩之士不登於麗澤，然則雖有莊、惠、綦、游之清狂，儀、秦、雎、澤之譎忮，亦惡足以立朋黨而啓異同哉！政圮於國，教衰於學，教衰於上，友散於下。鄒、魯之群居，聖賢之弗獲已也。」見〔清〕王夫之：《詩廣傳》，收錄於船山全書編輯委員會編校：《船山全書》第3冊（長沙：嶽麓書社，1998年11月），卷3，頁390。頁王夫之認爲就古代封建井田學校制度來看，〈伐木〉詩所謂諸父、諸舅、兄弟皆即所謂友。其說可備參考。

〔註356〕阮元校勘：《毛詩正義》，卷9之3，頁3上／878。

〔註357〕阮元校勘：《毛詩正義》，卷9之3，頁7上／880。

以〈天保〉爲臣下歸美報君之詩。朱子雖同意這種用途，但又認爲《詩序》
所說不夠分明，《語類》進一步解釋云：

> 人君以〈鹿鳴〉而下五詩燕其臣，故臣受君之賜者，則歌〈天保〉
> 之詩以答其上。〈天保〉之序雖略得此意，而古注言〈鹿鳴〉至〈伐
> 木〉「皆君所以下其臣，臣亦歸美於上，崇君之尊，而福祿之，以答
> 其歌」，却說得尤分明。（《語類》，卷80，頁2073）

古注即鄭《箋》之注，朱子認同鄭玄明確以〈鹿鳴〉至〈伐木〉爲君以燕樂
下其臣，而〈天保〉則爲臣歸美於上的說法，《詩集傳》云：「人君以〈鹿鳴〉
以下五詩燕其臣，臣受賜者歌此詩以答其君。」（《詩集傳》，卷9，頁 551）
故〈天保〉之賜福，皆臣爲君祝禱之詞，《語類》又載：

> 問：「〈天保〉上三章，天以福錫人君；四章乃言其先君先王亦錫爾
> 以福；五章言民亦『徧爲爾德』，則福莫大於此矣。故卒章畢言之。」
> 曰：「然。」（《語類》，卷81，頁2119）

> 時舉說：「第一章至第三章，皆人臣頌祝其君之言。然辭繁而不殺者，
> 以其愛君之心無已也。至四章則以祭祀先公爲言；五章則以『徧爲
> 爾德』爲言。蓋謂人君之德必上無媿於祖考，下無媿於斯民，然後
> 福祿愈遠而愈新 也。故末章終之以『無不爾或承』。」先生領之。（《語
> 類》，卷81，頁2119）

臣下之祝禱發自其心，便表示君王之化已成功地被及臣屬，於是〈小雅〉雖
爲燕樂饗臣之詩，但所代表的意涵依舊是王者政教的一種經營，故朱子又云：
「『文武以〈天保〉以上治內，〈采薇〉以下治外；始於憂勤，終於逸樂。』
這四句儘說得好。」（《語類》，卷81，頁2121）此乃〈魚麗〉序說，鄭玄《詩
譜》亦云：「〈小雅〉自〈鹿鳴〉至於〈魚麗〉，先其文所以治內，後其武所以
治外。此二〈雅〉逆順之次，要於極聖賢之情，著天道之助，如此而已矣。」
〔註358〕孔穎達則云：「文王、武王以〈天保〉以上六篇，燕樂之事，以治內之
諸夏；以〈采薇〉以下三篇，征伐之事，治外之夷狄。文王以此九篇治其內
外，是始於憂勤也。今武王承於文王治平之後，內外無事，是終於逸樂。」
〔註359〕朱子認同〈天保〉以上所謂能治內者，乃指君王以其道對待臣屬，而
臣屬亦以其道待君，兩者各盡其心，上下一體，故能奠定治國基礎，如此一

〔註358〕阮元校勘：《毛詩正義》，卷9之1，頁2下／857。
〔註359〕阮元校勘：《毛詩正義》，卷9之4，頁7下／891。

來，〈采薇〉以下之治外之樂便得以繼續施行。

2. 慰勉征役軍士的治外之樂

〈采薇〉以下治外乃指〈采薇〉、〈出車〉、〈杕杜〉三詩，這三首詩的對象爲出征將帥及戍役士兵，則所謂治外乃就軍事而言。《詩集傳》釋〈采薇〉詩旨云：

> 此遣戍役之詩。以其出戍之時采薇以食，而念歸期之遠也，故爲其自言，而以采薇起興曰：采薇采薇，則薇亦作止矣。曰歸曰歸，則歲亦莫止矣。然凡此所以使我舍其室家而不暇啓居者，非上之人故爲是以苦我也，直以獫狁侵陵之故，有所不得已而然耳。蓋叙其勤苦悲傷之情，而又風以義也。程子曰：「毒民不由其上，則人懷敵愾之心矣。」（《詩集傳》，卷9，頁552）

〈采薇〉乃君王於軍隊出征前對士兵的遣告之詞。出征勞役，最怕歸期不定，於是君王於始出時，便定下歸還之日，以安軍民之心。接著又叙以大義，強調出征戍役，非是上位者苦民之舉，而是爲了抵禦外侮，以保國安家。於是在叙其悲苦情緒之際，亦風之以義，欲軍民能竭心盡力。《詩集傳》引程頤之言云：「此皆極道其勞苦憂傷之情也。上能察其情，則雖勞而不怨，雖憂而能勵矣。」（《詩集傳》，卷 9，頁 554）能從軍民角度體認其哀苦之情，並以國家大義告之，如此雙管其下，便能使民勞而不怨。

〈采薇〉乃遣戍役之詩，戍役回歸須有慰勞動作，此則〈出車〉、〈杕杜〉二詩之詩旨。《詩集傳》釋〈出車〉詩旨則云：

> 此勞還率之詩。追言其始受命出征之時，出車於郊外，而語其人曰：「我受命於天子之所而來。」於是乎召御夫使之載其車以行，而戒之曰：「王事多難，是行也，不可以緩矣。」（《詩集傳》，卷9，頁554）

釋〈杕杜〉則云：

> 此勞還役之詩。故追述其未還之時，室家感於時物之變而思之曰：特生之杜，有睆其實，則秋冬之交矣。而征夫以王事出，乃以日繼日而無休息之期。至于十月，可以歸而猶不至，故女心悲傷，而曰：「征夫亦可以暇矣，曷爲而不歸哉！」（《詩集傳》，卷9，頁556）

朱子依《詩序》之說，對於歸還之將帥及士兵乃採取分別慰勉的作法，〈出車〉慰勞將帥，〈杕杜〉則慰勞士兵，這樣的分法，朱子以爲是爲辨別貴賤之用，

《詩集傳》引鄭玄及王安石之言云：

> 鄭氏曰：「遣將帥及戍役，同歌同時，欲其同心也。反而勞之，異歌異日，殊尊卑也。《記》曰：『賜君子小人不同日』，此其義也。」王氏曰：「出而用兵，則均服同食，一衆心也。入而振旅，則殊尊卑辨貴賤。定衆志也。」（《詩集傳》，卷9，頁557）

尊卑貴賤乃舊社會不可避免的社會階級之分，朱子採用這種說法，實也不必過度苛責。而既然〈出車〉與〈杕杜〉有慰勞角色之異，於是在敘其情時便從不同角度立說。對於將帥，則述不敢怠於王命，故云：「召彼僕夫，謂之載矣。王事多難，維其棘矣。」表現出急於赴命的態度。而即使此次出兵目的只是在於屯城守備，不以攻伐爲主，但無論有無赫敵效果，亦必須對將帥功勞美言一番，故又云：「赫赫南仲，玁狁于襄。」而將帥亦有家室，亦有思歸之念，於是詩歌又敘起室家思念之情，詩云：「喓喓草蟲，趯趯阜螽。未見君子，憂心忡忡；既見君子，我心則降。」對於此句，鄭玄、孔穎達解爲西方諸侯盼見南仲解危的心情，鄭《箋》云：「近西戎之諸侯，聞南仲既征玁狁，將伐西戎之命，則跳躍而鄉望之，如阜螽之聞草蟲鳴焉。」〔註360〕孔穎達則云：「故諸侯未見君子南仲之時，憂心忡忡然，以西戎爲患，恐王師不至，故憂也。既見君子南仲，我心之憂則下矣。」〔註361〕鄭、孔之說實無法見出君王體貼將帥之意，故朱子乃云：

> 此言將帥之出征也，其室家感時物之變而念之，以爲未見而憂之如此，必既見然後心可降耳。然此南仲今何在乎？方往伐西戎而未歸也，豈既却玁狁而還師以伐昆夷也與？（《詩集傳》，卷9，頁555）

藉由室家思念之情的描述，更能深刻體會出征者思歸無奈的心情，而君王又能體察及此，表示君王能通將帥征民之志，《詩集傳》注〈伯兮〉便引范祖禹之言云：

> 居而相離則思，期而不至則憂，此人之情也。文王之遣戍役，周公之勞歸士，皆叙其室家之情，男女之思以閔之，故其民悦而忘死。聖人能通天下之志，是以能成天下之務。兵者，毒民於死者也。孤人之子，寡人之妻，傷天地之和，召水旱之災，故聖王重之。如不得已而行，則告以歸期，念其勤勞，哀傷慘怛，不啻在己。是以治

〔註360〕阮元校勘：《毛詩正義》，卷9之4，頁4下～5上／889～890。

〔註361〕阮元校勘：《毛詩正義》，卷9之4，頁5上／890。

世之詩，則言其君上閔恤之情；亂世之詩，則錄其室家怨思之苦。

以爲人情不出乎此也。(《詩集傳》，卷9，頁459)

能通天下之志即爲聖人，而此君王既能通將帥征民之志實等同於聖人。朱子雖不主張《詩序》以這三首詩爲文王時詩篇，但在解釋詩旨時卻依舊傾向於視此君王爲聖人的傾向。聖人是心性義理達致最圓滿者，理雖分殊於下，而聖人則能統納分殊之理，並由此以通天下之志。於是對於出征之軍民，聖人能告以歸期以定其心，念其勤勞以慰其情，更能敘及其室家之思念，代表聖人以人之心爲己心，哀傷慘怛，不啻在己。

君王既通軍民之志，那麼慰勉屬平民階層的士兵，便全由其室家思念的角度論述其哀情，〈杕杜〉詩云：

有杕之杜，有睆其實。王事靡盬，繼嗣我日。日月陽止，女心傷止，征夫遑止。

有杕之杜，其葉萋萋。王事靡盬，我心傷悲。卉木萋止，女心悲止，征夫歸止。

陟彼北山，言采其杞。王事靡盬，憂我父母。檀車幝幝，四牡痯痯，征夫不遠。

匪載匪來，憂心孔疚。期逝不至，而多爲恤。卜筮偕止，會言近止，征夫邇止。

〈杕杜〉詩以妻子口吻出之，故全篇皆爲思念之情，與〈出車〉詩急於赴難的態度不同，朱子這樣的解說可以曲盡征夫及其室家之情。《詩經》本於人情，若如鄭玄、孔穎達等以西方諸侯盼文王軍隊前來營救之說，對於出征士兵的感染力道實嫌不足，反而是據其本身家庭道其家人思念之情，更可慰勞士兵之苦，將士也由此更能體認到君王確實能夠與己同心，並非出於己私而謀略兵事。故〈采薇〉、〈出車〉、〈杕杜〉之「治外」，並非就政事制度之治理而言，而是掌握人心，能與民同甘共苦，便可得民之效力，《詩集傳》又引范祖禹之言云：

〈出車〉勞率，故美其功。〈杕杜〉勞眾，故極其情。先王以己之心爲人之心，故能曲盡其情，使民忘其死以忠於上也。(《詩集傳》，卷9，頁557)

不過這樣的說法畢竟過於勢利，君王愛民並非欲其效死，這是君王愛民所帶出的附加價值，但不應視爲主要目的，《語類》則云：

如《詩》裏說大夫行役無期度，不得以養其父母。到得使下，也須

教他內外無怨，始得。如〈東山〉、〈出車〉、〈杕杜〉諸詩說行役，
多是序其室家之情，亦欲使凡在上者有所感動。(《語類》，卷 16，
頁 362）

朱子以為〈出車〉等詩之所以從將帥士兵的角度立言，其目的除為慰勉勞苦，
亦有欲使後世凡處上位者之君王皆能有所感動，那麼此處又可歸結到文王之
化。文王教化的對象不僅在體貼當世百姓之情，其如此敘述之目的，更有欲
使後世君主在用兵之時，能從這個角度思考的用意。兵革一起，無數家庭勢
必處於流離破碎狀態，故〈出車〉等詩在教化上的意涵更有及於後世的意圖，
期望借用《詩》教，能讓凡在上位者皆謹慎用兵，多從人民立場著想。

3. 表至誠和樂之燕饗通用樂章

〈天保〉以上治內，乃指〈鹿鳴〉、〈四牡〉、〈皇皇者華〉、〈常棣〉、〈伐
木〉及〈天保〉六詩，這是與群臣、宗族及朋友燕會之詩。但自〈魚麗〉至
〈菁菁者莪〉又為燕饗之用，有可通用者，有招待諸侯者，如此一來，其作
用又等同於〈鹿鳴〉諸詩，朱子又如何解釋這種現象？觀朱子認同〈魚麗〉
序之說法，其中「始於憂勤，終於逸樂」之意涵當重要，治內、治外應該屬
於憂勤之事，故〈采薇〉以下治外乃專指〈采薇〉、〈出車〉、〈杕杜〉三詩而
已。然〈鹿鳴〉至〈天保〉明是逸樂之詩，又何以會具「憂勤」之意？《語
類》有一段記載可作為線索：

先生因吃茶罷，曰：「物之甘者，吃過必酸；苦者吃過卻甘。茶本苦
物，吃過卻甘。」問：「此理如何？」曰：「也是一箇道理。如始於
憂勤，終於逸樂，理而後和。蓋禮本天下之至嚴，行之各得其分，
則至和。又如『家人嗃嗃，悔屬吉；婦子嘻嘻，終吝』，都是此理。」
(《語類》，卷 138，頁 3294)

朱子引「始於憂勤，終於逸樂」，說明「禮」與「和」之分別，禮在初行之時，
必須以嚴謹態度處理，待行之能各得其分之時，便能達到「禮之用，和為貴」
的至和境界。那麼〈鹿鳴〉至〈天保〉之燕饗之禮，其進行的目的是為了溝
通上下情感，雖意在求和，但仍隱含要求君王治理主在和諧人倫關係的要求，
如〈鹿鳴〉主張臣下必須告君以大道，〈皇皇者華〉又訓使臣須咨諏謀詢，〈常
棣〉則旨在維繫兄弟之情，〈伐木〉則強調須友以成，〈天保〉則是臣答君意。
可見在〈天保〉以前，每首詩仍有其內在特定意涵，在什麼場合演奏其樂章，
代表君臣之間某種相應的要求，故為治內外之事。而〈魚麗〉以後至〈菁菁

者莪〉則是內外之治已告大成之後，純粹作爲逸樂慰勞之用。此時臣屬或已
完成任務，或已知曉義理，故君王不需再利用《詩》教、樂教來取得溝通，
而是純粹作爲太平之時燕饗娛樂使用，故其詩便不須如〈鹿鳴〉等詩每首皆
具特定意涵，而取其太平之世，與賢臣共樂之意。

　　朱子以〈魚麗〉、〈南有嘉魚〉、〈南山有臺〉爲燕饗通用之詩，以〈蓼蕭〉、
〈湛露〉、〈彤弓〉爲天子燕諸侯之詩，〈菁菁者莪〉爲燕賓客之詩。這些燕饗
之音皆具內外已治，終於逸樂之意，但此逸樂非過樂之意，朱子強調諷咏這
些詩歌必須體味其和樂之意，《語類》云：

> 　時舉說〈蓼蕭〉〈湛露〉二詩。曰：「文義也只如此。却更須要諷詠，
> 　實見他至誠和樂之意，乃好。」（《語類》，卷81，頁2121）

至誠和樂乃這些詩歌所表現的理想意境，〈魚麗〉詩可見「主人禮意之勤」，〈南
有嘉魚〉則有「主人樂賓」之意，〈南山有臺〉則爲「主人尊賓」之意。對於
朱子等理學家而言，三代文明最重要的特徵是義理蘊含於禮樂之中，因此禮
樂之施行是以王道政治作爲基礎，而最高層次的顯現便是兩者徹底交融，即
禮樂即義理，君臣之間不需再藉任何制度或教化形式而作出要求，因爲參與
宴會者彼此對義理的認知皆處於高度發達的狀態，這也是禮樂文明所欲達成
的最高理想。

（二）正〈大雅〉——感發先王之德的人格教育

　　《詩經》大致爲周初至春秋中葉的詩歌，在這段時期中，儒家所認可的
聖人計有文王、武王及周公等三人，然武王因伐紂而背負著不盡完善的些微
污名；周公雖制禮作樂，但迫於時勢，亦誅放管蔡，並與成王、召公等人有
誤會存在，因此，若論德性完備及聲名完整者，當以文王爲是。因此儒者多
喜稱述文王功德，表現在《詩經》之中，便呈現爲以二〈南〉爲文王之德化
歷程，〈大雅〉則爲文王相關史詩以彰顯其功，〈周頌〉中則多爲祭祀文王之
樂歌，將成功歸於文王。因此，文王可以說是《詩經》中最重要的聖人形象，
也是儒者實行教化之治的典範人物之一。

　　正〈大雅〉內容多敘周朝先王事跡，今人多用西方史詩概念研究〈大雅〉，
雖然未必適合，但〈大雅〉所提到的人物事跡，在古代社會中是被視爲信史
看待的。而由於《詩經》又具有經學性質，〈大雅〉中相關周代先王事跡不僅
作爲周朝建國以來的相關歷史事實，更被賦予德化意涵，如朱子即認爲〈大
雅〉樂音可「發先王之德」，至於其詩「非聖賢不能爲，其間平易明白，正大

光明。」(《語類》，卷 81，頁 2126)朱子從德性要求看待正〈大雅〉詩的用途，強調正〈大雅〉相較於正〈小雅〉而言，「其義大」(《語類》，卷 80，頁 2068)義大說法不僅是延續「政有小大」之分，更賦予道德價值。正〈小雅〉乃燕饗之樂，各篇有特定用途，而正〈大雅〉則是藉先王圓滿人格以啓迪後人效法之心，故朱子強調其義大。於是在朱子的改造下，正〈大雅〉等十八篇詩變成周朝會朝之時，陳先王先公之德，以實施道德教育的一種方式。而其主要方法便是建立聖人典範形象，俾令依循。因此，朱子對正〈大雅〉詩篇之論述，非常重視詩文對周代先王的道德描繪，尤其表現在歌頌文王之德的詩篇。

正〈大雅〉歌文王盛德之篇計有文王〉、〈棫樸〉、〈旱麓〉、〈思齊〉、〈靈臺〉、〈文王有聲〉等六篇。而在分析這些詩篇之前，必須觀察到，除直接論述文王之詩外，正〈大雅〉中尚有部分歌頌文王以前先王先公之詩篇，如〈生民〉、〈公劉〉、〈皇矣〉、〈緜〉等，這些歌詠先王之德的詩歌，除可讓周人更加勉懷先人篳路籃縷的辛勞，感佩前王的成就外，也可發現這些詩歌往往述及文武而止。而朱子在詮釋這些詩篇時便特別著重先王先公德性對文王的影響，如《詩集傳》注〈皇矣〉「帝省其山，柞棫斯拔，松柏斯兌。帝作邦作對，自大伯王季。維此王季，因心則友，則友其兄，則篤其慶。載錫之光，受祿無喪，奄有四方」云：

> 言帝省其山，而見其木拔道通，則知民之歸之者益眾矣。於是既作
> 之邦，又與之賢君以嗣其業。蓋自其初生大伯、王季之時而已定矣。
> 於是大伯見王季生文王，又知天命之有在，故適吳不反。大王沒而
> 國傳於王季，及文王而周道大興也。然以大伯而避王季，則王季疑
> 於不友，故又特言王季所以友其兄者，乃因其心之自然，而無待於
> 勉強。既受大伯之讓，則益脩其德，以厚周家之慶，而與其兄以讓
> 德之光，猶日彰其知人之明，不爲徒讓耳。其德如是，故能受天祿
> 而不失，至於文王，而奄有四方也。(《詩集傳》，卷 16，頁 666)

文王之時，實未奄有四方，但朱子爲強調太伯、王季等人盛德對後世子孫的影響，故將奄有四方歸於文王。再如《詩集傳》於〈生民〉第八章引曾鞏之言云：

> 自后稷肇祀以來，前後相承，兢兢業業，惟恐一有罪悔，獲戾於天。
> 閱數百年而此心不易，故曰「庶無罪悔，以迄于今」。言周人世世用
> 心如此也。(《詩集傳》，卷 17，頁 678)

后稷之用心歷數百年而不易，雖無明確說及文王，但所謂周人世世用心，如此實亦包含對文王的寫照。再如〈緜〉詩，詩文本身便由古公亶父說及文王，代表這是一脈相承的傳統，朱子遂云：「追述太王始遷岐周，以開王業，而文王因之，以受天命也。」（《詩集傳》，卷16，頁658）可見在朱子的意識中，這些頌揚先王先公的詩篇，其實都有些許成分是在文王之德鋪路，主旨在於周自后稷開國以來，歷代皆有大德之人出現，故而王者之瑞得以體現在文王及武王之身。

文王在事功方面雖未如武王完成伐殷大業，但其德性形象卻在周公等後嗣子孫刻意塑造下，進一步超越武王，成為道德完備之聖人代表。而後孔子、孟子又以之作為儒者追求標準，於是文王在事功之外，又化身成為儒者道統的傳承者。基於這種認知，朱子在整部《詩經》中多以文王作為論述重點，二〈南〉為文王德化的標準示範過程，成為整部《詩經》的教化核心，但二〈南〉是重在文化之化由己開始向外擴展的過程，皆以教化所及之對象為論述主角，至於正〈大雅〉則返本於文王自身德行及其事業之開展。

〈詩集傳序〉論〈大雅〉於修身之用為「正之於〈大雅〉以大其規」，「正」乃指透過以〈大雅〉所載文王德性修養之事實以建立正己之標準，而「大其規」則是指藉由文王修身、齊家、治國、平天下之過程以建立己身修養之規模。基於這種詮釋看法，朱子在論述正〈大雅〉文王之詩時便有下列三項重點：

1. 重定文王「性與天合」之意涵

文王品德之高超完備，這是正〈大雅〉詩歌本身便已具備的意涵，然而由於受到周初天命思想的影響，文王之事常與上帝連結，如〈文王〉「有周不顯，上帝不時。文王陟降，在帝左右。」形容文王成為上帝之左右手，〈皇矣〉「帝謂文王」則謂上帝指導文王作戰，〈大明〉「文王初載，天作之合」則謂文王與大姒之結合乃天命所歸，「有命自天，命此文王，于周于京，纘女維莘，長子維行，篤生武王，保右命爾，燮伐大商」則謂伐商之命乃出自於天。《詩經》中的上帝是一個有人格意志的形象，卻又具有道德意涵。朱子雖然並不否認上帝可有意志，但他更強調的是此上帝乃純善的道德代表，也就是天理的直接呈現，故朱子論述文王之德便從與天同德的角度申論，《詩集傳》注〈文王〉第八章云：

> 然上天之事，無聲無臭，不可得而度也，惟取法於文王，則萬邦作
> 而信之矣。子思子曰「維天之命，於穆不已」，蓋曰天之所以為天也。

「於乎不顯，文王之德之純」，蓋曰文王之所以爲文也純亦不已。夫
知天之所以爲天，又知文王之所以爲文，則夫與天同德者，可得而
言矣。是詩首言「文王在上，於昭於天」、「文王陟降，在帝左右」，
而終之以此，其旨深矣。（《詩集傳》，卷16，頁654～655）

《詩經》中的上帝雖可言語，有其意志存在，但朱子所認同的天理，其實是
一種具備完整道德義理價值的象徵，有無意志對朱子而言並非討論重點，重
點在於人必須藉由格致誠正，以使本心義理朗現，進而復歸完整天理，如此
便可謂與天合德，達致成聖。然上天之義理實屬於形上層面，雖純亦不已，
但又無聲無臭，唯一可見者便是依聖人作爲效法典範。聖人與天同德，舉手
投足無不呈現完整天理，故欲知天之所以爲天，便須體察文王之所以爲聖，
而這也正是文王之德可成爲後世學習楷模的原因。

　　朱子頌揚文王德性之崇高，可作爲上天義理道德的體現，《詩集傳》注〈思
齊〉「肆戎疾不殄，烈假不瑕。不聞亦式，不諫亦入」云：

文王之德如此，故其大難雖不殄絕，而光大亦無玷缺。雖事之無所
前聞者，而亦無不合於法度。雖無諫諍之者，而亦未嘗不入於善。《傳》
所謂「性與天合」是也。（《詩集傳》，卷16，頁664）

《毛傳》訓「不聞亦式，不諫亦入」云：「言性與天合也」〔註362〕。《毛傳》
的性與天爲何義，難以論斷，但孔穎達則云：

毛以爲言文王之聖德自生知，無假學習。不聞人之道説，亦自合於
法；不待臣之諫諍，亦自入於道。言其動應規矩，性與天合，以此
聖德教化下民。〔註363〕

以「性與天合」的觀念解釋文王德性，強調文王之聖德爲天生之質。朱子表
面上似承孔《正義》發揮，但孔穎達過度著重於聖人天生即有此德性，如此
說法頗有忽略後天修養的部分。而朱子雖亦承認聖人義理德性之完備爲天生
稟賦，但他亦強調後天之學的重要性，故《詩集傳》便拿掉「生知」的敘述，
以企圖減少過度注重於先天稟賦的問題。因此，朱子在其他地方對文王之德
的敘述，便更注重於德性修養的實際層面發揮，如《詩集傳》注〈皇矣〉云：

言上帝眷念文王，而言其德之深微，不暴著其形迹，又能不作聰明，
以循天理，故又命之以伐崇也。呂氏曰：「此言文王德不形，而功無

〔註362〕阮元校勘：《毛詩正義》，卷16之3，頁15下／1113。
〔註363〕阮元校勘：《毛詩正義》，卷16之3，頁16上／1113。

> 跡，與天同體而已。雖興兵以伐崇，莫非順帝之則，而非我也。」
> (《詩集傳》，卷 16，頁 668)

文王在性理上雖是圓滿完善者，但後天之中又能不暴形跡，不作聰明，以循天理，而上帝之所以眷念文王者，主要是因爲他後天的表現可合天心，並非上天特降生文王以爲繼承者。而所謂文王一切作爲莫不是順帝之則，其實也就是順義理之則，《詩集傳》又云：

> 言上帝制王季之心，使有尺寸，能度義，又清靜其德音，使無非閒
> 之言。是以王季之德能此六者。至於文王而其德尤無遺恨。是以既
> 受上帝之福，而延及于子孫也。(《詩集傳》，卷 16，頁 667)

王季具有此六種德性，及於文王，其德更爲顯著，是以能受上帝之福。那麼，文王之所以能受天命，並非上天已註定，而是上天在選擇過程中鑒於其德性之高超而選擇文王爲受命之王，故性與天合便可拉回道德修養的階段，而不是單純天賦而已。

2. 論文王之持敬功夫

文王之德既如此崇高，但作爲發先王之德的〈大雅〉來說，歌詠文王之德固然有以啓迪心意以生嚮往。但文王乃貴爲諸侯國君，事業功德非一般人可及，因此文王之道必須有其德性修養上的根本綱領以作爲後人品德教育的入手處，故朱子特別歸納其重點在於「敬」之一字，《詩集傳》又云：

> 然此詩之首章言文王之昭于天，而不言其所以昭。次章言其令聞不
> 已，而不言其所以聞。至於四章，然後所以昭明而不已者，乃可得
> 而見焉。然亦多詠歎之言，而語其所以爲德之實，則不越乎敬之一
> 字而已。然則後章所謂修厥德而儀刑之者，豈可以他求哉？亦勉於
> 此而已矣。(《詩集傳》，卷 16，頁 655)

〈大雅〉中歌詠文王德性之詩雖多詠歎之辭，但若仔細考察文王德性之實，皆不越乎「敬」之一字。敬是程朱理學涵養性理的主要方法，可兼貫已發與未發，而對於道統中的聖人形象，朱子亦以「敬」作爲其德性工夫的主要綱領，《尚書》〈堯典〉論堯之德首曰「欽明文思」，朱子便以欽爲敬，且云：「此《書》中開卷第一義也，讀者深味而有得焉，則一經之全體，不外是矣，其可忽哉。」(《文集》，卷 65，頁 3255) 強調敬乃堯舜之德的重要工夫。而論述文王之德時，朱子亦以敬爲其修身自持的最重要功夫。

《詩集傳》注〈思齊〉「雝雝在宮，肅肅在廟。不顯亦臨，無射亦保」云：

> 言文王在閨門之內，則極其和。在宗廟之中，則極其敬。雖居幽隱，
> 亦常若有臨之者。雖無厭射，亦常有所守焉。其純亦不已蓋如是。(《詩
> 集傳》，卷 16，頁 664)

朱子以不顯爲幽隱之處，強調即使居幽隱之地，亦常若有臨之者；以無射爲
無厭，強調雖無所厭斁，但亦須有所守焉，此話何意？《語類》解釋得較爲
清楚：「庸言庸行，盛德之至。到這裏不消得恁地，猶自『閑邪存誠』，便是
『無射亦保』，雖無厭斁，亦當保也。保者，持守之意。」(《語類》，卷 69，
頁 1710)意思是說日常之時，雖處於無所動心的狀態，亦須常保其敬。這樣
的解釋完全與傳統注疏不同，鄭《箋》云：「文王之在辟廱也，有賢才之質而
不明者，亦得觀禮於六藝。無射才者，亦得居於位。言養善使之積小致高大。」
〔註364〕鄭玄以爲不顯是才質未顯，無射是無射才者，此句乃形容文王能廣納
人才，使之積小致大。但朱子不作此解，而從文王修身之敬入手，《語類》又
云：

> 只觀文王「離離在宮，肅肅在廟，不顯亦臨，無射亦保」，便可見敬
> 只是如此。古人自少小時便做了這工夫，故方其灑掃時加帚之禮，
> 至於學《詩》，學樂舞，學弦誦，皆要專一。且如學射時，心若不在，
> 何以能中。學御時，心若不在，何以使得他馬。書、數皆然。(《語
> 類》，卷 12，頁 217)

敬便是要使此心常處於警畏之狀態，不因任何原因而放鬆，而這也這正是《大
學》、《中庸》所云：「慎其獨」的觀念運用，《大學》〈傳六章〉云：「曾子曰：
十目所視，十手所指，其嚴乎！」朱子注云：「言雖幽獨之中，而其善惡之
不可掩如此，可畏之甚也！」〔註365〕《中庸》第一章云：「道也者，不可須
臾離也。可離，非道也。是故君子戒慎乎其所不睹，恐懼乎其所不聞，莫見
乎隱，莫顯乎微，故君子慎其獨也。」朱子注則云：「君子既常戒懼，而於
此尤加謹焉，所以遏人欲於將萌，而不使其滋長於隱微之中，以至離道之遠
也。」〔註366〕由此看來，朱子乃繼承《四書》觀念而解釋《詩經》。《四書》
強調德性之養成，以作爲修身的基礎，故而以慎獨持敬形容文王較之鄭玄廣
納人才之說，更能突顯出文王由己及外的德性發展次序。

〔註364〕阮元校勘：《毛詩正義》，卷 16 之 3，頁 14 上／1112。
〔註365〕朱熹：《朱子全書・大學章句》，頁 21。
〔註366〕朱熹：《朱子全書・中庸章句》，頁 33。

基於德性養成的發展，朱子對於正〈大雅〉中凡論述文王己身德性表現者，多以敬字解釋，如《詩集傳》注〈文王〉「世之不顯，厥猶翼翼」云：「翼翼，勉敬也。……其傳世豈不顯乎？而其謀猶皆能勉敬如此也。」（《詩集傳》，卷 16，頁 653）注〈文王〉「穆穆文王，於緝兮敬止」則云：「言穆穆然文王之德，不已其敬如此，是以大命集焉。」（《詩集傳》，卷 16，頁 653）注〈大明〉「維此文王，小心翼翼」云：「小心翼翼，恭慎之貌。即前篇之所謂敬也。文王之德於此為盛。」（《詩集傳》，卷 16，頁 656）又如《詩集傳》注〈文王〉第六章「無念爾祖，聿脩厥德。永言配命，自求多福」云：「言欲念爾祖，在於自脩其德，而又常自省察，使其所行無不合於天理，則盛大之福，自我致之，有不外求而得矣。」（《詩集傳》，卷 16，頁 654）雖然沒到提到敬之功夫，但所謂「自脩其德，常自省察」與前一章提到錢穆所歸納之隨事檢點意涵相當，亦可視為對文王持敬的描述。文王敬於脩德，其事業即由此出，再往外擴展，故朱子在論述文王德性事業時，亦著重於自脩齊治平的程序發揮。

3. 由「脩齊治平」論文王德性之推展

文王本身德性修養已臻完善之境，那麼在儒者的理想中，便須開始進行化民成俗的擴展，而朱子遂將文王事業依脩齊治平解釋為一種德性由內及外內聖外王的開展過程，《詩集傳》注〈文王〉云：

> 今案此詩，一章言文王有顯德，而上帝有成命也。二章言天命集於文王，則不唯尊榮其身，又使其子孫而世為天子、諸侯也。三章言命周之福，不唯及其子孫，而又及其群臣之後嗣也。四章言天命既絕於商，則不唯誅罰其身，又使其子孫亦來臣服于周也。五章言絕商之禍，不唯及其子孫，而又及其群臣之後嗣也。六章言周之子孫臣庶當以文王為法，而以商為監也。七章又言當以商為監，而以文王為法也。其於天人之際，興亡之理，丁寧反覆，至深切矣。故立之樂官，而因以為天子、諸侯朝會之樂。蓋將以戒乎後世之君臣，而又以昭先王之德於天下也。（《詩集傳》，卷 16，頁 655）

朱子認為文王因其有顯耀之德性，故上帝降新命於其身，此乃本於文王己身之德能感應天地而言。然自第二章起，朱子便依次序論述文王由己及外的擴展過程，第二章言文王能使子孫世為天子，這是澤及家族之擴展；第三章則及於群臣及其後嗣，已跨出家庭而達於治國階段；到了第四章則使殷商子孫亦能臣服於周，如此則有平天下之規模。

除〈文王〉詩具有這樣的規模開展外，朱子亦以此法詮釋〈思齊〉一詩。朱子詮釋二〈南〉詩最重要的特徵在於后妃之德乃本於文王，而〈思齊〉詩首章亦著重於論述后妃之德，詩云：「思齊大任，文王之母，思媚周姜，京室之婦。大姒嗣徽音，則百斯男。」這本來是對文王母親及妻子的描述，表示文王有賢能之內助以助其德，而朱子進一步與后妃之德連結，《詩集傳》云：

> 曰此莊敬之大任，乃文王之母，實能媚於周姜而稱其為周室之婦。至於大姒，又能繼其美德之音，而子孫衆多。上有聖母，所以成之者遠。內百賢妃，所以助之者深也。（《詩集傳》，卷16，頁664）

聖母賢妃對於文王德性之開展助益極深，但經由朱子對二〈南〉文王德化的一再強調，此處的重點自然必須聚焦於文王，以其自身德性作為整套擴展程序的核心，於是朱子便抓住第二章「刑于寡妻，至于兄弟，以御於家邦」開展《大學》之程序，朱子云：

> 其儀法內施於閨門，而至于兄弟，以御于家邦也。孔子曰：「家齊而後國治。」孟子曰：「言舉斯心加諸彼而已。」（《詩集傳》，卷16，頁664）

家齊是因閨門之內有聖母賢妃，故儀法得以施於內庭。內治穩固之後並可漸及兄弟，兄弟即是宗族，也代表諸侯大夫，故至于兄弟也象徵朝廷之治已達完備，如此一來，便可實現御於家邦的治國理想。

齊家之效已於二〈南〉之詩有深刻論述，而正〈大雅〉則在此基礎上更擴及文王成就人才及安樂百姓之治國、平天下層面，《詩集傳》注〈思齊〉第五章云：

> 承上章，言文王之德見於事者如此，故一時人材皆得其所成就。蓋由其德純而不已，故令此士皆有譽於天下，而成其俊乂之美也。（《詩集傳》，卷16，頁664～665）

朱子認為文王能夠化其臣下，令其成為俊乂之士，這樣的推擴與后妃、子孫因文王之化而成德相同，皆是文王德澤及人的結果。《詩集傳》注〈緜〉詩第九章「虞芮質厥成，文王蹶厥生。予曰有疏附，予曰有先後，予曰有奔奏，予曰有禦侮」又云：

> 言昆夷既服，而虞芮來質其訟之成，於是諸侯歸服者衆，而文王由此動其興起之勢。是雖其德之盛，然亦由有此四臣之助而然，故各

以「予曰」起之，其辭繁而不殺者，所以深歎其得人之盛也。(《詩
集傳》，卷16，頁661)

朱子以「疏附、先後、奔奏、禦侮」為四臣，這是接受鄭玄的解釋，但朱子
更強調詩歌之意在於詠歎文王得人之盛，使諸侯皆為歸服。又《詩集傳》注
〈棫樸〉「芃芃棫樸，薪之槱之。濟濟辟王，左右趣之」云：

此亦以詠歌文王之德。言芃芃棫樸，則薪之槱之矣。濟濟辟王，則
左右趣之矣。蓋德德而人心歸附趨向之也。(《詩集傳》，卷 16，頁
661)

鄭玄釋此章云：「文王臨祭祀，其容濟濟然敬，左右之諸臣皆促疾於事。」
〔註367〕孔穎達則認為此詩乃敘文王得賢人並置於位之事，而朱子則更進一步
將左右趣之視為人心歸向的象徵。較之鄭孔，朱子的說法確實超出了詩歌文
本所能夠負載的意涵，但如此一來，卻可以符合《大學》治國、平天下之開
展規模。而在〈靈臺〉一詩，朱子更塑造出文王德及百姓，平治天下的理想
完美境界，《詩集傳》注〈靈臺〉首章「經始靈臺，經之營之。庶民攻之，不
日成之。經始勿亟，庶民子來」云：

文王之臺，方其經度營表之際，而庶民已來作之，所以不終日而成
也。雖文王心恐煩民，戒令勿亟，而民心樂之，如子趣父事，不召
自來也。孟子曰：「文王以民力為臺為沼，而民歡樂之，謂其臺曰『靈
臺』，謂其沼曰『靈沼』。」此之謂也。(《詩集傳》，卷16，頁669)

人民百姓因受文王感化，遂樂於受文王驅使，即使文王擔憂擾民，而戒其勿
亟，但百姓依舊不召自來，自動自發。《孟子集注》更云：「孟子言文王雖用
民力，而民反歡樂之。既加以美名，而又樂其所有。蓋由文王能愛其民，故
民樂其樂，而文王亦得以享其樂也。」〔註368〕文王能愛民如子，故人民亦能
愛文王如父，因此文王與民同樂之事，深得孟子及朱子稱許。

　　文王之化不僅及於當世，就儒家道統而言，文王之後的聖人尚有武王、
周公，二人均為文王之子，故朱子認為其成德成聖亦由於文王之影響。而正
〈大雅〉由於被視為周公所作，故對文王澤及後王之論述未及周公、成王而
多止於武王而已，如注〈文王有聲〉云：

此詩以武功稱文王。至於武王，則言「皇王維辟」、「無思不服」而已。

<hr>

〔註367〕阮元校勘：《毛詩正義》，卷16之3，頁1上／1106。
〔註368〕朱熹：《朱子全書‧孟子集注》，卷1，頁248。

蓋文王旣造其始，則武王續而終之，無難也。又以見文王之文，非不

足於武，而武王之有天下，非以力取之也。（《詩集傳》，卷 16，頁 673）

文王是正〈大雅〉先王之德的主要聖人形象，而武王雖成功建立周朝的統治

地位，但其形象始終局限在文王之下，因此朱子認爲文王造其始，武王終而

續之，其實便是武王繼承文王之德，文王之德化及武王的典型。又如《詩集

傳》注〈下武〉「王配于京，世德作求。永言配命，成王之孚」云：「言武王

能繼先王之德，而長言合於天理，故能成王者之信於天下也。」（《詩集傳》，

卷 16，頁 671）〈下武〉詩明言成王，但鄭玄以「成我周家王道之信也」〔註369〕

解釋，不作周成王論，鄭玄乃據《詩序》「〈下武〉，繼文也。武王有聖德，復

受天命，能昭先人之功焉」〔註370〕發揮，以爲此詩乃武王之詩。武王時成王

尚幼，不可能有成王之名稱出現，故成王只能解作成就王道之信。這樣的說

法多爲宋代《詩經》學者接受，唯王質《詩總聞》云：

> 此以下謂康王也。稱謚，嗣子稱厥考也。自此皆稱永言，或言配命，
>
> 合成王之遺訓也。或言孝思，順成王之遺志也。〔註371〕

王質認爲成王之孚就是指成王，故此詩乃康王之詩。而朱子亦曾考慮到這一

點，注〈下武〉云：

> 或疑此詩有「成王」字，當爲康王以後之詩。然考尋文意，恐當只
>
> 如舊說。且其文體亦與上下篇血脈通貫。非有誤也。（《詩集傳》，卷
>
> 16，頁 671）

朱子認爲根據他考尋文意，且與上下篇對照的結果，認定成王乃武王。但從

詩歌本文來看，並無武王之詩的線索，〈下武〉全詩云：

> 下武維周，世有哲王。三后在天，王配于京。
>
> 王配于京，世德作求。永言配命，成王之孚。
>
> 成王之孚，下土之式。永言孝思，孝思維則。
>
> 媚茲一人，應侯順德。永言孝思，昭哉嗣服。
>
> 昭茲來許，繩其祖武。於斯萬年，受天之祜。
>
> 受天之祜，四方來賀。於斯萬年，不遐有佐。

〔註369〕阮元校勘：《毛詩正義》，卷 16 之 5，頁 8 下／1131。

〔註370〕阮元校勘：《毛詩正義》，卷 16 之 5，頁 7 下／1131。

〔註371〕〔宋〕王質：《詩總聞》（臺北：新文豐出版股份有限公司，1984 年 6 月），

卷 16，頁 270。

朱子疑「下武」當作「文武」，言文王武王實造周也，而以三后爲大王、王季及文王，設定此詩爲武王詩，故成王乃「成王者之信於天下」。朱子雖謂考尋詩意，實則詩詞並不能提供太多線索。但他又說若作武王解，可與上下篇血脈相通，〈下武〉前篇爲〈靈臺〉，主論文王，後爲〈文王有聲〉，兼論文武，那麼突然安插一康王時詩於此，確實有些突兀。但以〈周頌〉爲例，朱子認爲〈周頌〉多周公所訂，但亦有康王以後之詩，如他即因〈昊天有成命〉中提到「成王不敢康」而訂此詩爲康王以後詩，然考尋上下篇，前篇〈天作〉乃祭大王之詩，後篇〈我將〉則爲祭文王之詩，中間出現一康王以後祭成王之詩，朱子便不以爲奇，而偏偏於〈下武〉認爲不適合，故弟子便曾提問：

> 〈昊天有成命〉詩：「成王不敢康。」《詩傳》皆斷以爲成王詩。某問：「〈下武〉言『成王之孚』，如何？」曰：「這箇且只得做武王説。」
> （《語類》，卷81，頁2138）

爲何〈下武〉只得作武王説？歸究詩意及上下文其實並不能完整釋疑。應該說，朱子既以正〈大雅〉多爲周公所作，且論述核心乃文王之德，而又依修齊治平論述其德性之開展，那麼〈下武〉詩由文王及武王，便可視爲文王之德的延續。〈大雅〉的禮樂目的是發先王之德，那麼集中論述在文王、武王，是比成王更能具有啓發作用。

三、〈周頌〉──理想治世的告成之樂

三〈頌〉乃宗廟之樂，祭祀時講究莊嚴肅穆，故〈頌〉聲主以和平典雅之音爲主，而對象則爲已故先王先公。這種音樂因有其特殊功用，未必如世俗之音動人，《孟子》即載齊宣王不好先王之樂，可見〈頌〉音之特色。然而由於〈頌〉用於祭祀，內容多爲告成功或戒時王之語，故〈頌〉的價值歷來一直被視爲是《詩經》中地位最崇高的詩篇，鄭玄〈詩譜序〉即云：「及成王、周公致大平，制禮作樂，而有〈頌〉聲興焉，盛之至也！」〔註372〕蘇轍亦云：「文武之世，天下未平，禮樂未備，則〈頌〉有所未暇。至周公、成王，天下既平，制禮作樂，而爲詩以歌之。於是〈頌〉聲始作。」〔註373〕這些說法均反映傳統的認識。〈周頌〉之興起代表周王朝之建立已告完成，周公、成王乃得以舉行祭祀大典，告慰先王在天之靈，因此除告成功之意外，時局的安定也被視爲天下太平的典型。而朱子亦接受這種觀

〔註372〕阮元校勘：《毛詩正義》，詩譜序，頁3下／555。
〔註373〕蘇轍：《詩集傳》，卷19，頁1上／。

念，《詩集傳》注云：「頌者，宗廟之樂歌，〈大序〉所謂『美盛德之形容，以其成功，告於神明者也。』……〈周頌〉三十一篇，多周公所定，而亦或有康王之後之詩。」（《詩集傳》，卷19，頁722）姑且不論當時的政治局勢是否眞爲太平治世，但在儒者的理想中，〈周頌〉確實可視爲文武成功之後，天下已臻太平之詩。不過這僅限於〈周頌〉而已，三〈頌〉中〈魯頌〉有僭越之嫌，而〈商頌〉未必眞爲殷商之作，而且亦不認爲是告成功之詩，《呂氏家塾讀詩記》即引孔安國之言云：「〈商頌〉雖是祭祀之歌，祭其先王之廟，述其功德，非以成功告神。」〔註374〕故三〈頌〉中眞正可爲太平告成功之代表者僅〈周頌〉三十一篇。

　　朱子認爲閱讀《詩經》要「和之於〈頌〉以要其止」，止乃《大學》之道的至善境界，《大學》云：「大學之道，在明明德，在親民，在止於至善。」朱子注即云：「止者，必至於是而不遷之意。至善，則事理當然之極也。言明明德、新民，皆當止於至善之地而不遷。」〔註375〕天下之事，必須知其所當止之處，而此所止之處必須以至善爲內涵，故明德、新民必須止於至善之地而不遷。所謂至善，除政治局勢之安定外，人民百姓亦必須因教化而使情性均達致完美境界，如此方可謂至善。而朱子既以《大學》「修齊治平」條目概括《詩經》中文王教化的過程，那麼所謂「和之於〈頌〉以要其止」之「止」便應視爲平天下之至善理想，也就是說，朱子主張閱讀〈周頌〉應體味其中王道實施已臻完善的意涵，因此〈周頌〉基本上仍是文王之德的延續，其三十一篇中關於文王者計有〈清廟〉、〈維天之命〉、〈維清〉、〈我將〉、〈雝〉、〈賚〉等六篇，其中〈清廟〉、〈維天之命〉歷來更被視爲〈周頌〉中極爲重要之篇章。〈清廟〉詩云：

　　　於穆清廟，肅雝顯相。濟濟多士，秉文之德。對越在天，駿奔走在
　　　廟，不顯不承，無射於人斯。

《詩序》以爲此詩乃祀文王，其云：「〈清廟〉，祀文王也。周公既成洛邑，朝諸侯率以祀文王焉。」〔註376〕《詩序》祀文王之說幾乎成爲此詩的定論，新近出土上博簡《孔子詩論》有「〈清廟〉，王德也，至矣。」〔註377〕之說，似

<hr>

〔註374〕呂祖謙：《呂氏家塾讀詩記》，卷1，頁15。
〔註375〕朱熹：《朱子全書・大學章句》，頁16。
〔註376〕阮元校勘：《毛詩正義》，卷19之1，頁8上／1256。
〔註377〕馬承源編：《上海博物館藏戰國楚竹書（一）》（上海：上海古籍出版社，2001年11月），頁131。

未專指文王，黃懷信即認為此詩非必定是頌文王之詩。〔註 378〕不過雖然未指明文王，但也不代表就有排除文王的可能，故《孔子詩論》內容仍未足以推翻此詩為祭文王詩的說法。且〈清廟〉之意義不僅在於祭祀文王而已，歷來更被視作〈周頌〉之綱目，如司馬遷（前 145～約前 87）即提出所謂四始之說，以〈清廟〉為〈頌〉之始，孔穎達又據《禮記》升歌〈清廟〉而云：「《禮記》每云：『升歌〈清廟〉』。然則祭宗廟之盛，歌文王之德，莫重於〈清廟〉，故為〈周頌〉之首。」〔註 379〕而在朱子的《詩經》學系統中，〈周頌〉祭文王之詩篇是可作為代表完成文王之德的最高理想，《詩集傳》注〈清廟〉便云：

> 此周公既成洛邑而朝諸侯，因率之以祀文王之樂歌。言於穆哉，此清靜之廟，其助祭之公侯，皆敬且和，而其執事之人，又無不執行文王之德，既對越其在天之神，而又駿奔走其在廟之主。如此則是文王之德豈不顯乎！豈不承乎！信乎其無有厭斁於人也。（《詩集傳》，卷 19，頁 722）

朱子對文王之德所重視處並不在於文王德性之如何崇高，而在於文王推己及人的教化作為。而〈清廟〉所顯示的是周公在肅穆之宗廟中，帶領具有顯著德性之公侯卿士，秉持敬謹之心，並以表現於外在恭慎之態度而前來助祭。如此，一方面既顯示文王之德高顯於天，另一方面又稱美在場助祭之人皆能秉得文王之德，使文王之德長承於子孫並進而發揚。因此，〈清廟〉所以能作為文王之德的完成，便是由於文王之德已化及子孫，長流後世。潘子善曾來書提問朱子，其中有一則便論及〈清廟〉詩，〈答潘子善〉第五通載：

> 或疑〈清廟〉詩是祀文王之樂歌。然初不顯頌文王之德，止言助祭諸侯，既敬且和，與夫與祭執事之人，能執行文王之德者何也？某曰：文王之德，不可名言，凡一時在位之人，所以能敬且和，與執行文王之德者，即文王盛德之所在也，必於其不可容言之中，而見其不可掩之實，則詩人之意得矣。讀此詩，想當時聞其歌者，真若洋洋乎如在其上，如在其左右，又何待多著言語，委曲形容而後足之哉！（《文集》，卷 60，頁 2975）

朱子答云：「此說是。」可見潘子善之說可符合朱子的理解。〈清廟〉詩並非不

〔註 378〕黃懷信：《上海博物館藏戰國楚竹書詩論解義》（北京：社會科學文獻出版社，2004 年 8 月），頁 262～263。
〔註 379〕阮元校勘：《毛詩正義》，卷 19 之 1，頁 4 下／1254。

頌文王之德，因爲文王之德已表現在這些助祭諸侯之身上，清人莊述祖有云：「明乎〈清廟〉之詩，然後知文王之爲人君、爲人父，武王、周公之爲人子、爲人臣，其繼志述事之大者，備於是詩。」〔註380〕繼志述事表現爲助祭諸侯能執行文王之德，如此便是文王盛德所在，也是文王之德可以延續的保證。

〈維天之命〉是〈周頌〉另一相當重要之詩篇，其詩云：

> 維天之命，於穆不已，於乎不顯，文王之德之純。假以溢我，我其
> 收之。駿惠我文王，曾孫篤之。

〈維天之命〉基本上亦承襲前篇〈清廟〉文王之德的影響，朱子云：「言文王之神將何以恤我乎？有則我當受之，以大順文王之道，後王又當篤厚之而不忘也。」（《詩集傳》，卷19，頁723）後王能以接受發揮文王之德爲職志，並能篤厚之而不忘，等於是周王朝以文王之德作爲治理國家的最高綱領。朱子釋曾孫爲後王，然《毛傳》直指成王，而鄭玄卻言「自孫之子而下，事先祖皆稱曾孫。」〔註381〕朱子依鄭玄，兩人蓋皆依《爾雅》〈釋親〉「子之子爲孫，孫之子爲曾孫。」〔註382〕爲據，那麼就文王而言，成王爲孫，曾孫則爲康王，故朱子定此詩之曾孫爲後王。然鄭玄於〈信南山〉「曾孫田之」之曾孫卻以成王釋之，對此孔穎達則補充云：

> 成王而謂之曾孫者，以古者祖有德而宗有功，因爲之號。文武爲受
> 命伐紂，定天下之基，以爲祖宗。〈祭法〉云：「祖文王而宗武王」
> 是也。成王繼文武之後爲太平之主，特異其號，故《詩經》通稱成
> 王爲曾孫也。不繼於文王，不直言孫者，蓋周雖文王受命，而大王
> 亦有王跡所起，見其王業之遠，故繼而稱曾孫。〔註383〕

孔穎達認爲由於文王武王具有受命伐紂之功勳，後王皆以祖宗視之，故成王可據其而稱曾孫。另一方面，太王亦有王跡所起，故成王亦得據太王稱曾孫。孔穎達的解釋明顯無據，〈金縢〉載周公告太王、王季、文王時，稱武王爲「惟爾元孫某」，即不以曾孫稱之。然而對於朱子而言，他並不著意於解析曾孫的問題，對於《詩經》中之曾孫並未指實爲何王，而以後王泛指。然而相較於

〔註380〕〔清〕莊述祖：《毛詩周頌口義》，收入《續經解毛詩類彙編》第1冊，卷235，頁1下／173。
〔註381〕阮元校勘：《毛詩正義》，卷19之1，頁13上／1259。
〔註382〕〔晉〕郭璞注，〔宋〕邢昺疏，〔清〕阮元校勘：《爾雅注疏》，卷4，頁15上／5634。
〔註383〕阮元校勘：《毛詩正義》，卷13之2，頁17下／1010。

〈清廟〉詩指明爲周公所主導，雖未論及成王，但成王當參與其事，而〈維天之命〉之曾孫又泛指康王以後之周王，那麼文王之德的延續便不止於成王一世而已，而是可及於後世之王，如此便可深刻顯示文王傳德久遠的影響力。

在朱子的詮釋下，〈維天之命〉暗藏除文王之德影響深遠的線索外，朱子認爲「維天之命，於穆不已。於乎不顯，文王之德之純」這一段文字對文王之德極具烘托強調的效果，朱子注云：

> 言天道無窮，而文王之德純一不雜，與天無間，以贊文王之德之盛也。子思子曰：「維天之命，於穆不已，蓋曰天之所以爲天也。於乎不顯、文王之德之純，蓋曰文王之所以爲文也，純亦不已。」程子曰：「天道不已，文王純於天道亦不已。純則無二無雜。不已則無閒斷先後。」（《詩集傳》，卷19，頁723）

文王是聖人代表，而聖人乃與天合德，故「維天之命，於穆不已」雖是詠歎天命不間已的意思，但這也是文王本身德性的最佳反映，於是朱子引《中庸》之語詠歎文王之至誠無息，正是天道的最佳呈現者，又引程頤之言贊許文王德性純於天道，毫無間斷。

由文王之德所及首先便是武王繼文王遺志伐滅殷商之事業，故〈周頌〉中亦有數首祭祀武王之詩，如〈載見〉、〈武〉、〈酌〉、〈桓〉等，而其中〈武〉詩云：

> 於皇武王，無競維烈。允文文王，克開厥後。嗣武受之，勝殷遏劉，耆定爾功。

從詩文來看，雖爲頌武王之詩，無不推本於文王之功，朱子云：「周公象武王之功爲〈大武〉之樂。言武王無競之功，實文王開之。而武王嗣而受之，勝殷止殺，以致定其功也。」（《詩集傳》，卷 19，頁 734～735）雖然武王一戎衣而天下定，但武王之得以遂行其功，仍必須視爲文王功德之延續。

文王之德影響既然如此深遠，那麼後王及諸侯之作爲皆可視爲「秉文之德」，是繼承文王意志推行德政，那麼〈周頌〉其他相關祭祀之詩，便可從這個角度繼續解讀，如朱子以〈閔予小子〉爲「成王除喪朝廟所作」（《詩集傳》，卷 19，頁 735），其中詩句有言「閔予小子，遭家不造，嬛嬛在疚。於乎皇考，永世克孝。」朱子注引匡衡云：「『嬛嬛在疚』，言成王喪畢思慕，意氣未能平也。蓋所以就文武之業，崇大化之本也。」（《詩集傳》，卷 19，頁 735）表示成王能繼承文武之志。注「念茲皇祖，陟降庭止。維予小子，夙夜敬止」則

云：「言武王之孝。思念文王，常若見其陟降於庭，猶所謂見堯於牆，見堯於羹也。……言我之所以夙夜敬止者，思繼此序而不忘耳。」（《詩集傳》，卷19，頁735）成王以武王常思念文王而引爲警惕，希望能繼文武之序而不忘。成王既已臨政，於是又歌〈訪落〉及〈敬之〉以表示願虛心廣納群臣之戒的態度，朱子注〈訪落〉云：

> 成王既朝于廟，因作此詩。以道延訪羣臣之意。言我將謀之於始，以
> 循我昭考武王之道。然而其道遠矣，予不能及也。將使予勉強以就之，
> 而所以繼之者，猶恐其判渙而不合也。則亦繼其上下於庭，陟降於家，
> 庶幾賴皇考之休，有以保明吾身而已矣。（《詩集傳》，卷19，頁736）

武王乃承文王，故武王之道即可視爲文王之道。而成王延訪群臣時依舊以文武之道自警，冀能透過請教有德之臣，進而成就保有文武之業，故〈敬之〉又道成王自警之語：「維予小子，不聰敬止。日就月將，學有緝熙于光明。佛時仔肩，示我顯德行。」朱子注則云：

> 我不聰而未能敬也，然願學焉。庶幾日有所就，月有所進，續而明
> 之，以至于光明。又賴羣臣輔助我所負荷之任，而示我以顯明之德
> 行，則庶乎其可及爾。（《詩集傳》，卷19，頁737）

相較於文王「不聞亦式，不諫亦入」的天生聖質，成王雖爲中材之資，但受文王之化影響，亦有願學之心。而群臣亦以其受文王德化影響而具德性，故輔佐成王以成其德。

　　朱子以爲成王及其佐臣既都具備文王之品德，故在政治上的開展便能發揮文王德政的特色，於是〈周頌〉又在文王、武王、成王等周朝王者之外，亦記錄有其他政事推行之詩，如〈臣工〉、〈噫嘻〉等爲戒農官之詩。《詩序》以〈臣工〉爲「諸侯助祭，遣於廟也」〔註384〕之詩，孔穎達則申述云：

> 〈臣工〉詩者，諸侯助祭，遣於廟之樂歌也。謂周公、成王之時，
> 諸侯以禮春朝，因助天子之祭。事畢將歸，天子戒勅而遣之於廟，
> 詩人述其事而作此歌焉。……經陳戒諸侯之臣，使助其公事；又戒
> 車右，令及時勸農。天子賓敬諸侯，不勅其身，戒其臣，亦所以戒
> 諸侯，見其遣之事也。〔註385〕

《毛傳》訓「敬爾在公」之公爲君，故孔穎達據之以爲此詩所戒乃諸侯之臣。

〔註384〕阮元校勘：《毛詩正義》，卷19之2，頁13下／1272。
〔註385〕阮元校勘：《毛詩正義》，卷19之2，頁13下／1272。

但朱子解公爲公家之事，故臣工則遍指群臣，尤其指農官。農業乃古代社會最重要的經濟活動，觀此詩云：

> 嗟嗟保介，維暮之春，亦又何求，如何新畬？於皇來年，將受厥明。
> 明昭上帝，迄用康年。命我眾人，庤乃錢鎛，奄觀銍艾。

詩中所述皆與田事有關，故朱子定其爲戒農官之詩，並云：

> 此乃言所戒之事。言三月則當治其新畬矣，今如何哉？然麥已將熟，
> 則可以受上帝之明賜，而此明昭之上帝，又將賜我新畬以豐年也。
> 於是命其徒具農器，以治其新畬，而又將忽見其收成也。（《詩集傳》，
> 卷19，頁729）

朱子這樣的說法直接依詩文發揮，不再迂曲牽扯到諸侯及左右之臣。朱子對〈臣工〉直接據詩文解釋的作法，竟然也受到一向批評朱子的郝敬（1558～1639）及姚際恆之贊同。郝敬便云：

> 戒農官何與于〈頌〉？諸侯守土，民事爲先，故〈風〉歌〈七月〉
> 以戒君，〈雅〉陳〈楚茨〉以刺時，〈商頌〉以稼穡免禍謫，〈洛誥〉
> 以明農敕正父，孟子謂三王巡守，諸侯述職，以田野治爲慶，故于
> 來朝助祭，歸而申飭王章，稼穡其首務也。周先公力農開國，故告
> 于廟，以祖德訓之，所以爲〈頌〉。〔註386〕

郝敬指出周先王力農開國，后稷曾任堯舜時之農官，而承襲先祖傳統，周朝施政自然須以農事爲先。因而表現於〈頌〉詩之中，便可代表周天子重農保民的立國政策，也可視爲推行王道治化的重要措施。

周朝既相當重視農業，於是〈周頌〉中便有許多與農事有關，記載周初農耕禮儀、相關祭典及期盼農獲豐收之詩篇，如〈豐年〉、〈載芟〉、〈良耜〉等詩。〈豐年〉詩云：

> 豐年多黍多稌，亦有高廩，萬億及秭。爲酒爲醴，烝畀祖妣，以洽
> 百禮，降福孔皆。

從詩歌本文來看，此乃慶祝豐收，報祭祖妣之詩，孔穎達云：「〈豐年〉詩者，秋冬報之樂歌也。謂周公、成王之時，致太平而大豐熟。秋冬嘗烝，報祭宗廟。詩人述其事而爲此歌焉。」〔註387〕朱子亦認同這是秋冬報祭之詩，其云：

〔註386〕 〔明〕郝敬：《毛詩原解》（臺北：新文豐出版股份有限公司，1984年6月，
　　　　　影印清光緒趙尚輔校刊湖北叢書本），卷33，頁541。
〔註387〕 阮元校勘：《毛詩正義》，卷19之3，頁3上／1281。

此秋冬報賽田事之樂歌。蓋祀田祖先農方社之屬也。言其收入之多，

至於可以供祭祀，備百禮，而神降之福，將甚徧也。（《詩集傳》，卷

19，頁 731）

朱子雖未如孔穎達明確定此詩爲周公、成王時所作，但大意亦認同這是致太
平後，慶豐收之事。人民豐衣足食後，自然更易於接受禮樂之教化。

〈周頌〉中有兩首敘夏殷後嗣前來助祭之詩，此即〈振鷺〉及〈有客〉。
〈振鷺〉詩云：

振鷺于飛，于彼西雝。我客戾止，亦有斯容。在彼無惡，在此無斁。

庶幾夙夜，以永終譽。

《詩序》以此詩爲二王之後來助祭，朱子亦採其說。而朱子之所以認同這樣
的詮釋，大概是由於詩中提到「客」之稱呼。朱子既設定〈周頌〉皆爲王者
祭祀之詩，而就周王而言，客便非普通賓客之意，《尚書》〈皋陶謨〉有「虞
賓在位」，一般認爲此乃堯之子，以賓稱之，表示尊重。《左傳》〈僖公二十四
年〉亦有云：「宋，先代之後也，於周爲客。天子有事，燔焉。」〔註388〕明確
表示周王稱二王之後爲客，且時而飲宴酬饗之。周朝乃封建社會，雖推翻殷
紂，但潛在反對勢力不小，觀殷商亡國後仍能佔據東方，可見一般。於是在
出於拉攏人心的考量下，周武王立三王五帝之後爲諸侯，《禮記》有云：「武
王克殷反商，未及下車，而封黃帝之後於薊，封帝堯之後於祝，封帝舜之後
於陳。下車而封夏后氏之後於杞，投殷之後於宋。」〔註389〕名義上雖是立五
帝三王之後，實際目的應該只爲只安撫殷商遺民，但此舉乃被賦予極深的義
理內涵，何休注《公羊傳》云：

王者存二王之後，使統其正朔，服其服色，行其禮樂，所以尊先聖，

通三統，師法之義，恭讓之禮，於是可得而觀之。〔註390〕

楊時則云：

古之王者，必立二王之後，非徒興滅繼絕而已，蓋使之承統先王，

修其禮物，庶乎後世有考焉，則文獻足徵矣。〔註391〕

楊時的說法亦爲朱子所參考，如《語類》即有載：「觀天子之禮於魯宋。宋是

〔註388〕阮元校勘：《春秋左傳正義》，卷 15，頁 23 上／3944。

〔註389〕阮元校勘：《禮記正義》，卷 39，頁 11 下／3342。

〔註390〕〔漢〕公羊壽傳，〔漢〕何休解詁，〔唐〕徐彥疏，〔清〕阮元校勘：《春秋公
羊傳注疏》，卷 2，頁 6 上／4780。

〔註391〕朱熹：《朱子全書・論語精義》，卷 2 上，頁 110。

二王後，有天子之禮。當時諸侯皆不識天子之禮，皆於魯宋觀之。」(《語類》，卷25，頁606) 不過朱子認為這並非二詩的主要意涵，《詩集傳》又引陳氏之言云：

> 在彼不以我革其命，而有惡於我，知天命無常，惟德是與，其心服也。在我不以彼墜其命，而有厭於彼，崇德象賢，統承先王，忠厚之至也。(《詩集傳》，卷19，頁730)

朱子還是從德性觀點論述武王存二王之後的動機，不因彼為亡國之臣而輕視之，反而能夠秉持尊德重賢的心理，乃至於如〈有客〉所云「言授之縶，以縶其馬」、「薄言追之，左右綏言」，表現出極度重視客人之意。故存二王之後的政治舉措遂在朱子手中由現實的政治考量轉變為忠厚之德的表現。

〈周頌〉尚有數篇其他用途詩歌，如朱子以〈時邁〉為武王巡守而朝會祭告之詩，〈有瞽〉為始作樂而合乎祖之樂，〈絲衣〉則為祭而飲酒之樂，〈潛〉為薦廟之樂，這些詩歌雖不一定必為祭祀之用，但總其要旨均在表現周滅殷之後，天下已取得太平之治，故而〈頌〉詩雖主莊嚴肅穆，但其詩詞中則普遍表現出和樂安康的基調，故而被儒者視為王道政治之理想社會明確實現的記載。因此，回顧朱子對正《詩》的定義，二〈南〉可說是以文王為主角的王道之化該如何開展的藍圖，而二〈雅〉則表示王者之治以禮樂實施的記載，至於〈周頌〉，則可視為理想治世實現之告成，那麼《詩經》在朱子的改造後，變成一套能夠實現王者治道的詩歌歷程。然而《詩經》畢竟作為感物道情之作，其詩雖有以詠歎王者教化為主的詩篇，但這多只是一種側面的描述，等於是聖人之治的外在表現而已，真正要深入到理解聖人治世之心的內涵，則必須由《詩經》再進入《尚書》的閱讀。

第四節　觀變《詩》情性之變及政治美惡

朱子將正《詩》依文王德化之序，分別賦予王道政治實施的各個階段之意涵，雖然朱子極強調《詩經》為詩人情性之反映，但卻又設定此情性乃針對政治教化的狀況所作出之反饋。若王道施行，人民百姓端正其心性，則詩篇皆為義理純正的性情之作。然而若政教衰微，民俗偷薄，則人民情性缺乏上位者教化引導，便會逐漸流於氣質人欲為主導的現象，從而成為變《詩》。兩者所反映情性內涵雖不同，但同樣是出於政治教化的影響。而朱子強調觀

變《詩》中詩人情性之表現，可以見出政教之美惡，風俗之盛衰。基於此種思維，朱子亦相當重視變《詩》「可以觀」的特質，〈詩集傳序〉即云：「參之列國以正其變」。變雖因政教衰微所致，但觀其所以致變的細節，便可由此作為借鑒，以為施政改進參考，如此亦有由變復正的可能。以下試依朱子對變《詩》的論說探討。

一、變〈風〉的四種類型

朱子《詩經》學詮釋角度有別於傳統《詩經》學的最大歧異處便在於朱子將〈國風〉從國史刺時改由詩人自作的角度理解詩意，朱子認為詩人情性所感範圍極為廣泛，不應只是局限在怨刺主題，詩作內容應是相當多元的表現。而經朱子重新界定各篇詩旨之後，大致可歸納出朱子詮釋變〈風〉詩有四種類型，分別是怨詩、刺詩、美詩及淫奔之詩，而其中所反映的義理價值亦不盡相同，以下試再申述之。

（一）怨詩──詩人怨而能正的情性表現

《論語》載：「《詩》可以怨」，怨是人心在不得志情況下所產生的一種情感，而〈國風〉中所表現之怨情多發生於臣不得志於君，子不得志於父，妻不得志於夫的情形，可以說，怨之感情多數是由於人倫關係未能處理至符合人性需求而導致。以閨怨詩為例，變〈風〉詩中表現妻子因丈夫行役而思念之詩大致有〈雄雉〉、〈伯兮〉、〈君子于役〉、〈葛生〉、〈晨風〉等，丈夫出外行役，妻子獨守空門，思念而不得見，乃違反夫婦之倫本該相互扶助廝守的義務，如〈雄雉〉詩云：

> 雄雉于飛，泄泄其羽。我之懷矣，自詒伊阻。
> 雄雉于飛，下上其音。展矣君子，實勞我心。
> 瞻彼日月，悠悠我思。道之云遠，曷云能來。
> 百爾君子，不知德行。不忮不求，何用不臧。

朱子認為〈雄雉〉為「婦人以其君子從役於外，故言雄雉之飛舒緩自得如此，而我之所思者，乃從役於外，而自遺阻隔也。」（《詩集傳》，卷 2，頁 429）朱子從詩句出發，反對《詩序》刺詩之說，《詩序》云：「〈雄雉〉，刺衛宣公也。淫亂不恤國事，軍旅數起，大夫久役，男女怨曠，國人患之而作是詩。」〔註392〕《詩序》亦認為此詩乃大夫久役，男女怨曠之詩。《詩序》特別指定時

〔註392〕阮元校勘：《毛詩正義》，卷 2 之 2，頁 3 上／636。

間背景爲衛宣公屢興軍旅，國人作刺，但朱子則否定指實背景及作者，《詩序辨說》云：「《序》所謂『大夫久役，男女怨曠』者，得之。但未有以見其爲宣公之時，與『淫亂不恤國事』之意耳。兼此詩亦婦人作，非國人之所爲也。」〔註393〕朱子對《詩序》中多篇點明創作時間背景之詩均持保留態度，其意並非反對，而是認爲根據詩文及相關文獻並無法證實《詩序》之說，然《詩序》所提出的時間似又可符合詩歌背景，於是朱子多持未有以見其必爲何時的說法，點出《詩序》有可能是附會的方式。而排除時間及代言的限制後，《詩經》由文本發揮詮釋的成分就增大了。故關於此詩，朱子幾乎只順著文本解說，《詩集傳》注第二章云：「甚言此君子之勞我心也。」（《詩集傳》，卷2，頁429）注第三章云：「思其君子從役之久也。」（《詩集傳》，卷2，頁429）因眼前景物興發君子久役不得見的思念之情，詩歌至此，未見有埋怨之詞，然第四章中則再也按捺不住，抒發對召君子從役的大夫提出批評，《詩集傳》注「百爾君子」以下云：

> 言凡爾君子，豈不知德行乎？若能不忮害又不貪求，則何所爲而不善哉！憂其遠行之犯患，冀其善處而得全也。（《詩集傳》，卷2，頁429）

作者從單純思夫，到最後一章對社會不合理現象提出批判，但也僅只於作道德標準之提醒，故此詩雖怨，但怨情並不過度，依舊合乎禮義規範。不過程頤則從另一角度詮釋，他認爲此乃男怨之詩，並道「若謂夫從役，婦便怨，成何義理？」〔註394〕程頤的說法看似迂腐，且邏輯也不通。若婦怨便無義理，那麼男怨又何來義理？但其說卻也可以導引出另一問題：二〈南〉中亦有如〈汝墳〉、〈殷其靁〉之丈夫行役，室家思念之詩，但彼卻無怨，而變〈風〉之詩便爲有怨。男子從役，雖爲國事需要，但室家思念，也是天經地義，問題便在於此是單純不得見而思念？還是受到某些不合理壓迫而怨？可以說，朱子認爲若是聖王在上，不得已用兵行役，而其理想是在於建立太平社會，因此離別固然有思，但不得爲怨。至於時代衰微之後，從軍行役往往只是爲了滿足諸侯大夫之私欲，或因報怨而動發征役，或爲貪求而侵人土地，如此之征役，便是受到在上者壓逼，故其思念而怨便歸屬爲變〈風〉之詩，而〈汝墳〉、〈殷其靁〉則得爲正〈風〉之情。由此也可以看出，朱子雖然反對《詩

〔註393〕朱熹：《朱子全書・詩序辨說》，頁363。
〔註394〕王孝魚點校：《二程集・河南程氏外書》，卷1，頁357。

序》定出明確時間，但他自己其實也爲變〈風〉設下範圍，所謂變〈風〉變〈雅〉者，必須是處於政教衰微時代之詩篇，雖難以詳定其時，但仍必須限定在這段時間內。

再如〈君子一役〉之詩，《詩序》云：「〈君子于役〉，刺平王也。君子行役無期度，大夫思其危難以風焉。」〔註395〕朱子則辨云：「此國人行役，而室家念之之辭。《序》說誤矣。其曰『刺平王』，亦未有考。」〔註396〕朱子所謂《序》誤，是指從此詩文本來看，非大夫諷刺之作，而是室家思念行役丈夫之作品。〈君子于役〉云：

> 君子于役，不知其期。曷至哉？雞棲于塒，日之夕矣，羊牛下來。
> 君子于役，如之何勿思。
> 君子于役，不日不月。曷其有恬？雞棲于桀，日之夕矣，羊牛下括。
> 君子于役，苟無饑渴。

由詩詞分析，這首詩僅表達思情，並未提及對政治及時局的批評，怨念成分極少，故《詩集傳》便云：

> 大夫久役于外，其室家思而賦之曰：「君子行役，不知其還反之期，且今亦何所至哉？雞則棲于塒矣，日則夕矣，羊牛則下來矣。是則畜產出入尚有旦暮之節，而行役之君子，乃無休息之時，使我如何而不思也哉！」……君子行役之久，不可計以日月，而又不知其何時可以來會也。亦庶幾其免於饑渴而已矣。此憂之深而思之切也。
> （《詩集傳》，卷4，頁462～463）

朱子著重於大夫妻因君子行役至久，日夜思念，憂其飲食。若論怨情之顯露，只是極爲少量地藏於對時節已暮，但君子行役卻不知歸期的描述中，因此，嚴格說來，大夫妻確實深具溫厚之風，故朱子弟子鄭可學便曾就〈君子于役〉與〈殷其靁〉作比較而提問，《語類》載：

> 問：「〈殷其雷〉，比〈君子于役〉之類，莫是寬緩和平，故入正〈風〉？」
> 曰：「固然。但正、變〈風〉亦是後人如此分別，當時亦只是大約如此取之。」（《語類》，卷81，頁2100）

鄭可學大概認爲〈殷其靁〉與〈君子行役〉同爲室家思念之詩，且其辭皆無怨刺成分，何以〈殷其靁〉可入正〈風〉，〈君子于役〉便須列於變〈風〉？朱

〔註395〕阮元校勘：《毛詩正義》，卷4之1，頁6下～7上／698～699。
〔註396〕朱熹：《朱子全書・詩序辨說》，頁368～369。

子則指出，正變之說乃後人所畫分，其意乃謂並非變〈風〉就一定帶有不好成分，就必須是怨刺諷上之詩。依朱子的觀念來看，聖人能得行其教化之時代，百姓風行草偃，受其德澤而端正心性，故正〈風〉時的局勢是一片光明，蒸蒸日上，逐步邁向王道政治的理想。而變〈風〉時代，上位者教化不行，雖偶有合乎義理之事，但已非以義理主導，而多受制於人欲，因此在這個時代中，是非淆亂，正邪交錯，怨刺混雜。然而在朱子的理解中，《詩經》之怨仍可表現為合乎禮義之規範，展現出詩人本身情性之仍趨於良善的本質，如〈泉水〉、〈北門〉、〈柏舟〉、〈載馳〉等詩，皆表現出《詩經》雖怨猶正的基調。

〈泉水〉詩云：

> 毖彼泉水，亦流于淇。有懷于衛，靡日不思。孌彼諸姬，聊與之謀。
>
> 出宿于泲，飲餞于禰。女子有行，遠父母兄弟。問我諸姑，遂及伯姊。
>
> 出宿于干，飲餞于言。載脂載舝，還車言邁，遄臻于衛，不瑕有害。
>
> 我思肥泉，茲之永歎。思須與漕，我心悠悠。駕言出遊，以寫我憂。

朱子解釋此詩云：「衛女嫁於諸侯，父母終，思歸寧而不得，故作此詩。」（《詩集傳》，卷2，頁435）這是遵從《詩序》的解釋，不過從詩詞來看，應該也能符合詩意。然而朱子部分解釋卻與傳統注疏有本質上差異，可由此見出朱子的關懷重點。鄭《箋》解「還車言邁，遄臻于衛，不瑕有害」云：「我還車疾至於衛而返，於行無過差，有何不可而止我。」[註397] 孔穎達則解云：「我則乘之以行，而欲疾至衛，不得為違禮遠義之害，何故不使我歸寧乎？」[註398] 鄭孔以為駕車歸寧，於義無害，故女子埋怨阻擾者。然朱子卻將這段話假定為女子自忖之詞，《詩集傳》云：「言如是則其至衛疾矣，然豈不害於義理乎？疑之而不敢遂之辭也。」（《詩集傳》，卷2，頁436）且認為詩歌所言「駕言出遊，以寫我憂」乃思遊彼地之詞：「既不敢歸，然其思衛地不能忘也。安得出遊於彼，而寫其憂哉？」（《詩集傳》，卷2，頁436）傳統解釋是以此女原本欲拋卻禮義束縛，而逕行返衛，但朱子則改為女子在內心煎熬下，最後選擇遵守禮義，故朱子引楊時之言而稱道云：

> 衛女思歸，發乎情也。其卒也不歸，止乎禮義也。聖人著之於經，
> 以示後世，使知適異國者，父母終，無歸寧之義，則能自克者知所
> 處矣。（《詩集傳》，卷2，頁436）

[註397] 阮元校勘：《毛詩正義》，卷2之3，頁8上／652。

[註398] 阮元校勘：《毛詩正義》，卷2之3，頁8上～8下／652。

朱子所謂禮義乃指父母去世後，出嫁女兒再無歸寧之義，故不得以思念故國為藉口而返。但此乃舊時代以男性為尊所設計而出的規範，朱子要求必須克制私情以服從義理，這是對人性的一種壓抑。然而衛女情性經過朱子改造後，變成一個符合理學家要求以理制欲的典型代表，雖滿懷憂慮，但仍不得逾越禮義限制，《語類》載：「『止乎禮義』，如〈泉水〉、〈載馳〉固『止乎禮義』。」（《語類》，卷80，頁2072）能止乎禮義，猶存教化之正，故此詩雖為變〈風〉，但朱子評價頗高，甚至以為可作為止乎禮義的代表。

相同的情況還發生在〈載馳〉、〈竹竿〉、〈河廣〉等詩篇中。再以〈載馳〉為例，此詩據信為許穆夫人所作，朱子云：

> 宣姜之女為許穆公夫人，閔衛之亡，馳驅而歸，將以唁衛侯於漕邑。未至，而許之大夫有奔走跋涉而來者，夫人知其必將以不可歸之義來告，故心以為憂也。既而終不果歸，乃作此詩，以自言其意爾。（《詩集傳》，卷3，頁449）

〈載馳〉的狀況與〈泉水〉近乎相同，同樣是父母已亡，嫁於外國之女思歸而為人所阻，怨思滿懷，故而作詩。〈載馳〉詩有云：「女子善懷，亦各有行。許人尤之，眾稺且狂。」此乃許穆夫人埋怨之辭，孔穎達解云：

> 我女子之多思，亦各有道理也。既不能救，思得暫歸。許人守禮尤我，言此許人之尤過者，是乃眾童稺無知且狂狷之人也。唯守一概之義，不知我宗國今人敗滅，不與常同，何為以常禮止我也。〔註399〕

孔穎達從變禮的角度分析許穆夫人的態度。所謂「一概之義」乃指執一端而不曉變通，故許穆夫人斥責許人稺狂。但這樣的解釋對注重禮學的朱子而言，無法接受。朱子雖主張可有變禮，但行變禮必須以用權方式處理之，而權就是義，故行權也必須要合乎更高程度的層次。對朱子而言，許穆夫人堅持回國弔唁，這只是為滿足對故國的思念，既無法合乎義理，亦無助於事。朱子雖稱許穆夫人為「賢女」〔註400〕，但他無法對許穆夫人堅持回國的作法表示同意，於是他反而稱讚許人知禮，《詩集傳》云：「許人守禮，非稺且狂也，但以其不知己情之切至而言若是爾。」（《詩集傳》，卷3，頁449）朱子認為許國大夫只是未能體察許穆夫人急迫之情遂以激烈言辭阻止，但基本上許人

〔註399〕阮元校勘：《毛詩正義》，卷3之2，頁8下～9上／675～676。

〔註400〕《語類》云：「宣姜全不成人，卻有賢女：許穆夫人、宋襄公母是也。」（《語類》，卷140，頁3343）

是合乎禮節規範的。如此一來，不合禮義者便爲許穆夫人，又如何可稱爲賢女？於是朱子又云：「然而卒不敢違焉，則亦豈眞以爲稗且狂哉。」（《詩集傳》，卷 3，頁 449）那麼許穆夫人便如〈泉水〉衛女一樣，未作出違反禮義之事。朱子注〈載馳〉引范祖禹之言曰：「先王制禮，父母沒，則不得歸寧者，義也。雖國滅君死，不得往赴焉，義重於亡故也。」（《詩集傳》，卷 3，頁 450）朱子此引指出他所以認同許人守禮的看法，在於禮義標準乃先王所定。先王蓋即文王、周公等聖人，既爲聖人，所訂規範必有義理價值，可防止人民流於放縱情欲，進而引導復歸天理。而衛女及許穆夫人最後仍依禮而行，便表示她們可壓制情欲以遵守先王之制，故爲朱子所稱許。

明白朱子定義〈國風〉存在有怨而得正之詩後，接來下便可再論〈邶風〉中莊姜之詩。二〈南〉之後，首接〈邶風·柏舟〉之詩，這樣的次序安排是否有意？未必可知。然朱子雖認爲十五〈國風〉次序並無深意，［註401］但他卻曾指出〈柏舟〉雖居於變〈風〉之首，然因繼二〈南〉之後，故其詞氣忠厚惻怛，仍有王者教化遺風，《語類》云：

> 然讀《詩》者須當諷味，看他詩人之意是在甚處。如〈柏舟〉，婦人
> 不得於其夫，宜其怨之深矣。而其言曰：「我思古人，實獲我心！」
> 又曰：「靜言思之，不能奮飛！」其詞氣忠厚惻怛，怨而不過如此，
> 所謂「止乎禮義」而中喜怒哀樂之節者。所以雖爲變〈風〉，而繼二
> 〈南〉之後者以此。臣之不得於其君，子之不得於其父，弟之不得於
> 其兄，朋友之不相信，處之皆當以此爲法。（《語類》，卷 81，頁 2102）

朱子指出，當面臨臣不得於君，子不得於父，弟不得於兄，朋友不相信的情況時，對應之道必須如〈柏舟〉雖怨而不爲過。然《語類》這段記錄卻有個疑問，「靜言思之，不能奮飛」確爲〈柏舟〉詩句，但「我思古人，實獲我心」乃〈綠衣〉詩句，朱子何以將兩者混合看待？《詩集傳》注〈柏舟〉云：「今考其辭氣卑順柔弱，且居變〈風〉之首，而與下篇相類，豈亦莊姜之詩也歟？」（《詩集傳》，卷 2，頁 422～423）《詩序》以爲〈柏舟〉詩乃仁人懷才不遇之作，其云：「〈柏舟〉，言仁而不遇也。衛頃公之時，仁人不遇，小人在側。」

［註401］朱子〈答范伯崇〉第二通有云：「十五《國風》次序，恐未必有意，而先儒及近世諸先生皆言之，故《集傳》中不敢提起，蓋詭隨非所安，而辨論非所敢也。」（《文集》，卷 39，頁 1664）《語類》亦有云：「譬如讀《詩》者不去理會那四字句押韻底，卻去理會十五〈國風〉次序相似。」（《語類》，卷 74，頁 1875）強調探究〈國風〉次序並無意義。

〔註402〕《列女傳》則以此詩爲衛宣夫人所作，並將本事明確寫出。〔註403〕然而這些說法皆不爲朱子所取。據《詩序》所記，〈邶風〉前五篇除〈柏舟〉外，其餘四篇〈綠衣〉、〈燕燕〉、〈日月〉、〈終風〉皆與莊姜有關，〔註404〕故朱子認爲〈柏舟〉詩辭氣柔順卑弱，有類女性口吻，於是便將〈柏舟〉詩亦視爲衛莊姜所作。

關於衛莊姜的事跡，先秦及漢代相關典籍均多傾向於她美而有德，〔註405〕

〔註402〕阮元校勘：《毛詩正義》，卷2之1，頁5上／624。

〔註403〕《列女傳》〈貞順傳〉云：「夫人者，齊侯之女也。嫁於衛，至城門而衛君死。保母曰：可以還矣。女不聽，遂入，持三年之喪畢。弟立，請曰：衛小國也，不容二庖，請願同庖。終不聽。衛君使人愬於齊兄弟，齊兄弟皆欲與君，使人告女，女終不聽。作乃詩曰：我心匪石，不可轉也；我心匪席，不可卷也。厄窮而不閔，榮辱而不苟，然後能自致也。言不失也，然後可以濟難矣。《詩》曰：威儀棣棣，不可選也。言其左右無賢君，皆順其君之意也。君子美其貞壹，故舉而列之於《詩》也。頌曰：齊女嫁衛，厥至城門，公薨不反，遂入三年。後君欲同，女終不渾，作詩譏刺，卒守死君。」見〔漢〕劉向：《古列女傳》，收入《景印文淵閣四庫全書》第448冊，卷4，頁3上～3下／36。

〔註404〕〈綠衣〉序云：「衛莊姜傷己也。妾上僭，夫人失位而作是詩也。」（見阮元校勘：《毛詩正義》，卷2之1，頁8上／625。）〈燕燕〉序云：「衛莊姜送歸妾也。」（見阮元校勘：《毛詩正義》，卷2之1，頁11下／627。）〈日月〉序云：「衛莊姜傷己也。遭州吁之難，傷己不見荅於先君，以至困窮之詩也。」見阮元校勘：《毛詩正義》，卷2之1，頁13下／628。〈終風〉序則云：「衛莊姜傷己也。遭州吁之暴，見侮慢而不能正也。」見阮元校勘：《毛詩正義》，卷2之1，頁15上／629。朱子《詩序辨說》於〈綠衣〉序則辨云：「此詩下至〈終風〉四篇，《序》皆以爲莊姜之詩，今姑從之。」見朱熹：《朱子全書·詩序辨說》，頁362。不過朱子並不認同〈日月〉及〈終風〉爲莊姜遭州吁之暴所作，一律視爲對莊公的怨辭，《詩序辨說》辨〈日月〉序云：「但謂遭州吁之難而作，則未然耳。……明是莊公在時所作。」見朱熹：《朱子全書·詩序辨說》，頁362。辨〈終風〉則云：「詳味此詩，有夫婦之情，無母子之意，若果莊姜之詩，則亦當在莊公之世。」見朱熹：《朱子全書·詩序辨說》，頁362。

〔註405〕《左傳》〈隱公三年〉云：「衛莊公娶于齊東宮得臣之妹，曰莊姜，美而無子，衛人所爲賦〈碩人〉也。又娶于陳，曰厲媯，生孝伯，早死。其娣戴媯，生桓公，莊姜以爲己子。公子州吁，嬖人之子也。有寵而好兵，公弗禁。莊姜惡之。」見阮元校勘：《春秋左傳正義》，卷3，頁9上～10下／3739。《列女傳》〈母儀傳〉則載：「傅母者，齊女之傅母也。女爲衛莊公夫人，號曰莊姜。姜交好。始往，操行衰惰，有冶容之行，淫泆之心。傅母見其婦道不正，諭之云：『子之家，世世尊榮，當爲民法則。子之質，聰達於事，當爲人表式。儀貌壯麗，不可不自修整。衣錦絅裳，飾在輿馬，是不貴德也。』乃作《詩》曰：『碩人其頎，衣錦絅衣，齊侯之子，衛侯之妻，東宮之妹，邢侯之姨，譚公維私。』砥厲女之心以高節，以爲人君之子弟，爲國君之夫人，尤不可有邪僻之行焉。女遂感而自修。君子善傅母之防未然也。」見劉向：《古列女傳》，卷1，頁8下～9上／12。

卻無子嗣。而衛莊公惑於嬖妾，疏遠莊姜。衛莊公死後，嬖人之子州吁掌握國政，與莊姜發生嚴重衝突，劉文強考證認爲莊姜實亦是當時政爭的參與者之一，其云：

> 歷來對莊姜之評價，往往受《詩序》之說所影響，認爲其人美而有賢德，本人以爲不然。不論莊姜是因何故而「無子」，她終能借立戴嬀之子爲己子，成功地牽制衛莊公，使莊公不敢輕立他所惡的州吁爲太子，進而達到鞏固自己地位之目的。外有齊國勢力的支撐，對內拉攏權臣石碏，內外交相逼迫之下，終使衛莊公傳位于完，而非其所寵愛之州吁。其後州吁雖殺桓公而自立，石碏猶能利用莊姜與桓公之關係，取得陳國支持，殺掉州吁。對於莊姜來說，也可算報了一箭之仇。衛國州吁之亂，莊公的態度雖是導致整起事件之關鍵，然莊姜於其中的作爲，亦足左右其結果。當我們討論衛莊公、衛桓公、州吁三者於君位繼承的問題時，向來並未重視衛莊姜在其中扮演的角色。而今看來，這位女子的能耐，值得學者重視。〔註406〕

劉文強的說法顛覆傳統對莊姜的認識，值得吾人深思。不過在《詩序》的刻畫下，配合《左傳》記載，衛莊姜「美而無子」的形象深植於朱子心中，《語類》便載：

> 或問：「〈燕燕〉卒章，戴嬀不以莊公之已死，而勉莊姜以思之，可見溫和惠順而能終也。亦緣他之心塞實淵深，所稟之厚，故能如此。」曰：「不知古人文字之美，詞氣溫和，義理精密如此！秦漢以後無此等語。」（《語類》，卷81，頁2103）
>
> 時舉說：「〈燕燕〉詩前三章，但見莊姜拳拳於戴嬀，有不能已者。及四章，乃見莊姜於戴嬀非是情愛之私，由其有塞淵溫惠之德，能自淑慎其身，又能以先君之思而勉己以不忘，則見戴嬀平日於莊姜相勸勉以善者多矣。故於其歸而愛之若此，無非情性之正也。」先生領之。（《語類》，卷81，頁2103～2104）

正是由於莊姜被刻畫以塞淵溫惠之德，故朱子衡量〈柏舟〉詩詞之後，遂疑其亦爲莊姜之詩。那麼自〈柏舟〉至〈終風〉五詩，皆爲莊姜傷己之詩。而這樣的次序與二〈南〉開篇以后妃夫人爲首的情況，其實頗有類比效果。

以〈周南〉爲例，自〈關雎〉至〈螽斯〉內容均涉及美大姒有德，可

〔註406〕劉文強：〈衛莊姜論〉，《文與哲》第11期，2007年12月，頁21。

配文王之詩，雖然詩歌主美大姒，但朱子則推本於文王，是文王修身正家的結果。那麼〈邶風〉前五篇均爲莊姜傷己不見答於衛莊公之詩，便暗喻這是衛莊公不能修身齊家所致，《詩集傳》注〈燕燕〉引楊時之言云：「州吁之暴，桓公之死，戴嬀之去，皆夫人失位，不見答於先君所致也。」（《詩集傳》，卷 2，頁 425）於是〈周南〉前五篇與〈邶風〉前五篇便可互爲對比，分別代表齊家之治的正反兩種型態。然而朱子又特別強調，雖然莊姜相關詩作充滿怨思，但莊姜卻能秉持詩人溫厚之情以自處，朱子注〈綠衣〉「絺兮綌兮，淒其以風。我思古人，實獲我心」云：「絺綌而遇寒風，猶己之過時而見棄也。故思古人之善處此者，眞能先得我心之所求也。」（《詩集傳》，卷 2，頁 424）注〈日月〉「日居月諸，照臨下土。乃如之人兮，逝不古處。胡能有定，寧不我顧」云：「莊姜不見答於莊公，故呼日月而訴之。言日月之照臨下土久矣，今乃有如是之人，而不以古道相處，是其心志回惑，亦何能有定哉，而何爲其獨不我顧也。見棄如此，而猶有望之之意焉，此詩之所以爲厚也。」（《詩集傳》，卷 2，頁 425）注〈終風〉「終風且霾，惠然肯來。莫往莫來，悠悠我思」云：「終風且霾，以比莊公之狂惑也。雖云狂惑，然亦或惠來而肯來。但又有莫往莫來之時，則使我悠悠而思之，望其君子之深厚之至也。」（《詩集傳》，卷 2，頁 426）莊姜雖遭莊公疏遠，等同於棄婦，但卻始終以古人自處之道警惕自己，對莊公雖有怨情，然不出惡言，猶有思望之意，不失其守，可爲溫惠之典型代表，故朱子認爲莊姜之詩雖居於變〈風〉之首，但也足爲指標性作品，提示讀者處於人倫關係之逆境中，仍應秉持溫厚良善之心處置，這也再一次點出《詩經》溫柔敦厚的風格。

〈國風〉中的怨詩多以女性爲主，不過亦有部分男性的怨詩，但這些男性之怨，範圍便不只是對男女感情之怨思而已，更擴大到對時局動盪及家國破敗之怨，最有名者如〈王風・黍離〉之怨，《詩集傳》云：

> 周既東遷，大夫行役，至于宗周，過故宗廟宮室，盡爲禾黍。閔周
> 室之顛覆，徬徨不忍去，故賦其所見黍之離離，與稷之苗，以興行
> 之靡靡，心之搖搖。既歎時人莫識己意，又傷所以致此者，果何人
> 哉！追怨之深也。（《詩集傳》，卷 4，頁 461～462）

〈黍離〉一詩，《詩序》以爲周大夫閔宗周覆滅所作，朱子採《序》說，亦以此詩爲東遷後，大夫行役過宗周，見宮室盡爲禾黍，閔周室顛覆，深悲今昔

之異而作此詩。〈黍離〉此解，乃《毛詩》說法，而劉向《新序》〈節士篇〉
則以為此乃敍衛公子伋、壽之事，其辭云：「壽閔其兄之且見害，作憂思之
詩，〈黍離〉之詩是也。」〔註407〕此蓋《魯詩》之說。然壽、伋乃衛人，何
以列入〈王風〉？《魯詩》的說法頗有問題，難以採信。《韓詩》則以為此
乃尹吉甫子伯封所作，曹植〈貪惡鳥論〉云：「昔尹吉甫信後妻之讒，而殺
孝子伯奇，其弟伯封求而不得，作〈黍離〉之詩。」〔註408〕此詩詩旨眾說
紛紜，不過信從《詩序》者較多。而歷來說《詩》者關切〈黍離〉最重要問
題在於為何以其作為〈王風〉首篇之討論，先儒多以為此篇代表周王室衰微，
〈雅〉、〈頌〉不復再作的重要轉折，如歐陽修云：「《春秋》之作，傷〈典〉、
〈誥〉之絕也；〈黍離〉之降，憫〈雅〉、〈頌〉之不復也。」〔註409〕蘇轍亦
云：「自平王東遷而變〈風〉遂作。其風及其境內而不能被天下，與諸侯比。」
〔註410〕朱子亦持相同看法，認為〈黍離〉確實乃周室王政衰變的重要標誌，
《語類》便載：

> 莊仲問：「王者之迹熄而詩亡，詩亡然後《春秋》作。先儒謂自東遷
> 之後，〈黍離〉降為〈國風〉而〈雅〉亡矣。恐是孔子刪詩之時降之。」
> 曰：「亦是他當時自如此。要識此詩，便如〈周南〉、〈召南〉當初在
> 鎬豐之時，其詩為二〈南〉；後來在洛邑之時，其詩為〈黍離〉。只
> 是自二〈南〉進而為二〈雅〉，自二〈雅〉退而為〈王風〉。二〈南〉
> 之於二〈雅〉，便如登山；到得〈黍離〉時節，便是下坡了。」（《語
> 類》，卷57，頁1350）

朱子認為從二〈南〉到二〈雅〉，乃王道之治的持續高度發展。二〈南〉雖為
表現文王治世之詩篇，然其時紂王尚在，天下未平，故而二〈南〉只能算是
文王為後王所開展出的一分理想治世藍圖。朱子認為二〈雅〉多為周公時所
訂，周公制禮作樂，代表王道盛世的來臨，因此由二〈南〉到二〈雅〉是王
政的發展，最後成於〈周頌〉之成功。然而周衰之後，禮樂文明退化，二〈雅〉
變為〈王風〉，故而「下坡」之意乃指王道治化的退步，〈王風〉不復為〈雅〉，
朱子〈齋居感興〉其五亦有云：

〔註407〕〔漢〕劉向撰，〔宋〕曾鞏輯：《新序》，影印北京圖書館藏宋刻本，卷7，頁
　　　　4上。
〔註408〕李昉等：《太平御覽》，卷923，頁6上／4230。
〔註409〕歐陽修：《詩本義》，卷15，頁243。
〔註410〕蘇轍：《詩集傳》，卷4，頁1下。

涇舟膠楚澤，周綱已陵夷。況復王風降，故宮黍離離。玄聖作《春
秋》，哀傷實在茲。（《文集》，卷4，頁147）

周綱陵夷，王政衰降，〈黍離〉的代表性便於此突顯，這是周代王政衰變的標
誌，也是〈雅〉、〈頌〉與〈風〉詩的分水嶺。

周室既已衰微，有識之士莫不傷嘆，甚至於有不樂其生者，〈兔爰〉詩云：

有兔爰爰，雉離于羅。我生之初，尚無為；我生之後，逢此百罹，
尚寐無吪！

有兔爰爰，雉離于罦。我生之初，尚無造；我生之後，逢此百憂，
尚寐無覺！

有兔爰爰，雉離于罿。我生之初，尚無庸；我生之後，逢此百凶，
尚寐無聰！

《詩序》以為此詩乃桓王時作品：「桓王失信，諸侯背叛，構怨連禍，王師傷
敗，君子不樂其生焉。」〔註411〕朱子大致接受君子不樂其生之說，但並不指
實為桓王之時，《詩序辨說》云：「其指桓王，蓋據《春秋傳》鄭伯不朝，王
以諸侯伐鄭，鄭伯禦之，王卒大敗，祝聃射王中肩之事。然未有以見此詩之
為是而作也。」〔註412〕朱子不認為〈兔爰〉專指桓王時事，而以為這是周室
衰微之後的普遍現象，《詩集傳》云：

周室衰微，諸侯背叛。君子不樂其生，而作此詩。言張羅本以取兔，
今兔狡得脫，而雉以耿介，反離于羅。以比小人致亂，而以巧計幸
免。君子無辜，而以忠直受禍也。為此詩者，蓋猶及見西周之盛，
故曰方我生之初，天下尚無事，及我生之後，而逢時之多難如此。
然既無如之何，則但庶幾寐而不動以死耳。（《詩集傳》，卷4，頁466）

周室自平王東遷之後，諸侯日益背離，王朝不再握有權力，故朱子所謂「周
室衰微，諸侯背叛」之時間點，凡東周之後皆可歸入此範圍，因此朱子是有
意將君子不樂其生指為王道政治不再復行的東周所發生之普遍狀況，而非專
因桓王一時之事而已。

又如《詩序》指〈葛藟〉詩為刺平王之事：「〈葛藟〉，王族刺平王也。周
室道衰，棄其九族焉。」〔註413〕朱子亦以為未必是平王時詩，《詩序辨說》云：

〔註411〕阮元校勘：《毛詩正義》，卷4之1，頁12上／701。
〔註412〕朱熹：《朱子全書・詩序辨說》，頁369。
〔註413〕阮元校勘：《毛詩正義》，卷4之1，頁13下／702。

「《序》說未有據，詩意亦不類。」〔註414〕而改此詩爲世衰道薄，人民感嘆流離失所，無可依靠之詩，《詩集傳》云：

> 世衰民散，有去其鄉里家族，而流離失所者，作此詩以自歎。言綿
> 綿葛藟，則在河之滸矣，今乃終遠兄弟，而謂他人爲己父。己雖謂
> 彼爲父，而彼亦不我顧，則其窮也甚矣。（《詩集傳》，卷4，頁466）

朱子設定此詩背景爲世衰民散，而不依《詩序》所指平王之時，那麼朱子的範圍便相當廣泛，凡東周以下皆可歸入此時。

再如《詩集傳》注解〈鴇羽〉云：

> 民從征役而不得養其父母，故作此詩。言鴇之性不樹止，而今乃飛集
> 于苞栩之上。如民之性本不便於勞苦，今乃久從征役，而不得耕田以
> 供子職也。悠悠蒼天，何時使我得其所乎！（《詩集傳》，卷6，頁502）

〈鴇羽〉亦爲《詩序》指實爲刺晉昭公之後：「昭公之後，大亂五世。」〔註415〕朱子同樣以爲「其時世則未可知耳。」〔註416〕從而泛指此詩乃民從征役而不得養父母之詩，不指明時世，其實代表東周以後之衰世皆可當之。朱子對於《詩序》點明其時世者，多不予認同，若《詩序》說得較爲寬泛，朱子便可接受。又如《詩序》解〈中谷有蓷〉則云：「閔周也。夫婦日以衰薄，凶年饑饉，室家相棄爾。」〔註417〕此序未點明時世，故朱子於此序無辨，蓋認同其說。而《詩集傳》更引范祖禹言云：

> 世治則室家相保者，上之所養也。世亂則室家相棄者，上之所殘也。
> 其使之也勤，其取之也厚，則夫婦日以衰薄，而凶年不免於離散矣。
> 伊尹曰：「匹夫匹婦，不獲自盡，民主罔與成厥功。」故讀《詩》者
> 於一物失所，而知王政之惡；一女見棄，而知人民之困。周之政荒
> 民散，而將無以爲國，於此亦可見矣。（《詩集傳》，卷4，頁465）

《詩序》未明何時，朱子則直接以周之政荒民散釋之，更可看出朱子所以批評《詩序》時世問題，其實也是因爲他是從更大層面來看待〈風〉詩的時世，他以爲東周不再復行王政，故只要反映時世衰微之詩，並不須特別再指定爲某王某公之時，因衰世以下，任何時間都有可能作爲怨詩反應的時間點。

〔註414〕朱熹：《朱子全書・詩序辨說》，頁369。

〔註415〕阮元校勘：《毛詩正義》，卷6之2，頁6下／774。

〔註416〕朱熹：《朱子全書・詩序辨說》，頁377。

〔註417〕阮元校勘：《毛詩正義》，卷4之1，頁10上／700。

（二）刺詩──彰顯教化義理的怨刺宣洩

刺詩的形成，基本上是在怨的感情上所作出的轉變。怨之發生本有其因，當詩人因怨而刻意尋求其因，進而將某人或某事作為發洩怨情之出口時，這時便成為刺詩。怨很容易即帶有刺的成分，往往難以強加分別，因此本論文之分類乃以朱子明確提及為刺詩者方歸為此類。而〈國風〉中這類刺詩大致針對朝政及風俗作怨刺，以下便依這二類撮述之。

1. 刺朝政之詩

（1）〈東方未明〉──以君王為施政之本

〈東方未明〉云：

> 東方未明，顛倒衣裳。顛之倒之，自公召之。
>
> 東方未晞，顛倒裳衣。倒之顛之，自公令之。
>
> 折柳樊圃，狂夫瞿瞿。不能辰夜，不夙則莫。

《詩序》以為此詩乃刺挈壺氏，其云：「〈東方未明〉，刺無節也。朝廷興居無節，號令不時，挈壺氏不能掌其職焉。」〔註418〕挈壺氏乃掌漏刻者，號令不時，將影響朝政正常運行，鄭玄便云：「挈壺氏失漏刻之節，東方未明而以為明，故群臣促遽顛倒衣裳。」〔註419〕將群臣顛倒衣裳之過錯歸罪於挈壺氏。孔穎達更以為此詩意涵為君主任用非人，其云：

> 用狂夫以為挈壺氏之官，則狂夫瞿瞿然不任於官之職，由不任其事，恆失節度，不能時節此夜之漏刻，不太早則太晚，常失其宜，故令起居無節，以君任非其人，故刺之。〔註420〕

然而孔穎達也強調，此詩主在刺挈壺氏，非刺人君，其又云：

> 今朝廷無節，由挈壺氏不能掌其職事焉，故刺君之無節，且言置挈壺氏之官不得其人也。朝廷是君臣之摠辭，此則非斥言其君也。〔註421〕

然而一小小挈壺氏即有能力搞得朝廷雞飛狗跳，未免過於誇大。據《周禮》〈夏官司馬〉所載，挈壺氏屬於下士之官，而其職為「挈壺氏：掌挈壺以令軍井，挈轡以令舍，挈畚以令糧。凡軍事，縣壺以序聚柝。凡喪，縣壺以代哭者。皆以水火守之，分以日夜。及冬，則以火爨鼎水而沸之，而沃之。」〔註422〕

〔註418〕阮元校勘：《毛詩正義》，卷5之1，頁12上／741。
〔註419〕阮元校勘：《毛詩正義》，卷5之1，頁12下／741。
〔註420〕阮元校勘：《毛詩正義》，卷5之1，頁13下／742。
〔註421〕阮元校勘：《毛詩正義》，卷5之1，頁12下／741。
〔註422〕阮元校勘：《周禮注疏》，卷30，頁15上～16下／1823。

可見這僅是一卑微小職，豈容其一再犯錯而未予懲處，甚至於需要作詩刺之，實不合理之甚。故蘇轍以為此乃刺無節之詩，其云：

> 夫苟不知為政之節，則或失之蚤，或失之莫，常不能及事之會矣。
> 以為尚蚤者，為之常緩；以為已晚者，為之常遽。緩者不意事之已
> 至，而遽者不知事之未及，故其所以備患者，常出於倉卒而不精，
> 故曰「折柳樊圃，狂夫瞿瞿」。為藩以禦狂夫，豈不知柳之不可用哉！
> 無其備而不得已也，此無節之過也。〔註423〕

據蘇轍所言，此詩乃為朝臣自我警戒之詞，如此反而有警惕之意。程頤則以為此非刺挈壺氏其官，而是因朝廷本身就興居無節，挈壺氏卻不能正時，故詩雖刺其曠職，而實指向朝廷之興居無節，程頤云：

> 政亂無節，動非其時，或早或暮，無常度也。挈壺氏司漏刻，而朝
> 廷興居不時，是其職廢也。言不能正時矣，非特刺是官也。〔註424〕

程頤的說法可能帶給朱子一些啟示，朱子便直指此詩乃刺人君興居無節，《詩集傳》云：

> 此詩人刺其君興居無節，號令不時。言東方未明而顛倒其衣裳，則
> 既早矣，而又已有從君所而來召之者焉，蓋猶以為晚也。或曰，所
> 以然者，以有自公所而召之者故也。（《詩集傳》，卷5，頁485）

朱子之說確實是比較好的解釋。若實際眞有挈壺氏失職之事，則直接予以懲治便可，何需刻意寫詩諷刺。且詩歌內容均未提到挈壺氏之職，反而屢稱「自公召之」、「自公令之」，故朱子便據公字，而以此詩乃主刺君主，基本上朱子是本於詩歌文本所作較合理的解釋。

　朱子相當重視賢能治國的概念，認為人才對國家治衰有極重大影響力，〈戊申封事〉便云：「天下之事，必得剛明公正之人而後可任也哉！」（《文集》，卷11，頁 375）但以君王一人之明，實難盡知天下賢才，於是君王首要工作在任相，〈己酉擬上封事〉云：「人主以論相為職。」（《文集》，卷12，頁 400）人主選擇賢相，賢相自能再擇其賢僚，於是層層分配而下，政事便能有效推動。其中最重要關鍵自在擇相這一部分，而這又必須歸本於君主本身，《語類》云：

> 天生一世人才，自足一世之用。自古及今，只是這一般人。但是有
> 聖賢之君在上，氣焰大，薰蒸陶冶得別，這箇自爭八九分。只如時

〔註423〕蘇轍：《詩集傳》，卷5，頁 4 上～4 下／。
〔註424〕王孝魚點校：《二程集‧河南程氏經說》，卷3，頁 1058。

節雖不好，但上面意思略轉，下面便轉。況乎聖賢是甚力量！少間
無狀底人自銷鑠改變，不敢做出來；以其平日爲己之心爲公家辦事，
自然修舉，蓋小人多是有才底。（《語類》，卷108，頁2684）

朱子認爲人才未必要去尋覓，在聖賢君主的感召下，人才自然能顯露出來，
甚至小人亦會銷鑠改變。因此，政治上有廢曠職務者，要其本便是君王本身
未能正己正人而致。高宗內禪，孝宗即位，朱子草擬〈壬午應詔封事〉，力陳
帝王之學，便強調「必將格物致知，以極夫事物之變，使事物之過乎前者，
義理所存，纖微畢照，瞭然乎心目之間，不容毫髮之隱，則自然意誠心正；
而所以應天下之務者，若數一二、辨黑白矣。」（《文集》，卷11，頁347）在
朱子的政治思想中，人主乃治亂興衰之關鍵，人主一身之修爲實爲國家政事
之根基，一切政事施爲必須歸本於君王，因此，若〈東方未明〉眞爲刺挈壺
氏，那麼也是詩人未明政事上行下效的道理。且朱子認爲挈壺氏所掌僅漏刻
之微職，實不足以導致朝臣晨昏顛倒，《詩序辨說》云：「所以『興居無節，
號令不時』，則未必皆挈壺氏之罪也。」〔註425〕故朱子以爲與其刺挈壺氏，未
若以此詩乃直刺國君，更能切合政事廢弛的根本，而非將責任推諉至一些實
際上無關緊要的小臣。

（2）〈蟋蟀〉——由上及下的教化過程

〈蟋蟀〉一詩，《詩序》以爲刺晉僖公過度節儉，其云：「儉不中禮，故
作是詩以閔之，欲其及時以禮自虞樂也。」〔註426〕《詩序》的意思以爲晉僖
公太儉，爲民所刺。過度節儉可能變成吝嗇，如《詩集傳》注〈葛屨〉有引：

廣漢張氏曰：夫子謂與其奢也寧儉。則儉雖失中，本非惡德。然而
儉之過，則至於吝嗇迫隘，計較分毫之閒，而謀利之心始急矣。（《詩
集傳》，卷5，頁491）

過於儉則必錙銖計較，甚至於忽略掉一些必要性的禮儀細節，而興起謀利之
心，故詩人以之爲刺。不過朱子不同意《詩序》內容，他從風化之本的角度
衡量君主作爲對百姓的影響，《詩序辨說》云：「況古今風俗之變，常必由儉
以入奢，而其變之漸，又必由上以及下。今謂君之儉反過於初，而民之俗猶
知用禮，則尤恐其無是理也。」〔註427〕朱子認爲政治教化必須是由上及下的

〔註425〕朱熹：《朱子全書·詩序辨說》，頁374。
〔註426〕阮元校勘：《毛詩正義》，卷6之1，頁3上／766。
〔註427〕朱熹：《朱子全書·詩序辨說》，頁376。

過程，由君主修道立教以教化天下百姓，故君主若好儉，則此風所及，人民亦應好儉，故不當會出現君太儉，而民反知用禮的情形。朱子的說法乍看似有破綻，但他其實認爲一般人民在心性修養的問題上是處於被動性質，人民性情之導正必須有賴於上位者風行推衍而成，以有道明君爲教化推行之本根，否則，百姓難以自氣質之蔽中澄清而出。

（3）〈候人〉──刺王近小人

人主須正己以明人，但所用非人，或甚至任用群小，對國家政治的危害非常之大，朱子認爲〈曹風・候人〉即爲刺君王好近小人之詩，〈候人〉詩云：

> 彼候人兮，何戈與祋。彼其之子，三百赤芾。
>
> 維鵜在梁，不濡其翼。彼其之子，不稱其服。
>
> 維鵜在梁，不濡其咮。彼其之子，不遂其媾。
>
> 薈兮蔚兮，南山朝隮。婉兮孌兮，季女斯飢。

候人乃道路迎送賓客者，喻賢者；而三百赤芾則爲華麗命服，喻小人。賢者失位，小人得志，乃傳統所認定之〈候人〉詩旨，如《詩序》云：「刺近小人也。共公遠君子而好近小人焉。」〔註428〕《詩序》指明刺共公，然朱子《辨說》則曰：「此詩但以『三百赤芾』合於《左氏》所記晉侯入曹之事，《序》遂以爲共公，未知然否。」〔註429〕晉侯入曹之事見《左傳》〈僖公二十八年〉云：「三月丙午，入曹，數之以其不用僖負羈，而乘軒者三百人也，且曰獻狀。」〔註430〕朱子採用《左傳》之說，《詩集傳》云：「此刺其君遠君子而近小人之詞。言彼候人而何戈與祋者宜也，彼其之子而三百赤芾何哉？晉文公入曹，數其不用僖負羈，而乘軒者三百人。其謂是歟？」（《詩集傳》，卷7，頁525）晉文公爲報私怨而侵曹，〔註431〕而所謂三百赤芾乃指曹共公過度任用一些無功食祿，無德居位之小人，但究竟這是眞實情況還是晉文公的構陷之詞，無可查證。不過從詩詞來看，確有諷刺小人意味，故朱子《詩集傳》亦云：「此刺其君遠君子而近小人之詞。言彼候人而何戈與祋者宜也，彼其之子而三百

〔註428〕 阮元校勘：《毛詩正義》，卷7之3，頁4上／819。

〔註429〕 朱熹：《朱子全書・詩序辨說》，頁380。

〔註430〕 阮元校勘：《春秋左傳正義》，卷16，頁18上／3956。

〔註431〕 《史記》〈晉世家〉記重耳流亡過曹，「曹共公不禮，欲觀重耳駢脅。曹大夫釐負羈曰：『晉公子賢又同姓，窮來過我，奈何不禮？』共公不從其謀。負羈乃私遺重耳食，置璧其下。重耳受食還璧。」見〔漢〕司馬遷：《史記》，收入《百衲本廿四史》（臺北：臺灣商務印書館，2001年1月），影印宋慶元黃善夫刊本），卷39，頁18上～18下／532。

赤芾何哉？」（《詩集傳》，卷 7，頁 525）小人在朝，必然排擠賢者，故朱子又以「季女斯飢」喻賢者，其云：「季女婉變自保，不妄從人，而反飢困。言賢者守道，而反貧賤。」（《詩集傳》，卷 7，頁 526）《毛傳》以季女爲民之弱者，鄭玄則以其乃引申下民困病，但對朱子而言，小人通常會直接對付批評朝中賢者，故他以爲候人與季女皆喻賢人，而賢者守道失位，不能助掌國事，則必將導致難以收拾後果，而連結朱子對〈東方未明〉的解釋來看，一切癥疾須歸結於君王。君王由於己身不正，識人不明，導致賢人沈於下僚，而小人高居上位，故諷刺焦點應該在於君主本身。

2. 刺時俗之詩

〈國風〉刺詩除以怨情爲主導的諷刺之外，另有一類是由於社會上存有違害善良風俗的特殊現象，詩人欲引以爲戒，遂作詩諷刺。這類刺詩對象亦多爲貴族階級，尤其是少數貴族爲滿足個人私欲，遂行許多污穢羞恥的下流情事。而在〈國風〉的世界中，尤以衛宣姜淫亂之事及魯文姜與齊襄公通姦之事最爲可恥，刺者最多。

（1）宣姜之亂

衛宣姜是一位極具爭議的女子，後世多以淫婦視之，但從歷史記錄來看，她又是一位無法主宰自己命運的悲劇人物，《左傳》載：「初，衛宣公烝於夷姜，生急子，屬諸右公子。爲之娶於齊，而美，公取之。生壽及朔。」〔註432〕衛宣姜乃齊僖公之女，原本預訂嫁於衛公子伋，卻因衛宣公垂涎美貌，遂於河上建新臺，佔爲己有。〈新臺〉便刺此事，其詩云：

> 新臺有泚，河水瀰瀰。燕婉之求，籧篨不鮮。
> 新臺有洒，河水浼浼。燕婉之求，籧篨不殄。
> 魚網之設，鴻則離之。燕婉之求，得此戚施。

從詩意來看，乃諷刺婚姻未能得其相配對象，《詩序》則云：「〈新臺〉，刺衛宣公也。納伋之妻，作新臺于河上而要之，國人惡之而作是詩也。」〔註433〕用於衛宣公強娶子媳之事，亦可通。朱子便云：

> 舊說以爲衛宣公爲其子伋娶於齊而聞其美，欲自娶之，乃作新臺於
> 河上而要之。國人惡之，而作此詩以刺之。言齊女本求與伋爲燕婉
> 之好，而反得宣公醜惡之人也。（《詩集傳》，卷 2，頁 439）

〔註432〕阮元校勘：《春秋左傳正義》，卷 7，頁 22 上／3814。
〔註433〕阮元校勘：《毛詩正義》，卷 2 之 3，頁 14 下／655。

朱子雖然以爲〈新臺〉所敘宣姜事「於《詩》則皆未有考也。」（《詩集傳》，卷 2，頁 439）然而《詩序辨說》卻未有辨，且基本上朱子仍是依宣姜之事解詩。衛宣公強娶子妻，這是極爲難堪的醜事，故引發國人作詩諷刺。

不過宣公強娶之事只是個整個事件的開端，《左傳》甚至記載宣姜欲謀害原本婚配之對象公子伋，《左傳》載：

> 宣姜與公子朔構急子。公使諸齊，使盜待諸莘，將殺之。壽子告之，使行。不可，曰：「棄父之命，惡用子矣？有無父之國則可也。」及行，飲以酒。壽子載其旌以先，盜殺之。急子至，曰：「我之求也，此何罪？請殺我乎！」又殺之。二公子故怨惠公。十一月，左公子洩、右公子職立公子黔牟。惠公奔齊。〔註434〕

伋與壽俱成爲宣姜構陷下的犧牲者，由此可見宣姜心性已近走火入魔，甚至後來還爲公子頑所烝，《左傳》又載：

> 初，惠公之即位也少，齊人使昭伯烝於宣姜，不可，強之。生齊子、戴公、文公、宋桓夫人、許穆夫人。〔註435〕

從《左傳》的記載來看，宣姜在淫亂情欲之表現，雖處於被動受害者角色，自有其可憐之處，但在衛道者眼光中，宣姜所爲皆亂倫之事，罪大惡極，實不配作爲一國之母，於是便以〈牆有茨〉、〈君子偕老〉、〈鶉之奔奔〉皆爲刺宣姜之詩。

〈牆有茨〉詩云：「牆有茨，不可埽也。中冓之言，不可道也。所也道也，言之醜也。」所謂不可道之醜言，便是宣姜淫亂之事，朱子云：「舊說以爲宣公卒，惠公幼，其庶兄頑烝於宣姜，故詩人作此詩以刺之，言其閨中之事皆醜惡而不可言。理或然也。」（《詩集傳》，卷 3，頁 442）詩詞雖未有證據顯示確爲刺宣姜詩，但詩中所刺皆符合其行爲，故朱子又引楊時之言云：

> 公子頑通乎君母，閨中之言至不可讀，其汙甚矣。聖人何取焉而著之於經也？蓋自古淫亂之君，自以爲密於閨門之中，世無得而知者，故自肆而不反。聖人所以著之於經，使後世爲惡者，知雖閨中之言，亦無隱而不彰也。其爲訓戒深矣！（《詩集傳》，卷 3，頁 442）

從二〈南〉來看，閨門之內乃風化之本，君王己身得正，便可正其后妃，化及家人，再推之百姓。然閨門內事本極爲私密，若未於此謹愼處之，而以爲

〔註434〕阮元校勘：《春秋左傳正義》，卷 7，頁 22 下～23 上／3814～3815。
〔註435〕阮元校勘：《春秋左傳正義》，卷 11，頁 10 上／3877。

舉世無得而知者，遂行淫亂之志，則風化由此而出，必將有所為害，即使閨中淫語亦將無隱而不彰者。聖人選擇這些刺淫詩篇，著之於經，便是欲世人警惕。

又如〈君子偕老〉詩云：「君子偕老，副笄六珈。委委佗佗，如山如河，象服是宜。子之不淑，云如之何？」得與君子偕老者乃指諸侯夫人，也就是宣姜。宣姜雖有美貌，服飾華采，但無德相稱，實在不配，《詩集傳》云：

> 言夫人當與君子偕老，故其服飾之盛如此，而雍容自得，安重寬廣，又有以宜其象服。今宣姜之不善乃如此，雖是有服，亦將如之何哉？言不稱也。（《詩集傳》，卷3，頁442～443）

朱子亦斥宣姜徒有美色而無才德相稱，枉為國母。而宣姜為公子頑所烝之事，這雖然可能是與父系社會以妻妾作為財產而可轉移支配的上古禮俗有關，但後人看來，實感駭人聽聞，故《詩序》又以〈鶉之奔奔〉為刺此事。

〈鶉之奔奔〉云：「鶉之奔奔，鵲之彊彊。人之無良，我以為兄！」公子頑乃惠公庶兄，頑通於惠公之母，惠公將情何以堪，於是詩人藉惠公之言為刺，朱子便云：「衛人刺宣姜與頑非匹耦而相從也。故為惠公之言以刺之曰：『人之無良，鶉鵲之不若，而我反以為兄，何哉？』」（《詩集傳》，卷3，頁444）刺公子頑即為刺宣姜，男女關係之不正，也代表由齊家而治國之道已斷絕，於是《詩集傳》引范祖禹及胡安國之評論為宣姜之事作一總結：

> 范氏曰：「宣姜之惡，不可勝道也。國人疾而刺之，或遠言焉，或切言焉。遠言之者，〈君子偕老〉是也。切言之者，〈鶉之奔奔〉是也。〈衛詩〉至此而人道盡、天理滅矣。中國無以異於夷狄，人類無以異於禽獸，而國隨以亡矣。」胡氏曰：「楊時有言，《詩》載此篇，以見衛為狄所滅之因也，故在〈定之方中〉之前。因以是說考於歷代，凡淫亂者，未有不至於殺身敗國而亡其家者，然後知古詩垂戒之大。而近世有獻議，乞於經筵不以〈國風〉進講者，殊失聖經之旨矣。」（《詩集傳》，卷3，頁445）

人倫之道以夫婦為本，而淫亂者必亂此道，故宣姜之惡正為敗壞夫婦之倫，進而導致國家重大災難的典型例子。由是而來，使父子、兄弟之倫亦遭毀壞，最後乃至於殺身敗國而亡其家，故朱子認為〈衛詩〉至此，人道盡，天理滅，無怪乎衛國隨之而亡。而孔子錄這些刺淫詩的目的，正為垂戒後世，後人讀之，需以為警惕。

（2）文姜之亂

《詩經》中另一件廣受批評的喪德事件，乃文姜與齊襄公兄妹亂倫之事。文姜乃齊僖公之女，原本許配予鄭公子忽，然忽以「人各有耦，齊大，非吾耦也」〔註436〕為由拒之，《詩序》則以〈有女同車〉為刺此事。不過朱子並不認同，《詩序辨說》云：

> 以今考之，此詩未必為忽而作，序者但見「孟姜」二字，遂指以為齊女，而附之於忽耳。假如其說，則忽之辭婚未為不正而可刺，至其失國，則又特以勢孤援寡不能自定，亦未有可刺之罪也。《序》乃以為國人作詩以刺之，其亦誤矣。後之讀者又襲其誤，必欲鍛鍊羅織，文致其罪而不肯赦，徒欲以徇說詩者之繆，而不知其失是非之正，害義理之公，以亂聖經之本指，而壞學者之心術，故予不可以不辯。〔註437〕

朱子認為忽之辭婚未為不正，且其行事亦未有可刺之罪。而後人卻依《詩序》刺忽而羅織罪名，實足以令讀者不知所措，壞其心術，故朱子以為〈有女同車〉單純為淫奔之詩，與忽無關。

至於文姜淫亂之事，《左傳》則有載：

> 十八年，春，公將有行，遂與姜氏如齊。申繻曰：「女有家，男有室，無相瀆也。謂之有禮。易此必敗。」公會齊侯于濼，遂及文姜如齊。齊侯通焉。公謫之。以告。夏，四月丙子，享公。使公子彭生乘公，公薨于車。〔註438〕

文姜與其同父異母兄襄公諸兒早已有染，然雖嫁於魯桓公，依舊利用機會與襄公互通款曲，甚至為魯桓公發現譴責，也因此使魯桓公召來殺身之禍。此事鬧得沸沸湯湯，當有詩刺之。而朱子接受〈國風〉中關於刺文姜的相關人士之詩，計有〈南山〉、〈敝笱〉、〈載驅〉、〈猗嗟〉等四詩。

〈南山〉詩云：

> 南山崔崔，雄狐綏綏。魯道有蕩，齊子由歸。既曰歸止，曷又懷止？
> 葛屨五兩，冠緌雙止。魯道有蕩，齊子庸止。既曰庸止，曷又從之？
> 蓺麻如之何？衡從其畝。取妻如之何？必告父母。既曰告止，曷又鞠止？

〔註436〕阮元校勘：《春秋左傳正義》，卷6，頁21上～21下／3798。
〔註437〕朱熹：《朱子全書・詩序辨說》，頁371。
〔註438〕阮元校勘：《春秋左傳正義》，卷7，頁25下／3816。

析薪如之何？匪斧不克。取妻如之何？匪媒不得。既曰得止，曷又

極止？

鄭玄以為此詩前兩章刺齊襄公與文姜，後兩章則刺魯桓公。朱子亦從其說，而以為所以刺齊襄者，云：「襄公居高位而行邪行。且文姜既從此道歸乎魯矣，襄公何為而復思之乎？」（《詩集傳》，卷5，頁486）襄公為齊國國君，不能正己而行邪行。其妹文姜已嫁適魯國，卻又思誘而淫之，敗亂文姜夫婦之道。而所以刺魯桓公者，則云：「今魯桓公既告父母而取妻矣，又曷為使之得窮其欲而至此哉？」（《詩集傳》，卷5，頁486）魯桓公聘齊，文姜本不該隨行，但桓公卻不能禁制而使其得遂淫欲，是亦敗亂夫婦之道。文姜雖為事件主角，但朱子批評的對象以襄公及桓公為主，強調兩人以人君之尊，一行邪行，一不遵禮，造成難以收拾後果，而這也是諸侯不能正己正人的惡例。

〈齊風〉中另外如〈敝笱〉、〈載驅〉、〈猗嗟〉亦與此事件有關，而〈猗嗟〉所刺對象較為特別，乃文姜子魯莊公。〈猗嗟〉詩云：

猗嗟昌兮！頎而長兮。抑若揚兮，美目揚兮。巧趨蹌兮，射則臧兮。

猗嗟名兮！美目清兮。儀既成兮，終日射侯，不出正兮，展我甥兮。

猗嗟孌兮！清揚婉兮。舞則選兮，射則貫兮。四矢反兮，以禦亂兮。

《詩序》以為〈猗嗟〉乃刺魯莊公，其云：「〈猗嗟〉，刺魯莊公也。齊人傷魯莊公有威儀技藝，然而不能以禮防閑其母，失子之道。人以為齊侯之子焉。」〔註439〕文姜淫亂之事，卻牽扯到魯莊公，主要由於時人疑莊公可能並非桓公親生，故〈猗嗟〉詩表面上似在稱頌魯莊，卻字字暗藏諷刺，朱子便解釋云：「齊人極道魯莊公威儀技藝之美如此，所以刺其不能以禮防閑其母，若曰：『惜乎，其獨少此耳！』」（《詩集傳》，卷5，頁489）朱子對〈猗嗟〉的解釋並不單純接受詩歌文本字面意涵。其實若排除任何預設立場而單獨從文本來讀〈猗嗟〉，這首詩乃純為頌美之詞，但朱子卻聯想到所未說破之事而以為諷刺之內容，這又是朱子並非完全採用以《詩》說《詩》之一例。魯莊公何以未能防閑其母？《春秋》載魯莊公二年，「夫人姜氏會齊侯于禚」〔註440〕，四年，「夫人姜氏享齊侯于祝丘」〔註441〕，五年，「夫人姜氏如齊師」〔註442〕，七年，「夫

〔註439〕阮元校勘：《毛詩正義》，卷5之2，頁13上～13下／751。

〔註440〕阮元校勘：《春秋左傳正義》，卷8，頁5下／3824。

〔註441〕阮元校勘：《春秋左傳正義》，卷8，頁7下／3825。

〔註442〕阮元校勘：《春秋左傳正義》，卷8，頁10上／3826。

人姜氏會齊侯于防」〔註443〕，又「會齊侯于穀」〔註444〕。可見文姜在桓公死後，並未節制，反而更加肆無忌憚，放縱情欲與襄公見面，因此歷來以爲魯莊公不能防閑其母者，亦屬有據。但人子不能防閑其母，責任究竟應該如何歸屬？朱子則云：

> 或曰：「子可以制母乎？」趙子曰：「夫死從子，通乎其下，況國君乎？君者，人神之主，風教之本也。不能正家，如正國何？若莊公者，哀痛以思父，誠敬以事母，威刑以馭下，車馬僕從莫不俟命，夫人徒往乎？夫人之往也，則公哀敬之不至，威命之不行耳。」東萊呂氏曰：「此詩三章，譏刺之意皆在言外。嗟嘆再三，則莊公所大關者，不言可見矣！」（《詩集傳》，卷5，頁490）

莊公雖爲人子，但朱子認爲依人倫關係而言，夫死從子，故莊公地位實等同於桓公，因此他有防閑文姜的責任。而莊公未之能行，便是不能正家。再者，莊公乃一國之君，是爲風教之本，放任母親文姜遂行淫欲，則將導致社會風俗之衰敗，乃至於不能正國。不能正家，不能正國，也代表修身層面亦有問題。故文姜事件雖似與莊公無太大關係，甚至於莊公可能因考慮到家醜外揚而不敢輕易有所防閑動作，但正如〈牆有茨〉所刺，即使再隱密的中菁之言，若違反良善風氣而不爲世俗所容，必將無所隱遁，身爲國君，必須有所動作，否則一味姑息，將會召禍。

〈國風〉所刺除圍繞上述幾項主題之外，尚有部分各因其事而興刺之詩，如朱子以〈蝃蝀〉爲刺淫奔之詩，《詩集傳》云：「此刺淫奔之詩。言蝃蝀在東，而人不敢指，以比淫奔之惡，人不可道。」（《詩集傳》，卷3，頁446）《詩序》以爲此詩爲衛文公以道化民，使民止奔之詩，孔穎達《正義》則云：「此惡淫奔之辭也。」〔註445〕兩者意涵實同。朱子雖採孔穎達說法，然所述重點略與之不同。〈蝃蝀〉詩有云：「女子有行，遠父母兄弟。」孔穎達曰：「女子有適人之道，當自遠其父母兄弟，於理當嫁，何憂於不嫁，而爲淫奔之過惡乎？」〔註446〕孔穎達認爲詩歌所言「遠父母兄弟」爲女子必嫁於人而離開父母兄弟，則何以遂行淫奔之惡乎？據其所言，女子必然會離開父母兄弟，故女子有行之「行」，乃嫁娶之行。然而這樣的詮釋似乎超過文本之負載。《詩

〔註443〕阮元校勘：《春秋左傳正義》，卷8，頁13下／3828。
〔註444〕阮元校勘：《春秋左傳正義》，卷8，頁14上／3828。
〔註445〕阮元校勘：《毛詩正義》，卷3之2，頁1上／672。
〔註446〕阮元校勘：《毛詩正義》，卷3之2，頁1下／672。

集傳》則云：「況女子有行，又當遠其父母兄弟，豈可不顧此而冒行乎？」（《詩集傳》，卷 3，頁 446）朱子此語亦不夠清楚，到底此行是淫奔之行還是嫁娶之行？劉瑾《詩傳通釋》引呂祖謙說法作爲注腳，或能彰顯朱子之意，其云：

> 呂東萊曰：「『女子有行，遠父母兄弟』，此詩蓋言女子終當適人，非久在家者，何爲而犯禮也？〈泉水〉、〈竹竿〉蓋衛女思家，言女子分當適人，雖欲常在父母兄弟之側，不可得也。一則欲常居家而不可得，一則欲亟去家而不能得，其善惡可見矣。」〔註447〕

呂祖謙之意認爲女子若因一時淫欲衝突而奔，將背離父母兄弟之倫。朱子之意當與呂氏相同，「女子有行」指此女當下所欲進行淫奔之事，而冒行此事，將使女子喪失對家庭恩義的責任。可以看出，朱子把家庭作爲女子所應當重視的首要人倫關係，故《詩集傳》又云：

> 言此淫奔之人，但知思念男女之欲，是不能自守其貞信之節，而不知天理之正也。程子曰：「人雖不能無欲，然當有以制之。無以制之，而惟欲之從，則人道廢而入於禽獸矣。以道制欲、則能順命。」（《詩集傳》，卷3，頁447）

遂行淫欲，便是爲氣質所導，而陷溺義理之眞實，淫奔之人但知循男女淫欲而未知貞信之節，故朱子引程頤之言，強調以道制欲的重要性。然而此「欲」非一般生理需求之欲，而是不得違背禮義道德規範之欲，若在合乎禮節規範情況下而滿足生理欲望，這是可接受的；若不遵禮義而遂行其欲，則入於禽獸，亦即爲氣所蔽，無法彰顯人爲最靈的義理價值。

〈國風〉刺詩尚有〈采苓〉刺聽讒，《詩集傳》云：

> 此刺聽讒之詩。言子欲采苓於首陽之巔乎，然人之爲是言以告子者，未可遽以爲信也。姑舍置之而無遽以爲然，徐察而審聽之，則造言者無所得而讒止矣。（《詩集傳》，卷6，頁505）

〈宛丘〉刺遊蕩無度，《詩集傳》云：

> 國人見此人常遊蕩於宛丘之上，故敘其事以刺之。言雖信有情思而可樂矣，然無威儀可瞻望也。（《詩集傳》，卷7，頁516）

〈蜉蝣〉刺耽於逸樂而無遠慮，《詩集傳》云：

> 此詩蓋以時人有玩細娛而忘遠慮者，故以蜉蝣爲比而刺之。言蜉蝣之羽翼，猶衣裳之楚楚可愛也。然其朝生暮死，不能久存，故我心

〔註447〕劉瑾：《詩傳通釋》，卷3，頁22上／363。

憂之，而欲其於我歸處耳。《序》以爲刺其君，或然，而未有考也。
（《詩集傳》，卷7，頁525）

這些詩歌所刺不一，但同樣均顯示出朱子將《詩經》刺詩所刺者皆導向於以政教禮義爲基礎的功能之上，諷刺之內容必須落在對政治、時俗的關懷之上，並以義理價值爲背景，要求改變現象，回復至禮義教化高度發達的王政時代。

（三）美詩——以溫厚性情為本的美時之作

傳統對變〈風〉詩旨的認定，主要反映時代政治之衰微，而作者乃太師、國史類詩人，〈大序〉云：「國史明乎得失之跡，傷人倫之廢，哀刑政之苛，吟詠情性以風其上，達於事變而懷於舊俗者也。」〔註448〕依〈大序〉所言，變〈風〉產生於人倫廢、刑政苛的衰世，而產生的原因其中之一爲「懷於舊俗」。何謂懷於舊俗？〈女曰雞鳴〉之序有云：「〈女曰雞鳴〉，刺不說德也。陳古義以刺今，不說德而好色也。」〔註449〕〈女曰雞鳴〉一詩乃述夫婦相警戒之語，全詩未見怨曠之意。但這樣的詩歌又何以會是衰世之音？於是《詩序》提出陳古刺今之說，作爲變《詩》存在美詩的原因。而一旦套上陳古刺今之法，凡是詩意美好者，皆視爲是對古時美好舊俗的一種懷念，而目的在於諷刺今世之不然。然而朱子卻對這種說法強烈批評：

> 又其爲説，必使《詩》無一篇不爲美刺時君國政而作，固已不切於情性之自然，而又拘於時世之先後，其或書傳所載當此一時偶無賢君美謚，則雖有辭之美者，亦例以爲陳古而刺今。是使讀者疑於當時之人絕無善則稱君，過則稱己之意。而一不得志，則扼腕切齒，嘻笑冷語以懟其上者，所在而成羣，是其輕躁險薄，尤有害於溫柔敦厚之教，故予不可以不辨。〔註450〕

朱子認爲《詩經》乃詩人情性之作，而情性所感範圍極爲廣泛，不應專門限制在對時君國政作美刺而已。然《詩序》對於變〈風〉中偶有辭美者，例以爲陳古刺今，〔註451〕如此一來，反而會使讀者以爲當時之人並無善則稱君，

〔註448〕阮元校勘：《毛詩正義》，卷1之1，頁13上～14下／567。
〔註449〕阮元校勘：《毛詩正義》，卷4之3，頁3上／719。
〔註450〕朱熹：《朱子全書・詩序辨說》，頁361。
〔註451〕據《詩序》所載，陳古刺今之詩包括有〈有狐〉、〈大車〉、〈羔裘〉、〈女曰雞鳴〉、〈盧令〉、〈楚茨〉、〈信南山〉、〈甫田〉、〈大田〉、〈瞻彼洛矣〉、〈鴛鴦〉、〈魚藻〉、〈采菽〉、〈都人士〉、〈瓠葉〉等，然而如〈定之方中〉、〈淇奧〉者，《詩序》則直接以爲美時之作，未見有陳古刺今之意。故對於朱子所謂《詩序》「以變

過則稱己的謙遜美德。也就是說，陳古刺今所帶來的反效果，反而會讓讀者對《詩經》溫柔敦厚的性質產生質疑，從而無法達成「思無邪」的目的。有美則譽，有惡則諷，這是人情自然表現，堯舜治世亦有四凶，春秋衰世則有孔聖，何以會在變《詩》時代卻無一可美頌者，如此詩人未免心胸狹隘，只專於諷世，而毫無美時之心，那麼這樣子的詩人與憤世嫉俗者幾無區別，如何可以體現《詩經》溫柔敦厚的特質。因此，朱子詮釋詩旨另一項不同於《詩序》的特色便在於他承認變〈風〉中仍存在美時之詩。這類美詩有美君子者，也有自道其良善情性者，只要不具怨刺之意，而表現出悅樂愛好之意者，皆可屬於美詩。

1. 依《詩序》所美而申述

君子一詞經孔子轉化後，成爲儒家理想人格之代稱，然在《詩經》時代，君子則多指貴族階級，可包括君王及士大夫階層。而朱子則接受這兩種視域並混合，以德性標準加諸於執政者，強調君子德稱其位，突出品德之重要。東周之後，諸侯各自爲政，各國執政者亦有賢庸之別，詩人各因其表現而予以不同評價，而對於能在混亂世局中開展出清明政治者，則應予以高度稱頌，於是朱子便不吝於設定變〈風〉中仍有稱美當時政治人物及社會風俗者，並表現爲兩種方式，一則接受《詩序》之說繼續申述其美，一則改變《詩序》陳古刺今而單純以爲美時。第一類詩作包括如下：

（1）〈定之方中〉——美衛文公操心淵實

衛國在州吁之亂後，國勢陷於不安，衛懿公時便爲狄人所滅，《左傳》〈閔公二年〉載：「狄人伐衛，衛懿公好鶴，鶴有乘軒者。將戰，國人受甲者皆曰：『使鶴！鶴實有祿位，余焉能戰？』」〔註452〕衛懿公因其荒唐行徑，導致身死國滅。爲救亡圖存，齊桓公立姬燬爲衛君，是爲衛文公。衛文公即位後，減輕賦稅，與民共苦，逐漸復興衛室，《詩集傳》注〈定之方中〉對此段歷史有略述之文：

> 按《春秋傳》衛懿公九年冬，狄入衛，懿公及狄人戰于滎澤而敗，死焉。宋桓公迎衛之遺民渡河而南，立宣姜子申，以廬於漕，是爲戴公，是年卒，立其弟燬，是爲文公。於是齊桓公合諸侯以城楚丘

〈風〉不應有美」，見朱熹：《朱子全書・詩序辨說》，頁370。「例以爲陳古而刺今」，見朱熹：《朱子全書・詩序辨說》，頁361。應視爲朱子自己的看法，《詩序》是否真將變《詩》的美詩一律如此界定，仍有商榷空間。

〔註452〕阮元校勘：《春秋左傳正義》，卷11，頁9上／3877。

而遷衛焉。文公大布之衣，大帛之冠，務材訓農，通商惠工，敬教勸學，授方任能。元年革車三十乘，季年乃三百乘。（《詩集傳》，卷3，頁446）

衛文公生聚教訓，徐圖復興，得以吸引詩人作詩歌詠。《詩序》便以〈定之方中〉為美衛文公之詩，其云：「〈定之方中〉，美衛文公也。衛為狄所滅，東徙渡河，野處漕邑，齊桓公攘戎狄而封之。文公徙居楚丘，始建城市而營宮室，得其時制，百姓說之，國家殷富焉。」〔註453〕觀〈定之方中〉詩詞，確有營作宮室，重建城邑之意，其詩云：

定之方中，作于楚宮。揆之以日，作于楚室。樹之榛栗，椅桐梓漆，爰伐琴瑟。

升彼虛矣，以望楚矣。望楚與堂，景山與京。降觀于桑。卜云其吉，終然允臧。

靈雨既零，命彼倌人。星言夙駕，說于桑田。匪直也人，秉心塞淵，騋牝三千。

《左傳》〈閔公二年〉載：「衛文公大布之衣、大帛之冠，務材訓農，通商惠工，敬教勸學，授方任能，元年，革車三十乘；季年，乃三百乘。」〔註454〕將詩詞與《左傳》之文對照，確實頗為相符，故歷來均依《詩序》解釋此詩。朱子亦云：「衛為狄所滅，文公徙居楚丘，營立宮室，國人悅之，而作是詩以美之。」（《詩集傳》，卷3，頁445）衛文公重建衛室，這是興滅國，繼絕世之舉，注〈鶉之奔奔〉曾引楊時之言云：「《詩》載此篇，以見衛為狄所滅之因也。故在〈定之方中〉之前。」（《詩集傳》，卷3，頁445）〈定之方中〉之前的衛詩包括〈牆有茨〉、〈君子偕老〉、〈桑中〉、〈鶉之奔奔〉等，均被朱子視為反映衛國人道盡、天理滅之窮途末路的詩篇。而繼之以〈定之方中〉，便代表存在由變復正，使王道理想再現的可能性。衛國能復興的重要關鍵繫於衛文公一身，《詩集傳》注「匪直也人，秉心塞淵，騋牝三千」云：「蓋人操心誠實而淵深，則無所為而不成，其致此富盛宜矣。」（《詩集傳》，卷3，頁446）朱子認為衛文公操心誠實而淵深。從操心而論，乃頌美文公心性純正之詞。君王能有此心，自正其身，則所為將無不成。朱子於紹興二十九年三十歲時，曾於〈答劉平甫〉第四通中另申論此詩之意，其云：「非特人化其德而

〔註453〕阮元校勘：《毛詩正義》，卷3之1，頁12下／664。
〔註454〕阮元校勘：《春秋左傳正義》，卷11，頁15上～15下／3880。

有塞淵之美，至於物被其功，亦至眾多之盛。」（《文集》，卷40，頁1691）朱子早期著重於闡發衛文公化人之功，雖然《詩集傳》未採用此說，然也不當視為遭朱子所廢棄，而是由於此乃屬超越文本語句的引申詮釋。不過這種由己及人，再被及萬物的外擴過程其實也符合朱子一貫主張的修身治國之開展，由君王自身推及臣屬而及於國人，因此朱子對於〈干旄〉詩便也採取這種方式說明。

（2）〈干旄〉──美衛文公化及臣子

〈干旄〉詩云：

> 孑孑干旄，在浚之郊。素絲紕之，良馬四之。彼姝者子，何以畀之？
>
> 孑孑干旟，在浚之都。素絲組之，良馬五之。彼姝者子，何以予之？
>
> 孑孑干旌，在浚之城。素絲祝之，良馬六之。彼姝者子，何以告之？

《詩序》以此詩為美衛文公臣子之詩，其云：「〈干旄〉，美好善也。衛文公臣子多好善，賢者樂告以善道也。」〔註455〕朱子以為《序》言無所考，但又說「《小序》之言，疑亦有所本云。」（《詩集傳》，卷3，頁448）那麼他大致可接受為衛文公時大夫訪賢之說，《詩集傳》注首章便云：「言衛大夫乘此車馬，建此旄旌，以見賢者。彼其所見之賢者，將何以畀之，而答其禮意之勤乎？」（《詩集傳》，卷3，頁448）朱子的詮釋對照詩意來看，似乎未盡符合，他以為每章前四句乃衛大夫往見賢者，後二句為賢者答大夫之意。將詩歌主詞拆成兩人，說頗迂曲。朱子自己後來亦感到這種解釋不妥而作了改變，《語類》載陳文蔚於戊申年（1188）以後所聞之記錄云：

> 問文蔚：「『彼姝者子』，指誰而言？」文蔚曰：「《集傳》言大夫乘此車馬，以見賢者。賢者言：『車中之人，德美如此，我將何以告之？』」曰：「此依舊是用《小序》說。」「此只是傍人見此人有好善之誠。」曰：「『彼姝者子，何以告之？』蓋指賢者而言也。如此說，方不費力。今若如《集傳》說，是說斷了再起，覺得費力。」（《語類》，卷81，頁2106）

陳文蔚第一說乃據孔穎達《毛詩正義》及朱子《詩集傳》，以彼姝者子乃賢者稱大夫之語，而朱子自己也承認他採《詩序》之說，第二說則以為旁人稱美大夫之語。然朱子對二說皆不認同，他將此詩主語全改為大夫。建旄訪賢是大夫出行，「彼姝者子」則是大夫稱美賢者之語，如此一來，詩歌全為大夫一人口吻而寫成，確實較《集傳》的解釋更為簡明合理。

〔註455〕阮元校勘：《毛詩正義》，卷3之2，頁3上／673。

對於朱子所以深入思考而改變舊說的原因，《詩集傳》中也有線索，注〈干旄〉云：

> 衛本以淫亂無禮，不樂善道而亡其國。今破滅之餘，人心危懼，正其有以懲創往事，而興起善端之時也，故其爲詩如此。蓋所謂生於憂患、死於安樂者。（《詩集傳》，卷3，頁448）

朱子認爲衛文公救危亡於破滅，而此時人心因遭遇大亂，必有所警懼，往往易於懲創過往而興起善端，再加上〈定之方中〉以文公之心爲基礎，德化所及，朝廷之內當會優先及於大夫階層。那麼再由此來讀〈干旄〉詩，賢者之賢自因其身修養所致，未必與國君相關，故將「彼姝者子」加於賢者之身，不足以見出衛王室本身在警懼懲創之後所作的改變。而若將此詩全變爲大夫口吻，那麼文公已有秉心塞淵之實，而大夫又有訪賢求善之心，君臣同心，乃得以拯衛國於敗亡之中，更足以體現衛室所以復興的關鍵。

（3）〈淇奧〉——美衛武公之德

〈淇奧〉一詩可算變〈風〉中最重要的頌美詩，舊說以其爲衛人歌衛武公之德而作，《詩序》云：「〈淇奧〉，美武公之德也。有文章，又能聽其規諫，以禮自防，故能入相于周，美而作是詩也。」〔註456〕徐幹（170～217）《中論》亦曰：

> 昔衛武公年過九十猶夙夜不怠，思聞訓道，命其羣臣曰：「無謂我老耄而舍我，必朝夕交戒。」又作〈抑〉詩以自儆也。衛人誦其德，其賦〈淇澳〉，且曰睿聖。〔註457〕

此蓋《魯詩》之說，亦以爲美衛武公。朱子《詩序辨說》則云：「此序疑得之。」〔註458〕〈淇奧〉作爲美衛武公之詩，乃歷來共同的看法，但朱子爲何仍出以疑辭？這便牽涉到朱子對《詩序》的批評。

朱子認爲《詩序》解說《詩》旨有一特色，便是會特別指明各篇詩歌時代。若其說有所根據，朱子會採納；但若其說無法於史傳中考得，朱子往往質疑，甚至反對。如《詩序》以〈君子于役〉刺平王，朱子則云：「亦未有考。」〔註459〕又如《詩序》以爲〈庭燎〉、〈沔水〉、〈鶴鳴〉、〈祈父〉等詩皆與宣王

〔註456〕阮元校勘：《毛詩正義》，卷3之2，頁10上／676。
〔註457〕〔漢〕徐幹：《中論》，收入《景印文淵閣四庫全書》第696冊，卷上，頁13上～13下／475。
〔註458〕朱熹：《朱子全書・詩序辨說》，頁367。
〔註459〕朱熹：《朱子全書・詩序辨說》，頁369。

有關，而朱子則以爲「時世多不可考」〔註460〕，朱子認爲雖可由詩詞本文略得所述之事，但若無明確記載，時世則往往已不可得知。而《詩序》爲了取信讀者，且恥己所不知，故多以當時書史資料爲憑，依諸國公侯相關事跡，強加依託。然若該公侯事跡無任何史料可據，便依其諡號美惡而分類，再以詩歌配之。這樣的作法本來只是穿鑿之論，而朱子卻從義理角度，論斷強加時世所帶來的弊病。首先他批評作《序》者如此妄加附會，是欺騙自己的行爲，所謂知之爲知之，不知爲不知，是知也。朱子指出作《序》者害怕自己所知不廣，無法取信於人，於是必欲使每一首詩均有明確對象以爲美刺，其立說之基點已不純正，是故意欺瞞後人，罪不可恕。《詩序辨說》有云：

> 詩之文意事類可以思而得，其時世名氏則不可以強而推。故凡《小序》，唯詩文明白直指其事，如〈甘棠〉、〈定中〉、〈南山〉、〈株林〉之屬，若證驗的切見於書史，如〈載馳〉、〈碩人〉、〈清人〉、〈黃鳥〉之類，決爲可無疑者。其次則詞旨大概可知必爲某事，而不可知其的爲某時某人者，尚多有之。若爲《小序》者，姑以其意推尋探索，依約而言，則雖有所不知，亦不害其爲不自欺，雖有未當，人亦當恕其所不及。今乃不然，不知其時者，必強以爲某王某公之時，不知其人者，必強以爲某甲某乙之事，於是傅會書史，依託名諡，鑿空妄語，以誑後人。〔註461〕

然觀朱子所舉之詩，未及〈淇奧〉，《詩集傳》則云：「衛之他君，蓋無足以及此者。故《序》以此詩爲美武公，而今從之也。」《詩集傳》，卷3，頁451）朱子以爲《詩序》會依君王諡法之美惡而分配至各詩，然而朱子對於〈淇奧〉美衛武公的說法，則表現出勉強接受的態度，並以爲衛之他君除武公外，無足以符合此詩者。但衛國國君果眞除武公外，便無人可當此詩，衛文公難道不夠資格作爲此詩主角嗎？衛文公雖復興衛國，但朱子卻曾批評他吝，《語類》載：「如衛文公漢文帝雖是吝，却終吉。」（《語類》，卷71，頁1783）衛文公衣大布之衣、大白之冠，雖欲示民以儉，但在朱子看來，仍趨於吝，故朱子將〈淇奧〉詩頌美對象依《詩序》所云歸於衛武公。然由此也可看出，朱子雖批評《詩序》強加時代之法，有意擺脫《詩序》之說，但在其前理解思維中，仍避免不了受《詩序》作爲舊典範而留存部分相似之處。

〔註460〕朱熹：《朱子全書・詩序辨說》，頁385。
〔註461〕朱熹：《朱子全書・詩序辨說》，頁361。

〈淇奧〉詩敘武公之德，著重於刻畫其人格品德之盛美，其詩云：

瞻彼淇奧，綠竹猗猗。有匪君子，如切如磋，如琢如磨。瑟兮僩兮，
赫兮咺兮。有匪君子，終不可諼兮。

瞻彼淇奧，綠竹青青。有匪君子，充耳琇瑩。會弁如星。瑟兮僩兮，
赫兮咺兮。有匪君子，終不可諼兮。

瞻彼淇奧，綠竹如簀。有匪君子，如金如錫，如圭如璧。寬兮綽兮，
猗重較兮。善戲謔兮，不爲虐兮。

此詩不僅於《詩經》出現，亦爲《論語》子貢及《大學》所引用，是儒家用
來描繪君子形象的重要代表作，故朱子詮釋此詩時，便引《大學》之說作爲
詮釋重心，《詩集傳》云：

衛人美武公之德，而以綠竹始生之美盛，興其學問自脩之進益也。《大
學傳》曰：「如切如磋者，道學也；如琢如磨者，自脩也。瑟兮僩兮
者，恂慄也；赫兮喧兮者，威儀也；有斐君子終不可諼兮者，道盛
德至善，民之不能忘也。」（《詩集傳》，卷3，頁450）

《大學》將「如切如磋，如琢如磨。瑟兮僩兮，赫兮咺兮」解釋爲君子於學
問及道德上之自修進益，那麼所以美衛武公者便因重其品德。注第二章又云：
「興其服飾之尊嚴，而見其德之稱也。」（《詩集傳》，卷 3，頁 451）德稱其
服，這又是君子由內及外，內外相符的標準形象。注第三章則云：

以竹之至盛，興其德之成就，而又言其寬廣而自如，和易而中節也。
蓋寬綽無欲束之意，戲謔非莊厲之時，皆常情所忽，而易致過差之地
也。然猶可觀，而必有節焉，則其動容周旋之間，無適而非禮，亦可
見矣。《禮》曰：「張而不弛，文武不能也；弛而不張，文武不爲也；
一張一弛，文武之道也。」此之謂也。（《詩集傳》，卷3，頁451）

〈淇奧〉詩歌內容並無敘及武公遵禮之文句，但朱子卻將武公寬容綽緩之姿
賦以儒家人格所重視對禮的要求。稱其無適而非禮，並配以文武一張一馳之
道。詩歌明明只寫武公「善戲謔」的幽默個性，但朱子卻藉此上推到所謂文
武之道，強調武公謹於修身之際，又不過於嚴苛，這正符合文武張馳之道。
朱子的釋義很明顯已溢出文本之外。由此可看出，朱子雖接受衛武公爲此詩
主角，但他在分析時，卻是完全依照心目中儒家君子的形象而詮釋，

2. 改《詩序》刺說而以爲美詩

朱子除依《詩序》所言，發揮其意而爲頌美君子之詩外，亦改變多篇《詩

序》看法，包括改怨刺爲美詩，如〈伐檀〉、〈鳲鳩〉等；改陳古刺今爲美時
之說，如〈女曰雞鳴〉。朱子所以認同《詩經》可有美詩，是因爲多數詩人仍
受有先王風教影響，其情性基本上是趨於較爲良善的狀態，那麼若必欲句句
刺人，實違反溫柔敦厚的《詩》教，朱子便以這種看法進而改變《詩序》主
刺的立場。如〈伐檀〉詩云：

> 坎坎伐檀兮，寘之河之干兮，河水清且漣猗。不稼不穡，胡取禾三
> 百廛兮？不狩不獵，胡瞻爾庭有縣貆兮？彼君子兮，不素餐兮？
> 坎坎伐輻兮，寘之河之側兮，河水清且直猗。不稼不穡，胡取禾三
> 百億兮？不狩不獵，胡瞻爾庭有縣特兮？彼君子兮，不素食兮？
> 坎坎伐輪兮，寘之河之漘兮，河水清且淪猗。不稼不穡，胡取禾三
> 百囷兮？不狩不獵，胡瞻爾庭有縣鶉兮？彼君子兮，不素飧兮？

這首詩詩意看似明白，但歷來說法歧異極大，《詩序》云：「〈伐檀〉，刺貪也。
在位貪鄙，無功而受祿，君子不得進仕爾。」〔註462〕鄭玄云：「彼君子者，斥
伐檀之人。仕有功乃肯受祿。」〔註463〕孔穎達則云：

> 君子不進，由在位貪鄙，故責在位之人，云汝不親稼種，不親斂穡，
> 何爲取禾三百夫之田穀兮？不自冬狩，不自夜獵，何爲視汝之庭則
> 有所懸者是貆獸兮？汝何爲無功而妄受此也。彼伐檀之君子，終不
> 肯而空餐兮。汝何爲無功而受祿，使賢者不進也。〔註464〕

這是《毛詩》一派的說法，視此詩爲刺詩。不素餐之君子爲賢者，而不稼不
穡者則爲在位貪鄙之人，「不稼不穡，胡取禾三百廛兮？不狩不獵，胡瞻爾庭
有縣貆兮？」這確實類似刺詩口吻，但朱子卻出人意表地以此詩爲美君子不
素餐，《詩序辨說》云：「此詩專美君子之不素飧，《序》言『刺貪』，失其旨
矣。」〔註465〕朱子的說法其實與《詩序》是互補的，在位貪鄙與不素餐之君
子可互爲對比，那麼，若詩人意在聲伐貪鄙之在位者，那麼此詩便爲刺詩；
若詩人意在歌頌此君子不素餐，那麼此詩便爲美詩，角度雖不同，但對詩詞
內容的分析實無太大差異。如《詩集傳》云：

> 詩人言有人於此用力伐檀，將以爲車而行陸也。今乃寘之河干，則
> 河水清漣而無所用，雖欲自食其力而不可得矣。然其志則自以爲不

〔註462〕阮元校勘：《毛詩正義》，卷5之3，頁9下／670。
〔註463〕阮元校勘：《毛詩正義》，卷5之3，頁10上／670。
〔註464〕阮元校勘：《毛詩正義》，卷5之3，頁10上／670。
〔註465〕朱熹：《朱子全書·詩序辨說》，頁375。

> 耕則不可以得禾，不獵則不可以得獸，是以甘心窮餓而不悔也。詩
> 人述其事而歎之，以爲是眞能不空食者。後世若徐穉之流，非其力
> 不食，其屬志蓋如此。（《詩集傳》，卷5，頁494）

此不素餐君子同爲朱子與《毛詩》一派的正面形象，而對於不稼不穡者的詮
釋，朱子則以爲此乃君子之志，不肯未勞而獲，故不稼不穡者依舊是負面形
象，是君子不屑爲者。因而基本上朱子的分析與鄭、孔並無不同。

朱子何以要在詮釋的立場上突顯出美刺差異的不同，《語類》有載沈僩所
記一條朱子訓誡弟子之言云：

> 公不會看《詩》。須是看他詩人意思好處是如何，不好處是如何。看
> 他風土，看他風俗，又看他人情、物態。只看〈伐檀〉詩，便見得
> 他一箇清高底意思；看〈碩鼠〉詩，便見他一箇暴斂底意思。好底
> 意思是如此，不好底是如彼。好底意思，令自家善意油然感動而興
> 起。看他不好底，自家心下如着槍相似。如此看，方得《詩》意。（《語
> 類》，卷80，頁2082）

朱子以爲若能體會出詩人的用心，看好詩能使善意油然而興，看不好詩能使
人懲懼，他並以爲〈伐檀〉詩有清高之意。觀〈伐檀〉結尾稱道君子不素餐，
那麼與其將詩歌主旨歸結在刺在位者，未若將詩意總結於稱美君子，特別注
重到詩歌中所帶有的美好之意，更能對心性陶冶有極好幫助。又如朱子對〈鳲
鳩〉詩的重新定義，在前一章提過，《大學》曾引〈鳲鳩〉並以爲稱美之意，
這對於朱子的詮釋當有重要影響，故《詩集傳》述此詩云：

> 詩人美君子之用心均平專一，故言鳲鳩在桑，則其子七矣。淑人君
> 子，則其儀一矣。其儀一，則心如結矣。然不知其何所指也。陳氏
> 曰：「君子動容貌，斯遠暴慢；正顏色，斯近信；出辭氣，斯遠鄙倍。
> 其見於威儀動作之間者有常度矣，豈固爲是拘拘者哉？蓋和順積
> 中，而英華發外，是以由其威儀一於外，而心如結於內者，從可知
> 也。」（《詩集傳》，卷7，頁526）

朱子從詩面意思分析入手，反對《詩序》刺不壹之說。實者朱子所據可能不
只於《大學》而已，《易林》〈乾之蒙〉有云：「鵠鶬鳲鳩，專一無尤；君子是
則，長受嘉福。」〔註466〕《大戴禮》〈勸學篇〉亦云：「《詩》云：『鳲鳩在桑，
其子七兮。淑人君子，其儀一兮；其儀一兮，心如結兮。』君子其結於一也。」

〔註466〕焦延壽：《焦氏易林》，卷1，頁1上／9。

〔註467〕是三家《詩》有明確以此詩爲美詩者，那麼朱子的說法未爲無據。然陳啓源《毛詩稽古編》卻批評云：「援古刺今，《詩》之常體，不獨〈鳲鳩〉然也。晦翁以爲是美非刺，徒以詞而已。況末章曰『胡不萬年』，蓋思之而不得見，若曰：天何不假之年，使至今存也。思古之意顯然。」〔註468〕維護《詩序》者在無法曲全詩意的劣勢下，總以援古刺今爲說，而這正是朱子批評的。鳲鳩養子均一何以可爲援古，難道今之鳲鳩亦會受政治影響而不均一乎？若以鳲鳩養子爲陳古，則當有其他指稱意涵，但後人不明，又何來證據可支持其爲陳古刺今。且「胡不萬年」明明是祝願之意，卻被視爲古之君子不能存在於今，更是牽強。實際上，朱子對〈鳲鳩〉詩並不重視其詞意是否有任何背面暗藏的意涵，他純依詩詞字面解釋，這樣的做法雖號稱依文本爲據，然而朱子的思維其實並不如此簡單。《詩》乃詩人依其情性之作，而讀《詩》者必須掌握住「思無邪」的原則。朱子雖主要利用「思無邪」之法解析淫奔之詩的存在目的，但嚴格說來，對美詩的探求也可適用思無邪之法。就詩詞字面來看，若分明是美詩，有其清高美好之意，那麼便不當再由反面思維入手，必欲揀擇出時政之弊端或政治之黑暗，如此一來，對讀者而言，未必會帶來好的結果。也就是說，明明具有正面良善的文字，卻偏偏要使用援古刺今的眼光指斥今時之不善，那麼即使眞爲善者，亦遭受到誤解。故朱子之所以必欲由字面直接判斷，而不似《毛詩》詩派偶作委曲之說，便是注意到這樣子鑽牛角尖的解讀，對讀者而言並不妥當。時世之中有可稱美者便道其美，而讀者更由此美好事物之形容中進而感受並興發良善之意，如此則可成就閱讀美詩的思無邪效果。

根據這個原則，再看其他朱子改刺爲美之詩，便可得到朱子強調直接諷詠文本的重要目的。如〈鄭風‧出其東門〉云：

　　出其東門，有女如雲。雖則如雲，匪我思存。縞衣綦巾，聊樂我員。

　　出其闉闍，有女如荼。雖則如荼，匪我思且。縞衣茹藘，聊可與娛。

此詩之意極爲明白，詩人因心有所屬，故對眼前眾多美女並不在意，全心思念者乃其意中人而已。然而《詩序》卻以爲此乃詩人閔亂，思保其家之詩，而鄭玄、孔穎達更依《詩序》將此詩解析得極爲離奇，以孔穎達所云爲例，

〔註467〕〔清〕王聘珍撰，王文錦點校：《大戴禮記解詁》（北京：中華書局，1983 年12 月），卷 7，頁 134。

〔註468〕〔清〕陳啓源：《毛詩稽古編》，收錄於《皇清經解毛詩類彙編》，影印《皇清經解》本，卷 66，頁 18 上／75。

－405－

《正義》云：

> 我出其鄭城東門之外，有女被棄者眾多如雲，然女既被棄，莫不困
> 苦，詩人閔之，無可奈何。言雖則眾多如雲，非我思慮所能存救。
> 以其眾多不可救拯，唯願使昔日夫妻更自相得，故言彼服縞衣之男
> 子，服綦巾之女人，是舊時夫妻，願其還自配合，則可以樂我心云
> 耳。〔註469〕

孔穎達以為詩人見被棄之女眾多而無力拯救，心感憂傷，只能祝願其夫妻團
圓，還自配合。但這樣的解釋，卻必須將許多詩句改變其直觀之意，如須將
有女解為棄女，而匪我思存解為無可奈何而不得思念，縞衣指為其夫，綦巾
又指有女，如此轉折，難近情理。而朱子則直接從文本出發解釋，《詩集傳》
云：

> 人見淫奔之女而作此詩。以為此女雖美且眾，而非我思之所存。不
> 如己之室家，雖貧且陋，而聊可自樂也。是時淫風大行，而其間乃
> 有如此之人，亦可謂能自好而不為習俗所移矣。羞惡之心，人皆有
> 之，豈不信哉？（《詩集傳》，卷4，頁479）

朱子認為此詩純敘詩人思念室家，見眾多美女亦不心動的情形。雖然他加入
許多對〈鄭風〉的認識作為詩歌理解結構，如以如雲之女為淫奔之女，並以
為是時淫風大作，這都是朱子自己的前見，而非詩意能顯示的內容。但朱子
的重點是要突顯出詩人品德之良善，能自修好而不為習俗所移，故他對此詩
稱譽有加，《語類》有載：

> 或問：「『思無邪』如何是『直指全體』？」曰：「《詩》三百篇，皆無
> 邪思，然但逐事無邪爾，唯此一言舉全體言之。」因曰：「『夏之日，
> 冬之夜，百歲之後，歸于其居。冬之夜，夏之日，百歲之後，歸于其
> 室。』此無邪思也。『出其東門，有女如雲；雖則如雲，匪我思存，
> 縞衣綦巾，聊樂我員。』此亦無邪思也。」（《語類》，卷23，頁542）
>
> 〈出其東門〉卻是箇識道理底人做。（《語類》，卷80，頁2068）
>
> 〈鄭詩〉雖淫亂，然〈出其東門〉一詩，卻如此好。〈女曰雞鳴〉一
> 詩，意思亦好，讀之，真箇有不知手之舞、足之蹈者！（《語類》，
> 卷80，頁2086）

讀〈出其東門〉詩可有手舞足蹈之喜悅，這正因朱子能直接由詩歌感受到詩

〔註469〕阮元校勘：《毛詩正義》，卷4之4，頁9下／731。

人自守持正的品性，由詩人之無邪思帶領而成爲讀者之無邪思，這正是直接由文本而來的效果轉移。若必欲如鄭玄、孔穎達之說，反而扭扭捏捏，使詩意晦澀難明，如何能夠起到興發人心的作用。

〈女曰雞鳴〉一詩也是如此，《詩序》認爲此詩乃陳古刺今，孔穎達便據之以爲此詩爲「陳古之賢士好德不好色之義，以刺今之朝廷之人，有不悅賓客有德而愛好美色者也。」〔註470〕《詩集傳》不取懷古之說，而以爲「此詩人述賢夫婦相警戒之詞。」（《詩集傳》，卷4，頁 474）衰世之中，仍有如此能表現美德之夫婦，對於讀者而言，豈不更易興起效法之心。若必欲傷今思古，則詩人已先有諷世之意，那麼所取古代意象亦必須全由反面怨刺的手法來解析，且古時之事，虛無飄邈，難以論斷，那麼又如何能夠藉由閱讀進而感受《詩經》之美呢？然而朱子對〈雞鳴〉一詩的解讀卻似乎違反上述原則，〈雞鳴〉詩云：

> 雞既鳴矣，朝既盈矣。匪雞則鳴，蒼蠅之聲。
>
> 東方明矣，朝既昌矣。匪東方則明，月出之光。
>
> 蟲飛薨薨，甘與子同夢；會且歸矣，無庶予子憎！

《詩序》亦以此詩爲陳古刺今，其云：「〈雞鳴〉，思賢妃也。哀公荒淫怠慢，故陳賢妃貞女，夙夜警戒相成之道焉。」〔註471〕鄭玄據《詩序》將詩詞解釋爲賢妃戒君之詞。朱子否定必爲刺哀公之說，但仍接受思賢妃之旨，《詩集傳》注第一章云：

> 言古之賢妃御於君所，至於將旦之時，必告君曰：「雞既鳴矣，會朝之臣既已盈矣。」欲令君早起而視朝也。然其實非雞之鳴也，乃蒼蠅之聲也。蓋賢妃當夙興之時，心常恐晚，故聞其似者而以爲眞。非其心存警畏而不留於逸欲，何以能此？故詩人敘其事而美之也。
>
> （《詩集傳》，卷5，頁 483）

朱子幾乎依《詩序》立說，那麼如此豈不是與他反對陳古刺今的說法衝突。實際上，朱子質疑陳古刺今說的重點在於：陳古是否一定需用於刺今？從〈雞鳴〉詩來看，兩者未必可有連結，《詩序辨說》云：「此序得之，但哀公未有所考，豈亦以諡惡而得之歟？」〔註472〕朱子何以認同此詩爲敘古賢妃，是否

〔註470〕阮元校勘：《毛詩正義》，卷4之3，頁3下／719。

〔註471〕阮元校勘：《毛詩正義》，卷5之1，頁4上／737。

〔註472〕朱熹：《朱子全書・詩序辨說》，頁373。

亦從〈齊風〉的時代否定當時有這種賢妃的可能？由於朱子本身沒有明言，我們很難得出答案。但可以推論的是，朱子並不排斥陳古。朱子等儒者基本上是相當尊古的，但他們尊古的目的是爲了提供今世一套理想的政治藍圖，而不是爲了諷刺時局。因此朱子所以認同〈雞鳴〉詩是歌詠古之賢妃，可以從《詩》教的教育意義而論。古賢妃警戒之事可以算是一種教材，詩人敘其事而美之並不一定出於對今世的不滿，也有可能是爲了強調其教育價值，正如〈大雅〉多述先王之德，而朱子也認爲閱讀〈大雅〉可以大其規，那麼述先王之詩是作爲人格教育的一種方式。追美文王、武王，並不一定就是對今王有批評意見，否則整部〈周頌〉豈非建立在不滿時政的基礎上。那麼〈雞鳴〉之述古賢妃在《詩》教的意義上便是讀者閱讀之後，可以深刻感受古代君王夫人互相警戒的深刻用意，進而感發自己好善效法之心，未必一定要懲創時弊。美詩之美，正在於讀者可細細吟詠詩意文字，由詩詞入手，不須再刻意關懷時世問題，從而枉費多餘心力，林葉連批評朱子賞析作品，惟字面是瞻，並云：

> 《詩經》〈鄭風‧羔裘〉、〈女曰雞鳴〉、〈小雅‧甫田之什‧瞻彼洛矣〉、〈車牽〉、〈小雅‧魚藻之什‧魚藻〉、〈采菽〉、〈瓠葉〉、〈秦風‧無衣〉、〈小雅‧甫田之什‧裳裳者華〉、〈桑扈〉，以上所舉，前七篇之《詩序》皆明言「以古諷今」，後三百則否，然此十篇必屬同類；《詩序》以爲此十篇皆「刺」，朱子卻以爲「美」，其故何哉？蓋《詩序》憑據作詩之背景、動機，而後道出詩篇本義，其論斷並無不當；而朱子之說，則險而又險。以曹植〈升天行〉二首爲例，其一曰：「乘蹻追術士，遠之蓬萊山。靈液飛素波，蘭桂上參天。玄豹游其下，翔鵾戲其顛。乘風忽登舉，彷彿見眾仙。或欲直據字面，而謂作者快意逍遙，可乎？〔註473〕

林葉連的意見可謂擁《序》派的反撲。但問題在於今人可從相關史料中得知曹植因受兄長猜忌而嚮往升天，詩中隱藏詩人抑鬱心志。但我們無從確認《詩序》作者便確實掌握到每篇詩的本意。從常情而論，《詩經》涵蓋時代範圍如此之廣，實難以想像《詩序》作者有辦法能完全掌握各篇本義，更何況現今出土《孔子詩論》已證明《詩序》非先秦說《詩》唯一版本，恐怕也並非眞正本義。況且朱子所以直接從文本出發，重點在於他是從《詩》教入手，本

〔註473〕林葉連：《詩經論文》（臺北：臺灣學生書局，1996年5月），頁122～123。

義非其關注所在，正如〈雞鳴〉雖述古之賢妃，但閱讀詩詞便從古之賢妃入手，以古之賢妃作爲效法學習對象，不用再刻意要導回是否意在諷刺當世。否則一有此心，便無法掌握詩人溫柔敦厚之性格，從而使自己迷失吟詠《詩經》興發此心得以感知義理的的良善狀態。

（四）淫奔之詩──詩人縱放情欲的淫邪詩篇

朱子認爲〈國風〉除二〈南〉之外，皆屬變〈風〉。變〈風〉產生的原因是由於上位者未施行聖人政教制度，人民情性因爲缺乏正確引導，故而受到本身氣質及物欲的外在影響，從而使得人欲取代義理，詩作流於邪欲的表現，而孔子刪錄這些詩篇，目的便是作爲戒鑒懲創之用。那麼在這樣的界定之下，朱子進而提出〈國風〉以〈鄭〉、〈衛〉爲主等大量詩篇，存有詩人自道其醜，追求情欲的淫奔之詩。這樣的主張雖在前代已略有人道及，但朱子則是明確改變傳統對《詩經》作者代言諷刺的立場，以爲這是詩人之自敘，因而引起《詩經》學極大的波瀾，周予同（1898～1981）便云：

> 朱熹《詩經》學之大要，約可析爲三方面，即：一，反對《詩序》，以爲不足憑信；二、不專主毛、鄭，而間採今文《詩》說；三、提出新解，以《詩經》中二十四篇爲男女淫泆之作。〔註474〕

將朱子提出《詩經》有淫泆之作視爲其主要特色，並指明這類作品共二十四篇。另傅斯年〈宋朱熹的《詩經集傳》和《詩序辨》〉一文中指出朱子《詩集傳》具有三項特長：

> （1）拿詩的本文講詩的本文，不拿反背詩本文的詩序講詩的本文。
>
> （2）很能闕疑，不把不相干的事實牽合去。
>
> （3）敢說明某某是淫奔詩。〔註475〕

亦認爲淫奔詩是朱子《詩經》學的特長。傳統《詩經》學認爲變〈風〉之作者乃是國史或太師等人，主爲美刺時政，反映時代興衰而作，於是《詩經》中許多看起來發自詩中主人翁口吻的詩歌，一律被視爲代言體，乃詩人假其口而發，目的是以其人之道治其人之身。然而宋代開始，漸有以爲這些詩歌可能是詩人眞實反應自身感情的咏唱，歐陽修、鄭樵等皆有類似意見，歐陽

〔註474〕朱維錚編：《周予同經學史論著選集》（上海：上海人民出版社，1996年7月），頁157。

〔註475〕傅斯年：《傅斯年全集》第一卷（長沙：湖南教育出版社，2003年9月），頁226。

修論〈靜女〉便云：

> 衛宣公既與二夫人烝淫，爲鳥獸之行，衛俗化之，禮義壞而淫風大
> 行，男女務以色相誘悅，務誇自道而不知爲惡，雖幽靜難誘之女亦
> 然。舉靜女猶如此，則其他可知。〔註476〕

鄭樵則直指〈將仲子〉爲淫奔者之辭。迨至朱子遂提出《詩經》存有時世衰微時詩人歌咏本身追求情慾願望的詩歌，朱子亦以「淫奔」稱之，並將其所認定之淫奔詩實際標明於《詩集傳》及《詩序辨說》之中，從而正式爲《詩經》學研究之轉向投下震撼彈。

　　朱子《詩序辨說》、《詩集傳》論述詩歌內容時有提到「淫」之形容者，包括「淫奔」、「淫亂」、「淫女」、「淫者」之詩者計有十八篇：

（1）〈桑中〉，《詩序辨說》云：「此詩乃淫奔者所自作。」〔註477〕

（2）〈采葛〉，《詩序辨說》云：「此淫奔之詩，其篇與〈大車〉相屬，其事與采唐、采葑、采麥相似，其詞與〈鄭・子衿〉正同，《序》說誤矣。」〔註478〕

（3）〈丘中有麻〉，《詩序辨說》云：「此亦淫奔者之詞，其篇上屬〈大車〉，而語意不莊，非望賢之意，《序》亦誤矣。」〔註479〕

（4）〈將仲子〉，《詩序辨說》云：「莆田鄭氏謂此實淫奔之詩，無與於莊公、叔段之事，《序》蓋失之，而說者又從而巧爲之說，以實其事，誤益甚矣。今從其說。」〔註480〕

（5）〈遵大路〉，《詩序辨說》云：「此亦淫亂之詩，《序》說誤矣。」〔註481〕

（6）〈丰〉，《詩序辨說》云：「此淫奔之詩，《序》說誤矣。」〔註482〕

（7）〈東方之日〉，《詩序辨說》云：「此男女淫奔者所自作，非有刺也。其曰『君臣失道』者，尤無所謂。」〔註483〕

（8）〈東門之池〉，《詩序辨說》云：「此淫奔之詩，《序》說蓋誤。」〔註484〕

〔註476〕歐陽修：《詩本義》，卷3，頁209。
〔註477〕朱熹：《朱子全書・詩序辨說》，頁364。
〔註478〕朱熹：《朱子全書・詩序辨說》，頁369。
〔註479〕朱熹：《朱子全書・詩序辨說》，頁369。
〔註480〕朱熹：《朱子全書・詩序辨說》，頁370。
〔註481〕朱熹：《朱子全書・詩序辨說》，頁371。
〔註482〕朱熹：《朱子全書・詩序辨說》，頁372。
〔註483〕朱熹：《朱子全書・詩序辨說》，頁373。
〔註484〕朱熹：《朱子全書・詩序辨說》，頁379。

（9）〈靜女〉，《詩集傳》云：「此淫奔期會之詩也。」（《詩集傳》，卷 2，頁 438）

（10）〈有女同車〉，《詩集傳》云：「此疑亦淫奔之詩。」（《詩集傳》，卷 4，頁 475）

（11）〈山有扶蘇〉，《詩集傳》云：「淫女戲其所私者。」（《詩集傳》，卷 4，頁 475）

（12）〈蘀兮〉，《詩集傳》云：「此淫女之辭。」（《詩集傳》，卷 4，頁 476）

（13）〈狡童〉，《詩集傳》云：「此亦淫女見絕而戲其人之詞。」（《詩集傳》，卷 4，頁 476）

（14）〈褰裳〉，《詩集傳》云：「淫女語其所私者。」（《詩集傳》，卷 4，頁 476）

（15）〈風雨〉，《詩集傳》云：「淫奔之女，言當此之時，見其所期之人而心悅也。」（《詩集傳》，卷 4，頁 478）

（16）〈子衿〉，《詩集傳》云：「此亦淫奔之詩。」（《詩集傳》，卷 4，頁 478）

（17）〈揚之水〉，《詩集傳》云：「淫者相謂。」（《詩集傳》，卷 4，頁 479）

（18）〈溱洧〉，《詩集傳》云：「此詩淫奔者自敘之辭。」（《詩集傳》，卷 4，頁 481）

除上述十八首之外，另有在解說時提及淫奔但仍有待確認者則則為〈蝃蝀〉、〈大車〉、〈氓〉及〈出其東門〉，朱子以〈蝃蝀〉為「刺淫奔之詩。」（《詩集傳》，卷 3，頁 446）既為刺，便非淫者自道，故此詩不為淫奔詩殆無疑問，而〈出其東門〉亦為惡淫奔之詞，故亦不屬淫奔之詩。而《詩集傳》論〈大車〉乃欲奔而不敢奔，其云：「周衰，大夫猶有能以刑政治其私邑者，故淫奔者畏而歌之如此。」（《詩集傳》，卷 4，頁 467～468）《詩集傳》論〈氓〉為婦人自悼淫奔之舉，其云：「蓋淫奔從人，不為兄弟所齒，故其見棄而歸，亦不為兄弟所恤。理固有必然者，亦何所歸咎哉？但自痛悼而已。」（《詩集傳》，卷 3，頁 455）一首是欲奔而未奔，一是已奔而悔恨，那麼到底算不算淫奔之詩？歷來的劃分亦不盡相同，此則必須先釐清朱子界定「淫奔」之詩的定義。然除朱子明確提到淫奔詩者外，從朱子詮說內容來看，《詩經》中似尚存有其他近似於淫奔者口吻所作之詩，而朱子卻未以淫奔稱之，且《詩集傳》有云：

〈鄭〉、〈衛〉之樂，皆為淫聲。然以《詩》考之，〈衛詩〉三十有九，而淫奔之詩才四之一。〈鄭詩〉二十有一而淫奔之詩已不翅七之五。〈衛〉猶為男悅女之辭，而〈鄭〉皆為女惑男之語。衛人猶多刺譏

懲創之意，而鄭人幾於蕩然無復羞愧悔悟之萌，是則鄭聲之淫，有
甚於衛矣。故夫子論爲邦，獨以鄭聲爲戒，而不及衛，蓋舉重而言，
固自有次第也。《詩》可以觀，豈不信哉！（《詩集傳》，卷4，頁481）
據朱子計算，〈衛風〉淫奔之詩應有九至十首，而〈鄭風〉淫奔之詩則應多達
十五首左右，但若照其明確標舉爲「淫奔」者計算，屬於〈衛風〉者有〈靜
女〉、〔註485〕〈桑中〉二首，屬於〈鄭風〉者有〈將仲子〉、〈遵大路〉、〈丰〉、
〈有女同車〉、〈風雨〉、〈子衿〉、〈溱洧〉、〈山有扶蘇〉、〈蘀兮〉、〈狡童〉、〈褰
裳〉、〈揚之水〉十二首，這些數量與《詩集傳》所云仍有差異，於是學者多
認爲朱子尚有未明說者，遂由此開啓爭端。

1. 歷來對朱子淫奔詩篇目之探討略述

朱子後學王柏首先提出淫奔之詩應有三十二篇，《詩疑》有云：

愚嘗疑今日三百五篇者，豈果爲聖人之三百五篇乎？秦法嚴密，《詩》
無獨全之理。竊意夫子已刪去之詩容有存於閭巷浮薄者之口。蓋雅
奧難識，淫俚易傳。漢儒病其亡佚，妄取而攙雜，以足三百篇之數，
愚不能保其無也。不然，則不奈聖人「放鄭聲」之一語終不可磨滅，
且又復言其所以放之之意，曰：「鄭聲淫」又曰：「惡鄭聲之亂雅樂
也。」愚是以敢謂淫奔之詩，聖人之所必削，決不存於雅樂也審矣。
妄意以刺淫亂，如〈新臺〉、〈牆有茨〉之類凡十篇，猶可以存之懲
創人之逸志；若男女自相悅之詞，如〈桑中〉、〈溱洧〉之類，悉削
之以遵聖人之至戒，無可疑者。所去者亦不過三十有二篇，使不查
滓穢〈雅〉、〈頌〉，殽亂二〈南〉，初不害其爲全經也。〔註486〕

王柏所刪之篇分別爲：〈野有死麕〉、〈靜女〉、〈桑中〉、〈氓〉、〈有狐〉、〈大車〉、
〈丘中有麻〉、〈將仲子〉、〈遵大路〉、〈有女同車〉、〈山有扶蘇〉、〈蘀兮〉、〈狡
童〉、〈褰裳〉、〈東門之墠〉、〈丰〉、〈風雨〉、〈子衿〉、〈野有蔓草〉、〈溱洧〉、
〈晨風〉、〈東方之日〉、〈綢繆〉、〈葛生〉、〈東門之池〉、〈東門之枌〉、〈東門
之楊〉、〈防有鵲巢〉、〈月出〉、〈株林〉、〈澤陂〉。王柏雖言刪去三十二篇，但
就實際篇目計算僅三十一篇，且並非全爲朱子所認可之淫奔詩，如〈野有死

〔註485〕 朱子認爲〈邶〉、〈鄘〉所敘皆衛事，故可以〈衛風〉統稱。《詩集傳》注云：
　　　　「邶、鄘地既入衛，其詩皆爲衛事，而猶繫其故國之名，則不可曉。」（《詩
　　　　集傳》，卷2，頁422）
〔註486〕 〔宋〕王柏著，顧頡剛校點：《詩疑》（北平：樸社，1935年8月），頁27～
　　　　28。

麕〉乃〈召南〉之詩，朱子視二〈南〉乃文王教化所及之典範，不可能視其
爲淫奔之詩，《詩集傳》釋〈野有死麕〉最具爭議的第三章「舒而脫脫兮，我
感我帨兮，無使尨也吠」便云：

> 此章乃述女子拒之之辭。言姑徐徐而來，毋動我之帨，毋驚我之犬，
> 以甚言其不能相及也。其凜然不可犯之意，蓋可見矣。（《詩集傳》，
> 卷 1，頁 419）

若此詩置於〈鄭〉、〈衛〉之風，勢必將淪爲淫奔之詩，但既處〈召南〉，身受
王者之化，就絕不會被朱子視作淫邪之言，於是朱子以女子警拒之詞解釋。
由此亦可證明，朱子雖視〈國風〉爲民間作品，但其重視者並非民歌文學的
價值，而是在政教制度之下人民藉由詩歌所反映而出的教化觀念，二〈南〉
既爲典範之作，王柏刪之，絕非朱子之意。再如〈葛生〉一詩，朱子引蘇轍
之言曰：「思之深而無異心，此〈唐風〉之厚也。」（《詩集傳》，卷 6，頁 504）
亦視其爲溫柔敦厚詩風之表現，並非淫奔之詩。正由於王柏所刪去者包含朱
子應不認可之詩篇，於是馬端臨（1254～1323）提出異議，以爲淫奔之詩應
該只有二十四篇，其云：

> 今以文公《集傳》考之，其指以爲男女淫泆奔誘而自作詩，以敘其
> 事者，凡二十有四。如：〈桑中〉、〈東門之墠〉、〈溱洧〉、〈東方之日〉、
> 〈東門之池〉、〈東門之楊〉、〈月出〉，則《序》以爲刺淫泆，而文公
> 以爲淫者所自作也。如〈靜女〉、〈木瓜〉、〈采葛〉、〈丘中有麻〉、〈將
> 仲子〉、〈遵大路〉、〈有女同車〉、〈山有扶蘇〉、〈蘀兮〉、〈狡童〉、〈褰
> 裳〉、〈丰〉、〈風雨〉、〈子衿〉、〈揚之水〉、〈出其東門〉、〈野有蔓草〉，
> 則《序》本別指他事，而文公亦以爲淫者所自作也。〔註487〕

馬端臨雖自言選擇標準乃依朱子《詩集傳》指男女淫泆奔誘，自作詩而敘其
事者，但其中〈出其東門〉一篇，朱子《詩序辨說》云：「此乃惡淫奔者之詞。」
〔註488〕《詩集傳》亦云：

> 人見淫奔之女而作此詩。以爲此女雖美且眾，而非我思之所存。不如
> 己之室家，雖貧且陋，而聊可自樂也。是時淫風大行，而此間乃有如
> 此之人，亦可謂能自好而不爲習俗所移矣。（《詩集傳》，卷 4，頁 479）

〔註487〕〔元〕馬端臨：《文獻通考》（北京：中華書局，1986 年 9 月，影印萬有文庫
　　　　十通本），卷 178，頁 1540。
〔註488〕朱熹：《朱子全書·詩序辨說》，頁 373。

既爲惡淫奔之辭，便非淫洗者自作，且朱子明確稱揚作者能自好而不爲時俗所移，那麼便不應將此詩列爲淫奔之詩，故馬端臨所舉之例亦有問題，並不能完整呈現朱子原意。近人對朱子所認定淫奔之篇目亦多有探討，黃忠愼認爲合乎朱子淫奔詩標準者有二十三篇，並排列如下：

〈邶風〉：〈靜女〉

〈鄘風〉：〈桑中〉

〈衛風〉：〈有狐〉、〈木瓜〉

〈王風〉：〈采葛〉、〈大車〉、〈丘中有麻〉

〈鄭風〉：〈將仲子〉、〈遵大路〉、〈有女同車〉、〈山有扶蘇〉、〈蘀兮〉、〈狡童〉、〈褰裳〉、〈丰〉、〈東門之墠〉、〈風雨〉、〈子衿〉、〈揚之水〉、〈溱洧〉

〈齊風〉：〈東方之日〉

〈陳風〉：〈東門之池〉、〈東門之楊〉〔註489〕

黃忠愼認爲馬端臨所舉之〈出其東門〉、〈野有蔓草〉及〈月出〉亦不算淫奔之詩，故刪除之，而加入〈大車〉及〈有狐〉二詩。檀作文《朱熹詩經學研究》則歸納朱子所認定之淫詩篇目計有二十八篇，分別爲〈邶風・靜女〉、〈鄘風・桑中〉、〈衛風・氓〉、〈衛風・木瓜〉、〈王風・采葛〉、〈王風・大車〉、〈王風・丘中有麻〉、〈鄭風・將仲子〉、〈鄭風・叔于田〉、〈鄭風・遵大路〉、〈鄭風・有女同車〉、〈鄭風・山有扶蘇〉、〈鄭風・蘀兮〉、〈鄭風・狡童〉、〈鄭風・褰裳〉、〈鄭風・丰〉、〈鄭風・東門之墠〉、〈鄭風・風雨〉、〈鄭風・子衿〉、〈鄭風・揚之水〉、〈鄭風・野有蔓草〉、〈鄭風・溱洧〉、〈齊風・東方之日〉、〈陳風・東門之枌〉、〈陳風・東門之池〉、〈陳風・東門之楊〉、〈陳風・防有鵲巢〉、〈陳風・月出〉、〈陳風・澤陂〉等，〔註490〕相較於馬端臨及黃忠愼所分，再多加入〈氓〉、〈東門之枌〉、〈防有鵲巢〉及〈澤陂〉四詩。關於朱子淫奔之詩的確認，由於朱子已逝，後人所考察篇目已無法得朱子確認，然此問題依舊有探討必要，因爲這牽涉到朱子究竟是採取什麼方式去分辨淫奔之詩，此乃其《詩經》學重要思考原則。而歷來之所以會有這麼多歧異，正是由於未能掌握朱子在這個問題上的義理思維。

〔註489〕黃忠愼：〈貽誤後學乎？可以養心乎？——朱子「淫詩說」理論的再探〉，頁84。

〔註490〕檀作文：《朱熹詩經學研究》，頁93～96。

2. 從理學範疇定義淫奔詩作者之心性狀態

朱子對淫奔之詩的界定，主要見於《詩序辨說》對〈桑中〉序「刺奔也。衛之公室淫亂，男女相奔，至于世族在位，相竊妻妾，期於幽遠，政散民流而不可止」之辨說：

> 此詩乃淫奔者所自作，《序》之首句以爲刺奔，誤矣。其下云云者，乃復得之〈樂記〉之說，已略見本篇矣。而或者以爲刺詩之體，固有鋪陳其事，不加一辭，而閔惜懲創之意自見於言外者，此類是也。豈必譙讓質責，然後爲刺也哉！此說不然。夫詩之爲刺，固有不加一辭而意自見者，〈清人〉、〈猗嗟〉之屬是也。然嘗試翫之，則其賦之之人猶在所賦之外，而詞意之間猶有賓主之分也。豈有將欲刺人之惡，乃反自爲彼人之言，以陷其身於所刺之中，而不自知也哉！其必不然也明矣。又況此等之人，安於爲惡，其於此等之詩，計其平日固已自其口出而無慚矣，又何待吾之鋪陳而後始知其所爲之如此，亦豈畏吾之閔惜而遂幡然遽有懲創之心邪？以是爲刺，不唯無益，殆恐不免於鼓之舞之，而反以勸其惡也。或者又曰：《詩》三百篇，皆雅樂也，祭祀朝聘之所用也。桑間、濮上之音，鄭、衛之樂也，世俗之所用也。〈雅〉、〈鄭〉不同部，其來尚矣。且夫子答顏淵之問，於鄭聲亟欲放而絕之，豈其刪詩乃錄淫奔者之詞，而使之合奏於雅樂之中乎？亦不然也。〈雅〉者，二〈雅〉是也。〈鄭〉者，〈緇衣〉以下二十一篇是也。〈衛〉者，〈邶〉、〈鄘〉、〈衛〉三十九篇是也。桑間，〈衛〉之一篇〈桑中〉之詩是也。二〈南〉、〈雅〉、〈頌〉，祭祀朝聘之所用也。〈鄭〉、〈衛〉、桑、濮，里巷狹邪之所歌也。夫子之於〈鄭〉、〈衛〉，蓋深絕其聲於樂以爲法，而嚴立其詞於詩以爲戒。如聖人固不語亂，而《春秋》所記無非亂臣賊子之事，蓋不如是無以見當時風俗事變之實，而垂監戒於後世，故不得已而存之，所謂道並行而不相悖者也。今不察此，乃欲爲之諱其〈鄭〉、〈衛〉、桑、濮之實，而文之以〈雅〉樂之名，又欲從而奏之宗廟之中，朝廷之上，則未知其將以薦之何等之鬼神，用之何等之賓客，而於聖人爲邦之法，又豈不爲陽守而陰叛之耶？其亦誤矣。曰：然則〈大序〉所謂「止乎禮義」，夫子所謂「思無邪」者，又何謂邪？曰：〈大序〉指〈柏舟〉、〈綠衣〉、〈泉水〉、〈竹竿〉之屬而言，以爲多出於

此耳，非謂篇篇皆然，而〈桑中〉之類亦「止乎禮義」也。夫子之言，正爲其有邪正美惡之雜，故特言此，以明其皆可以懲惡勸善，而使人得其性情之正耳，非以〈桑中〉之類亦以無邪之思作之也。曰：荀卿所謂《詩》者中聲之所止，太史公亦謂三百篇者，夫子皆弦歌之，以求合於〈韶〉、〈武〉之音，何邪？曰：荀卿之言固爲正經而發，若史遷之說，則恐亦未足爲據也，豈有哇淫之曲而可以强合於〈韶〉、〈武〉之音也耶！〔註491〕

此段言論約可歸納爲五項重點：

第一、淫奔詩不爲刺詩的原因在於詩人不當欲刺人之惡，又反爲其言，而自陷於所刺之中。

第二、淫奔之人已習於爲惡，若詩人借其言刺之，根本無法收到勸戒效果，反而可能帶來鼓舞的反面作用。

第三、孔子刪錄〈鄭〉、〈衛〉之詩，乃欲以之爲戒，與作《春秋》之意相同。

第四、〈鄭〉、〈衛〉之詩雖多淫亂，但讀者觀《詩》時必須以無邪之思讀之，美者固可勸善，而惡詩亦可作爲懲創之用，如此亦可得情性之正。

第五、朱子以爲《荀子》所言「《詩》者，中聲之所止。」乃指正經而言。至於司馬遷《史記》載孔子弦歌三百篇，使之合於〈韶〉、〈武〉之說，朱子則不信之。

上述五點是此辨的的大致要點，但由此可看出，朱子之所以認爲《詩經》存在淫奔之詩的最重要依據在於：詩人必不故意爲淫亂之邪辭以諷刺時事，這些淫奔之詩的作者只能是詩中主角自己。當然，這是朱子自己主觀的看法，呂祖謙便不認同這樣的推論。然朱子所以會有如此之認定，可在其心性系統中尋得答案。〈詩集傳序〉中有提到朱子對於詩歌產生的看法：

或有問於余曰：「《詩》何爲而作也？」余應之曰：人生而靜，天之性也；感於物而動，性之欲也。夫既有欲矣，則不能無思；既有思矣，則不能無言；既有言矣，則言之所不能盡，而發於咨嗟詠歎之餘者，必有自然之音響節奏而不能已焉，此《詩》之所以作也。（《文集》，卷76，頁3801）

〈詩集傳序〉作於淳熙四年，乃朱子中年之作，一般認爲這是朱子總結前期

〔註491〕朱熹：《朱子全書・詩序辨說》，頁364～366。

依《詩序》解《詩》時的心得，不過從這篇序仍略可看出朱子完全是從心性觀點解釋文學的起源。性得自於天，本質爲靜，因物而感，遂起欲望。朱子接受〈樂記〉的說法，將感物而動視作性之欲，然而這樣卻會與其心性觀念產生衝突。若此心之發而純粹由於性之欲而動，因性爲純善，則其發亦必爲善，但如此一來便與事實不符，朱子在此序中實忽略了氣質的影響。性之欲動雖爲純善，但氣質之蔽卻會使此性之動有流於不善的可能。朱子之所以未從氣質論說，應與早期他認同《詩序》全爲國史之人諷刺時政的觀念有關，這類詩人的心性狀態較爲良善，因此朱子直接以爲《詩經》之作全爲性之感物而動，並未再關照到氣質物欲所形成的障礙。但後期淫奔之詩的提出便不符合〈詩集傳序〉所言，故彭維杰引入氣質的影響解釋，其云：

> 且詩人創作之時，其心雖有氣之靈以知覺思慮，惟其汙濁之氣勝於
> 虛靈，故心與所覺之理未相應，則其思維情感即失之放肆淫泆，始
> 有所謂之淫詩。這是以理學的角度來看淫詩產生的可能性。〔註492〕

淫奔之詩的產生正是由於氣質之蔽的結果，性之發動因受到物欲及氣質的導引，進而產生偏差，坐實在淫奔之詩中，便是將原本對男女之情的正常追求流於不善之邪欲，發於詩歌，便爲淫泆之作。黃忠愼亦云：

> 從淫詩的創作論來看，朱子認爲淫詩的產生是因爲作者在性之欲的
> 驅動下，情之陷溺而流於淫邪，其本心又未能主宰情性使其歸於道
> 德之正，在這種情況之下發而爲詩，因此有了淫詩之作；從淫詩的
> 存在價值來看，朱子指出保存淫詩的必要性與合理性，而他所謂「存
> 淫詩」的根本目的是爲了根除淫詩並非鼓勵後人去大量地創作淫
> 詩。朱子從思想上根本否定淫詩，但是肯定其有「可以觀」認識作
> 用及教化目的，透過「觀」這個讀詩作用然後達到「思無邪」的目
> 的，這裡的「思無邪」顯然不等同於孔子的原意，而是由理學修養
> 教化的方向要求讀者達到「思無邪」的境界。〔註493〕

從氣質影響說明淫奔之詩的產生，這是合理的解釋，但如此一來，《詩經》便成爲鄉里輕薄之人的淫聲淫語，那麼又如何能具備教化作用？對此，朱子導入讀者「思無邪」的命題，主張讀者在觀淫泆者所作之詩時，必須以無邪之思審視，以達到教化作用，《論語集註》云：

〔註492〕彭維杰：〈朱熹「淫詩說」理學釋義〉，頁7。
〔註493〕黃忠愼：〈貽誤後學乎？可以養心乎？——朱子「淫詩說」理論的再探〉，頁91。

> 人性皆善，而其類有善惡之殊者，氣習之染也。故君子有教，則人
> 皆可以復於善，而不當復論其類之惡矣。〔註494〕

淫奔詩之產生雖是由於作者本心邪欲所致，但朱子認為就教化立場而言，此屬負面教材，讀者在閱讀之時必須了解到這是心志偏差所產生的詩歌，如此一來，便能有所懲戒，進而使讀者自己有所警惕，勿流於如此邪淫之欲，而從這種角度詮釋，便是讀者之思無邪。

朱子對「思無邪」詮釋角度的轉變雖有其自身理論價值，但卻也引來極多批評，如郝敬《毛詩原解》便批評云：

> 朱元晦于〈國風〉諸篇，語稍涉情致，即改為淫奔，遂使聖人經世
> 之典，雜以諧謔。初學血氣未定，披卷生邪思，環席聽講，則掩口
> 而笑，至使蒙師輟講，父兄不以授其子弟。甚違聖人雅言之意，其
> 關係豈淺淺哉！〔註495〕

然而郝敬等批評則指出朱子主張讀者以無邪思角度審視淫奔之詩義理價值的說法，不啻迂腐之論，但其實這是未掌握朱子讀書次序的誤解。朱子並非認同隨便一位讀者便可以無邪眼光看待這些淫奔之詩，朱子所倡議之無邪並非一蹴可幾，而是建立在已閱讀《四書》，並建構基礎義理之後，始得以無邪之思閱讀《詩經》，因此若讀者本心並無基本義理概念，便稱不上「思無邪」，在為學程序上便不可直接讀《詩》，必須義理建構具體基礎之後，始得以「無邪」之思進而體會《詩》興觀群怨之相關功能。

朱子「思無邪」之說雖有理學上的意義，但在提出之初便受到呂祖謙的質疑。呂祖謙代表傳統論點強調這些淫奔之詩乃國史之類或品性溫柔敦厚的詩人故意鋪敘其事，欲令淫穢者幡然省悟的諷刺之作。觀點的不同，使兩人也產生許多爭辯，〈讀呂氏詩記桑中篇〉有云：

> 今必曰：「彼以無邪之思，鋪陳淫亂之事，而閔惜懲創之意，自見於
> 言外」，則曷若曰：「彼雖以有邪之思作之，而我以無邪之思讀之」，
> 則彼之自狀其醜者，乃所以為吾警懼懲創之資耶？（《文集》，卷70，
> 頁3494）

《詩傳遺說》亦載：

> 問：「《讀詩記》中所言〈雅〉、〈鄭〉邪正之言何也？」曰：「〈鄭〉、

〔註494〕朱熹：《朱子全書・論語集注》，卷8，頁210。
〔註495〕郝敬：《毛詩原解》，卷首，頁18。

　　〈衛〉之音便是。今〈邶〉、〈鄘〉、〈鄭〉、〈衛〉之詩多道淫亂之事，
　　故曰：『鄭聲淫』。聖人存之，欲以知其風俗，且以示戒，所謂《詩》
　　可以觀者也，豈以其詩爲善哉？伯恭謂《詩》皆賢者所作，直陳其
　　事，所以示譏刺。熹嘗問伯恭，如伯恭是賢者，肯作此等詩否？且
　　如今人有作詩譏刺人者，在一鄉爲一鄉之擾，在一州爲一州之惡，
　　安得謂之好人？伯恭以爲《詩》三百篇皆可被之絃歌，用之饗祀，
　　今以〈鄭〉〈衛〉之詩奏之郊廟，豈不褻瀆？用以享幽、厲、襃姒乃
　　可耳，施之賓客燕饗亦待好賓客不得，須遇齊襄、陳靈之徒乃可歌
　　此耳。不止〈鄭〉、〈衛〉，其餘亦有正有邪。〔註496〕

呂祖謙認爲《詩經》作者本身就是無邪思之人，其所以鋪陳淫亂之事者，便
必須從言外之意得之，亦即這些淫泆作品的寫作動機是爲了使讀者悶惜懲
創。然朱子的看法不同，他認爲作者雖有邪思，但重點在讀者必須以無邪思
眼光讀之。那麼問題癥結也就浮現，淫奔之詩究竟可不可能爲心性純正之人
爲諷刺而故意爲之，朱子的答案是否定的，《語類》有記：

　　李茂欽問：「先生曾與東萊辨論淫奔之詩。東萊謂詩人所作，先生謂
　　淫奔者之言，至今未曉其說。」曰：「若是詩人所作譏刺淫奔，則婺
　　州人如有淫奔，東萊何不作一詩刺之？」茂欽又引他事問難。先生曰：
　　「未須別說，只爲我答此一句來。」茂欽辭窮。先生曰：「若人家有
　　隱僻事，便作詩訐其短譏刺，此乃今之輕薄子，好作譴詞嘲鄉里之類，
　　爲一鄉所疾害者。詩人溫醇，必不如此。如《詩》中所言有善有惡，
　　聖人兩存之，善可勸，惡可戒。」（《語類》，卷80，頁2092）

朱子的辨證方法其實相當主觀，他大概認爲凡是稍具羞恥心者便不會故作淫
辭諷刺他人隱僻之事，若詩歌作者確實採這種立場，那麼此作者絕非心性純
正之人，而類似鄉里間輕薄子，甚至會被視爲爲害鄉里者。朱子所認可的詩
人性情溫醇，必不如此。從朱子的思維來看，他認爲能寫詩諷刺之詩人，其
心性當有一定的正向程度，故朱子以爲〈柏舟〉辭氣雖卑順柔弱，卻猶表現
出「詞氣忠厚惻怛，怨而不過如此，所謂『止乎禮義』而中喜怒哀樂之節者。」
（《語類》，卷81，頁2102）之意。而淫奔者主要是受氣質私欲所導引而致有
偏差行爲，其外顯之淫泆言語及行爲，乃由於氣質之蔽，物欲之誘而引起，
故淫者之性與情並不能取得無礙之連結，導致於性情之發不得其正。也就是

〔註496〕朱鑑：《詩傳遺說》，卷2，頁4下～5上／18～19。

說在朱子的心性系統中，淫泆之語的產生必須是由於氣質物欲而來；然而若爲性情已正的賢者，他本身並沒有這一層淫泆的氣質物欲，而是大部分直接由純正之性所發之情，性情純正者便不可能會故作淫泆之語以自陷於氣質之障中，純正情性所發出的只能是溫柔敦厚、忠厚惻怛之語，《語類》載：

> 問：「『〈關雎〉樂而不淫，哀而不傷』，是詩人情性如此，抑詩之詞
> 意如此？」曰：「是有那情性，方有那詞氣聲音。」(《語類》，卷 25，
> 頁 626)

心性純正之詩人並不可能故意轉個彎，導向唯有氣質物欲才能產生的淫泆之語，若詩人自爲淫辭以諷刺，則詩人必須先自陷於此氣質之中。然而一旦陷於氣質私欲之中，便不能與性理有所連結，那麼便不可能以所言作爲諷刺之用，反而會使本性爲氣質所遮蔽，從而陷溺其中，那麼此一詩人便將成爲淫者，且達不到諷刺效果。《大學》便云：「所謂修身在正其心者，身有所忿懥，則不得其正；有所恐懼，則不得其正；有所好樂，則不得其正；有所憂患，則不得其正。」正心是修身的重要條件，而故意作爲淫泆之語以諷刺他人，便是心已不正，朱子注此亦云：

> 蓋是四者，皆心之用，而人所不能無者。然一有之而不能察，則欲
> 動情勝，而其用之所行，或不能不失其正矣。〔註497〕

忿懥、恐懼、好樂、憂患一存於心尚且不得爲心之正，淫泆言語出於賢者之口更是修身正心的大忌，道出此言語者必爲鄉里間的無賴，絕不可能是心性純正的賢者。因此，在朱子的心性系統中，詩人是不能故作淫辭的，如此一來，便將失其本心之正，陷溺於物欲中，而無法辨別善惡，因此朱子必欲將淫奔詩作者歸爲淫奔人自身，因其氣質淫邪，不見本性，故得以肆無顧忌而口出淫語，而朱子這樣的區別也正是符合他心性系統的說法。

3. 疑似淫奔詩篇之分析

既已明白朱子思想系統中必導向於作者自爲淫泆之語的脈絡後，對於其認定淫奔之詩便可有基礎認識。所謂淫奔之詩必須是淫者自道，並非他人代言，而且主要是爲了抒發自己對男女之間的情欲追求，除《詩集傳》及《詩序辨說》明確標舉爲淫奔或淫者之語的十八首詩外，《語類》亦有提及一些朱子的概念：

〔註497〕朱熹：《朱子全書・大學章句》，頁 22。

〈鄭〉〈衛〉皆淫奔之詩，〈風雨〉〈狡童〉皆是。（《語類》，卷81，頁2107）

〈鄭〉、〈衛詩〉多是淫奔之詩。〈鄭詩〉如〈將仲子〉以下，皆鄙俚之言，只是一時男女淫奔相誘之語。如〈桑中〉之詩云：「眾散民流，而不可止。」故《樂記》云：「桑間濮上之音，亡國之音也！其眾散，其民流，誣上行私而不可止也。」〈鄭詩〉自〈緇衣〉之外，亦皆鄙俚，如「采蕭」「采艾」「青衿」之類是也。（《語類》，卷80，頁2078）

綜合《語類》所言，朱子認為凡屬〈鄭〉、〈衛〉之風者，多為淫奔之詩，朱子雖舉張載之論以為這是受地氣影響，〔註498〕且注〈無衣〉亦論秦國雍州亦受地氣影響而而人民厚重質直，〔註499〕但朱子是否真抱持這樣的觀念，相當令人質疑。嚴粲便點出地氣說的問題在於：

〈鄭〉、〈衛〉多淫詩，衛由上之化，鄭由時之亂也。《漢》〈地理志〉皆以為風土之習固然，若是則教化為虛言，而二〈南〉之義誣矣。〔註500〕

嚴粲雖未點明張載、朱子之說批評，但他以為過分強調地氣關係的影響將會與教化之旨產生衝突，而朱子雖未論述及此，但從其重視教化的思維來看，地氣風土之氣對民俗的影響，當非他的重點。而且地氣影響氣質的說法落實在實際著述之中，亦有部分例外現象，如對〈叔于田〉、〈大叔于田〉及〈氓〉等詩的認定並不適合用地氣說解釋，故並不可執《語類》之言便以為朱子亦認定其為淫奔之詩。前面已就心性問題討論過，淫奔詩作者必須是氣質呈現出淫邪之慾者，故只要興起此念，而不加節制，則無論淫奔行為是否已實現，皆可列為淫奔之詩。而就朱子直接確認的這十八首詩來看，大致可分為「已有淫奔之實」，如〈桑中〉、〈丘中有麻〉、〈東方之日〉、〈遵大路〉、〈東門之池〉、

〔註498〕《詩集傳》云：「張子曰：衛國地濱大河，其地土薄，故其人氣輕浮；其地平下，故其人質柔弱；其地肥饒，不費耕耨，故其人心怠惰。其人情性如此，則其聲音亦淫靡。故聞其樂，使人懈慢而有邪僻之心也。〈鄭詩〉放此。」（《詩集傳》，卷3，頁460）

〔註499〕《詩集傳》注〈無衣〉云：「雍州土厚水深，其民厚重質直，無鄭衛驕惰浮靡之習。以善導之，則易以興起而篤於仁義；以猛驅之，則其強毅果敢之資，亦足以強兵力農，而成富強之業，非山東諸國所及也。嗚呼！後世欲為定都立國之計者，誠不可不監乎此。而凡為國者，其於導民之路，尤不可不審其所之也。」（《詩集傳》，卷6，頁513）

〔註500〕〔宋〕嚴粲：《詩緝》（臺北：廣文書局，1989年8月，影印明嘉靖間趙府味經堂刻本），卷8，頁41上。

〈靜女〉、〈有女同車〉、〈風雨〉、〈山有扶蘇〉〔註501〕、〈褰裳〉〔註502〕、〈揚
之水〉〔註503〕、〈溱洧〉。「有淫奔之念，尚未能付諸淫奔之實」，如〈采葛〉、
〈丰〉、〈將仲子〉、〈子衿〉、〈蘀兮〉、〈狡童〉。已有淫奔之實者多指男女正處
於期會之時，故歸為淫奔之詩並無疑問。但僅是興起淫奔之念，仍未付諸實
行者是否可為淫奔詩，雖就動機而言，仍可歸為淫奔之詩，但問題是落實於
實際分類時，卻出現頗多困難，最大的爭議便是如何區別單純的男女之思與
淫奔之意，這也是後人對朱子淫奔詩界定不一的主要原因。而解決此爭議的
方法便是依照朱子明確歸為淫奔詩來分析其內涵，再依照此標準去分析其他
詩的屬性，為釐清這個問題，必須從上述「有淫奔之念，尚未付諸淫奔之實」
這一類詩歌分析朱子的思維，以下試申述之。

　　（1）〈采葛〉

> 彼采葛兮，一日不見，如三月兮。
> 彼采蕭兮，一日不見，如三秋兮。
> 彼采艾兮，一日不見，如三歲兮。

從詩歌本文來看，僅是思念之語，並未能確認思念者是否已與情人相會，故
《詩集傳》則曰：「采葛所以為絺綌，蓋淫奔者託以行也。故因以指其人，而
言思念之深，未久而似久也。」（《詩集傳》，卷4，頁467）以采葛指其人，
代表尚未得遂淫奔之欲，但采葛之為絺綌，卻被朱子認為這是淫奔者託以行
的說辭，因此，此詩既有相思動機，又有託行之辭，代表心中確實產生淫奔
之意，故《詩序辨說》云：「此淫奔之詩，其篇與〈大車〉相屬，其事與采唐、
采葑、采麥相似，其詞與〈鄭・子衿〉正同，《序》說誤矣。」〔註504〕朱子在
《詩序辨說》便很明確將〈采葛〉與其他淫奔詩相比，可見他很確定此詩之
女興起淫奔之意，那麼我們也可以由此先界定朱子對淫奔之詩的確認方法有

〔註501〕〈山有扶蘇〉詩云：「不見子都，乃見狂且」，似乎女子並未見到淫奔之對象。
　　　　但朱子注云：「淫女戲其所私者曰：山則有扶蘇矣，隰則有荷華矣，今乃不見
　　　　子都，而見此狂人何哉？」（《詩集傳》，卷4，頁475）朱子以為戲語，則子
　　　　都即狂且，那麼兩人已相見，故已有淫奔之實。
〔註502〕朱子注云：「淫女語其所私者曰：『子惠然而思我……！』『狂童之狂也且』，
　　　　亦謔之之辭。」（《詩集傳》，卷4，頁476）淫女得以語其私者，並以言語相
　　　　謔，則兩人亦已處於淫奔相伴的行為中。
〔註503〕朱子注云：「淫者相謂言：『揚之水，則不流束楚矣。終鮮兄弟，則維予與女
　　　　矣。』」（《詩集傳》，卷4，頁479）既為「相謂」，則朱子蓋認為兩人正處於
　　　　淫奔行為中。
〔註504〕朱熹：《朱子全書・詩序辨說》，頁369。

二，一是興起男女相思之情，一是已產生欲奔赴之意，如此則有淫亦有奔，當可合乎朱子的想法。

（2）〈丰〉

　　子之丰兮，俟我乎巷兮。悔予不送兮。

　　子之昌兮，俟我乎堂兮。悔予不將兮。

　　衣錦褧衣，裳錦褧裳。叔兮伯兮，駕予與行。

　　裳錦褧裳，衣錦褧衣。叔兮伯兮，駕予與歸。

朱子對淫奔之詩所著重的自然是動機這一層，有淫奔之心者便代表所發之情已為淫欲所制，主觀上已有此意，是否付諸實行乃屬客觀問題，那麼〈丰〉詩雖未得及時淫奔而悔恨，但亦應歸為淫奔之詩，《詩集傳》便云：「婦人所期之男子已俟乎巷，而婦人以有異志不從，既則悔之，而作是詩也。」（《詩集傳》，頁 477）朱子以為〈丰〉詩女主角原本已與人相期淫奔，但另有異志於他人，遂未實行，後又悔恨，那麼就朱子之意來看，相期者與異志者，皆為淫奔對象，無論從誰都是淫奔，雖然女子悔恨，但是卻是悔恨未及時淫奔，其心意依舊未脫氣質之蔽，故朱子列為淫奔之詩。那麼由此延伸，〈氓〉詩之認定便可參照〈丰〉詩標準。朱子以為〈氓〉乃婦人自作，但設定在悔恨過去行為之不當，婦人雖有淫奔之實，但從心性關係來看，過去的淫奔行為乃受氣質之蔽所致，而今時的悔恨卻是悔恨當初與人淫奔，《詩集傳》釋「桑之未落，其葉沃若。于嗟鳩兮，無食桑葚。于嗟女兮，無與士耽。士之耽兮，猶可說兮。女之耽兮，不可說也。」云：

> 言桑之潤澤，以比己之容色光麗。然又念其不可恃此而從欲忘反，故遂戒鳩無食桑葚，以興下句戒女無與士耽也。士猶可說，而女不可說者，婦人被棄之後，深自愧悔之辭。主言婦人無外事，唯以貞信為節，一失其正，則餘無可觀爾。不可便謂士之耽惑實無所妨也。

（《詩集傳》，卷 3，頁 455）

朱子認為〈氓〉詩女主角強調女子應以貞信為節，那麼便是對過去的淫奔行為已有悔意，此便表示已排除當初引發淫奔行為的物欲氣質，故就此詩寫作動機而言，已無淫奔之志，不當視為淫奔之詩。

（3）〈將仲子〉

> 將仲子兮，無踰我里，無折我樹杞。豈敢愛之？畏我父母。仲可懷也，父母之言，亦可畏也。

將仲子兮，無踰我牆，無折我樹桑。豈敢愛之？畏我諸兄。仲可懷
也，諸兄之言，亦可畏也。

將仲子兮，無踰我園，無折我樹檀。豈敢愛之？畏人之多言。仲可
懷也，人之多言，亦可畏也。

朱子採納鄭樵認定，判〈將仲子〉爲淫奔之詩。然而實際觀〈將仲子〉所言
「無踰我里，無折我樹杞。」「父母之言，亦可畏也」之辭，〈將仲子〉一詩
之女主角明明拒絕男方的追求，與〈野有死麕〉「舒而脫脫兮，無感我帨兮，
無使尨也吠」的口吻近乎相同，但爲什麼仍會被朱子列爲淫奔之詩？輔廣《詩
童子問》便云：「此雖爲淫奔之詩，然其心猶有所畏，未至於蕩然而無忌也。」
〔註505〕劉瑾《詩傳通釋》亦曰：「此女猶能知此畏憚，故其託詞如此，〈鄭風〉
之中亦所罕見也。」〔註506〕兩人均以申述朱子《詩集傳》爲寫作目的，故雖
接受朱子的論點，但又稱許詩中女主角表現出不同於〈鄭風〉其他淫女的特質。
但這樣的稱許並未見於朱子的論述中，朱子直接引用鄭樵意見，論斷此詩爲「淫
奔之詩」，但並未發表對此女的評斷。然觀《語類》云：「〈鄭〉、〈衛詩〉多是
淫奔之詩。〈鄭詩〉如〈將仲子〉以下，皆鄙俚之言，只是一時男女淫奔相誘
之語。」（《語類》，卷80，頁2078）「〈將仲子〉，自是男女相與之辭。」（《語
類》，卷81，頁2108）朱子判定〈將仲子〉爲淫奔之詩的關鍵，在於他相信〈鄭〉、
〈衛〉之風多爲淫奔之詩，故〈將仲子〉表現上看來雖是女拒男之言，但本質
卻是男女相與之辭，觀詩言「仲可懷也」，便表示女子有跟從之意，只是礙於
種種限制，故不敢淫奔，那麼也表示女子若無父母等人多言之限制，便會從其
淫奔，本質上並沒有發自性理的羞恥之意。朱子注《論語》「民免而無恥」便
云：「免而無恥，謂苟免刑罰而無所羞愧，蓋雖不敢爲惡，而爲惡之心未嘗亡
也。」〔註507〕此詩女主角之氣質實已爲淫欲所蔽障，淫奔之志只是被外在壓
力強壓而下，並未消亡，故朱子便就動機出發，依鄭樵之言，判此詩爲「淫奔
者之辭」（《詩集傳》，卷4，頁470）。而如此一來，〈大車〉詩的判定亦趨明顯。
《詩集傳》以爲〈大車〉乃淫奔者畏治邑之大夫，有淫奔之志而不敢付諸實行。
然既有此志，則表示氣質已蒙受此蔽，性情已被導入邪欲之境，加上朱子等儒
者重視動機甚於結果，故就此點而言，〈大車〉便應視作淫奔之詩。

〔註505〕輔廣：《詩童子問》，卷2，頁15下／331。
〔註506〕劉瑾：《詩傳通釋》，卷4，頁24上／394。
〔註507〕朱熹：《朱子全書・論語集注》，卷1，頁75。

（4）〈子衿〉

　　青青子衿，悠悠我心。縱我不往，子寧不嗣音？

　　青青子佩，悠悠我思。縱我不往，子寧不來？

　　挑兮達兮，在城闕兮。一日不見，如三月兮。

〈子衿〉之爲淫奔詩重點在於第三章，朱子認爲此詩「辭意儇薄」〔註508〕，並解釋挑爲「輕儇跳躍之貌」，而達則爲「放恣」之意，依據動機來看，此詩前兩章敘明男女相思之意，故已屬於情欲之顯露，而第三章則已約定相見場所在於城闕，且詩歌主角所表現出的是挑達的輕薄模樣，故爲朱子認爲乃淫奔之詩。

（5）〈蘀兮〉

　　蘀兮蘀兮，風其吹女。叔兮伯兮，倡予和女。

　　蘀兮蘀兮，風其漂女。叔兮伯兮，倡予要女。

《詩集傳》以此詩爲淫女之詞，而《詩序辨說》則以爲男女相謔之辭。據詩文來看，此詩僅爲女子之言，兩人未必已相會。但重點在於此女已自道己有從人淫奔之志，朱子云：「叔兮伯兮，則盍倡予，而予將和女矣。」（《詩集傳》，卷4，頁476）從朱子的解釋來看，此女只待男方有所表露，便將和之，也就是淫奔從之，故就詩文而言，此女已清楚述及奔人之意，故爲淫奔之詩。

（6）〈狡童〉

　　彼狡童兮，不與我言兮。維子之故，使我不能餐兮。

　　彼狡童兮，不與我食兮。維子之故，使我不能息兮。

《詩集傳》認爲此詩乃「淫女見絕而戲其人之詞。言悅己者眾，子雖見絕，未至於使我不能餐也。」（《詩集傳》，卷4，頁476）這首詩歌的角度與一般淫奔之詩略有不同，淫奔詩乃兩人情投意合，進而違反道德約束不依禮儀而相會，但朱子則據詩意認爲〈狡童〉詩乃淫女見絕而戲其人之詞。而照朱子的思維來看，立場雖然不同，但視之爲淫奔之詩並無不妥。朱子認爲淫奔必須有動機，這個動機至少是有欲奔之意，而〈狡童〉詩之女主角乃遭人所拒，既爲人所拒，便曾經有向意中人表白之舉，那麼就動機及行爲而言，大致可以斷定此女曾因情欲而淫奔。然而爲人所拒之後，所興發的並非羞恥之心，反而以爲其所淫奔對象雖不接受之，但悅己而可擇之人眾多，淫洪之心並未

─────────────────

〔註508〕朱熹：《朱子全書・詩序辨說》，頁372。

因遭拒而產生愧疚之意。照這樣看來，一旦其他悅者願意接受，此女必將奔赴之，故朱子直接論定此女乃淫女，而基本上亦未背離朱子認爲淫奔之詩的原則。

經由上述分析之後，朱子所認定的淫奔之詩最重要的原則在於作者是否有興發淫奔之意，無論是得遂與否，只要稍論及可能會奔從之意，便可歸爲淫奔之詩。那麼依此反推，若詩歌單純言及男女相思之情，並未顯露奔從之意，那麼照嚴格標準來看，未可遽然歸爲淫奔之詩。那麼接下來便可依此標準再論述其他有嫌疑的詩篇。

（7）〈有狐〉

> 有狐綏綏，在彼淇梁。心之憂矣，之子無裳。
>
> 有狐綏綏，在彼淇厲。心之憂矣，之子無帶。
>
> 有狐綏綏，在彼淇側。心之憂矣，之子無服。

《詩集傳》以狐爲妖媚之獸，並申述此詩背景：「國亂民散，喪其妃耦，有寡婦見鰥夫而欲嫁之，故託言有狐獨行而憂其無裳也。」（《詩集傳》，頁 459）據朱子所言，此詩乃寡婦見鰥夫而欲嫁之，那麼似乎合乎淫奔之意，朱公遷《詩經疏義會通》便云：「淫奔之詩，每以狐比，〈齊〉之〈南山〉亦是類也。」〔註509〕黃忠愼亦云：「《集傳》既然強調狐者妖媚之獸，而寡婦又主動地想嫁與鰥夫，則列爲淫詩，亦未嘗不可。」〔註510〕朱子以爲寡婦以狐自比，就比類上而言，似乎認同寡婦有淫泆之欲。然《詩序辨說》卻從《周禮》「殺禮多昏」角度解釋此詩，並引劉彝之言曰：

> 夫婦之禮，雖不可不謹於其始，然民有細微貧弱者，或困於凶荒，必待禮而後婚，則男女之失時者多無室家之養。聖人傷之，寧邦典之或違，而不忍失其婚嫁之時也。故有荒政多婚之禮，所以使之相依以爲生，而又以育人民也。《詩》不云乎，「愷悌君子，民之父母」，苟無子育兆庶之心，其能若此哉！此則《周禮》之意也。〔註511〕

朱子認爲荒政多婚的措施是社會局勢較動盪時的權宜之舉。凶荒之時，生活艱苦，凡事未必能備禮而行，故此時若斤斤計較於禮儀末節，則失時未能婚

〔註509〕〔元〕朱公遷：《詩經疏義會通》，收入《景印文淵閣四庫全書》第 77 冊，卷 3，頁 46 下／151。

〔註510〕黃忠愼：〈貽誤後學乎？可以養心乎？——朱子「淫詩說」理論的再探〉，頁 81。

〔註511〕朱熹：《朱子全書・詩序辨說》，頁 368。

嫁之人必多，故朱子認為聖人寧可違背邦典，亦不願人民失其婚姻之時。那麼此詩寡婦雖有嫁夫之願，但未必是為了滿足淫欲，而淫奔詩的重點除有淫奔之意外，未能依禮而滿足此欲，便可歸類為淫奔之詩。也可以說，男女相悅本人之常情，但為滿足情欲而不依禮而行，此便為淫奔；若男女相悅相念，但又堅持必須遵循禮節，那麼這便不算淫奔之志。故由此可以再補充朱子淫奔詩的界定，除有淫奔之志外，而此志是一種不願依循常禮的心意，方為淫奔之志。故朱子著明〈有狐〉詩背景為「國亂民散」，這時可以殺禮多婚，而且朱子又強調這是寡婦與鰥夫的相遇，寡婦、鰥夫代表這是失婚男女，已過婚嫁之時，那麼在這種情況下未依禮而合是可以容許的，故由此來看寡婦之志意，她便不是欲與禮俗相違的淫奔之志，而是容許可以殺禮情況下的求偶之意，《周禮》亦有「仲春之月，令會男女，於是時也，奔者不禁」〔註512〕之載，並非奔者皆為淫洗之行，在某些特殊時間或場合下，任其自奔反而是政治、道德可容許的例外情況，故據朱子態度來看，〈有狐〉詩並不可歸為其所認定的淫奔之詩。

（8）〈叔于田〉

> 叔于田，巷無居人。豈無居人？不如叔也，洵美且仁。
>
> 叔于狩，巷無飲酒。豈無飲酒？不如叔也，洵美且好。
>
> 叔適野，巷無服馬。豈無服馬？不如叔也，洵美且武。

對於〈叔于田〉詩旨之認定，《詩集傳》與《詩序辨說》略有不同，《詩集傳》從《詩序》以為此詩敘述共叔段之事，而謂此詩乃國人愛之而作：「段不義而得眾，國人愛之，故作此詩。」（《詩集傳》，卷4，頁470）如此則非淫奔之詩。但《詩序辨說》卻云：

> 國人之心貳於叔，而歌其田狩適野之事，初非以刺莊公，亦非說其出
>
> 于田而後歸之也。或曰：段以國君貴弟受封大邑，有人民兵甲之眾，
>
> 不得出居閭巷，下雜民伍，此詩恐其民間男女相說之詞耳。〔註513〕

《詩序辨說》提出兩說，第一說與《詩集傳》立場相同，第二說則以或曰提出此有可能乃男女相悅之詞。但《詩序辨說》於〈大叔于田〉下又云：「此詩與上篇意同，非刺莊公也。下兩句得之。」〔註514〕朱子認為〈大叔于田〉與〈叔于田〉旨意相同，非主刺莊公，而是意在美段叔，如此看來，朱子比較

〔註512〕阮元校勘：《周禮注疏》，卷14，頁15上～16上／1579。
〔註513〕朱熹：《朱子全書・詩序辨說》，頁370。
〔註514〕朱熹：《朱子全書・詩序辨說》，頁370。

傾向引用《左傳》所載共叔之事解釋這兩首詩。而且即使從男女相悅之詞之的角度詮釋此詩，詩歌本文只有歌詠男主角之詞，「不如叔也，洵美且仁！」「不如叔也，洵美且好！」「不如叔也，洵美且武！」並無意圖奔赴之語。淫奔之詩的判定標準除為淫奔之人所作外，必須要道及有淫奔之意，而此詩從文字來看，僅為單純贊美意中人物，尚算不得為淫奔之詩。

（9）〈野有蔓草〉

　　野有蔓草，零露漙兮。有美一人，清揚婉兮。邂逅相遇，適我願兮。

　　野有蔓草，零露瀼瀼。有美一人，婉如清揚。邂逅相遇，與子偕臧。

《詩集傳》云：「男女相遇於野田草露之間，故賦其所在以起興。言野有蔓草，則零露漙矣；有美一人，則清揚婉矣；邂逅相遇，則得以適我願矣。」（《詩集傳》，卷4，頁480）據朱子之意，這首詩很明顯是男女相期幽會於野田草露之間，當為淫奔之詩。加上此詩屬〈鄭風〉之詩，朱子對〈鄭風〉既有強烈的先入為主的觀念，而《詩集傳》又未對此詩進行辨說，且朱子又云：「與子偕臧，言各得其所欲也。」（《詩集傳》，卷4，頁480）則是以滿足欲望為主，並未考慮到禮教問題，故此詩歸為淫奔之詩並無問題。

（10）〈東門之枌〉

　　東門之枌，宛丘之栩。子仲之子，婆娑其下。

　　穀旦于差，南方之原。不績其麻，市也婆娑。

　　穀旦于逝，越以鬷邁。視爾如荍，貽我握椒。

《詩集傳》云：「棄其業以舞於市而往會也。」（《詩集傳》，卷7，頁517）表明此詩乃男女不務正業的情況，行為已有偏差，故情性已為不正；「往會」又表明是男女相約在先。而《詩集傳》又云：「男女相與道其慕悅之詞曰：『我視女顏色之美如荍芣之華。』於是遺我以一握之椒而交情好也。」（《詩集傳》，卷7，頁517）情性不正之男女互道愛慕之詞，那麼就等同興起淫奔之志，故以〈東門之枌〉為淫奔之詩是可以接受的分類。

（11）〈防有鵲巢〉

　　防有鵲巢，邛有旨苕。誰侜予美，心焉忉忉。

　　中唐有甓，邛有旨鷊。誰侜予美，心焉惕惕。

《詩集傳》云：「此男女之有私而憂或間之之詞。故曰：防則有鵲巢矣，邛則有旨苕矣，今此何人，而侜張予之所美？使我憂之而至於忉忉乎？」（《詩集傳》，卷7，頁519～520）朱子強調「予美」乃所與私者，既為私，則非禮，

既已與所私，則遂淫奔之實，且朱子以為詩文乃作者憂慮兩人感情遭到離間，雖非淫奔之意，但這是淫奔者在得遂己意之後又企望能保全私情的想法，故作者乃淫奔之人，則此詩亦為淫奔之詩。

（12）〈月出〉

　　月出皎兮，佼人僚兮。舒窈糾兮，勞心悄兮。

　　月出皓兮，佼人懰兮。舒憂受兮，勞心慅兮。

　　月出照兮，佼人燎兮。舒夭紹兮，勞心慘兮。

《詩集傳》云：「此亦男女相悅而相念之辭。言月出則皎然矣，佼人則僚然矣，安得見之而舒窈糾之情乎？是以為之勞心而悄然也。」（《詩集傳》，卷 7，頁 520）朱子以為此詩乃相悅相念之辭，檀作文因此而將之列為淫詩。然男女相悅是否就可算為淫奔之詩？正如〈關雎〉詩亦言思念之情：「窈窕淑女，寤寐求之。求之不得，寤寐思服。悠哉悠哉，輾轉反側。」原本這應是一個邏輯概括的問題，淫奔者必為男女相悅，但一般發乎情，止乎禮義的相悅，亦為男女相悅，故男女相悅是個情感上的大範圍，不能因為屬於男女相悅就歸入淫奔之詩。但朱子的思維並非如此單純，他依舊受到以時代區隔詩風正變的影響，他曾說凡〈鄭〉、〈衛〉之詩，多為淫奔之詩。對於〈陳風〉，朱子則引呂祖謙之說云：「變風之所以為變者，舉其不正者以戒之也。」（《詩集傳》，卷 7，頁 522）基於此，朱子對於變〈風〉中男女相悅之辭便不從對二〈南〉受有教化的角度理解，從而幾乎將變〈風〉中有關男女之情的詩作一律視為淫奔之詩。故朱子強調〈月出〉詩主角之思為「安得見之而舒窈糾之情。」見之以舒情欲，那麼便無依循禮節的想法，視之為淫奔之志並無不可，故〈月出〉詩可歸為淫奔者之辭。

（13）〈澤陂〉

　　彼澤之陂，有蒲與荷。有美一人，傷如之何！寤寐無為，涕泗滂沱。

　　彼澤之陂，有蒲與蕑。有美一人，碩大且卷。寤寐無為，中心悁悁。

　　彼澤之陂，有蒲菡萏。有美一人，碩大且儼。寤寐無為，輾轉伏枕。

《詩集傳》云：「有美一人而不可見，則雖憂傷而如之何哉！寤寐無為，涕泗滂沱而已矣。」（《詩集傳》，卷 7，頁 521）則此詩亦為男女相思之作。但《詩序辨說》對〈澤陂〉之序卻無辨說，〈澤陂〉序云：「刺時也。言靈公君臣淫於其國，男女相說，憂思感傷焉。」〔註 515〕朱子似乎並不反對此序的說法。

〔註 515〕阮元校勘：《毛詩正義》，卷 7 之 1，頁 15 下／806。

思之而不得見，故至憂思感傷，那麼似乎並沒有違背情性，前面提到〈關雎〉也有描寫相思而不得見的情感，雖然在朱子的觀念中，〈關雎〉男女之情與變〈風〉中的男女之情有著情性上的本質差異，但朱子敘〈澤陂〉詩時並未導向不合理的行為，詩歌主角在未能見到意中人的情形下，僅有「寤寐無為，涕泗滂沱」、「輾轉伏枕，臥而不眠」而已，並未見有任何欲違反禮節或情性的思維，且朱子以為「不可見」與注〈防有鵲巢〉言「安得見之」似有主動與被動之差異，雖本詩大旨與〈月出〉相似，但就較嚴格的來看意義，此詩但為敘相思之情，並未道及有奔赴相見之意，也就是說並沒有證據落實淫奔之意，故可先排除在淫奔之詩外。

朱子對淫奔詩的定義雖然主要就動機論而言，已比傳統國史代作的說法更切近民歌本質，但這只是朱子用來發展其義理思想的外衣，後人對朱子淫奔之詩的界定有極多批評，亦有為朱子維護者，如林慶彰云：

> 就《詩經》的內容來說，朱子承認其中有言情詩，所以他批評把情詩當作諷刺詩的不當，以為不合詩人本義。但是朱子所處的時代，男女之情受道德約束太深，不可能承認言情詩的合理性，只好把它們說成「淫詩」。對朱子來說，實有不得已的苦衷。後人對朱子的淫詩說，不大諒解，似缺乏同情的了解。〔註516〕

林慶彰認為在時代的限制下，朱子既承認《詩經》有言情詩，但又不得承認其合理性，只好說成「淫詩」，後人的批評對朱子實無同情之心。但南宋時是否已如明清之際對男女之情產生極大的道德束縛，固然可以再論，但朱子提出淫奔詩的重點並非承認言情詩的存在，情是朱子心性系統外顯的重要表現，故他以詩人自道情感的說法其實是符合自己的心性理論，但朱子根本不重視民歌所流露的真實情感，而是走向另一極端，批評未依心性、禮樂而發的私情，在其價值上必須作為負面教材，以為懲創之用，也就是說，讀者是萬不可陷入淫奔者的言語及思維中，必須跳脫出來，以「無邪」之意審視這些淫奔之詩，因此，帶這種意義下，《詩經》之言情，其「情」的重點便在於是否遵循依據心性而發。

二、變〈雅〉的義理思維

朱子認為〈雅詩〉主要為貴族階層作品，正〈雅〉主要為王道政治實行

〔註516〕林慶彰：〈朱子對傳統經說的態度——以朱子《詩經》著述為例〉，頁201。

下表現禮樂文明之詩篇，而變〈雅〉則是政治衰微之後，貴族階層面臨時代變局所作出的情性反映。然而由於〈雅詩〉作者基本上由於受到教化影響，其心性基礎與〈國風〉中之里巷小人不同，故而朱子在分析變〈雅〉之作時，是採取較高標準的心性狀態作為詮釋詩旨的要求，從而也使〈雅〉與〈風〉表現出頗為不同的風格。

（一）變〈小雅〉——士大夫處於衰世中的情性反映

變〈小雅〉乃指〈六月〉至〈何草不黃〉共五十八篇詩篇，朱子以〈小雅〉為燕饗之樂，主說國政之小者，而至於變〈雅〉的認定，則以「事未必同而各以其聲附之。」（《詩集傳》，卷 9，頁 543）解釋，故變〈雅〉基本上不復再呈現所謂國政大小之意，其所以仍入〈雅〉者，乃由於聲樂腔調的關係，《語類》有云：「問變〈雅〉。曰『亦是變用他腔調爾。』」（《語類》，卷 80，頁 2068）然而朱子對變〈雅〉的解釋主要仍是從對批判政教或詩人情性表性來詮釋，大致可分為美正詩及怨刺詩兩類。

1. 變〈小雅〉之美詩

變〈小雅〉雖然不可再作為王政禮樂的顯示，但卻可作為反映時變的樂章，〈讀呂氏詩記桑中篇〉云：

> 至於變〈雅〉，則固已無施於事，而變〈風〉又特里巷之歌謠，其領在樂官者，以為可以識時變，觀土風，而賢於四夷之樂耳。（《文集》，卷 70，頁 3495）

朱子認為變《詩》的存在目的與變〈風〉類似，均可識時變，觀土風。然變〈小雅〉開篇首以〈六月〉、〈采芑〉、〈車攻〉、〈吉日〉四詩為美宣王能復文武之境土，既為美詩，何以列於變〈雅〉之中？孔穎達以王政的實行作為〈小雅〉前二十二篇與後五十八篇區別的關鍵，《正義》云：

> 此二十二篇，〈小雅〉之正經，王者行之，所以養中國而威四夷。今盡廢，事不行，則王政衰壞，中國不守，四方夷狄來侵之，中夏之國微弱矣。言北狄所以來侵者，為廢〈小雅〉故也。屬王廢之而微弱，宣王能禦之而復興，故博而詳之，而因明〈小雅〉不可以不崇以示法也。〔註517〕

孔穎達以為正〈小雅〉乃王者之禮樂，然於屬王時盡廢，而宣王中興後，便

〔註517〕阮元校勘：《毛詩正義》，卷 10 之 2，頁 2 上／907。

特別標舉並崇法此二十二篇所代表王政之意，以別於後世之詩。朱子對於《詩經》之正變並未有明顯支持或反對態度，但在實際論述中仍往往採用正變之說，故他大致也接受自〈六月〉以下爲變〈小雅〉的說法。然又特別提出變〈小雅〉中亦有好詩的說法，《詩序辨說》論〈楚茨〉之序云：

> 自此篇至〈車舝〉，凡十篇，似出一手，詞氣和平，稱述詳雅，無風刺之意。《序》以其在變〈雅〉中，故皆以爲傷今思古之作。《詩》固有如此者，然不應十篇相屬，而絕無一言以見其爲衰世之意也。
>
> 竊恐正〈雅〉之篇有錯脫在此者耳，《序》皆失之。〔註518〕

朱子以爲變〈小雅〉中有十篇詩歌應爲正〈雅〉詩篇，因故錯脫在變〈小雅〉，這十篇爲〈楚茨〉、〈信南山〉、〈甫田〉、〈大田〉、〈瞻彼洛矣〉、〈裳裳者華〉、〈桑扈〉、〈鴛鴦〉、〈頍弁〉、〈車舝〉等。這十首詩因其詞氣和平，稱述詳雅，故被朱子視爲正詩。然而〈六月〉至〈吉日〉四詩，乃稱頌宣王復行王道之詩，何以便不被朱子視爲可與正〈雅〉並列者？由此可想，正變之分除以時代背景爲線索外，其最重要的意涵是正《詩》必須是反映周初王化施行之樂章，如二〈南〉爲文王德化之詩，正〈雅〉爲周公制禮作樂之詩，〈周頌〉則爲周公、成王時王道大成之詩。而朱子並不辨〈楚茨〉至〈車舝〉之時世，僅以其內容可顯示王化跡象，故列爲正〈雅〉，那麼對朱子而言，具有王化基礎之詩可爲正，但必須限定時間於周初之際。宣王雖能中興，卻承屬王接幽王，處衰世之中，不能與文武周公之時相比，故雖爲美詩，仍不得爲正。

然而西周之世跨越數百年，並非成王之後即入衰世，因此朱子雖接受變〈雅〉皆爲康、昭後之詩，以時代作爲畫分標準，但朱子又強調世變是逐漸進行，且美惡相雜，故並非變〈雅〉盡爲壞詩，其中亦有不少保留正〈雅〉禮樂遺意者，此則可視爲變〈雅〉時代中的正詩，這些詩歌包括有〈斯干〉、〈無羊〉、〈魚藻〉、〈采菽〉等。《詩序》以〈斯干〉、〈無羊〉爲美宣王詩，而〈魚藻〉以下爲刺幽王詩。這些詩篇之時世均爲朱子質疑，並且不接受作刺之說。《詩集傳》釋〈斯干〉首章云：「此築室既成，而燕飲以落之，因歌其事。」（《詩集傳》，卷11，頁581）據朱子所言，〈斯干〉詩的性質有如正〈雅〉燕饗之樂，雖然不是周公制作，但依舊存有禮樂文化遺意，如《詩集傳》注「兄及弟矣，式相好矣，無相猶矣」云：「言居是室者，兄弟相好而無相謀，

〔註518〕朱熹：《朱子全書・詩序辨說》，頁387。

則頌禱之詞,猶所謂聚國族於斯者也。」(《詩集傳》,卷 11,頁 581)以燕樂饗兄弟,促進宗族感情,這是正〈雅〉禮樂作用功能之一,故〈斯干〉雖非聖王禮樂之詩,卻也足以表現其內涵。又如《詩集傳》注〈無羊〉云:「此詩言牧事有成,而牛羊眾多也。」(《詩集傳》,卷 11,頁 583)那麼此詩則具有對和平盛世歌頌之意。至於〈魚藻〉等詩,朱子更據詩意改變傳統說法。〈魚藻〉序云:「〈魚藻〉,刺幽王也。言萬物失其性,王居鎬京,將不能以自樂,故君子思古之武王焉。」〔註 519〕《詩序》以為此詩乃陳古刺今,以古之武王使萬物所得,而自身則能和樂飲酒,上下相悅以刺王不能復行古武王之道。朱子則據詩意分析,不採陳古刺今之說,〈魚藻〉詩云:

> 魚在在藻,有頒其首。王在在鎬,豈樂飲酒。
> 魚在在藻,有莘其尾。王在在鎬,飲酒樂豈。
> 魚在在藻,依于其蒲。王在在鎬,有那其居。

朱子以此詩為「天子燕諸侯,而諸侯美天子之詩也。」(《詩集傳》,卷 14,頁 638)依朱子的意思來看,此詩言魚處在蒲藻之間,有肥大之首,修長之尾,喻萬物得性,以興周王在鎬京,因政教得所,而湛樂飲宴。而無論《詩序》之陳古,或朱子之諸侯美王,均把此詩所敘作美正角度解釋。但魚處在藻蒲之間,究竟是得所,還是不得所?象徵意為何?這是解析本詩的重點,蘇轍即云:

> 魚何在,亦在藻耳。其所依者至薄也,然其首頒然而大,自以為安,不知人得而取之也。〔註 520〕

嚴粲亦云:

> 水深則魚樂,所謂躍淵縱壑,相忘於江湖者也。今魚何在乎?淺水生藻而魚在焉,露其頒然之大首,猶言魚在于沼,亦匪克樂,喻民之窮蹙窘迫也。〔註 521〕

蘇、嚴之說認為大魚處在淺水之中,是不得其所之意,這是為了配合《詩序》所作的解釋。大魚處於水草叢生之淺水確實可謂不得其所,然欲如此解說則必須先確認〈魚藻〉所述是否真為淺水之處?〈采蘋〉詩云:「于以采藻,于彼行潦。」〈泮水〉詩又云:「思樂泮水,薄采其藻」,由以《詩》解《詩》來

〔註 519〕阮元校勘:《毛詩正義》,卷 15 之 1,頁 1 上/1049。
〔註 520〕蘇轍:《詩集傳》,卷 14,頁 8 上。
〔註 521〕嚴粲:《詩緝》,卷 24,頁 1 下。

看，藻確實乃生長於淺水之中的植物，隨手可採擇。那麼大魚處於其間，實不可謂得所，故《詩序》乃謂「萬物失其性」，然《毛傳》未遵此意，乃云：「魚以依蒲藻爲得其性」〔註522〕，說實不同，可見《毛傳》未必依《詩序》解《詩》。而朱子等亦未明白取象之意而誤釋詩旨，魚既不得所，那麼王之在鎬便不爲美，而是作爲批判之對照。朱子雖然可能誤判此詩，但其概念仍有可取之處，他不將變〈雅〉全視爲怨刺之詩，這應可符合實際情況。

朱子又把〈采菽〉詩視爲「天子所以答〈魚藻〉也。」（《詩集傳》，卷14，頁639）如此一來一往，便表現君臣和樂之意。《詩序》以〈采菽〉爲刺幽王，其云：「侮慢諸侯，諸侯來朝，不能錫命以禮數，徵會之而無信義，君子見微而思古焉。」〔註523〕同樣以此詩爲思古刺今之作。朱子亦不取《序》說，而將此詩與〈魚藻〉連結，認爲〈魚藻〉是諸侯美天子，而〈采菽〉則是天子盡其意以答諸侯。〈采菽〉詩首章云：「采菽采菽，筐之筥之。君子來朝，何錫予之？雖無予之，路車乘馬；又何予之？玄袞及黼。」諸侯來朝，天子當有賞賜，然詩何以言「雖無予之」？朱子以爲這是天子自以爲未盡其意的謙詞，《詩集傳》云：

> 采菽采菽，則必以筐筥盛之。君子來朝，則必有以錫予之。又言今雖無以予之，然已有路車乘馬玄袞及黼之賜矣。其言如此者，好之無已，意猶以爲薄也。（《詩集傳》，卷14，頁639）

那麼經過朱子的詮釋後，〈魚藻〉及〈采菽〉便非陳古刺今的傷時之詩，而是可以作爲保留〈雅〉樂遺意的詩篇。

朱子由詩詞本意改變《詩序》陳古刺今者尚有〈黍苗〉一詩。《詩序》云：「〈黍苗〉，刺幽王也。不能膏潤天下，卿士不能行召伯之職焉。」〔註524〕鄭《箋》則補充云：「陳宣王之德、召伯之功，以刺幽王及其群臣，廢此恩澤事業也。」〔註525〕幽王時陳宣王之事，此便是陳古刺今，然觀〈黍苗〉詩，卻難有此意。〈黍苗〉云：

> 芃芃黍苗，陰雨膏之。悠悠南行，召伯勞之。
> 我任我輦，我車我牛。我行既集，蓋云歸哉！
> 我徒我御，我師我旅。我行既集，蓋云歸處！

〔註522〕阮元校勘：《毛詩正義》，卷15之1，頁1上／1049。
〔註523〕阮元校勘：《毛詩正義》，卷15之1，頁2上～2下／1049。
〔註524〕阮元校勘：《毛詩正義》，卷15之2，頁8下／1063。
〔註525〕阮元校勘：《毛詩正義》，卷15之2，頁8下／1063。

　　肅肅謝功，召伯營之；烈烈征師，召伯成之。

　　原隰既平，泉流既清。召伯有成，王心則寧。

由詩意來看，此乃美召伯之詩，《左傳》中即載有賦此詩以美人之記錄，《左傳》〈襄公十九年〉云：

　　季武子如晉拜師，晉侯享之。范宣子爲政，賦〈黍苗〉。季武子興，再拜稽首，曰：「小國之仰大國也，如百穀之仰膏雨焉。若常膏之，其天下輯睦，豈唯敝邑？」〔註526〕

〈襄公二十七年〉亦有云：

　　鄭伯享趙孟于垂隴，子展、伯有、子西、子產、子大叔、二子石從。趙孟曰：「七子從君，以寵武也。請皆賦，以卒君貺，武亦以觀七子之志。」子展賦〈草蟲〉，趙孟曰：「善哉，民之主也！抑武也，不足以當之。」伯有賦〈鶉之賁賁〉，趙孟曰：「床第之言不踰閾，況在野乎？非使人之所得聞也。」子西賦〈黍苗〉之四章，趙孟曰：「寡君在，武何能焉！」〔註527〕

可見賦〈黍苗〉詩可用於稱頌卿大夫，當具有美詩之性質。另外韋昭（204～273）注《國語》即云：「〈黍苗〉亦〈小雅〉，道邵伯出職，勞來諸侯也。」〔註528〕而《左傳》杜預（222～284）注亦曰：「〈黍苗〉，《詩》〈小雅〉，美召伯勞來諸侯。」〔註529〕這些都是異於《詩序》的三家之說。不過所謂勞來諸侯之說則於詩意亦未可見，胡承珙（1776～1832）即曰：

　　此說或出三家。然述職勞諸侯，祇可施於〈下泉〉之卒章；此詩但言召伯營謝，勞來徒役，竝無述職勞諸侯之事，韋、杜注言，實未可據。至《左傳》賦《詩》，多祇取其詞，不盡拘作詩之旨。如范宣子之賦〈黍苗〉，意取晉侯憂勞魯國。而季武子之拜，即專以陰雨膏黍爲詞。又如襄廿七年鄭伯享趙孟於垂隴，子西賦〈黍苗〉之四章，亦但取召伯之功，以美趙武；皆不復論作詩之本旨。後儒必以爲此有美無刺，亦徒以其詞而已。〔註530〕

〔註526〕阮元校勘：《春秋左傳正義》，卷34，頁3下／4271。

〔註527〕阮元校勘：《春秋左傳正義》，卷38，頁12下～13上／4333～4334。

〔註528〕韋昭：《國語韋氏解》，卷10，頁262。

〔註529〕阮元校勘：《春秋左傳正義》，卷34，頁3下／4271。

〔註530〕〔清〕胡承珙：《毛詩後箋》，收入《續經解毛詩類彙編》第2冊，影印《續皇清經解》本，卷469，頁23下～24上／2106。

胡承珙所謂後儒者即朱子。《詩集傳》云：

> 宣王封申伯於謝，命召穆公往營城邑，故將徒役南行，而行者作此。
> 言芃芃黍苗，則唯陰雨能膏之。悠悠南行，則惟召伯能勞之也。(《詩
> 集傳》，卷15，頁645)

朱子確實是從詩詞解析，而擁《序》一派以《詩序》為最高綱領，即使面對
《左傳》引〈黍苗〉稱美之記載，亦必欲以徒取其詞而不拘作詩之旨為說。
若《左傳》引詩真不拘詩旨，那麼何以趙孟要批評伯有所賦〈鶉之賁賁〉為
床笫之言。再者，《左傳》所記乃跨越二百餘年，在這兩百年間每個人引詩都
不顧本義，那麼《詩經》本義又豈得流傳？從實際面考量，《左傳》確有引《詩》
而不顧本義者，但這不是全面的現象，趙孟即是從本義批評伯有，不該在正
式場合引這種詩，那麼《左傳》的引《詩》之用途實仍有參考價值。而朱子
則純由詩歌本文分析，不採強解的說法，故而得出此乃「宣王時美召穆公之
詞」的結論。

然而朱子自己實也曾感到疑慮，從詩歌本文入手分析的方法，最怕遇到
作者刻意採模糊或採反諷手法創作的情況，那麼這時詩歌本文所遺留的線索
便相對減少，而朱子雖然認為〈黍苗〉詩主美召穆公，但卻也指出其中有不
太合理之處，《語類》載：

> 問：「〈崧高〉〈烝民〉二詩，是皆遣大臣出為諸侯築城。」曰：「此
> 也曉不得。封諸侯固是大事。看〈黍苗〉詩，當初召伯帶領許多車
> 從人馬去，也自勞攘。古人做事有不可曉者，如漢築長安城，都是
> 去別處調發人來，又只是數日便休。《詩》云：『溥彼韓城，燕師所
> 完。』注家多說是燕安之眾，某說即召公所封燕國之師。不知當初
> 何故不只教本土人築，又須去別處發人來，豈不大勞攘？古人重勞
> 民，如此等事，又卻不然，更不可曉，強說便成穿鑿。」(《語類》，
> 卷81，頁2136)

朱子對於〈黍苗〉詩動用大批人力的作法感到不解，認為如此有勞師動眾之
嫌，那麼由此而下，確實可能完全顛覆美詩的意涵，而朝向作者故意反言諷
刺的作法。但朱子不再繼續下去，他仍堅持不穿鑿強說的解釋原則。何以如
此？在前面討論變〈風〉美詩時已經提過，朱子主張以讀者「思無邪」的角
度閱讀《詩經》，而最直截的方法便是不對《詩》意作過度曲折的探求，否則
先立下怨刺之心，如此一來，即使詩歌帶有美意，亦將遭到曲解，從而無法

達成以《詩》興發人心善端的功能，故朱子解《詩》的標準並不是刻意與《詩序》之說作對，而是主張說《詩》勿過度強說，直接由直觀的方法領悟《詩》旨。或許詩詞眞暗藏諷刺之意，但這是詩人本意，基本上難以單純從詩詞探得，故未若讓仍存在的詩歌本文發揮其文字之引導，美詩則感受其美以興發吾心好善狀態，刺詩則感受其惡而興發吾心惡惡狀態，不必要每首詩皆朝向怨刺方向解釋，如此方能完整達成《詩經》能興起此心好善惡惡的功能。

　　居亂世之中，不少具見識的知識分子雖無力改革，但卻以另一種明哲保身的方式警懼自己，如衛武公作詩自我警惕。《國語》載衛武公於九十五歲時曾作〈懿〉，命左右諷誦以爲鑒戒，一般均以爲此即〈大雅〉之〈抑〉。而〈小雅〉中另有一首〈賓之初筵〉亦被視爲武公之詩。《詩序》云：「〈賓之初筵〉，衛武公刺時也。幽王荒廢，媟近小人，飲酒無度，天下化之，君臣上下沈湎淫液，武公既入而作是詩也。」〔註531〕據《詩序》所言，此乃衛武公鑒於君臣荒淫，自我警惕之詩。〈賓之初筵〉共分五章，全詩主在敘述君臣宴飲無度的情形，《正義》云：

　　　此經五章，毛以上二章陳古燕射之禮，次二章言今王燕之失；鄭以
　　　上二章陳古大射行祭之事，次二章言今王祭末之燕；俱以上二章陳
　　　古以駁今，次二章刺當時之荒廢，卒章乃言天下化之。〔註532〕

《毛詩》派的說法認爲此詩有陳古刺今之意，而朱子則以爲此詩前二章乃燕禮進行前美盛儀式之形容，《詩集傳》注首章云：「此章言因射而飲者，初筵禮儀之盛。」（《詩集傳》，卷14，頁636）注第二章云：「此言因祭而飲者，始時禮樂之盛如此也。」（《詩集傳》，卷14，頁636）而第三章開始有了轉折，注第三章云：「此言凡飲酒者常始乎治，而卒乎亂也。」（《詩集傳》，卷14，頁637）飲酒過度，意識不清，禮儀便難以爲繼，於是第四章、第五章便極言醉後混亂的景象。飲酒亂德，這是周初時歸結殷紂所以亡國的原因之一，《尚書》〈微子〉便有云：「我用沈酗于酒，用亂敗厥德于下。」〈無逸〉亦云：「無若殷王受之迷亂，酗于酒德哉！」因此周初執政者亦往往以此爲戒，〈酒誥〉載王曰：「封！我西土棐徂邦君、御事、小子，尙克用文王教，不腆于酒。故我至于今，克受殷之命。」「封！汝典聽朕毖，勿辯乃司民湎于酒。」酒是古代祭祀文化及宴樂儀節中相當重要的物品，任何儀式幾乎少不了酒的存在，

〔註531〕阮元校勘：《毛詩正義》，卷14之3，頁1下／1039。
〔註532〕阮元校勘：《毛詩正義》，卷14之3，頁2上～2下／1039。

《御定小學集註》云：「酒所以合懽先王，因其生禍而制禮以防之，蓋通乎上下。」〔註533〕《儀禮》中即有所謂鄉飲酒禮的記載。飲酒過度，容易錯亂精神，乃所謂穿腸毒藥，故必須制禮以防患，而如今〈賓之初筵〉卻因為飲酒無節制而至於無復有令儀，故朱子亦認為不可過度好飲酒，〈甲寅擬上封事〉云：「或好飲酒，或好貨財，或好聲色，或好便安，如此之類，皆物欲也。」（《文集》，卷12，頁404）飲酒即是隨順物欲而使心沈緬於氣質之弊中。朱子認為〈賓之初筵〉乃衛武公飲酒悔過所作，便表示衛武公曾為詩中所敘之事，而後悔恨前事，那麼就此詩前後變化來看，這是武公能自我擺脫氣質物欲的影響，進而澄清氣質，於是晚年又能作〈抑〉詩以自警，而衛人遂歌〈淇奧〉以美其德，若必欲譏刺君王，未必可有良好情性，故朱子在論述《詩經》這三篇關於衛武公的詩篇，是有著一貫的思維，那麼是將武公設定為能自我警懼改過，具有良好品性者，故而其詩乃只是自己感物道情，吟詠情性之作，不必定與美刺有關。

〈鶴鳴〉一詩是《詩經》中較為特殊的作品，《詩序》僅云：「規宣王也。」〔註534〕其下並無說明，而毛鄭解為宣王求賢之詩，其詩云：

　　鶴鳴于九皋，聲聞于野。魚潛在淵，或在于渚。

　　樂彼之園，爰有樹檀，其下維蘀。它山之石，可以為錯。

　　鶴鳴于九皋，聲聞于天。魚在于渚，或潛在淵。

　　樂彼之園，爰有樹檀，其下維穀。它山之石，可以攻玉。

這首詩取象極多，詩意難明，並無太多詩人情性表現的訊息，因此歷來以為難曉，李樗《毛詩集解》云：「〈鶴鳴〉之二章十八句，皆是取興，殊無一句推序己意，故其詩最為難曉。」〔註535〕范處義《詩補傳》亦云：「詩人寓意甚微，視他詩為特異，又偶無大序，故諸儒不勝其異說。」〔註536〕由於《序》無詳說，朱子又不滿毛鄭之意，遂以此詩為陳善納誨之辭，《詩集傳》云：

　　此詩之作，不可知其所由，然必陳善納誨之辭也。蓋鶴鳴于九皋而
　　聲聞于野，言誠之不可揜也。魚潛在淵而或在于渚，言理之無定在

〔註533〕〔宋〕朱熹撰，〔明〕陳選集註：《御定小學集註》，收入《景印文淵閣四庫全書》第699冊，卷3，頁12下／552。

〔註534〕阮元校勘：《毛詩正義》，卷11之1，頁8下／926。

〔註535〕李樗、黃櫄：《毛詩集解》，卷22，頁396。

〔註536〕〔宋〕范處義：《詩補傳》，收錄於納蘭性德輯：《通志堂經解》第8冊，卷17，頁71。

也。園有樹檀而其下維蘀，言愛當知其惡也。他山之石而可以爲錯，
言憎當知其善也。由是四者引而伸之，觸類而長之，天下之理其庶
幾乎！（《詩集傳》，卷10，頁575）

朱子將此詩視爲說理詩，並以比法釋之。比法的特色是詩句只是喻意引申的
基礎，而此詩共有四組意象，便代表四種意義的引申。朱子以爲鶴鳴爲著其
誠而不可揜，作爲義理充實圓滿境界的形容。以魚潛四處喻理無定在，暗示
天理流行，無處非理。檀樹下有蘀、穀，蘀、穀乃落葉、惡木之謂，此則喻
心愛之亦須知其惡，意即勿爲氣欲蒙蔽，必須著誠以知善惡。他山之石，雖
非己有，但可以作爲砥礪之借鑒，《詩集傳》引程頤之言云：

程子曰：「玉之溫潤，天下之至美也。石之粗糲，天下之至惡也。然
兩玉相磨不可以成器，以石磨之，然後玉之爲器得以成焉。猶君子
之與小人處也，橫逆侵加，然後脩省畏避，動心忍性，增益預防，
而義理生焉，道德成焉。（《詩集傳》，卷10，頁575）

「他山之石」、「他山之玉」，這本來只是取象上變換語詞以避免詩意重複的作
法，但程頤將之視爲互文足義的修辭手法，強調玉與石必須互相砥礪攻錯，
方得以成器，由此引申，橫逆處境對君子而言正是可供其動心忍性、增益預
防而生義理的最佳管道。朱子對此詩的詮釋完全套用在其本身理學思維之
中，從天理心性的領域來解釋詩意，這是朱子的理學理想的顯露，自然與詩
歌本意會有相當距離。

朱子曾道〈白駒〉詩好，《語類》載：

且如公看《詩》，自宣王中興諸詩至此。公於其他詩都說來，中間有
一詩最好，如〈白駒〉是也，公卻不曾說。這箇便見公不曾看得那
物事出，謂之無眼目。若是具眼底人，此等詩如何肯放過！只是看
得無意思，不見他好處，所以如此。（《語類》，卷114，頁2755～2756）

這段記錄極稱道〈白駒〉一詩，然卻未說明〈白駒〉好處究竟何在？〈白駒〉
詩云：

皎皎白駒，食我場苗。縶之維之，以永今朝。所謂伊人，於焉逍遙。
皎皎白駒，食我場藿。縶之維之，以永今夕。所謂伊人，於焉嘉客。
皎皎白駒，賁然來思。爾公爾侯，逸豫無期。慎爾優游，勉爾遁思。
皎皎白駒，在彼空谷。生芻一束，其人如玉。毋金玉爾音，而有遐心。

《詩序》以爲刺宣王之詩。何以爲刺？《毛傳》云：「宣王之末，不能用賢，

賢者有乘白駒而去者。」〔註537〕然而由詩文本身來看，賢者離去是詩意可顯示者，至於宣王不能用賢，乃詩外之意，王先謙《詩三家義集疏》便云：「其爲賢人遠引，朋友離思，固無可疑，而必謂刺王不能留，則詩外之意也。」〔註538〕詩外之意難以探求，而朱子並不採必刺宣王之說，只就詩詞本身意涵定其爲留賢者之詩，《詩集傳》云：

> 爲此詩者，以賢者之去而不可留也，故託以其所乘之駒食我場苗而縶維之，庶幾以永今朝，使其人得以於此逍遙而不去，若後人留客而投其轄於井中也。（《詩集傳》，卷11，頁578）

賢者必欲去，而詩人必欲留，於是詩人絆繫賢者之馬，欲其不得而行。注第二章又云：

> 言此乘白駒者，若其肯來，則以爾爲公，以爾爲侯，而逸樂無期矣。猶言橫來，大者王，小者侯也。豈可以過於優游，決於遁思，而終不我顧哉！蓋愛之切而不知好爵之不足縻，留之苦而不恤其志之不得遂也。（《詩集傳》，卷11，頁578）

從第二章的注釋來看，朱子並不同意刺宣王之說，甚至於可能以此詩爲王挽欲留賢者之意。朱子注「爾公爾侯」爲「以爾爲公，以爾爲侯」，表示欲以厚祿爵賢者，那麼便非王不用賢之意。那麼爲何賢者執意離開？「愛之切而不知好爵之不足縻，留之苦而不恤其志之不得遂也。」朱子認爲此賢者果眞嚮往逸樂生活，故不願在朝爲官，而王者雖予之好爵，盡其挽留之意，但仍無法改變賢者心意。賢者必去而不返，詩人只能盡述其不捨之情，故《詩集傳》注第三章云：

> 賢者必去而不可留矣，於是歎其乘白駒入空谷，束生芻以秣之，而其人之德美如玉也。蓋已邈乎其不可親矣，然猶冀其相聞而無絕也。故語之曰：毋貴重爾之音聲，而有遠我之心也。（《詩集傳》，卷11，頁578～579）

賢者已去，但詩人仍表露出願求賢的意念，他祈願賢者即使已邈乎不可親，但仍能保持音訊之傳達，毋有遠我之心。此詩經過朱子的轉變後，原本作爲諷刺詩的〈白駒〉，一變而爲詩人、賢者各盡其意的好詩。賢者有遯世之心，

〔註537〕 阮元校勘：《毛詩正義》，卷11之1，頁12下／928。
〔註538〕 〔清〕王先謙：《詩三家義集疏》（臺北：明文書局，1988年10月），卷16，頁643。

不因榮華富貴而改變其志，而詩人有留賢之意，甚至在不可得後依舊表達希望能得賢者音訊的願望，相較於刺王之說，朱子的確將此詩改造成爲一首立意極爲良善的美詩，美賢者，也美王者，無怪乎朱子認爲此詩是宣王系列中最好的一首詩。

另外，朱子又從文本詩句出發，評斷變〈小雅〉中〈楚茨〉至〈車舝〉等十首詩應爲正〈雅〉脫簡於此者，《詩序辨說》論〈楚茨〉云：

> 此篇至〈車舝〉，凡十篇，似出一手，詞氣和平，稱述詳雅，無風刺之意。《序》以其在變〈雅〉中，故皆以爲傷今思古之作。《詩》固有如此者，然不應十篇相屬，而絕無一言以見其爲衰世之意也。竊恐正〈雅〉之篇有錯脫在此者耳，《序》皆失之。〔註539〕

朱子認爲固有可能存在陳古刺今之作，但十篇連續相屬，皆以美爲刺，這是很難想像的。而且他依據文本而論，認爲這十篇詩歌詞氣和平，稱述詳雅，毫無風刺之意，故而不當視爲變〈雅〉，《語類》亦云：

> 看變〈雅〉中亦自然有好詩，不消分變〈雅〉亦得。如〈楚茨〉〈信南山〉〈甫田〉〈大田〉諸篇，不待看《序》，自見得是祭祀及稼穡田政分明。到《序》說出來，便道是「傷今思古」，陳古刺今，那裏見得！（《語類》，卷23，頁541）

> 〈楚茨〉一詩，精深宏博，如何做得變〈雅〉！（《語類》，卷81，頁2124）

> 〈楚茨〉等十來篇，皆是好詩，如何見得是傷今思古？只被亂在變〈雅〉中，便被後人如此想像。（《語類》，卷81，頁2128）

朱子延續〈國風〉美刺之詩可共存的見解，而變〈雅〉中亦可有好詩。但他一方面說變〈雅〉亦有好詩，不需再分正變，但另一方面又認爲〈楚茨〉這些詩不應處於變〈雅〉中，可能是正〈雅〉的錯簡，這些看法也突顯出他〈風〉〈雅〉正變的觀念在其思維中仍是解釋《詩經》性質的重要依據。

2. 變〈小雅〉之怨刺詩

變詩的產生主要在反映時代之衰微，縱使變〈風〉、變〈雅〉仍有部分美詩存在，但這只是江河日下的迴光反照，隨著王政的敗壞，怨刺之詩愈來愈多。而朱子設定變〈小雅〉作者爲士大夫階層之人，這些知識分子所受教育程度較〈國風〉里巷之人爲高，故在表達怨刺之意時往往較能秉持溫厚之情，

〔註539〕朱熹：《朱子全書‧詩序辨說》，頁387。

也無〈國風〉所特有的淫奔之詩。

西周政局於厲王之後進入黑暗期，縱使宣王曾一度中興，但並不能轉變日漸傾頹的局勢，《國語》〈周語下〉便曾載太子晉之言云：「自我先王，厲、宣、幽、平而貪天禍，至于今未弭。」〔註540〕在周人的眼中，宣王似與幽、厲本質相差不大，俱為衰亂之世。面對動盪不安的局勢，有識詩人往往能洞察禍亂將起的可能，於是發之於詩，或為憂慮時亂，或為諷刺時政，《詩序》便將變〈小雅〉詩篇幾乎列於宣王、幽王之時，美宣王者計有八首，規刺宣王者則有六首，而有關幽王者高達三十八首，均為刺詩，其他未明言時代者亦多屬幽王之時。這樣的觀念影響極深，朱子雖然對於多數變〈小雅〉之時代存疑，但在舉不出明證之下，其詮釋亦往往不脫厲宣幽平之範圍，而以此時為政治不明，時局混亂的時代。如《詩集傳》注〈沔水〉詩云：「此憂亂之詩。」（《詩集傳》，卷 10，頁 574）《詩序》以〈沔水〉為規宣王之詩，然從整首詩來看，憂時之意甚濃，〈沔水〉云：

> 沔彼流水，朝宗于海。鴥彼飛隼，載飛載止。嗟我兄弟，邦人諸友。
> 莫肯念亂，誰無父母！
> 沔彼流水，其流湯湯。鴥彼飛隼，載飛載揚。念彼不蹟，載起載行。
> 心之憂矣，不可弭忘。
> 鴥彼飛隼，率彼中陵。民之訛言，寧莫之懲。我友敬矣，讒言其興。

從經文來看，若為規王之詩，豈會稱王為「我友」，《毛傳》云：「疾王不能察讒也。」〔註541〕則是以「我友」稱天子，恐不適當。於是鄭玄改為「我，我天子也。友謂諸侯也。」〔註542〕將我、友作二人解，說實迂曲。朱子則不採規王之說，單純以此詩為詩人憂心亂世將至，然而卻無共鳴者，朱子云：「我之兄弟諸友乃無肯念亂者，誰獨無父母乎？亂則憂或及之，是豈可以不念哉！」（《詩集傳》，卷 10，頁 574）亂之將起，必殃及父母，故詩人憂思難解。然詩人又表現出反求諸己的精神，《詩集傳》注「我友敬矣，讒言其興」云：「我之友誠能敬以自持，則讒言何自而興乎？始於憂人，而卒反諸己也。」（《詩集傳》，卷 10，頁 575）朱子以為詩人能求諸自身。然觀詩並無此意，僅為勸告友朋之詞，那麼反求諸己其實乃是朱子的言外之意。

〔註540〕韋昭：《國語韋氏解》，卷3，頁80。
〔註541〕阮元校勘：《毛詩正義》，卷 11 之 1，頁 8 上／926。
〔註542〕阮元校勘：《毛詩正義》，卷 11 之 1，頁 8 上／926。

　　〈沔水〉憂亂之將起，果不期然，西周接連遭逢厲王、幽王之亂，終至滅亡。當此亂世，人民流離失所，生活朝不保夕，貴族大夫亦不能倖免，於是遭難之大夫便寫下許多傷時之詩，哀悼自身遭遇。而由於作為詩人的士大夫亦往往是政治團體的參與者，故對時變的發生原因更易有透徹了解，於是他們能夠直接掌握住時亂的根本，也就是周天子本身之昏昧，如《詩集傳》注〈小旻〉云：「大夫以王惑於邪謀，不能斷以從善，而作此詩。」（《詩集傳》，卷 12，頁 598）注〈角弓〉云：「此刺王不親九族，而好讒佞，使宗族相怨之詩。」（《詩集傳》，卷 14，頁 640）注〈節南山〉云：「此詩家父所作，刺王用尹氏以致亂。」（《詩集傳》，卷 11，頁 584）這些詩篇怨刺周天子未能修己從善，從而無法親近宗族，使宗族蒙受德化，反而任用姦佞，聽信讒言，使宗族相怨。〈菀柳〉一詩，更加將王者暴虐之形象烘托無遺，其詩云：

　　　　有菀者柳，不尚息焉。上帝甚蹈，無自暱焉。俾予靖之，後予極焉。
　　　　有菀者柳，不尚愒焉。上帝甚蹈，無自瘵焉。俾予靖之，後予邁焉。
　　　　有鳥高飛，亦傅于天。彼人之心，于何其臻？曷予靖之，居以凶矜。

《詩序》以此為描寫幽王暴虐之詩，其云：「〈菀柳〉，刺幽王也。暴虐無親而刑罰不中，諸侯皆不欲朝，言王者之不可朝事也。」〔註543〕朱子雖未從《詩序》刺幽王之說，但其他詮釋則大致本於《詩序》開展，《詩集傳》注第一章云：

　　　　王者暴虐，諸侯不朝而作此詩。言彼有菀然茂盛之柳，行路之人豈
　　　　不庶幾欲就止息乎？以比人誰不欲朝事王者，而王甚威神，使人畏
　　　　之而不敢近爾。使我朝而事之以靖王室，後必將極其所欲以求於我。
　　　　蓋諸侯皆不朝，而己獨至，則王必責之無已，如齊威王朝周，而後
　　　　反為所辱也。（《詩集傳》，卷 14，頁 641～642）

王之威勢過於凶猛，甚至於使朝見者亦憂將遭王無理責求，於是諸侯皆不願朝王。詩人甚至於直接斥王為彼人，《詩集傳》云：

　　　　鳥之高飛，極至于天耳。彼王之心，於何所極乎？言其貪縱無極，
　　　　求責無已，人不知其所至也。如此則豈予能靖之乎？乃徒然自取凶
　　　　矜耳。（《詩集傳》，卷 14，頁 642）

周王簡直就如同洪水猛獸，連有心助王室重振者，亦徒感將自取凶矜而止步，無怪乎西周走向敗亡之勢。

　　然而在變〈小雅〉中如此直截顯露批評王者之詩畢竟不多。大多數詩篇

〔註543〕阮元校勘：《毛詩正義》，卷 15 之 1，頁 15 上／1056。

在朱子看來，是極其溫厚的，如〈小宛〉云：

> 宛彼鳴鳩，翰飛戾天。我心憂傷，念昔先人。明發不寐，有懷二人。
> 人之齊聖，飲酒溫克，彼昏不知，壹醉日富。各敬爾儀，天命不又。
> 中原有菽，庶民采之。螟蛉有子，蜾蠃負之。教誨爾子，式穀似之。
> 題彼脊令，載飛載鳴。我日斯邁，而月斯征。夙興夜寐，毋忝爾所生。
> 交交桑扈，率場啄粟。哀我填寡，宜岸宜獄。握粟出卜，自何能穀？
> 溫溫恭人，如集于木。惴惴小心，如臨于谷。戰戰兢兢，如履薄冰。

朱子認為此詩乃「大夫遭時之亂，而兄弟相戒以免禍之詩。」（《詩集傳》，卷12，頁600）不認同《詩序》刺幽王之說，且朱子更於篇末強調：

> 此詩之詞最為明白，而意極懇至。說者必欲為刺王之言，故其說穿鑿破碎，無理尤甚。今悉改定，讀者詳之。（《詩集傳》，卷 12，頁601）

朱子認為從詩詞來看，根本沒有刺王之意，僅是兄弟相戒之言。朱子以文本為據，故敢於顛覆《詩序》之說，但我們也可以發現，朱子對於《詩序》刺王之說大多皆不贊同。作為諷刺之作，可以是正言直刺，也可以是委婉諷刺，更可以是從反面立說，而朱子則認為若詩意未提及者，並不可認定為刺詩，即使作刺，也是必須委婉，〈菀柳〉直斥周王可算特例，而這與朱子對〈小雅〉詩人的認識有關。變〈雅〉的作者與變〈風〉不同，變〈雅〉的作者群依舊是士大夫階層，而西周末期政治雖一度黑暗，但士大夫階層受到周初聖人禮樂教化之澤的影響，其心性基礎較一般百姓不同，故而作詩諷刺之時，態度往往較為含蓄，從而表現出相當程度的溫柔敦厚之意，故朱子便從這種角度解釋變〈小雅〉的作品。雖身逢亂世，仍少以尖銳言論諷刺天子批評時局，仍對君臣之倫表現出一定的尊重態度。

　　在朱子的改造後，自傷之詩成為變〈小雅〉的主軸內容，如《詩序》本以〈都人士〉為刺詩，其云：「周人刺衣服無常也。古者長民，衣服不貳，從容有常，以齊其民，則民德歸壹。傷今不復見古人也。」〔註544〕《詩序》以幽王時，都城士女衣制無度，故陳古時人士服飾有常，以刺今之不然。然而刺衣服無常是很奇怪的說法，古時對服飾要求固然有其規範，但何以必於幽王之世衣服無常，且衣服無常是代表王化不行，還是另有其因？《詩序》並不能提供線索，從而顯得牽強。〈都人士〉詩云：

〔註544〕阮元校勘：《毛詩正義》，卷15之2，頁1上／1060。

　　彼都人士，狐裘黃黃。其容不改，出言有章。行歸于周，萬民所望。

　　彼都人士，臺笠緇撮。彼君子女，綢直如髮。我不見兮，我心不說。

　　彼都人士，充耳琇實。彼君子女，謂之尹吉。我不見兮，我心苑結。

　　彼都人士，垂帶而厲。彼君子女，卷髮如蠆。我不見兮，言從之邁。

　　匪伊垂之，帶則有餘；匪伊卷之，髮則有旟。我不見兮，云何盱矣！

由詩詞可以看出，此都人士乃詩人所嚮往形象，乍看此詩，有類男女相思之情，但對於朱子而言，以愛戀為基調的詩歌並不能出現在〈雅〉、〈頌〉之中，此乃〈國風〉獨有之特色，但他又無法接受《詩序》刺衣服無度之說，於是《詩集傳》注〈都人士〉則云：「亂離之後，人不復見昔日都邑之盛，人物儀容之美，而作此詩以歎惜之也。」（《詩集傳》，卷15，頁643）大亂之後，原本安定繁榮的局面改觀，詩人不勝今昔盛衰之異，嘆息無法再見昔日都邑人物之美，而朱子以周為鎬京，那麼此詩對鎬京人物之追思，大概便可設定為是在幽王犬戎之亂後，那麼〈都人士〉之詩與〈王風・黍離〉旨意便相近，皆是抒發對王室殘破，追憶盛世的情感。

　　朱子以〈苕之華〉詩亦為憂傷周室之亂，〈苕之華〉云：

　　苕之華，芸其黃矣。心之憂矣，維其傷矣。

　　苕之華，其葉青青。知我如此，不如無生。

　　牂羊墳首，三星在罶。人可以食，鮮可以飽。

《詩序》以此詩為君子閔周室將亡，傷己逢之而作。朱子接受《詩序》之說，並云：「詩人自以身逢周室之衰，如苕附物而生，雖榮不久，故以為比，而自言其心之憂傷也。」（《詩集傳》，卷15，頁649～650）詩人以苕華自比，苕華雖盛，然榮而不久，好比詩人自己身逢周室之衰，不能久享和平。《語類》云：

　　周家初興時，「周原膴膴，堇荼如飴」，苦底物事亦甜。及其衰也，「牂羊墳首，三星在罶；人可以食，鮮可以飽」！直恁地蕭索！（《語類》，卷81，頁2126）

衰世景象與盛世對照，互為極端。《詩集傳》又引陳氏曰：「此詩其辭簡，其情哀。周室將亡，不可救矣。詩人傷之而已。」（《詩集傳》，卷15，頁650）詩人有憂時之心，卻無救世之法，故而只能暗自傷悼。

　　又〈四月〉詩云：

　　四月維夏，六月徂暑。先祖匪人，胡寧忍予？

秋日淒淒，百卉具腓。亂離瘼矣，奚其適歸。

冬日烈烈，飄風發發。民莫不穀，我獨何害？

山有嘉卉，侯栗侯梅。廢爲殘賊，莫知其尤。

相彼泉水，載清載濁。我日構禍，曷云能穀？

滔滔江漢，南國之紀。盡瘁以仕，寧莫我有。

匪鶉匪鳶，翰飛戾天，匪鱣匪鮪，潛逃于淵。

山有蕨薇，隰有杞桋。君子作歌，維以告哀。

《詩序》亦以此詩刺幽王，並云「在位貪殘，下國構禍，怨亂並興焉。」〔註545〕
然由詩詞來看，首詠時節變異之速，繼而感嘆己獨遭迫害，卻無法脫離之悲，
亦未見有在位貪殘之事。實則《詩序》所敘可作爲此詩背景，但這也是從幽王
的時間點上所作出的推論。而朱子則以此詩爲大夫自傷之作，《詩集傳》云：

此亦遭亂自傷之詩。言四月維夏，則六月徂暑矣。我先祖豈非人乎，

何忍使我遭此禍也？無所歸咎之詞也。（《詩集傳》，卷12，頁615）

朱子認爲「先祖匪人，胡寧忍予」爲無所歸咎之詞，其意蓋稱道詩人雖遭亂，
亦心存忠厚，不好議論時局是非。但「先祖匪人」一句，歷來也頗多意見。
朱子解爲「我先祖豈非人乎」，這是鄭玄的解釋，歐陽修則批評「大夫斥其先
祖，此失之大者也。」〔註546〕後世對先句著墨甚多，如王夫之（1619～1692）
《詩經稗疏》則云：「其云匪人者，猶非他人也。〈頍弁〉之詩曰『兄弟匪他』，
義同此。自我而外，不與己親者，或謂之他，或謂之人，皆疏遠不相及之詞。」
〔註547〕陳奐云：「匪，彼也。彼猶其也。胡、寧皆何也。先祖匪人，故寧忍予，
言先祖其人，何忍予而降禍亂也。」〔註548〕馬瑞辰云：「先祖匪人，猶云先祖
豈不仁，故下接言胡甯忍予，正以見其仁也。《箋》訓爲人物之人，失之。」
〔註549〕這些詮釋改變直斥先祖非人的說法。而朱子並未著意這個問題，他以
爲詩人無所歸咎，人窮則呼天，呼祖宗，但未注意到可能產生責備先人的疑
慮，這應該可以算是朱子以義理詮釋的一項缺失。

〔註545〕阮元校勘：《毛詩正義》，卷13之1，頁14上～14下／991。

〔註546〕歐陽修：《詩本義》，卷8，頁224。

〔註547〕〔清〕王夫之：《詩經稗疏》，收入《續經解毛詩類彙編》第1冊，影印《續
皇清經解》本，卷7，頁17上～17下／34。

〔註548〕〔清〕陳奐：《詩毛氏傳疏》，收入《續經解毛詩類彙編》第1冊，影印《續
皇清經解》本，卷759，頁10上／812。

〔註549〕〔清〕馬瑞辰：《毛詩傳箋通釋》，收入《續經解毛詩類彙編》第2冊，影印
《續皇清經解》本，卷436，頁15下／1424。

〈蓼莪〉詩是一首孝子自責無法終養父母的詩篇，鄭玄云：「二親病亡之時，時在役所，不得見也。」〔註550〕以爲因行役而不得養親，而《詩序》僅言人民勞苦，之所以勞苦蓋亦因由於王事多煩。總之，此詩乃因時代動亂，造成詩人無法親自奉養父母的悲哀，全詩云：

> 蓼蓼者莪，匪莪伊蒿。哀哀父母！生我劬勞。
> 蓼蓼者莪，匪莪伊蔚。哀哀父母！生我勞瘁。
> 缾之罄矣，維罍之恥。鮮民之生，不如死之久矣。
> 無父何怙？無母何恃？出則銜恤，入則靡至。
> 父兮生我，母兮鞠我。拊我畜我，長我育我，
> 顧我復我，出入腹我。欲報之德，昊天罔極。
> 南山烈烈，飄風發發。民莫不穀。我獨何害？
> 南山律律，飄風弗弗，民莫不穀，我獨不卒。

由於此詩文意明白，故朱子亦接受此爲孝子不得終養父母，重自哀傷之詩，《詩集傳》云：「人民勞苦，孝子不得終養，而作此詩。」（《詩集傳》，卷12，頁611）朱子並無異說，但對於詩意的解析卻有高於鄭、孔之處。詩云：「蓼蓼者莪，非莪伊蒿」，此句何意？鄭《箋》云：「莪已蓼蓼長大，視之以爲非莪，故謂之蒿。興者喻憂思，雖在役中，心不精識其事。」〔註551〕孔穎達進一步申述曰：「我不精視之，以爲非此物，反謂之是彼物也。以己二親今且病亡，身在役中，不得侍養，精神昏亂，故視物不察也。」〔註552〕鄭、孔皆以詩人由於哀傷過度，精神昏亂而錯識事物。這樣的詮釋雖亦有其道理存在，但心不精識，詩中未見此義，且對於抒寫詩人心中悲情，總覺未盡其意。但朱子的解釋，則能曲盡孝子自責之情。《詩集傳》注莪爲美菜，蒿爲賤草，並云：

> 言昔謂之莪，而今非莪也，特蒿而已。以比父母生我以爲美材，可
> 賴以終其身，而今乃不得其養以死。於是乃言父母生我之劬勞，而
> 重自哀傷也。（《詩集傳》，卷12，頁611）

朱子不將此句解作視覺上的誤差，而是從父母對自己期待的說起。詩人初生爲孩兒時，父母望子成龍，望女成鳳，願其將來長大能成爲美材。然而詩人因無法終養父母，自覺有負父母期待，於是自責云未能長成爲莪之美菜，反

〔註550〕阮元校勘：《毛詩正義》，卷13之1，頁3下／986。
〔註551〕阮元校勘：《毛詩正義》，卷13之1，頁3下～4上／986。
〔註552〕阮元校勘：《毛詩正義》，卷13之1，頁4上／986。

而生成蒿之賤草，未能達成父母的期許，故朱子改此句之興爲比，便是以莪、蒿皆喻詩人自己，只是在時間、對象上所造成的認知差異，嚴粲《詩緝》亦以莪、蒿之意爲：

> 始生爲莪，長大爲蒿。莪至蓼蓼然長大之時，則非莪矣，乃蒿也。
> 其始爲莪猶可食，其後爲蒿則無用，喻父母生長我身，至于長大，
> 乃是無用之惡子，不能終養也。〔註553〕

朱子、嚴粲的說法更能道出孝子自責之情。故《詩集傳》對於「缾之罄矣，維罍之恥」亦延續此意申述：

> 言缾資於罍而罍資缾，猶父母與子相依爲命也。故缾罄矣，乃罍之
> 恥，猶父母不得其所，乃子之責。所以窮獨之民，生不如死也。蓋
> 無父則無所怙，無母則無所恃，是以出則中心衝恤，入則如無所歸
> 也。（《詩集傳》，卷12，頁612）

缾喻父母，罍謂自己，缾之罄由於罍不能注水，責任在罍，可比父母不得其養，其責在子。滿紙哀傷，道盡孝子自責之意。《詩》乃人情之反映，眞切之情往往能生動感人，朱子注〈蓼莪〉引王裒讀〈蓼莪〉詩不能自已之例，作爲《詩》教的最佳例證，《詩集傳》云：

> 晉王裒以父死非罪，每讀《詩》至「哀哀父母，生我劬勞」，未嘗不
> 三復流涕，受業者爲廢此篇。《詩》之感人如此。（《詩集傳》，卷12，
> 頁612）

《詩》非說理文字，而是多以深刻純正之情進而感化讀者，以使讀者興起一種更容易接受義理的狀態。

　　朱子雖接受溫柔敦厚《詩》教說，主張《詩經》之刺詩皆依其溫厚本性而採取較委婉方式，但有時面對詩歌本文激烈的批評，亦不得不順應詩文解釋，如〈十月之交〉對主要執政階層便一一點名批判，其云：

> 皇父卿士，番維司徒，家伯維宰，仲允膳夫，
> 棸子内史，蹶維趣馬，楀維師氏，豔妻煽方處。
> 抑此皇父，豈曰不時？胡爲我作，不即我謀？
> 徹我牆屋。田卒汙萊。曰予不戕，禮則然矣。
> 皇父孔聖，作都于向，擇三有事，亶侯多藏。
> 不慭遺一老，俾守我王；擇有車馬，以居徂向。

〔註553〕嚴粲：《詩緝》，卷22，頁3下。

詩人將整個執政集團皆視爲禍亂根源，所論雖未及君王，但其實最重要關鍵在於君王之態度，《詩集傳》云：「言所以致變異者，由小人用事於外，而嬖妾蠱惑王心於內，以爲之主故也。」（《詩集傳》，卷11，頁593）小人得以用事，正是君王有以任之所致，因此雖然詩歌避開君王，但朱子則將主角拉回至君王之身，不過朱子並不批評君王，他不取《詩序》刺王之說，而是將之教爲義理教材，強調君王需以此爲鑒。〈十月之交〉詩云：「爗爗震電，不寧不令。百川沸騰，山冢崒崩。高岸爲谷，深谷爲陵。哀今之人，胡憯莫懲！」面對這種近乎末日的災亂異象，朱子接受董仲舒（前179～前104）天出災異以譴告的說法，認爲這是上天示警，而君王於此之時，更應恐懼修省，《詩集傳》云：

> 然王者脩德行政，用賢去姦，能使陽盛足以勝陰，陰衰不能侵陽，則日月之行，雖或當食，而月常避日。故其遲速高下，必有參差而不正相合，不正相對者，所以當食而不食也。若國無政，不用善，使臣子背君父，妾婦乘其夫，小人陵君子，夷狄侵中國，則陰盛陽微，當食必食。雖曰行有常度，而實爲非常之變矣。（《詩集傳》，卷11，頁591～592）

又云：

> 十月而雷電，山崩水溢，亦災異之甚者。是宜恐懼脩省，改紀其政，而幽王曾莫之懲也。董子曰：「國家將有失道之敗，而天乃先出災異以譴告之。不知自省，又出怪異以警懼之。尚不知變，而傷敗乃至。此見天心仁愛人君，而欲止其亂也。」（《詩集傳》，卷11，頁592）

透過這些說明，朱子注重君王修身爲政之本的基本概念再次獲得申述。雖然〈十月之交〉怨責對象均集中在君王周遭之小人，未直斥君王，這符合朱子認爲〈小雅〉士大夫溫柔敦厚之性情表現，但朱子作爲讀者，必須深入其意，並發揮《詩》教的功能，從而把對象直指於王。然雖歸咎於君王，並非嚴厲斥責，而是站在臣屬立場，一再勸王修省改過，冀當天心以免禍。

又如〈雨無正〉一詩，《詩序》以爲刺幽王，而朱子則以爲此乃「饑饉之後，羣臣離散，其不去者作詩以責去者。」（《詩集傳》，卷11，頁594）兩者觀點最大差異是《詩序》一循其必欲將詩歌作爲刺時王之作的態度，而朱子則迴避直接刺王的觀念，他認爲詩歌之作有其因，其中相關論點有可作爲君子借鑒者，但未必定爲刺時王之作。故《詩集傳》申述此詩主旨云：

> 當是時，言之難能，而仕之多患如此，故羣臣有去者，有居者。居
> 者不忍王之無臣，己之無徒，則告去者，使復還于王都。去者不聽，
> 而託於無家以拒之。至於憂思泣血，有無言而不痛疾者，蓋其懼禍
> 之深，至於如此。然所謂無家者，則非其情也。故詰之曰：昔爾之
> 去也，誰爲爾作室者？而今以是辭我哉！（《詩集傳》，卷 11，頁 596）

朱子完全顛覆《詩序》將所有過錯歸咎於幽王的說法，他站在君王立場呼籲
大臣不當棄王而去。當然，朱子不諱言王有惡，如：「凡百君子，豈可以王之
爲惡而不敬其身哉！」（《詩集傳》，卷 11，頁 595）「王雖不善，而君臣之義，
豈可以若是恝乎？」（《詩集傳》，卷 11，頁 595）面對爲惡之君王，朱子不贊
同棄之而去，他從君臣之倫的義理關係出發，強調即使王本身不善，但爲臣
者仍屬敬以持身，亦應秉執立場，告王以義，《詩集傳》云：

> 言兵寇已成，而王之爲惡不退。饑饉已成，而王之遷善不遂。使我
> 暬御之臣憂之，而慘慘日瘁也。凡百君子，莫肯以是告王者，雖王
> 有問而欲聽其言，則亦答之而已，不敢盡言也。一有譖言及己，則
> 皆退而離居，莫肯夙夜朝夕於王矣。其意若曰：王雖不善，而君臣
> 之義，豈可以若是恝乎？（《詩集傳》，卷 11，頁 595）

朱子以爲此詩乃正大夫離居之後，暬御之臣所作。暬御之臣即所謂近侍，朱
子對孝宗寵好近侍頗多諫言，但此詩之近侍卻爲明理之人，諫大夫以義。然
而朱子的重點依舊在於君王本身，大臣有諫君之義務，而君王則繫於治亂之
安危，今大臣失職，君王昏庸，此所以詩人深歎也。

　　無論是王政之世或衰亂之時，行役皆必要制度，多數行役必須遠離家鄉，
因此對行役者及家人而言，無法相見，便會產生思念之情。而若再受到諸多
不合理待遇，比如役期過久，或過於勞苦，很容易會進而產生怨情，〈國風〉
詩中便有許多以軍民角度所寫之怨役詩，如〈擊鼓〉、〈王風・揚之水〉、〈陟
岵〉等，而變〈小雅〉雖爲士大夫之作，但出征行役必須有領導階層一同前
往，不合理的現象會招致軍民之怨，而站在第一線的士大夫同樣也會有怨，
並寫爲詩歌，如〈北山〉詩云：

> 陟彼北山，言采其杞。偕偕士子，朝夕從事。王事靡盬，憂我父母。
> 溥天之下，莫非王土，率土之濱，莫非王臣。大夫不均，我從事獨賢。
> 四牡彭彭，王事傍傍。嘉我未老，鮮我方將，旅力方剛，經營四方。
> 或燕燕居息，或盡瘁事國，或息偃在床，或不已于行。

　　或不知叫號，或慘慘劬勞，或棲遲偃仰，或王事鞅掌。

　　或湛樂飲酒，或慘慘畏咎，或出入風議，或靡事不為。

這首詩詩意明顯，詩人因遭派遣過多勞役而怨，《詩序》即云：「〈北山〉，大夫刺幽王也。役使不均，己勞於從事，而不得養其父母焉。」〔註554〕朱子雖接受行役之作，但並不接受刺王之說，《詩集傳》注云：「大夫行役而作此詩。」（《詩集傳》，卷13，頁617）行役而怨，此乃人之常情，而行役乃政府制度，一味流於怨懟，有可能會造成不好影響。故詩中雖頗多怨辭，然朱子仍賦予詩人忠厚品格，此則表現在對「我從事獨賢」一句之解釋。「獨賢」一語，歷來存有爭議，《毛傳》以勞詁賢，鄭《箋》則云：「王不均大夫之使，而專以我有賢才之故，獨使我從事於役。」〔註555〕稱己獨賢，近乎自誇，王肅（195～256）便難云：「王以己有賢才之故而自苦自怨，非大臣之節。」〔註556〕孔穎達則批評云：「此大夫怨王偏役於己，非王實知其賢也。王若實知其賢，則當任以尊官，不應勞以苦役。此從事獨賢猶下云嘉我未老，鮮我方將，恨而問王之辭，非王實知其賢也。」〔註557〕諸人均圍繞君臣之義的關係討論「獨賢」一語，實者這是很明顯的反諷用語，孔穎達的說法較合乎常理。然而朱子卻認為這是詩人忠厚性格的表現，《詩集傳》注第二章便云：「土之廣，臣之眾，而王不均平，使我從事獨勞也。不斥王而曰大夫，不言獨勞，而曰獨賢，詩人之忠厚如此。」（《詩集傳》，卷13，頁617）行役是王朝所定制度，大夫則是執行者，朱子則以為詩人但責大夫，不責君王，不言獨勞，而曰獨賢，這是忠厚性格的表現，如此一來，雖然詩篇後半部都在進行對比，批評役使不均，但詩人既已被朱子套上忠厚性情，故而後續批評便不致於超出《詩》教溫柔敦厚的本質。

　　〈無將大車〉一詩，《詩序》以為「大夫悔將小人也。」〔註558〕鄭《箋》申述云：「幽王之時，小人眾多。賢者與之從事，反見譖害，自悔與小人並。」〔註559〕觀其詩云：

　　無將大車，祇自塵兮。無思百憂，祇自痕兮。

〔註554〕阮元校勘：《毛詩正義》，卷13之1，頁19上／994。
〔註555〕阮元校勘：《毛詩正義》，卷13之1，頁20上／994。
〔註556〕阮元校勘：《毛詩正義》，卷13之1，頁20上／994。
〔註557〕阮元校勘：《毛詩正義》，卷13之1，頁20上／994。
〔註558〕阮元校勘：《毛詩正義》，卷13之1，頁21上／995。
〔註559〕阮元校勘：《毛詩正義》，卷13之1，頁21上／995。

　　無將大車，維塵冥冥。無思百憂，不出于熲。

　　無將大車，維塵雍兮。無思百憂，祇自重兮。

毛鄭所以視此詩爲與小人並處之詩，主要將「無將大車，祇自塵兮」視爲譬喻之比法，孔穎達據其意申說云：「君子之人，無得自將此大車。若將此大車，適自塵蔽於己，以興後之君子，無得扶進此小人，適自憂累於己。」〔註560〕將大車比喻爲小人，這是頗爲奇怪的比擬。於是朱子寧可直接從文本立論，視「將大車」爲行役之事，《詩集傳》云：「此亦行役勞苦而憂思者之作。言將大車，則塵汙之。思百憂，則病及之也。」（《詩集傳》，卷13，頁618）朱子認爲「無將大車，祇自塵兮」雖是行役者之經歷，但作用在興起下二句之憂思，「無思百憂，祇自疧兮」，行役之勞苦，令人在憂中耿耿而不能自出，也反映時代的衰微。

　　再如〈緜蠻〉一詩之詩旨，也是朱子批評《詩序》的著名範例，其詩云：

　　緜蠻黃鳥，止於丘阿。道之云遠，我勞如何！飲之食之，教之誨之，
　　命彼後車，謂之載之。

　　緜蠻黃鳥，止于丘隅。豈敢憚行？畏不能趨。飲之食之，教之誨之，
　　命彼後車，謂之載之。

　　緜蠻黃鳥，止于丘側，豈敢憚行？畏不能極。飲之食之，教之誨之，
　　命彼後車，謂之載之。

《詩序》對此詩的解釋爲：「微臣刺亂也。大臣不用仁心，遺忘微賤，不肯飲食教載之，故作是詩也。」〔註561〕對於《詩序》所言，《語類》有所批評：

　　因論《詩》，歷言《小序》大無義理，皆是後人杜撰，先後增益湊合
　　而成。多就《詩》中採摭言語，更不能發明《詩》之大旨。纔見有
　　「漢之廣矣」之句，便以爲德廣所及；才見有「命彼後車」之言，
　　便以爲不能飲食教載。〈行葦〉之序，但見「牛羊勿踐」，便謂「仁
　　及草木」；但見「戚戚兄弟」，便爲「親睦九族」；見「黃耇台背」，
　　便謂「養老」；見「以祈黃耇」，便謂「乞言」；見「介爾景福」，便
　　謂「成其福祿」：隨文生義，無復理論。（《語類》，卷80，頁2075）

朱子批評此序隨文生義，無復理論，不過這尚不是朱子反對此序的主要論點，《詩序辨說》辨此序云：「此詩未有刺大臣之意，蓋方道其心之所欲耳。若如

〔註560〕阮元校勘：《毛詩正義》，卷13之1，頁21下／995。
〔註561〕阮元校勘：《毛詩正義》，卷15之3，頁1下／1071。

序者之言，則褊狹之甚，無復溫柔敦厚之意。」〔註562〕朱子又是詩人心性問題定位此詩。〈雅〉詩作者多為士大夫，其品格有優良的德性基礎，若每首詩必欲有刺，便不符合溫柔敦厚的《詩》教內涵，故朱子改此詩刺大臣為思大臣，《詩集傳》注首章云：

> 此微賤勞苦而思有所託者，為鳥言以自比也。蓋曰緜蠻之黃鳥，自
> 言止于丘阿而不能前，蓋道遠而勞甚矣。當是時也，有能飲之、食
> 之、教之、誨之，又命後車以載之者乎？（《詩集傳》，卷15，頁648）

從詩辭來看，每章前四句乃敘行役之苦，而後四句則敘渴望能得解助之意。《詩序》便主要依據後四句而謂此詩乃刺大臣無仁心體下之德惠。詩人所以思得以能被飲之、食之、教之、載之，的確可以說當特實無此種願施德惠的大臣，但是否確定是諷刺執政者，朱子則認為未必然如此。單純思依仁臣，較之必刺大臣，就性情上來說，是比較委婉而能符合義理本質，因此，朱子所以如此改定，不僅是依文本而作的解釋，更是局限在對〈雅〉詩作者心性歸屬下所作的詮釋。

變〈小雅〉中為朱子解釋為行役怨詩者尚有〈漸漸之石〉、〈何草不黃〉等詩，而朱子皆未從《詩序》刺幽王之說，多以為純粹埋怨征役勞苦繁重，但並未設定為怨刺時王之作，雖然由怨而刺，這是很直接的連結，但朱子不突出這一部分，主要目的是在於盡量顧全〈雅〉詩作者心性之良善。

（二）變〈大雅〉——公侯處於衰世中的情性反映

傳統以〈民勞〉至〈召旻〉等十三篇詩歌為變〈大雅〉，《詩序》詮釋變〈大雅〉詩旨有一特色，即以為這些詩篇皆是西周以前諸侯貴族諷刺或頌美周天子之詩，這些貴族包括有召穆公、凡伯、衛武公、芮伯、仍叔、尹吉甫等，均為一國之君或公候將帥。朱子對《詩序》某些說法有所質疑，他認為《詩序》必欲將每首變〈大雅〉詩篇皆冠上美刺作法並不認同，《詩序辨說》云：「蓋其本例以為非美非刺，則詩無所為而作。」〔註563〕《詩序》以為《詩經》各篇寫成多是有所為而成，所謂有所為就是指政治上美刺的動機，由於《詩序》基本存在這樣的認定，故變〈大雅〉各篇一律與美刺脫不了關係，但朱子則不認同這樣的設定，如他認為〈崧高〉單純是尹吉甫送申伯之詩，雖可由弦外之音見宣王中興事業，但究非其核心。又如朱子批評〈抑〉序所

〔註562〕 朱熹：《朱子全書‧詩序辨說》，頁390。
〔註563〕 朱熹：《朱子全書‧詩序辨說》，頁393。

言衛武公刺厲王亦以自警之說，而以爲此詩單純乃衛武公自警之作。朱子大抵認爲詩歌文本與《詩序》之說有許多衝突，而於取捨之後，重新詮釋十三篇詩旨。朱子的詮釋大致可分爲兩類：第一類爲〈民勞〉、〈板〉、〈蕩〉、〈抑〉、〈桑柔〉、〈瞻卬〉、〈召旻〉等七篇，這類詩歌多爲反映時勢之衰亂。第二類爲〈雲漢〉、〈崧高〉、〈烝民〉、〈韓奕〉、〈江漢〉、〈常武〉等六篇，此類則多具稱頌之意。以下試據此二類申述之。

1. 反映時衰之篇

此類之七篇詩歌，《詩序》一律作爲諷刺厲王、幽王之詩，但朱子並不採用，他對詩旨作了一番改造，如《詩集傳》論〈民勞〉云：

> 《序》說以此爲召穆公刺厲王之詩。以今考之，乃同列相戒之詞耳，未必專爲刺王而發。然其憂時感事之意，亦可見矣。(《詩集傳》，卷17，頁689)

朱子以爲此乃朝中之臣，同列相戒之言，其相戒之語如「無縱詭隨，以謹無良。式遏寇虐，憯不畏明，柔遠能邇，以定我王」、「無縱詭隨，以謹惛怓。式遏寇虐，無俾民憂。無棄爾勞，以爲王休」、「無縱詭隨，以謹罔極。式遏寇虐，無俾作慝。敬愼威儀，以近有德」、「無縱詭隨，以謹醜厲。式遏寇虐，無俾正敗。戎雖小子，而式弘大」、「無縱詭隨，以謹繾綣。式遏寇虐，無俾正反。王欲玉女，是用大諫」，從這些相戒言語來看，頗似老臣誡告新掌權勢之後進的口吻，故朱子以爲同列相戒，而其言實具極深義理，朱子引蘇轍之言云：

> 人未有無故而妄從人者，維無良之人，將悅其君，而竊其權，以爲寇虐，則爲之。故無縱詭隨，則無良之人肅，而寇虐無畏之人止。
> 然後柔遠能邇，而王室定矣。(《詩集傳》，卷17，頁689)

治理國政必須依據是非原則，不可妄意隨人。《詩序》以爲此詩刺君王，然朱子則以爲未必專爲刺王，《詩集傳》云：「言王欲以女爲玉而寶愛之，故我用王之意，大諫正於女。蓋託爲王意以相戒也。」(《詩集傳》，卷17，頁690)詩人假王之意以勸告，似表示詩人對王仍抱持一定尊敬及信心。

朱子以爲此詩具憂時感事之意，主要由於朱子認爲〈板〉詩之意可與本詩相應，《詩集傳》云：「《序》以此爲凡伯刺厲王之詩。今考其意，亦與前篇相類，但責之益深切耳。」(《詩集傳》，卷17，頁690)朱子亦以〈板〉詩爲同僚相戒，而責之益深，如〈板〉云：「我雖異事，及爾同僚。我即爾謀，聽我囂囂。我言維服，勿以爲笑。先民有言，詢于芻蕘」，又云：「老夫灌灌，

小子蹻蹻。匪我言耄，爾用憂謔。多將熇熇，不可救藥」，從詩意來看，〈民
勞〉蓋為同僚初諫口吻，而〈板〉則分明是勸告無效，甚至於不信而驕之，
令老臣深覺憂慮，朱子釋第一章便云：

> 此章首言天反其常道，而使民盡病矣。而女之出言，皆不合理，為
> 謀又不久遠。其心以為無復聖人，但恣己妄行，而無所依據，又不
> 實之於誠信。豈其謀之未遠而然乎？世亂乃人所為，而曰「上帝板
> 板」者，無所歸咎之詞耳。（《詩集傳》，卷17，頁690）

老臣有憂天下之心，但少者得志，卻不肯受言，於是老臣深嘆世亂不遠。而
老臣所告者乃先王之道，《詩集傳》又云：

> 孟子曰：「事君無義，進退無禮，言則非先王之道者，猶沓沓也。」……
> 辭輯而懌，則言必以先王之道矣，所以民無不合無不定也。（《詩集
> 傳》，卷17，頁690～691）

朱子認為先王之道是維繫國運的最重要根本，先王之道即周初聖王之法，至
於此時已開始衰微。朱子雖未明確指定〈民勞〉、〈板〉詩之時間，但大致應
該也是夷、厲時期，代表西周政治開始衰微，因此，朱子雖然以為二詩均為
同僚相戒，但在《詩序辨說》中對二詩之序卻未有辨駁，〈民勞〉序云：「召
穆公刺厲王也。」〔註564〕〈板〉序云：「凡伯刺厲王也。」〔註565〕朱子皆未
有辨。而朱子在〈樛木〉序下曾云：「此序稍平，後不注者放此。」〔註566〕
那麼朱子未對〈民勞〉及〈板〉二詩之序有辨，代表朱子可接受二序之說，
但在《詩集傳》中卻又以為同僚相戒，似與王無關。但我們也可以看到，朱
子認為少臣之受用乃王欲寶愛之，且先王之道的實施根本必須繫於天子，那
麼少臣之得寵，進而敗壞國家政治，便與王脫不了關係。故基本上，這是王
者不能正身，乃至於亦不能正寵臣及朝廷，故禍害必定由此蔓延，至於〈蕩〉
詩，遂有天下將顛覆的憂慮。

　　《詩序》以〈蕩〉詩為刺厲王之詩，其云：「召穆公傷周室大壞也。厲王
無道，天下蕩蕩，無綱紀文章，故作是詩也。」〔註567〕《詩集傳》同意厲王
時世的觀點，並云：「詩人知厲王之將亡，故為此詩，託於文王所以嗟嘆殷紂
者。」（《詩集傳》，卷18，頁693）〈蕩〉詩自第二章起以「文王曰咨」起句，

〔註564〕阮元校勘：《毛詩正義》，卷17之4，頁10上／1180。
〔註565〕阮元校勘：《毛詩正義》，卷17之4，頁14下／1182。
〔註566〕朱熹：《朱子全書・詩序辨說》，頁357。
〔註567〕阮元校勘：《毛詩正義》，卷18之1，頁1上／1191。

傳統皆認爲這是召穆公假文王之言以警王，鄭《箋》云：「厲王弭謗。穆公，朝廷之臣，不敢斥言王之惡，故上陳文王咨嗟殷紂，以切刺之。」〔註568〕鄭玄特別指出由於厲王弭謗，故召穆公只得託文王之口以刺之，但歐陽修卻云：

> 〈蕩〉自二章以下，每言「文王曰咨，咨女殷商」者，自是詩人之深意，而鄭謂厲王弭謗，穆公不敢斥言王惡，故上陳文王咨嗟殷紂，以切刺之者，亦非也。厲王之詩多矣，今不暇遠引，如〈蕩〉之前，〈板〉也，所謂「靡聖管管」，「天之方虐」之類，斥王之言多矣。〈蕩〉之後，〈抑〉也，所謂「其在于今，興迷亂于政；顛覆厥德，荒湛于酒」之類，斥王之言多矣。豈凡伯、衛武公敢斥，而獨召穆公之不敢也。蓋鄭見詩爲厲王作，終篇不刺王，而但述殷商，不得詩人之意，所以云然也。〔註569〕

歐陽修之說較鄭玄有見，託古刺今乃本詩寫作之法，此爲詩人深意，未必因不敢直刺而故作此言。而朱子與弟子討論時，亦曾提到〈蕩〉詩之所以託文王咨嘆殷紂，便是欲厲王以殷紂爲鑒，《語類》有云：

> 時舉說：「首章前四句，有怨天之辭。後四句乃解前四句，謂天之降命，本無不善；惟人不以善道自終，故天命亦不克終，如疾威而多邪僻也。此章之意既如此，故自次章以下託文王言紂之辭，而皆就人君身上說，使知其非天之過。如『女興是力』，『爾德不明』，與『天不湎爾以酒』，『匪上帝不時』之類，皆自發明首章之意。」先生領之。（《語類》，卷81，頁2134）

朱子認可潘時舉所謂就人君身上而說的看法，政治的興敗繫於人君一身，故直接以紂王爲鑒，以君亡國滅之事爲刺，強調必須重視君主爲惡，政傾覆敗的後果，《詩集傳》引蘇轍之言云：

> 商周之衰，典刑未廢，諸侯未畔，四夷未起，而其君先爲不義以自絕於天。莫可救止，正猶此爾。殷鑒在夏，蓋爲文王歎紂之辭。然周鑒之在殷，亦可知矣。（《詩集傳》，卷18，頁695）

朱子認爲人主若先自不義以絕於天，縱使國家原本根基穩厚，局勢安定，必將陷於不可救止的處境。而殷商之鑒即爲周之鑒，故朱子對〈蕩〉的討論由刺王傷時更提昇至強調君主一人對國家政治的重大影響力。

〔註568〕阮元校勘：《毛詩正義》，卷18之1，頁2下／1191。
〔註569〕歐陽修：《詩本義》，卷11，頁231。

變〈大雅〉中反映時世衰亂者尚有〈桑柔〉刺厲王，〈瞻卬〉、〈召旻〉刺幽王。而朱子的詮釋亦主要圍繞君主不修其德對於國家百姓將產生負面影響，如《詩集傳》釋〈桑柔〉第八章云：

> 言彼順理之君，所以爲民所尊仰者，以其能秉持其心，周徧謀度，考擇其輔相，必衆以爲賢而後用之。彼不順理之君，則自以爲善，而不考衆謀，自有私見，而不通衆志。所以使民眩惑，至於狂亂也。（《詩集傳》，卷18，頁701）

順理之君，能爲民尊仰，暗喻行王道之先王；不順理之君，剛愎自用，乃厲王之謂。無明君在世，將使民眩惑，至於狂亂，《詩集傳》又云：「言上無明君，下有惡俗，是以進退皆窮也。」（《詩集傳》，卷18，頁702）可見明君實爲維繫治世最重要的關鍵，這也是朱子君道政治觀念的反映。君既不明，識人用人必出於私意，故小人往往於此時得勢，〈桑柔〉批評榮夷公云：「民之罔極，職涼善背。爲民不利，如云不克。民之回遹，職競用力」，朱子則進一步解釋云：

> 言民之所以貪亂而不知所止者，專由此人，名爲直諒，而實善背。又爲民所不利之事，如恐不勝而力爲之也。又言民之所以邪僻者，亦由此輩專競用力而然也。反覆其言，所以深惡之也。（《詩集傳》，卷18，頁703）

昏君、小人所組成的政治勢力，不僅顛覆朝政，更是使人民貪亂邪僻的禍源。

在〈瞻卬〉詩中，朱子又特別強調必須避免婦人與奄人之爲禍，如〈瞻卬〉第三章云：「哲夫成城，哲婦傾城。懿厥哲婦，爲梟爲鴟。婦有長舌，維厲之階。亂匪降自天，生自婦人。匪教匪誨，時維婦寺。」這本是諷刺幽王過度寵信褒姒，其言論雖帶歧視女性色彩，但也有明顯的針對性，不過朱子則屢屢強調婦人心性之不正，《詩集傳》云：

> 言男子正位乎外，爲國家之主，故有知則能立國。婦人以無非無儀爲善，無所事哲，哲則適以覆國而已。故此懿美之哲婦，而反爲梟鴟，蓋以其多言而能爲禍亂之梯也。若是則亂豈眞自天降，如首章之説哉？特由此婦人而已。蓋其言雖多，而非有教誨之益者，是惟婦人與奄人耳。豈可近哉！上文但言婦人之禍，末句兼以奄人爲言。蓋二者常相倚而爲姦，不可不並以爲戒也。（《詩集傳》，卷18，頁717）

又有云：

> 言婦寺能以其知辨窮人之言，其心忮害而變詐無常。旣以譖妄唱始
> 於前，而終或不驗於後。則亦不復自謂其言之放恣無所極已，而反
> 曰是何足爲慮乎？（《詩集傳》，卷18，頁717）

從這些說法來看，朱子對女性似有普遍性的偏見。然《論語》〈陽貨〉載孔子
之言云：「唯女子與小人爲難養也。近之則不遜，遠之則怨。」朱子則釋云：

> 此小人，亦謂僕隸下人也。君子之於臣妾，莊以蒞之，慈以畜之，
> 則無二者之患矣。〔註570〕

《文集》中載有朱子與潘端叔信件往返的內容，潘端叔便問朱子此段文字意
涵云：

> 此所謂「小人」，乃服役之人，僮僕之類。若泛言人，則不應謂之養
> 耳。女子、小人，近之則傷褻，遠之寡恩。「不遜」與「怨」，皆感
> 之之道有未至耳。其惟嚴於己，恕以待人，則不遜與怨庶免乎。（《文
> 集》，卷50，頁2271）

朱子的回應是「此章鄙意亦如此。」從這封書信可以看出，朱子與潘端叔是
根據孔子所下「養」字作爲理解文義的關鍵，他們認爲孔子旣出以「養」字，
便有上對下的意味，故朱子是特別針對家庭中的女子與僕隸而言。而在帝王
家庭中，女子便是後宮妃子，僕隸則爲宦豎奄人。那麼朱子其實又是從君子
修身齊家的角度來看待這個問題，若君子自身修養不得其正，無法感化妻妾
奴僕，反而有可能爲其所惑。那麼朱子對女子看法便不在於女性本身心性氣
質如何，而是純粹站在接受君子風化的立場而論，這樣一來，固來不重視女
子的自主性，但其實仍歸結於君子自身的修養問題。

〈抑〉詩也是爭議頗多的一篇詩歌。《詩序》以爲「衛武公刺厲王，亦以
自警也。」〔註571〕然據《史記》〈衛世家〉所載，武公於宣王三十六年即位，
卒於平王十三年，厲王時武公尚幼，無由寫詩作刺。故《正義》以爲此乃追
刺，其云：「厲王之世，武公時爲諸侯之庶子耳，未爲國君，未有職事，善惡
無豫於物，不應作詩刺王，必是後世乃作，追刺之耳。」〔註572〕武公不知與
厲王有何深仇大恨，必欲作詩追刺？《詩序》之說雖於武公時世不甚符合，
但亦仍有學者持維護態度，范處義便云：

〔註570〕朱熹：《朱子全書·論語集注》，卷9，頁226。
〔註571〕阮元校勘：《毛詩正義》，卷18之1，頁8上／1194。
〔註572〕阮元校勘：《毛詩正義》，卷18之1，頁8上／1194。

武公以宣王三十六年始即位，至幽王時始入爲卿，〈賓之初筵〉所謂
武公既入是也。然則厲王之世，武公特衛之公子耳。學者求其說而
不得，遂疑是詩爲刺幽王，舍經而信傳，理所不可。究而言之，武
公爲公子，則作是詩以刺厲王，至老猶誦之以自警，何爲不可哉！
故去其襲攻之說，則經〈淇澳〉武公之德爲可信；去其作〈懿〉之
說，則經〈抑〉亦以自警爲可信。經聖人所刪，《史記》、《國語》其
事雜出諸家，學者可不知所去取哉！況〈抑〉之名篇，以抑抑威儀
爲主，不當爲懿也。〔註573〕

范處義以爲武公少時刺王，老以自警，必欲屈從《詩序》之說，且不明古音
通假之理，以爲〈懿〉不當爲〈抑〉。其實武公之所以需要自警，未必不與傷
時有關，但是否就一定須如《詩序》所言必刺厲王？恐也不然，《韓詩》便云：
「衛武公刺王室，亦以自戒。」〔註574〕刺王室在時間點上便有相當大的寬如
範圍，厲王可以包含在內，而宣王、幽王乃至平王皆有可能，不必定要專指
厲王。

　　不過朱子對於此詩主旨仍傾向於乃武公自警而已，並不需含有刺王之
意，《國語》〈楚語〉所載：

昔衛武公年數九十有五矣，猶箴儆於國，曰自卿以下至於師長士，
苟在朝者，無謂我耄而舍我，……於是乎作〈懿〉，戒以自儆也。

〔註575〕

〈懿〉即〈抑〉，而朱子遂依《國語》之載，認爲此詩乃純粹武公自警之用，
並無刺意，《詩序辨說》又云：

以詩考之，則其曰刺厲王者失之，而曰自警者得之也。夫曰刺厲王
之所以爲失者，《史記》衛武公即位於宣王之三十六年，不與厲王同
時，一也。詩以「小子」目其君，而「爾」「汝」之，無人臣之禮，
與其所謂「敬威儀」、「愼出話」者自相背戾，二也。厲王無道，貪
虐爲盛，詩不以此箴其膏肓，而徒以威儀詞令爲諄切之戒，緩急失
宜，三也。詩詞倨慢，雖仁厚之君有所不能容者，厲王之暴，何以
堪之？四也。或以《史記》之年不合而以爲追刺者，則詩所謂「聽

〔註573〕范處義：《詩補傳》，卷24，頁116。
〔註574〕此乃孔穎達《毛詩正義》引侯包之言。見阮元校勘：《毛詩正義》，卷18之1，
　　　　頁8下／1194。
〔註575〕韋昭：《國語韋氏解》，卷17，頁395～396。

> 我用謀，庶無大悔」，非所以望於既往之人，五也。曰自警之所以爲
> 得者，《國語》左史之言，一也。詩曰「謹爾侯度」，二也。又曰「曰
> 喪厥國」，三也。又曰「亦聿既耄」，四也。詩意所指，與〈淇奧〉
> 所美、〈賓筵〉所悔相表裏，五也。二說之得失，其佐驗明白如此，
> 必去其失而取其得，然後此詩之義明。〔註576〕

朱子以爲若作武公自警，則此詩意味深長，若爲刺上，則所呼「小子」、「爾」、「汝」之稱，目無尊長，與詩中自言要敬謹之要求違戾，故朱子認爲不當是刺王之詩。由此可見，朱子所以不從《詩序》刺厲王之說，並不是出於純粹反對《詩序》的意圖，對照〈桑柔〉，朱子願意採納《詩序》刺厲王目的，卻不同意此詩爲武公刺厲王，可見他並非故意反對《詩序》，而是以更高的君臣之禮套在此詩經文之上。他認爲若武公眞有刺王之意，言語之間卻如此悖亂禮節，如何可能收到刺戒之效？於是《詩集傳》詮釋此詩時，特別著重於武公自我警戒之內容，不再歧出於刺上目的，如此一來對於此詩重點便能予以聚焦並掌握。如〈抑〉首章云：「抑抑威儀，維德之隅。人亦有言，靡哲不愚。庶人之愚，亦職維疾。哲人之愚，亦維斯戾」，孔穎達便疏云：「此時厲王弭謗，賢者佯愚……言當時賢哲皆故毀威儀而佯爲愚人也。」〔註577〕孔穎達以靡哲不愚指在風色嚴厲的當下，賢哲者故毀威儀，佯爲愚人保身。而朱子既不從刺王角度立論，便視此句爲武公個人對德性修養的要求，朱子云：

> 衛武公作此詩，使人日誦於其側以自警。言抑抑威儀，乃德之隅。
> 則有哲人之德者，固必有哲人之威儀矣。而今之所謂哲者，未嘗有
> 其威儀，則是無哲而不愚矣。夫衆人之愚，蓋其稟賦之偏，宜有是
> 疾，不足爲怪。哲人而愚，則反戾其常矣。（《詩集傳》，卷 18，頁
> 695）

朱子認爲所謂靡哲不愚是武公對時人佯愚載尸的一種批判，而武公乃期許自己能自守威儀，朱子又引鄭玄之言云：「人密審於威儀者，是其德必嚴正也。故古之賢者道行心平，可外占而知內，如宮室之制，內有繩直則外有廉隅也。」（《詩集傳》，卷 18，頁 695）朱子既以此詩爲自警，故他便相當注重其中的修身觀念，他強調君子之修身必須內外相符，德性表露於外則爲威儀，占外可知內，而這正是敬貫動靜的思想，如《詩集傳》云：

〔註576〕朱熹：《朱子全書・詩序辨說》，頁 393～394。
〔註577〕阮元校勘：《毛詩正義》，卷 18 之 1，頁 9 上／1195。

言天地之性人爲貴，故能盡人道，則四方皆以爲訓。有覺德行，則
四國皆順從之。故必大其謀，定其命，遠圖時告，敬其威儀，然後
可以爲天下法也。（《詩集傳》，卷18，頁696）

又當謹其言語。蓋玉之玷缺，尚可磨鑢使平，言語一失，莫能救之，
其戒深切矣。（《詩集傳》，卷18，頁697）

當知鬼神之妙，無物不體，其至於是，有不可得而測者。不顯亦臨，
猶懼有失，況可厭射而不敬乎！此言不但脩之於外，又當戒謹恐懼
乎其所不睹不聞也。子思子曰：「君子不動而敬，不言而信。」又曰：
「夫微之顯，誠之不可揜如此。」此正心誠意之極功，而武公及之，
則亦聖賢之徒矣。（《詩集傳》，卷18，頁697）

朱子一再強調，敬必須兼顧外在威儀，包括言語在內。而不但修之於外，更
要謹戒於不睹不聞時。鄭玄釋「相在爾室，尚不愧于屋漏。無曰不顯，莫予
云覯。神之格思，不可度思，矧可射思？」云：

諸侯卿大夫助祭在女宗廟之室，尚無肅敬之心，不慙媿於屋漏，有
神見人之爲也。女無謂是幽昧不明，無見我者。神見女矣。……神
之來至去止，不可度知，況可於祭末而有厭倦乎！〔註578〕

鄭玄完全是從祭祀時感知神靈的角度解析此章文意，但朱子則依《中庸》第
三十三章引此詩論君子之敬爲據，從德性修養爲說，認爲這是武公正心誠意
之功，那麼這首詩不僅爲武公自警，讀者亦可因之爲戒。

2. 反映王道復行之詩

西周歷史多已不明，除周初成康治世之外，一般認爲大約自穆王起，
政治便開始走下坡，到夷、厲之時，更是天怒人怨，幾近亡國，遂有一段
共和時期。而後周宣王復興周室，大有中興氣象，因此《詩序》以〈雲漢〉
至〈常武〉皆爲美宣王之詩。而朱子雖據詩歌本文而認爲其詩未必全爲美
宣王而作，但由這些詩歌產生背景來看，確實具再現王道政治的趨勢，如
《詩集傳》釋〈雲漢〉云：「舊說以爲宣王承厲王之烈，內有撥亂之志，遇
災而懼，側身脩行，欲銷去之。天下喜於王化復行，百姓見憂，故仍叔作
此詩以美之。」（《詩集傳》，卷18，頁704）朱子所言乃本於《詩序》，以
爲〈雲漢〉詩爲仍叔見宣王遇久旱之災，遍禱諸神依舊無功，然宣王憂民
心切，故歷陳禱祀之誠敬，以美宣王。《詩序》對宣王諸詩的說明有一外在

─────────────

〔註578〕阮元校勘：《毛詩正義》，卷18之1，頁14上／1197。

的擴展過程，〈雲漢〉詩乃宣王側身修行，是正己之事，〈崧高〉、〈烝民〉則為任賢使能，建國親諸侯，此則為宣王治國之事，〈江漢〉、〈常武〉則外攘夷狄，能復文武之境土，乃對外之武功，屬平天下層次。《詩序》所建立之脈絡對朱子亦有所影響，〈垂拱奏箚〉第三箚云：「其後中微，〈小雅〉盡廢，四夷交侵，中國衰削。宣王承之，側身脩行，任賢使能，內修政事，外攘夷狄，而周道粲然復興。」（《文集》，卷13，頁415）朱子雖於《詩序辨說》對宣王相關詩歌之音旨提出質疑，但不可否認，宣王中興事業乃朱子理想中西周王道政治的復興，即使宣王晚年廢馳此道，但朱子依舊以宣王作為南宋帝王應效法之標準，如〈行宮便殿奏箚〉第二箚云：「使異時嘉靖邦國如商高宗，興衰撥亂如周宣王，以著明人主講學之效，卓然為萬世帝王之標準。」（《文集》，卷14，頁450～451）將宣王與殷高宗比擬，這是對宣王相當看重的表現，但也可看出，宣王尚不資格等同於文王、武王等更高層次的聖王。

朱子雖認同《詩序》所言「天下喜於王化復行，百姓見憂」〔註579〕，以為此詩乃宣王推行王化之始，但歷來對於此詩的時間亦有部分疑問，《毛詩正義》引皇甫謐之言以為「宣王元年，不藉千畝。虢文公諫而不聽，天下大旱，二年不雨，至六年乃雨。」〔註580〕然皇甫謐之說與《國語》、《史記》有明顯出入，恐難採信。大旱乃宣王初年之事，不藉千畝乃晚年之舉，且若早年便不藉千畝，又何來王化復行的贊譽。但以大旱為宣王初年之時卻也必須面臨一個質疑，宣王時方即位，天下即遭此難，又何以可見得王化即將復行，范處義則云：

> 宣王承厲王之暴虐，如火之烈，有撥亂之志，而功未立也；遇災而知懼，而患未弭也；側身脩行而未成，欲銷去而未能：天下何以遽喜其王化復行哉？曰：天下為君者，以有民也。厲王暴虐，不恤其民，豈能行王者之化哉？宣王興起，他雖未及施為，首以百姓為憂，可謂知本矣。故天下已深喜之，謂其能復行王化也。〔註581〕

觀〈雲漢〉詩乃深悲遭旱之不幸，恐將導致「周餘黎民，靡有孑遺」、「胡不相畏，先祖于摧」的後果，於是深感憂慮而祭禱之，《詩集傳》云：

〔註579〕阮元校勘：《毛詩正義》，卷18之2，頁13上／1209。
〔註580〕阮元校勘：《毛詩正義》，卷18之2，頁13下／1209。
〔註581〕范處義：《詩補傳》，卷25，頁119。

雖今死亡將近、而不可以棄其前功、當益求所以昭假者而脩之。固
非求爲我之一身而已。乃所以定衆正也。於是語終又仰天而訴之曰：
果何時而惠我以安寧乎？張子曰：「不敢斥言雨者，畏懼之甚，且不
敢必云爾。」（《詩集傳》，卷18，頁706）

朱子以爲宣王在〈雲漢〉詩中表現出極爲畏謹之心，而這也就是一種持敬的
態度，既憂民又能敬，故可作爲王化即將復行之萌兆。但朱子亦指出宣王之
不足，《語類》載：「問：『〈雲漢〉詩乃他人述宣王之意，然責己處太少。』
曰：『然。』」（《語類》，卷81，頁2135）〈雲漢〉詩仰訴於天，然其詞卻未見
責己之處，如朱子注「寧丁我躬」云：「何以當我之身而有是災也。」（《詩集
傳》，卷18，頁704）注「昊天上帝，則不我虞。敬恭明神，宜無悔怒」云：
「言天曾不度我之心，如我之敬事明神，宜可以無恨怒也。」（《詩集傳》，卷
18，頁705）就其詞來看，仍有怨天之意。朱子雖然未明確批評宣王，〈小雅〉
一系列刺宣王之詩也被朱子以未見確爲宣世之時質疑，但在朱子的聖王意識
中，周宣王畢竟不可與文武聖人比較，因此，即使宣王之詩有王化復興之象，
依舊與正〈雅〉有段距離。

　　然而宣王畢竟仍爲中興之君，確有復行王道的跡象，於是朱子解釋相關
詩文時，雖不採《詩序》主美宣王之說，但依舊會設定詩篇背景的產生是在
宣王盛世之下，如《詩集傳》釋〈崧高〉詩旨云：「宣王之舅申伯出封于謝，
而尹吉甫作詩以送之。言嶽山高大，而降其神靈和氣，以生甫侯、申伯，實
能爲周之楨榦屏蔽，而宣其德澤於天下也。」（《詩集傳》，卷18，頁706）朱
子以爲〈崧高〉乃宣王封申伯於謝，尹吉甫作詩送之，並頌美申伯將宣德澤
於天下。朱子有意強調申伯乃宣王所封，並推行德澤於天下，如此便符合〈召
南〉諸侯之化的理想。又朱子以〈烝民〉爲：「宣王命樊侯仲山甫築城于齊，
而尹吉甫作詩以送之。」（《詩集傳》，頁708）釋〈韓奕〉則云：「韓侯初立，
來朝始受王命而歸，詩人作此以送之。《序》亦以爲尹吉甫作，今未有據。」
（《詩集傳》，卷18，頁711）朱子雖然質疑《詩序》專美宣王之作，但從其解
說來看，雖以爲乃尹吉甫送行之作，但卻表現出宣王有識人之明，能夠任賢
擇能。至於〈江漢〉及〈常武〉，則是頌宣王推行王化於天下之詩。《詩集傳》
釋〈江漢〉主旨云：「宣王命召穆公平淮南之夷，詩人美之。」（《詩集傳》，
卷18，頁713）釋〈常武〉主旨亦云：「宣王自將以伐淮北之夷，而命卿士之
謂南仲爲大祖兼大師而字皇父者，整治其從行之六軍，修其戎事，以除淮夷

之亂,而惠此南方之國。詩人作此以美之。」(《詩集傳》,卷 18,頁 715)討伐淮夷,屬平天下層次,雖是採取軍事行動,但對於周王室而言,意義非凡,朱子云:「夷、厲以來,周室衰弱,至是而天子自將以征不庭。」(《詩集傳》,卷 18,頁 715)王室衰弱,天子影響力式微,自然無法推動教化。而宣王雖以武力征伐,但卻是重拾王權的重要里程碑。且討伐外族,非爲佔有其地,而是爲推行王化,《詩集傳》又釋〈江漢〉第二章云:「言江漢既平,王又命召公闢四方之侵地,而治其疆界。非以病之,非以急之也,但使其來取正於王國而已。於是遂疆理之,盡南海而止也。」(《詩集傳》,卷 18,頁 713)治理開闢淮夷之地,非以病之,而是欲其取正於王國。這雖然帶有漢族自我中心主義的色彩,但更高的理想是欲使天下蒙化,同進於大同。《詩集傳》釋〈常武〉第六章亦云:「前篇召公帥師以出,歸告成功,故備載其褒賞之詞。此篇王實親行,故於卒章反復其辭,以歸功於天子。言王道甚大,而遠方懷之,非獨兵威然也。」(《詩集傳》,卷 18,頁 716)宣王親征,使遠方蠻夷感受王道之浩大,卒歸於禮義,故兵威只是手段,德化才是目的。朱子雖改變宣王相關詩篇主旨,但主要仍是圍繞在《詩序》所架構宣王由正己而正人再及於治國並推致天下的程序,而這也與朱子所一貫主張的《大學》條目之序符合。

　　經由本節分析討論,可知朱子雖然曾提及經典之中並無任何明文可以證明世變之說,但他基本上是遵循這種思維的,江乾益曾批評鄭玄發揚世次正變所帶來的不良影響:

> 其撰《毛詩譜》,則篤信《毛詩》,採其世次,據以建立「風雅正變」之理論,作爲治《詩》之綱領。如此,則是已昧於詩自是詩,史是史,二者宜有分別。倘若據敘史之詩以論史,則尚可以無誤;乃鄭氏則誤在完全以詩作史,此所以啓後儒之紛紛抉發其「風雅正變」說之罅隙,而論其疏失之故。〔註582〕

〈風〉〈雅〉正變說的最大問題就是在於混詩與史,從史的角來讀詩,容易抹滅掉詩人情感的成分,而朱子則在〈大序〉及鄭玄正變之說的基礎上,試圖將詩人情性調和進來,產生由正變以觀情性的讀《詩》方式,這是朱子的創舉,但卻是在鄭玄以史附會的原則上,更加入以理學情性觀點,從而使《詩經》完全變成爲教化而服務的經學典籍。

〔註582〕江乾益:〈鄭玄「風雅正變」申〈毛詩序〉探論〉,《興大中文學報》第 27 期,2007 年 6 月,頁 88。